Toward the Oikonomia and the Revolutionary Christianity
Sino-Christian Liberation Theology (1901-1950)

經世與革命
激進的漢語神學思潮
(1901-1950)

曾慶豹——著

紀念　沈清松教授（1949-2018）

蔡彦仁教授（1956-2019）

喻肇青教授（1948-2020）

夫教會之入中國，既開闢中國之風氣，啟發人民之感覺，使吾人卒能脫異族專制之羈厄，如摩西之解放以色列人於埃及者。然以色列人出埃及而後，猶流離困苦於荒涼沙漠間四十年，而必待約西亞以領之，而至加南之地。今中國人民既由散沙而漸結團體，卒得脫離清朝之專制矣。惟脫離專制之後，反陷於官僚武人腐敗橫暴政治之下，如水益深，如火益熱，困苦比前尤甚，其望約西亞之救也誠切矣。然統觀中國今日社會之團體，其結合之堅，遍布之廣，發達之速，志願之宏，孰有過於中國基督教青年會者乎？是欲求一團體而當約西亞之任，以帶領中國人民至加南乳蜜之地者，舍中國基督教青年會期誰乎？予既有望於青年會之深，而不禁勉青年諸君之切也。諸君既置身於此高尚堅強宏大之團體，而適中國此時有倒懸待救之人民，豈不當發其宏願，以此青年之團體而擔負約西亞之責任，以救此四萬萬人民出水火之中而登之袵席之上乎？中國基督教青年其勉旃，毋負國人之望。

——孫中山，〈勉中國基督教青年會〉（1924）

目　錄

Contents

楊序：
基督教與現代中國的「溯洄」與「溯游」

　　《詩經‧蒹葭》有「蒹葭蒼蒼，白露為霜」的名句，而「溯洄從之，溯游從之」同樣是一唱三嘆，卻多少會被忽略。其實「所謂伊人」無論「在水一方」、「在水之湄」還是「在水之涘」，惟有「溯洄」與「溯游」的循環往復，才能領悟「求之而不遠，思之而即至」的深意。基督教與現代中國的種種糾葛及其思想關聯或許也是如此，既不能不說是「道阻且長」，又始終可謂「宛在水中央」。由此品讀曾慶豹教授的系列著作，應該別有一番滋味。

　　這一系列已有近年出版的兩大力作：《約瑟和他的兄弟們：護教反共、黨國基督徒與台灣基要派的形成》（2016）和《紅星與十字架：中國共產黨的基督徒友人》（2019）。國共兩黨與基督教之間的陳年舊事錯綜複雜，卻通過慶豹的慧眼及其嚴謹的史料梳理漸顯清晰。其間特別著力的，當是在特定的革命進程和社會思潮中呈現中國基督教的歷史命運。就此而言，案前的新作不僅一脈相承，且同屬振聾發聵。

　　《約瑟和他的兄弟們》針對國民黨「以護教之名反共」、又以「親匪容共」打擊不同教派的那段極端歷史，如不是書中對相關檔案文獻的翔實引證，真令人不敢相信。《紅星與十字架》則聚焦於共產黨與基督徒的種種聯繫，比如最早採訪了中共領袖的美國記者斯諾（Edgar Snow）和海倫（Helen Foster Snow）夫婦，最早影響到中共元老董必

武的基督徒劉靜庵和李漢俊（李漢俊本人也是中共「一大」的代表），參加過紅軍長征、1949 年以後官至中華人民共和國衛生部部長的基督徒醫生傅連暲，為中共培養出大批人才的燕京大學及其校長司徒雷登（John Leighton Stuart）等等。

要在現代歷史中還原中國的基督教，上述兩條線索是無論如何都無法迴避的，然而可能也恰恰就是因此，才多被誤解、曲解或者諱莫如深。幸有如此用心的研究者在抽絲剝繭的考據中貼近真相，又在娓娓道來的細節中透露微言大義，乃至即使讀者的背景迥異，也可以隨他拂去塵埃，看到些許希望。關於這一點，與慶豹兄成為忘年之交的周聯華牧師可能對其「歷史的轉向」有所影響，也留給我至深的印象。

周聯華牧師多次到訪大陸，我曾在現已略顯破敗的人大天使食府宴請老先生，聽其暢談傳奇般的經歷、獨特的見識和人生感受，受益頗多。然而直至慶豹兄的大作出版，我才讀到周聯華先生那篇從未發表過的妙文〈台灣教會史中之一頁悲慘史〉。這位「總統牧師」當時已被列入「通共」的黑名單，其文字卻是波瀾不驚：「做人不能沒有主見，但是不能有偏見，做學問也是如此。……我的本行——《聖經》文本分析和評估——告訴我，在客觀分析以後，最後一條是神學的意見（theological bias）。假如把『神學的意見』放在最後，已經算是真正的學者了，因為平信徒和牧師常常把『神學的意見』放在第一條，認為這樣才算是好的、優秀的基督徒。」周先生將「神學的意見」專門標注為 theological bias，顯然是要與上文的「偏見」有所呼應。因為在他看來，有別於「平信徒和牧師」之優劣評判的「真正的學者」，其實才代表著真正的神學態度。

「把『神學的意見』（theological bias）放在最後」和「做人不能有偏見」，在上述文字中是互訓的；以周先生的特殊身分和神學資歷而論，這一態度令人愈發敬佩。在充滿不同選擇、差異、對抗和衝突的現

代中國，最終能夠發生影響且有所作為的神學幾乎必然如此，而絕不可能是形形色色的「自義」和「護教」式的虔誠。我相信這遲早也會印證慶豹兄引述過的海倫之說：「基督教是以其哲理和倫理觀點吸引了中國青年人的，而不是純宗教性的說教。」

如果說上述兩書是對國共兩黨與基督教之關係的「溯游」，慶豹的新作《經世與革命：激進的漢語神學思潮（1901-1950）》似乎是進一步「溯洄」中國現代思想的生成，而其中最主要的關注，顯然是救亡圖存的時代所注定的「革命」和「解放」。這不僅意味著「思想是大時代的產物」，也必要「見證」這個「大時代」所「遭遇的問題」（第五章：「基督教與社會主義」）。正如本書第九章論及吳雷川所述：只有「置於中國現代思想史的語境」，才能理解《基督教與中國文化》和《墨翟與耶穌》的真正主旨。因此慶豹特別引介德國漢學家馬雷凱（Roman Malek）的研究，從「中國社會史論戰」、「本位文化建設」與「全盤西化」的論戰、「西學中源說」以及「墨學的復興」討論中國式的「經世神學」；又以布洛赫（Ernst Bloch）《基督教中的無神論》為據，使吳雷川「馬克思主義的基督教」得以說明。

慶豹兄在本書第五章中，以沈嗣莊、王治心、張仕章成立「新文社」並編輯「新文社小叢書」為例，通過其擬定的書目描述其基本傾向，比如《基督教共產主義的理論與實際》（張仕章編）、《英國基督教社會主義》（沈嗣莊編）、《美國基督教社會主義》（張仕章編）、《法國基督教社會主義》（沈文鴻編）、《德國基督教社會主義》（馮雪冰編）、《日本基督教社會主義》（黃菩生編）、《社會革命與中國宗教》（王治心編）等等。由此反觀慶豹這部著作的各篇章，同樣鮮明的問題意識亦可一目瞭然：其實都是在追索「五四以後激進的漢語基督教思想之形成」（第二章：「革命的基督教」）；賀川豐彥（Toyohiko Kagawa）同樣是作為「基督教社會主義者」，且被置於「中日戰爭」的背景之下（第四章：

「友愛的經濟」）；而華德（Harry Frederick Ward）1925 年在中國的系列演講，則正是「革命的基督教」之思想來源（第三章：「激進化的社會福音」）。

慶豹治學，素來嚴謹，所引材料既然入得其法眼，必然大有用意。比如陳獨秀：「耶穌不曾為救國而來，是為救全人類的永遠生命而來」。誠如慶豹所說：在五四新文化運動的背景之下，「像陳獨秀這樣對基督教持正面態度的言論可以說是非常少見的」。而吳耀宗何以能「把唯物論思想同宗教信仰打成一片」？亦可在陳獨秀「革命的耶穌」之理解中得以理解；這「正是中國『新青年』的象徵，⋯⋯當時有不少知識分子成為基督徒，與這樣的基本精神和期待是一致的」（第八章：「基督教唯物主義」）。進一步溯其由來，則可知「晚清在華的傳教士，所謂自由派人數最少，著名者不過數十人，但對於近代中國思想與文化所發生的影響，卻難以低估」（見「導言」）。

慶豹本以神學的思辨見長，一旦進入歷史文獻的查考，則往往是從微妙的關聯中感發興寄，進而引出輻射性的話題。比如既是「真革命黨」又是「真基督徒」的劉靜庵，正是《紅星與十字架》那位影響過董必武的人物；而在武昌發動辛亥革命「首義」卻被歷史書寫所湮沒的「日知會」，直到 1983 年 7 月才又立碑為念（第一章：「真革命黨人，真基督徒」）。另如傳教士李提摩太最早將「社會主義」引入中國，譯作「安民學」，並將山東馬莊的「耶穌家庭」視為「徹底實踐基督教共產主義的教會團體」（第六章：「耶穌主義」）。當這些久已被淡忘的「瑣事」得以發掘和重述的時候，「意義的鏈條」已經貫穿其間。這又如另一個後人關注較少、卻鮮明體現著時代烙印的典型——沈嗣莊。

沈嗣莊為《文社月刊》撰寫的發刊詞，明確主張「基督教界的革命」，否則「宗教與環境既不相合，必至發生衝突，終必至於宗教被淘汰的地步」。而在另起爐灶、為「新文社」創辦月刊《野聲》時，他也

毫不諱言其辦刊宗旨：「脫離帝國主義的牽制，藉文字的力量，實現耶穌主義，建設人生宗教」。（相關引文均見第五章）

這一「耶穌主義」和「人生宗教」的「革命」主題，或可說首先是處境使然：「我們是基督徒，不錯的，可是我們同時也是國民，對於國家政治的好壞，怎能袖手旁觀呢？」沈嗣莊和「文社」倡導「改革的基督教」並反復強調「與社會的前進相匹配」，亦成為整個時代「激進神學」的底色和「本色化」的基本元素。慶豹就此的簡要歸結，真乃擲地有聲：

> 沈嗣莊……見證了基督徒……盡了最大的可能響應他的時代，即使是最微弱的聲音——基督教社會主義最終被時代的洪流吞噬掉，但他的書寫仍屬頑強的表達，……而後學的反思和整理，無疑也參與了他的見證，當然，是向那個時代曾經的存在表示尊敬，也向那些企圖遺忘或抹除其存在的事實的書寫作出嚴正抗議：中國基督教的激進主義思想，不容基要派的徒子徒孫們否定。

然而慶豹隨之點出另一重潛在的「見證」：「沈嗣莊……很可能是當時基督教學界裡學問立場和思想態度上傾向於社會主義最為鮮明的一位，他在基督教的遭遇可以說是一位中國激進派基督徒知識分子的宿命，從熱心教會最終走上與教會的疏離。」這僅僅是「一位」基督徒知識分子的宿命嗎？僅僅是「一代」激進派神學的宿命嗎？或者說，「宿命」是何以成其為「宿命」？

我與慶豹相識於 1996 年在馬來西亞召開的第一屆漢語神學圓桌會議；同年中國人民大學建立基督教文化研究所，他也是最早到訪的客人。後來見面的機會越來越多，在台北、中壢、香港、哥本哈根的幾

次會議印象頗深，而最不能忘記的當是在北京和上海的另外兩次會議。我在北京會議的發言中提及蒂利希（Paul Tillich）〈存在的勇氣〉，其中 desire 被錯用為 despair；在上海會議的發言中引用〈出埃及記〉I am what I am，出處被錯注為〈創世記〉。而兩次都是經慶豹兄提醒才得以糾正的，時隔久遠卻歷歷在目。上海那次他是在餐巾紙上寫了幾個字請人傳遞給我，這塊餐巾紙猶在，當留作文物也。

後與友人戲言：每臨大事，必有慶豹。2018 年劉小楓兄為研究生開設古典音樂課，拉我去充當「票友」。課前當然要臨陣磨槍，不想躲在一個小房間裡悄悄練琴時忽聞叩門聲，開門一看，居然又是慶豹，真不知他是何時從台北飛來北京的。這一次無餐巾紙為證，但是應該有人大同事的錄像留待來日。

慶豹對基督教與現代中國的追索，也許既屬「宿命」亦屬可資回首的「大事」。「宿命」是因為「已有的事後必再有」（〈傳道書〉一章 9 節），「大事」則在於歷史的追索總是讓追索者遭遇相似的問題。

連序：
「彼世」與「此世」

連曦（美國杜克大學）

中國基督教在歷史上從未是鐵板一塊。同一信仰在不同時代、處境和社會群體中每每以不同的形式發酵。梁發的《勸世良言》為屢試不第的洪秀全帶來「故今皇上帝哀憐世人，大伸能手，救世人脫魔鬼之手」的革命性啟示，引發了太平天國運動，對同時代入讀馬禮遜學堂、後留學耶魯的容閎卻十分陌生。

曾慶豹教授新著《經世與革命：激進的漢語神學思潮（1901-1950）》介紹的是一場早已煙消雲散但卻曾是轟轟烈烈的基督教思想運動，其特徵是倡導革命、反對帝國主義侵略、立志消除社會不公，使上帝的國度降臨此世。雖然當時民間的草根基督教群體對之不屑一顧，但它在基督教的精英階層卻是一股不容忽視的神學主流。從劉靜庵「要想做真革命黨，就要先做真基督徒」到吳雷川提倡「革命的基督教」，再到吳耀宗將基督教和共產運動等同視之，革命乃為天經地義（儘管「革命」具體所指卻各有所見）。它反映的是當時教內外激進知識人的共同信念，既受近現代西方歷次革命、特別是 1917 年布爾什維克革命的啟發，又能在「湯武革命，順乎天而應乎人」的傳統說法中找到根據。其目標是國富民強，建立平等自由的社會。在教會內，革命激情洋溢之時，信仰與革命孰先孰後，何為目的、何為手段，則未必可以分清。

反觀歷史，二十世紀上半葉的革命神學有無數盲點。欲將基督教融

入共產運動並使之成為一股革命力量，更是一廂情願，最終仍被視為帝國主義的侵略工具，與革命水火不相容。革命神學在今天看來也未免有牽強附會甚至離經叛道之嫌。但必須肯定，此類激進神學的視野超出了只求來世拯救的個人主義式信仰，也因此開了漢語公共神學之先河。其歷史意義不可忽視。

如果說「革命」是本書歷史人物的共同口號，「救亡」則是其激進神學的核心。劉靜庵的「謀革命以救國」也是民國時期眾多激進神學家的心聲。在他們眼中，革命的基督教是救國之秘方良藥。此說回應了清末新政時期的救亡呼聲，也是對二十世紀 20 年代非基督教運動的反擊，更體現了基督徒精英自身的社會責任感。清末李鴻章所稱「數千年未有之變局」催生中國知識人普遍的民族危機意識。內憂外患之際，救亡成為中國近現代思想的主旋律和衡量一切的尺度。1919-1921 來華講學的美國哲學家杜威稱「救國」為中華大地全民熱衷的「室內運動」。

近現代的國家主義和民族主義既構建了使人熱血沸騰的「想像的共同體」——十九世紀初，黑格爾甚至得出「國家是人間的上帝」（*es ist der Gang Gottes in der Welt, daß der Staat ist*）的結論——民族主義對基督教神學的深刻影響也就毋庸置疑。近代中國亦然。其實在《聖經》裡，耶穌的門徒們也曾急切問道：「主啊，祢復興以色列國就在這時候嗎？」但正如基督未曾正面作答，迄今為止，歷史對基督教是否能救中國——或將其引向民主社會——也同樣報以經久的沈默。

實際上，二十世紀基督教精英群體的救國情結是中國傳統「經世」精神，即「士」的「以天下為己任」信念的延伸。如余英時所言，儒家思想自古為入世之教。中唐之後，禪宗「入世轉向」的衝擊更激發了其內在動力，強化其「經世」精神，導向修、齊、治、平，把宗教精神轉化為社會責任感，與後來歐美新教倫理中的入世苦行形成對應（《中國

近世宗教倫理與商人精神》，頁46、75）。「先天下之憂而憂，後天下之樂而樂」這一「士」的自我意識在二十世紀中國的基督教精英階層也有明顯的表現。科舉廢除後的半個世紀裡，他們與同時代的中國知識人一樣仍未能擺脫「士」的情懷。

「經世」與服務社會之精神誠然可貴，但不無代價。在二十世紀中國基督教的歷史上，「彼世」與「此世」相成使得基督信仰之超越性消退，造成信仰的脆弱性。在這一點上，王明道式的傳道人遠離政治、堅守信仰，與浦化人、董健吾等民國時期的「紅色牧師」最終淡出教會形成了鮮明的對比。（曾慶豹另一部近作《紅星與十字架》對中共的諸多「基督徒友人」有十分詳盡的介紹。）本書探討的人物之一朱維之晚年入黨也不足為奇。用奧古斯丁的話來說，他們追尋「大地之城」暫時的人間秩序，卻錯失了「上帝之城」。

當然，「經世」精神只是近代中國基督教歷史上的精英現象，基本上與眾多的草根信眾無關。明清以降，天主教和新教都一直以民間基督教與精英基督教的雙重形態出現並發展演變，雖偶有重疊，但整體而言氣質不同、願景各異。這一點與中國歷史上士紳所主導的「大傳統」與鄉民的「小傳統」之間的差異基本一致。

總體而言，二十世紀中國的革命基督教曲高和寡，有將帥而無士卒。但是，如果說政治稚嫩和神學粗淺是其短處，博愛悲憫的公共意識則是其長處。浸透著出世的、個人主義信仰的民間基督教，缺失救世情懷，缺失「唯願公平如大水滾滾，使公義如江河滔滔」的先知精神，也自然未視改造俗世為其「天職」。一方面，這是囿於自身的視野，另一方面，又被自身的社會地位和處境所強化——從無由「經世」到自絕於「士」的情懷。各種以末世論為基調的神學、各種對社會公正等政治議題冷漠的民間基督教群體，都凸顯其「遁辭」之性質，也都倖免誤入共產歧途。這其中不無歷史的諷刺。曾慶豹教授這一闡釋近代激進神學思

潮的重要論著旁徵博引，引人深思，也提醒讀者：教會歷史上孰是孰非的問題並沒有簡單的答案。

唐序：
革命的基督教與中國現代思想的激進化

唐文明（北京清華大學）

　　基督教與中國現代思潮之間的緊密關聯，並不是一個嶄新的話題。大多數學者都能注意到晚清傳教士在中國現代思想形成過程中所起到的重要作用，但是，或許正是因為文獻上的直接關聯主要集中在晚清階段，而新文化運動以來思想界的科學主義傾向與民族主義思潮最終匯聚成了主要針對基督教的「非宗教同盟」，以往的研究著作對基督教如何影響了新文化運動以來的社會思潮這個主題極少注意。曾慶豹教授的《經世與革命：激進的漢語神學思潮（1901-1950）》，聚焦於基督教的激進神學傳統與「五四」以後以社會改造為主旨的激進化思潮之間的互動與糾纏，表明基督教在奠定了現代中國之根本的激進化思想歷程中並未缺席，從而來自「革命的基督教」的激進的社會改造思潮應當被看作中國現代主流思想的一個重要組成部分，且應當正視「革命的基督教」對中國革命所起到的推波助瀾作用。

　　將晚清與新文化運動作為中國現代思想的兩個不同階段，這一劃分得到了來自不同政治立場的學者的廣泛認可。從目前最有影響的觀點來看，自由主義者對中國現代思想史的論述仍首推李澤厚，特別是他提出「救亡壓倒啟蒙」的觀點，對於「五四」以後的思想變化提供了一個立場鮮明、方向清晰的解釋，從而從這一觀點提出的 1980 年代到現在，在中國思想界一直發揮著持久的影響。到了 1990 年代，隨著中國思想

界從對現代化的渴望轉向對現代性的反思，對中國現代思想的論述框架
也呈現出新的思路，其中最有影響的是來自新左派立場的汪暉的觀點。
基於西方的多元現代性理論，溯源於宋代理學，汪暉提出了一個解釋中
國現代思想興起的嶄新的論述框架。這一論述框架對李澤厚的中國現代
思想史論述提出了不小的挑戰，在很多方面也將李澤厚的一些觀點整合
進了新的論述中，一言以蔽之，從李澤厚到汪暉，論述框架由「救亡與
啟蒙的雙重變奏」改變為「文化與政治的雙重變奏」，救亡的主題與啟
蒙的主題都被重新安置、重新論述。

我們也可以從剛剛提及的對現代化與現代性這兩種不同話語的區分
來看待這一論述框架的變化。李澤厚的中國現代思想史研究尚屬於現代
化話語，而且他的思想底色主要來自他對晚清思想的理解，其中特別是
被刻劃為一個自由主義者形象的康有為，是他的主要觀點的定盤星。至
於「五四」以後的思想變化，李澤厚基本上是以他對晚清思想的自由主
義論斷作為標準來評判的：對於兩個階段的思想的連續性，他只是簡單
地表示認可，對於後一階段相對於前一階段的更為激進的斷裂，他則試
圖解釋其歷史緣由，並作出了相當溫和的批評。

汪暉的中國現代思想史研究已屬於現代性話語，他以「反現代的現
代性」作為核心表述來刻劃中國的現代性道路，似乎表明其直覺來自
「五四」以後的激進思潮，但更為重要的是，他將這一理解貫徹到了對
晚清思想的研究中，充分挖掘了晚清思想的激進資源，從而將晚清思想
作為「反現代的現代性」的源頭，其中最具代表性的人物就不是始終捍
衛君主制的康有為，而是早年受到康有為影響、後來以更加激進的姿態
反對康有為而暢論民主革命與民族革命的章太炎。至於汪暉運用西方關
於「多元現代性」和「早期現代性」的理論架構而將中國現代思想的根
源追溯至宋代理學的興起，並進而強調現代中國與古代中國的連續性，
都使得他的論述更加複雜、更加深邃，可以說無論從論說的綜合性還是

歷史的解釋力方面都已經遠遠超過了李澤厚。

可以看到，在《經世與革命》中，曾慶豹對那些激進的基督教學者關於中國現代道路的理解與籌劃的分析正是基於汪暉的論述框架展開的——事實上，來自汪暉的這一論述框架構成了曾慶豹理解「中華現代性」的根本：

> 現代中國是一個極其複雜的歷史階段，沒有人可以完全的說清楚究竟有多複雜，以至於留下了許多可能的解釋空間。所謂「中華現代性」問題，事實上是交織在資本主義與帝國主義的歷史糾葛之下，正如汪暉在《現代中國思想的興起》中所指出的那樣：「現代帝國主義與殖民主義的根本特徵不僅在於軍事佔領、武力征服和種族等級制，而且還在徹底地改變殖民地社會的原有結構，並使之從屬於工業化的宗主國的經濟體系，進而形成一種世界範圍的、不平等的國際勞動分工。」

在現代世界體系理論的加持下，曾慶豹就「基督教遭遇中華現代性」提出了一個嶄新的歷史敘事，並對於以往將基督教置於科學和民族主義對立面的陳舊論述進行了有力的反駁。理解上述陳舊論述的一個重要角度是分析作為其可能的思想來源之一的教會立場。教會立場的敘事傾向於強調基督教與科學的對立，以此將「基督教遭遇中華現代性」歷史敘事納入與傳教動機有關的「信仰與科學」的理論敘事；教會立場的敘事也傾向於強調基督教與民族主義的對立，以此突顯教會的普世性與超政治性。在曾慶豹看來，教會立場的敘事過於突出本色化問題，從而明顯地忽略了現代性問題。進而言之，如果將基督教理解為探索中國現代道路的一個重要思想資源，那麼，根本的問題就可能不是科學，因為基督教完全可以和科學合謀，無論是在理論層面還是在實踐領域；同樣，基督

教也不難獲得一種民族主義形式，或是與某些類型的民族主義結合起來，無論是從基督教過去的實踐經驗中還是從其神學理論中。

因此，在新的歷史敘事中，被突顯出來的歷史主題不再是原來敘事中的反科學、反民族主義，而是與社會經濟問題和社會結構問題密切相關的社會革命與社會改造。熟悉中國現代思想史文獻的人在此一定會想到，社會革命與社會改造正是「五四」以來中國思想界被廣泛討論的核心議題，也是理解中國現代思想激進化的重要議題。通過扎實的文獻考察和深入的理論分析，曾慶豹條分縷析地將「五四」以來可以歸在「革命的基督教」或「社會福音派」名下的關於中國現代道路的種種思考進行了面目清晰的刻劃。無論是與熊十力有密切交往的劉靜庵還是非常重視基督教與中國文化會通的吳雷川，無論是基於基督教信仰而主張社會主義的沈嗣莊、張仕章還是力圖將唯物主義與基督教思想結合起來的吳耀宗，無論是將耶穌的形象與「無產者」勾連起來的朱維之還是對中國現代基督教思想界影響較大的華德、賀川豐彥，他們關於中國現代道路的真誠思考在本書中被放在一個整體的敘事脈絡中呈現出來，讓我們對基督教思想界關於中國現代性問題的看法有了更全面的瞭解，也讓我們對中國現代思想如何走向激進化有了更深入的認識。

從中國現代思想史研究的角度看，《經世與革命》至少具有重要的補充意義。對於基督教傳教士群體對晚清思想的影響，我們還做不到耳熟能詳，但對其大體情形是有所瞭解的；對於新文化運動以來基督教傳教士與基督教學者群體關於中國現代道路的思考及其與廣泛流行的社會思潮之間的關聯，我們所知甚少，也不見於主流的敘事。從中國基督教史研究或更廣義的中國宗教史研究的角度看，《經世與革命》更具特別的意義。將基督教傳教士與基督教學者群體基於信仰立場的思想放置在中國現代性道路探求這個更為公共性的論域中從而作為中國現代思想史的重要組成部分加以論述，和以往那種僅僅從或主要從基督教教會出發

的論述頗為不同，其中的差異也不只是視角的轉換，更是問題意識的改變以及由此而帶來的整個論述框架和論述旨趣的改變，或可稱之為「思想史進路的宗教研究」。

眾所周知，1949 年的建國以及後來的「文化大革命」，都與中國現代思想的激進化密切相關。就此而言，無論是李澤厚，還是汪暉，都將之作為最為重要的問題試圖提出合理的歷史解釋。李澤厚一直是啟蒙的擁護者，他在「文化大革命」剛剛結束的 1980 年代提出「救亡壓倒啟蒙」的論述框架，目的就是要在將 1949 年的建國合理化的前提下解釋中國為何會走向啟蒙的反面，而 1990 年代他又提出「告別革命論」，顯然正是「救亡壓倒啟蒙」論述框架的進一步展開。不難看出，僅僅拈出救亡的主題根本無法解釋中國革命的激進化道路，尤其無法解釋中國何以在「不斷革命」的鼓動下最終走向「文化大革命」。而對於李澤厚那樣真切地經歷過 1949 年建國和「文化大革命」的人來說，僅僅以救亡的緊迫性來解釋中國革命的激進化道路也不可能是出於盲目或無知。實際上，我更願意相信，「救亡壓倒啟蒙」是李澤厚出於實際政治處境的考慮苦心極力地製造出來的一個反理解的論述框架，其目的恰恰是為了回避對那一段歷史的真正理解，企圖以此避重就輕的、隱諱性的敘事來換取執政黨再走他所謂的啟蒙之路。

汪暉則是啟蒙的批評者，而且他是在斷言啟蒙不徹底的前提下從更為激進的方向上對啟蒙展開批評的。在汪暉看來，正是「反現代的現代性」這一獨特態度中包含著的巨大張力推動了中國現代思想的發展，1949 年的建國以及其後的一些重要歷史事件也只能在這個歷史脈絡中加以理解。汪暉的這一解釋框架顯然對於中國現代性的激進化道路更具解釋力，也更接近執政黨的官方敘事，其背後的根本立場仍然是列寧主義，可以合理地將之作為毛澤東新民主主義論的重構或升級版。

在《經世與革命》中，曾慶豹非常明確地以「求其友聲」的姿態向

以汪暉為代表的新左派學者傳話：

> 當代中國的新左派應該承認，中國基督教激進神學的思想
> 立場與他們的主張是一致的，當汪暉不斷以「新左派」的姿態
> 來重申「批判」的姿態時，不應否認甚至要認真看待激進神學
> 所開發的對中華現代性的批判資源，正如西方左派思想家如何
> 肯定聖經和基督教的批判性思想一樣，同樣，中國早期不少
> 「左派」的前輩也是肯定基督教的批判性的。

顯然，正是在社會批判的主題上，基督教激進神學與新左派能夠引為同
道。如果說新左派基於批判立場的中國現代性論述很大程度上忽視了基
督教思想的重要性的話，那麼，《經世與革命》就是一個相當重要的補
充。或者說，除了讓我們更能理解那些真心擁護中國共產黨革命的基督
教學者（如吳耀宗）的思想歷程之外，《經世與革命》還提示我們進一
步思考基督教與中國現代性的激進化道路之間更為緊密的關聯。當然，
如果更為寬泛地考慮到基督教與西方現代性的密切關聯，那麼，認真對
待這一議題就更顯得順理成章了。不過，就基督教思想的批判性而言，
我更關心的毋寧說是對批判的批判，亦即，針對中國現代性的激進化道
路，形態多樣、內容豐富的基督教思想傳統能夠提供什麼樣的批判性資
源？而且，這些針對激進主義的批判就其旨趣和指向而言又在多大程度
上是被作為基督教思想的內部反省而呈現出來的？

對於基督教激進神學與列寧主義之間的差異，以及基督教內部對
激進神學的可能批判，《經世與革命》一書並未論及。實際上，如果新
左派的中國現代性論述並非從根本上質疑啟蒙，而是沿著啟蒙已經開
闢的方向繼續前進從而走向更為激進化的道路，那麼，我們就有理由將
自由派和新左派放在同一個審判台作為同樣的批判對象。更進一步，如

果「文化大革命」的發生意味著啟蒙的徹底破產，那麼，我們就應當對於自由主義和列寧主義進行更深刻的反思，甚至宣告中國現代思想的終結。而從歷史起源來看，這兩種對立的意識形態都與基督教思想傳統有著「剪不斷，理還亂」的密切關聯，其中影響最大的當然是奠定了現代自由的新教原則以及與此原則密切相關的現代歷史哲學。基督教思想界要對此展開更為深刻的自我反思和自我批判，可謂任重而道遠。

於北京學清苑止而巽齋

2021 年 3 月 15 日

導　言

中華現代性與基督教

　　基督宗教在中國所遭逢的現代性問題並非似西方的「古今之爭」一般，而是置身於「中國／西方」、「傳統／現代」、「精神／物質」，這種極具中華現代性言說特性的二元思想框架下，其與中華現代性錯綜複雜的歷史際遇和互動模式被簡化作「中華性」而非「現代性」問題，著重關注「會通」而非「改造」之議題。[1]

　　梁啟超對晚清以降之基督教與現代性關係的評價甚低：

> 　　新教初來，……各派教會在國內事業頗多，尤注意教育。然旨竺舊，乏精神；對於數次新思想之運動，毫未參加，而間接反有阻力焉。基督教之於清代，可謂無咎無譽；今後不改此度，則亦歸於淘汰而已。[2]

基督新教的各項事業雖未如梁啟超所言「歸於淘汰」，但確實是未參與數次新思潮之運動。換言之，梁啟超評論清代基督新教的表現也是基於

＊　本文主要內容曾以〈基督教激進神學與中華現代性：一個思想史的評述〉為題，發表於政治大學文學院主辦之「中華現代性：檢討與展望」學術會議（台北，2013/6/1-2），後收入沈清松主編的《中華現代性的探索：檢討與展望》一書（台北：政大出版社，2013）。

1

中華現代性的問題上，即基督新教在中華現代性的反思和推動上未有深刻的行動和參與，以致於錯失了其積極的影響力，所以「無咎無譽」，最終當然亦即「歸於淘汰」。

梁啟超對基督新教的評論是否正確，恐怕取決於從何種角度評價之。但我們仍然不能否認的是，自晚清以降，李提摩太（Timothy Richard）、林樂知（Young J. Allen）、丁韙良（W. A. P. Martin）、花之安（Ernst Faber）、傅蘭雅（John Fryer）等人在推廣西學工作的各個方面上表現得相當出色，從「船堅炮利」到西政、西法、西教等觀念的傳播均做出了重大的貢獻。[3] 李提摩太於 1880 年見到李鴻章，並聽取了他的建議，應向士大夫傳教，以西學、西政等知識來吸引他們，這樣才可能在中國獲得重大的傳教成效。是故，不論天津的《時報》，還是而後上海的廣學會，乃至山西大學堂，都是這種思想模式的產物。[4] 其所講的西學、西政，亦無外乎西方現代性的產物，而這些東西恰恰是中國正在努力追逐並想獲取的。[5]

相較於梁啟超，朱維錚說得比較中肯些：

> 歷史表明，晚清在華的傳教士，所謂自由派的人數最少，著名者不過數十人，但對於近代中國的思想與文化所發生的影響，卻難以低估。其更是在十九世紀的最後三十年，這一派人參與的西書翻譯、主辦的中文報刊以及從事的文化教育事業等，是中國士人官員了解世界、認識西方的新知來源，是中國學界政界出現「新學」、呼求「變政」的論說依據，也是晚清中西文化交流的主要媒介。……他們的「間接傳教」的客觀效應，即在晚清社會走出中世紀的痛苦而緩慢的過程中引進五光十色的歐美思潮作為參照系的作用，則已由歷史證明是無可置疑的。[6]

梁啟超的評論可見也未必準確。

　　如果梁啟超的評論所指的是清代基督教，那麼到了民國初年，基督教是否如他所言的「無咎無譽」呢？雖然，民國基督教並未成功進入中華現代性思想的主流論述之中，但公平地說，這個時期的基督新教對於中華現代性的反省始終沒有停止過，甚至還表現得相對比較激進，並透露出將基督教視作中國社會改造之出路的基本傾向。中國遭逢西方現代性所萌生的種種弊端，實在已達到天怒人怨的地步，必要有一些斧底抽薪或根本的改革，就此也產生了另一方面的思想，即基督教如何理解作一種革命的力量，此種對革命的闡釋和分析，全繫於對中華現代性的反省和批判上，其中最為關鍵的課題即是如何通過基督教來實現一個公平、正義與解放的社會，而此時之中國集幾千年的弊病以及半殖民的狀態，已到達非常時期，勢必考慮非常手段。因此，革命不僅是民國初年不斷湧起的情緒，同時也是那個時期青年思潮的主流，基督教亦不例外，「改造社會的基督教」或「革命的基督教」成了民國初期一股重要的基督教思潮。[7]

　　同時我們也注意到，由於「泰西」所代表的現代性，並非完全是在中國意義下的現代性，以中國為問題意識的現代性與民國歷史進程中所延伸出來日愈複雜的全球資本主義問題以及相伴隨的帝國主義問題如影隨形，正如毛澤東在《新民主主義論》開頭就提出的一個中華現代性問題：「中國向何處去？」便是總結了自晚清以降所有問題的核心。如果說中國現代思想史的核心問題即是民族主義問題，這個民族主義肯定不是內在於自身的問題，現代中國的民族主義問題必須同時放置於與帝國主義相關的問題上共同論述之，因此我們可以理解，由於這種特殊的中華現代性，基督教一方面促進了中國現代性的歷程，但同時它又遭遇到前所未有的反對，在一波又一波的非基督教運動中，表現為一種「去基督教的現代性」。[8]

　　許多研究民國時期「反教言論」的學者都指證說，知識分子反教的原因主要源於民族主義的思想，但他們並沒有認真面對這樣的民族主義與反帝國主義之間所存在著的內在辯證邏輯關係，民族主義是帝國主義不斷激化或強化的產物，因此反帝國主義就更明顯根植於民族主義的情感和理解，這是一個不能迴避並作為全面理解中華現代性的核心問題。[9]換言之，基督教在 1949 年前後仍然受制於此問題上，基督教儘管回應並接受民族主義，但仍受到懷疑，理由即在於對帝國主義問題上並未有一個更為明確批判的態度，而中國當時的現實處境正是交錯在資本主義與帝國主義擴張所刺激起來的民族主義浪頭上。[10]

　　總之，基督教與中華現代性之間的關係是緊張和對立的，正是這種緊張和對立更能顯示出「改造社會的基督教」或「革命的基督教」如何緊緊把握到中華現代性的問題。比較起晚清西方的傳教事業、中國福音派或基要派的佈道，中國激進基督教對中華現代性不僅不迴避，尤有甚者，還提出了一種激進神學的觀點，企圖在「中國向何處去？」的問題上，給出在中華現代性語境下的回答，雖然今天看來好像已「歸於淘汰」，但我們不同意他們所做的社會行動與思想建設是「無咎無譽」。

基督教在中國的啟蒙與救亡

　　自清中葉以來，中國社會就受到西方外敵的衝擊，傳統的意識形態已名存實亡，社會的改革者都朝向於建立一種強而有力的意識形態為統治的中心，這樣的新秩序又不能完全與中國的傳統割裂，中國知識分子在理智上反傳統卻在情感上推脫不了傳統的堅持。李澤厚透過對中國近代思想的分析發現，「救亡」的思想幾乎全面佔據了知識分子的心靈，而且是「救亡」的召喚壓過了「啟蒙」的革新，情緒決定了反思，使得意識形態的使用成了唯一有利的手段，以此支配中國社會的發展。[11]

　　李澤厚的評論當然很準確，但是要把這種評論當作指責，恐怕有欠公平。事實上，中國正面對「數千年未有之大變局」，在如此艱難的現實下，知識分子的心靈難以冷靜下來，孫文革命後留下的問題比革命前的還複雜許多，就連外國來的傳教士和中國基督徒都感到整個中國都陷入巨大的危機當中，「百廢待舉」一詞都難以形容民國初年政治與社會的嚴峻和險惡。正如當時經常到中國來佈道的世界著名傳教士艾迪（Sherwood Eddy）以他的國際視野所分析得那樣，除了中國自辛亥革命以來社會的分裂與矛盾外，

　　全世界的恐慌現在已經影響到中國。[12]

　　我們從基督教數份主要的雜誌上處處可見類似的警告，其他的佈道家如穆德（John R. Mott）、華德（Harry F. Ward）、賀川豐彥（Toyohiko Kagawa）等人，都同樣在他們的佈道內容中注入了許多對中國現實痛苦的同情與分析，充分地說明了除了福音派以末世論的「千禧年主義」吸引普羅大眾歸信基督教外，被說成是「自由派」的基督徒更是嘗試從精英或知識分子的層面來反映對社會的關心和切望改造的想像。中國基督教的激進思想，以及之後不少同情共產黨而「染紅」的基督徒，都以「救亡」為己任，「救亡」無疑成了他們實踐信仰的最大動力，「社會改造」成了他們對於基督教在中國的現實處境中最深切的期望。[13]

　　我們注意到於上海召開了一次特別有意思的大會。1927 年 8 月 18 日中華全國基督教協進會以「基督化經濟關係全國大會」為題，反思和分析跨國資本主義全面擴張下中國所遭遇到的嚴峻問題，這個會議共進行十天，主題是「今日中國革命運動的重要問題：社會與經濟生活」。正如會議報告書的序言中所說到：「今日的革命。亦可謂一個社會與政治革命。勞工已有新的感覺，農民運動勃興，表示農夫的要求。綜之，

5

今日的社會制度必須有根本改造之必要」。[14]

此次大會主要邀請了日本著名的基督教社會主義思想家賀川豐彥來分享他的基督教思想，以及介紹日本對經濟活動帶來的種種分配、貧窮、壓迫等社會問題的反思，以供同樣步入資本主義的中國社會作參考。這十天的會議討論囊括了工業狀況與問題、鄉村經濟、勞工與婦女、童工等現代性問題，誠如此次大會委員會會長樂靈生（Frank J. Rawlinson）在開幕詞中所說的：

> 試問今日世界和中國所要者，是哪一種主義？中國所要的不是以上的三種（按：資本主義、社會主義、共產主義），乃是犧牲服務，即基督的主義，不論在政治社會都應有這種精神。經濟問題必須基督化，這就是我們集合這許多代表所要討論實行的。[15]

此次會議不論就現實社會課題或是具體實行方案之提出，都可以說是中國基督教史上絕無僅有的一次會議，乃是最有氣勢的「改造社會」議程。大會總結聲明說：

> 本會主張勞資合作，建議國內各種工業及商店設立僱傭調節委員會及仲裁機關，以弭糾紛；大田產制為造成農佃制中各種弊端之主要原因，故建議由政府公布法令，限制大田產制；基督徒須研究現行經濟制度，批評各種學說，灌輸基督精神於經濟生活，合即贊助，不合即改革之。[16]

中國基督教以其前所未有的勇氣和良知，為中華現代性做出反思和行動的貢獻，會議中還特別訂立實行手冊，以具體的行動落實會議的共識。[17]

事實上，中華基督教協進會在此之前已組織了一個「基督化經濟生活委員會」，同時發行了中、英文版的《工業改造報》。從 1925 年至 1928 年間已展開不少的工作項目，包括出版研究勞工問題的書籍及編譯工業問題等書報；召集專家、國府市府勞工行政人員、調查機關的領袖、社會經濟學教授、勞工服務人員等，舉行地方、區及全國之大小不一的工業會議；調查勞工、農村經濟狀況，並與其他團體合作，鼓勵創設調查基金協助改善勞工、農村的生活；差會遣派專家，服務勞工。同時兩次舉辦華東大學暑期學校，主講工業及勞工科目，在北平燕京大學創設勞工問題獎學金，遣派委員會幹事專門研究勞工問題以便養成本國人才，又在教會、青年會、學校演講工業問題，喚醒一般大眾的注意，提倡幫助勞工服務，改良經濟生活；參與上海工部局童工委員會，促進取締童工，出版關於勞工立法小冊，幫助促進各種勞工立法。[18]

從上述的事件和報告內容看來，被喻為「社會福音派」的中國基督徒所思所為的無疑是不斷地投身於對中華現代性的反省和改造上。不管基要派或福音派份子如何批評他們，也不論他們是否稱得上是中國基督教的主流，但就歷史而言，我們對於他們試圖或嘗試對中國社會改造之勇氣和行動應加以肯定。至少，從這次會議以及之後的相關工作看來，民國時期的基督徒曾明確地以一種極為積極的態度迎向種種現代性所帶來的弊端，並為之作出反應、探取對策，足見基督教在中國進入現代性的歷程中是有所反省和行動的。相對照之下，基要派更多是從種種社會的痛苦和災難中來獲得他們收割福音的機會與理由，他們並不熱衷甚至否定「改造社會」的主張與行動，並用惡劣的語言攻擊他們，基督教在中國沒有顯著的突破，以及無法進入主流的歷史書寫，與基要派的遁世立場有關，或者，基要派的「成就」也是一種中華現代性的產物之一。[19]

中國的現代性危機

來華的基督教在中華現代性問題中，在理性的言說上被置於科學的對立面，在救亡的言說上則被置於民族主義的對立面，前者尚未足以立即改變或衝擊到基督教在中國的命運，後者的論述實踐因與資本主義和帝國主義存在著不可分割的關聯，而造成了從「認同危機」（文化身份）到「正當性危機」（政經結構）的打擊。許多基督徒都有同樣的感受，認為基督徒的任務是：必須對付現在摧殘著人類的兩大罪惡：國際間的不平等和社會間的不平等，中國與世界同樣處於這樣的歷史情境中，從吳雷川、沈嗣莊、張仕章到吳耀宗，橫在他們眼前的，就是如何同時面對基督教的未來與中國的現實，以及兩者之間的關係。

要認真思考基督教的未來與中國的現實，就有必要從社會政治史或經濟史的角度說起，基督教傳教人士與團體大肆抵達中國，正是全球資本主義發展的一次高峰期，也就是許多人所指出的：帝國主義是資本主義發展的必然結果。我們必須注意到，1930 年代的中國已經是一個與世界或全球接軌的國家，所有在中國所發生的，都與世界有著緊密的關係，從全球各地湧入中國的宣教團體、宣教人數和全世界關注的程度，都可以證明當時的中國確實是處在世界的核心之中，這與我們在 1949 年以後所認識的封閉中國是完全兩個不同的世界。

當代許多海外的中國學研究已從各個文獻和檔案考察過 1949 年之前中國的經濟狀況，這是一個可以作為更深入理解民國社會或政治的重要面向。中國的工業現代化在晚清時期就已經開始，1930 年的經濟大蕭條反映了中國與世界的關係如何地緊密，特別是這次的全球性事件，給以後的中國政治與經濟都產生了深遠影響，除了衝擊中國的貨幣體系（從銀本位轉到金本位），通貨膨脹、因需求減少而工業生產萎縮、農村借貸因金融機構的資金短缺也受阻，更為關鍵的是，當 1934 年美國

及全世界各地經濟開始復蘇時，中國則陷入更為嚴重的經濟危機中。[20] 因此，這種危機全面性地衝擊到中國社會的各個面向，從勞工、農村到學生都受到波及。

在這一次全球性的經濟危機中，不管是工業或是農村都經歷了前所未有的痛苦，加上 1937 年爆發中日戰爭，1945 年爆發內戰，國民政府在穩定貨幣政策上看起來是成功的，但必須犧牲絕大部分人的生活和幸福。具有社會思想的中國基督徒在這種大時代的生活情境下，無不在這個時刻裡發表自己的見解，我們可以從《青年進步》、《真理與生命》、《文社》、《天風》、《消息》、《田家》等雜誌或刊物上感受到這個時期的巨大衝擊。作為具備了這種感受又熟知國外大事的基督徒知識分子，無不痛定思痛地反思帝國主義與資本主義的關係，換言之，他們不是搞什麼思想上的「自由派」或是暢談什麼「社會福音」，他們沒有選擇地被捲入這場世紀風暴中，由於出自於最基本的同情心或是良知，他們天真地認為或義無反顧地相信，基督教恐怕是人類唯一的出路。

民初中國所面對的重大考驗和危機，的確造就了「社會福音」思想在基督教知識圈子和青年人中變得具有吸引力，從青年會的組織到學生運動，無不顯露出對此種帶有強烈革命傾向思想的認同，在他們當中就流行著一句口號：「到民間去」，這是一句十足「救亡」的呼籲。中國已經到達一個關鍵的時刻，正如金觀濤、劉青峰所述：

> 五四以後，革命不僅意味著進步與秩序的徹底改變，還成為社會行動、政治權力正當性的根據，甚至被賦予道德和終極關懷的意見。[21]

綜觀中國近代思想的言說，「革命」代表著「進步」，兩者完全可以說是劃上等號。換言之，這種把革命與進步劃等號的思想，其旨在於傳達

一種中國急須一種「嶄新」的未來，這種嶄新的未來甚至在於創造一種「新人」。[22] 馮友蘭的「新事論」所指出之：

舊邦而有新命，新命就是現代化。[23]

其根據的「周雖舊邦，其命維新」，與西漢公羊學的改制說關係密切，換言之，這一切都是在革命的意義上所說的。[24]

自民國以降，帝國主義在中國的進逼已到達忍無可忍的地步。歷經「五卅」、「九一八」、「一二八」等事件，越來越多的中國基督徒在遭遇到前所未有的苦難後，認為政治行動是社會改革的一部分，如要建立上帝所應許的理想社會，這是必經的過程，像吳雷川便贊成武力手段解決問題。許多有識之士也親身去參加群眾抗議的行動，主張基督教應該從事社會改造或革命，即使戰爭與流血，也在所不惜。誠如吳雷川所認為的，「中國民族要求復興，恐怕已得不著從容改革的機會，只有預備從艱苦奮鬥中開出一條血路，前途才有光明的希望。」[25] 吳雷川的激進思想立場，從《基督教與中國文化》一書始便一直貫穿到他之後的所有著作，其思想可堪稱作「解放神學」或「革命神學」。[26]

儘管中國基督教絕大部分的神學走向都是保守的或是靈恩的，[27] 但是我們仍然可以找到相當多激進的基督教思想代表，這些激進的基督教思想可以概括地形容作一種「革命的基督教」，其在劉靜庵、吳雷川、沈嗣莊、張仕章、謝扶雅、吳耀宗、簡又文等人中形成。所以在中華現代性的語境之下，是存在著一種中國的激進神學，這種神學基本上即是主張基督教是革命的，最終，這種思想立場更多地選擇或是同情革命。[28] 因為基督宗教本質上即是革命的，包括耶穌本人即具有「革命的木匠」、「無產者」、「被壓迫者」、「解放者」等形象，不一而足地在中國激進神學的思考中，成了面向中華現代性下名符其實的「漢語的解放神學」

（Sino-Liberation Theology），他們比拉丁美洲的神學家更早地意識到帝國主義和跨國資本主義的問題。

　　正是在中華現代性底下，中國的激進神學家在此做出了相應的回答：基督教究竟對中國人意味著什麼，這個答案不是從「中華本位文化」出發，而是基於「中華現代性」的語境之上。換言之，正因為我們認清了革命如何作為中華現代性的問題核心，我們才可能清楚地留意到一種與之相應的激進神學油然而起，「漢語的解放神學」比上個世紀拉美現代性所激起的「拉美解放神學」要早二、三十年。本書嘗試改寫世界神學史的理解。

走向激進的本色化運動

　　中華現代性即是汪暉所言的「中國認同」問題，這種認同不能簡單地理解為一種民族主義，因為近代中國以降的民族主義問題夾雜著許多複雜的歷史元素，尤其與帝國擴張和國際與地域經濟關係的發展有關，「現代」中國意義的「革命」之所以不同於之前歷代的革命，其差異即在此。[29] 現代中國的革命是面向西方的革命，是與西方現代性發生碰撞所激起的革命，因為這一切問題都無可避免地與傳統中國的帝國範疇以及文化論述相提並論，所以中華現代性完全是中國在面對西方時從中國主體的形塑中應運而生的，以現代國家學的語彙來說即是關於「主權」的問題，以文化心理學而言則是「認同」的問題，對於神學而言則是「改造」的問題，總的說來，也就是關於「革命」的問題。換言之，民國以來所發生的「非基督教運動」絕非義和團式的仇教運動，以及中國基督教內部所推行並主張的「本色化運動」也不是簡單地去除基督教的洋教色彩，真正說來，不管是「非基督教運動」或「本色化運動」，它們都與帝國主義的課題有關，中國的民族主義應從這一方面來準確地被理

解，這樣，也就明白何以激進神學在回應上述問題時會走上革命一途，似乎帝國主義的問題如此巨大，若非革命一途無法根本地解決，中華現代性在晚清經民國形成到共產黨的論述，都與帝國主義的問題息息相關。

因此，對中國而言，基督教即是代表西方現代性，其也隨著對於西方現代性的質疑和批判，而成了一個首當其衝被反對的對象，「基督教是帝國主義侵略中國的工具」完全是一句在「中華現代性」的問題意識底下形成的控訴，同時，中國在形成自己的現代性過程中，即是以推進現代性而最後則以拋棄了基督教，形成「去基督教的現代性」。這即是基督教在中華現代性問題上所形成的矛盾，一方面他因為與現代性如此緊密以致於成了被批判的對象，另一方面則是因為在不斷地強化現代性的同時又成為被拋棄的對象。基督教在中華現代性的命運底下，沒有取得任何令人滿意的結果，可見，在中華現代性的問題底下，基督教一直都是成問題的，它一方面被說成是帝國主義侵略中國的幫凶，一方面又被指作為一種與科學相違背的迷信。不管哪一個問題，它都與中華現代性的問題意識有關，儘管這不是一個容易回答的問題，仍有待許多的思想和歷史條件去疏理基督教在此中華現代性的衝擊下所面對的問題以及如何做出回應等等，但相信對此問題的反思極為有價值，對它的認識成了對中華現代性的一種理解，同時也是一種反思。

為何過往的研究在理解基督教與西方現代性的關係和傳播上，僅僅是在器物的層面上取得了較高的成果，但在「革命」的思想和理論準備上卻是卻步的？我們不要忘記，晚清到民國，中華現代性的問題完全被「革命」的問題所支配。同樣是作為現代性問題的「革命」，基督教似乎在此問題上沒有過多的關注，甚至特別與革命保持距離，這反映了基督教在中華現代性的歷程上，與它在西方現代性歷程上的展開，呈現出完全不同的面貌。基督教在西方參與了無數次的革命，[30] 但是在中國，它

更多是表現為一種保守的力量，甚至只有當他們被質疑其認同與忠誠的問題時，才稍微表現得激進些，但這些激進的元素也很清楚，它更多是來自於一種立基於中國民族主義的革命論述，以致於儘管從晚清到民國的社會是充斥著革命的行動與號召，但傳教士與中國基督徒普遍並未跟上，所以稍微激進些的，就是主張所謂的「社會福音」，可是「社會福音」仍然是停留在一種社會關懷和社會改造的工作上。關於「革命」或「制度性選擇」的問題在基督教圈子裡仍然是極為少見的。

正是尚未有過這種思想史的疏理，形形色色的漢語神學一而再、再而三地只將目光聚焦於「中華性」的問題上，所以發生了種種「本色化神學」的解讀，然而，對於「中華現代性」的問題，要不是視而不見，就是在基要派學者的「教會本位」短視之下給遮蔽了。例如歷史學家呂實強先生對中國激進神學的評論便顯得幼稚，與那些基要派的口吻沒有分別。他說：

> 儘管那些自由派，尤其力倡社會使命在於社會改造與革命者，言論洋洋盈耳，似乎聲勢奪人，但那些固持基要與福音者，卻明顯地獲得更多的信徒。這是為什麼？雖然很難作正確的解釋，但可以依理衡量，那是因為若干社會福音派可以說已經偏離了宗教，而轉入了人文主義的領域；甚至在人文主義中，亦趨向極端，不能為一般中庸之道的人所接受。[31]

無可諱言地，像呂實強這樣的「教會史權威」在疏理史料上，還算得上令人敬仰，但是其評論這些現實卻是令人失望，正如他所說的：

> 至如王明道、倪柝聲等的固持基要，確能吸引信徒，培養屬靈，不失為宏揚宗教的一項根本之圖。[32]

上述的評論可以說完全超過了史家的分際，說「若干社會福音派可以說已經偏離了宗教」，又說轉向人文主義的往往「不能為一般中庸之道的人所接受」，故此「固持基要與福音者，卻明顯地獲得更多的信徒」。呂實強這種看法，吳耀宗早已做出了中肯的回應：

> 我們期望的不只是增加信徒的數量，而是在實踐服務中分享生命。信徒的數量會增加亦會減少，但如果我們認識到在一個非基督教的社會秩序中，力圖過著一種基督徒的生活，上帝之國就會很快到來。[33]

換言之，呂實強及大部分基要派主張以信徒的多寡來判定何者為正確，或以中庸之道來定義宗教，完全是基於一種偏見，未能公允地評價究竟基要派或社會福音派何者在面對中國社會問題時，是誰比較認真或嚴肅地看待信仰。或者說，當基要派和社會福音派在針對社會問題做出反應時，問題不在於是不是偏離了宗教的主旨，真正的問題在於，他們各自採取了何種態度或方式來面對時局，很難說孰是孰非，相反地，應該看到他們各自的優點和缺點。

像所有主張社會福音或激進神學的中國基督徒一樣，當致力與其他的思想對話或反映諸多的現實時，都不免與教會組織造成意見上的衝突，正如他們大都認為基督教本身必須接受檢討或批判，這是信仰的部分，因此他們認真思考所有與基督教敵對的主張或立場，甚至借助他們的觀點使基督教免於墮落或腐敗，基督教在他們那裡同時是可以也必須容納得了「自我批判」的，誠如吳耀宗所說：

> ……我們十分同情於社會革命的運動和這種運動所反對的虛偽的宗教，一方面因為這本來是宗教自身的一種使命，另一

方面，因為社會革命的目的在解放物質條件對於人生的束縛，
而這一種解放同時也就幫助宗教從它現在的迷信和反動解放出
來。[34]

　　任何對時局稍有感受以及仍有絲絲道德良知的青年都會有同樣的感
受，現代帝國主義與殖民主義的根本特徵不僅在於軍事佔領、武力征服
和勞動壓迫，而且它還徹底地改變了殖民地社會的原有結構，使之從屬
於工業化的宗主國的經濟體系，進而形成一種世界範圍的、不平等的國
際勞動分工。對基督教與馬克思主義進行過深入反省和對話的吳耀宗也
有這樣的感受，他認為基督徒的任務是必須對付現在摧殘著人類的兩大
罪惡：國際間的不平等，和社會間的不平等，中國與世界同樣處於這樣
的歷史情境中，從「社會福音」到「唯物主義的基督教」，橫在吳耀宗
眼前的，就是如何同時面對基督教的未來與中國的現實。[35]

　　也許，正是中國遭遇到如此巨大的危機，民國初期就形成了一個
「反現代性」的「共產基督教團體」——耶穌家庭，這個在山東馬莊發跡
的「本色」、「靈恩」教會，標榜著自己復興基督的教誨並實踐初代教
會精神的教會，是「新中國」成立後一個模範生。〈耶穌崔庭〉歌詞唱
著：[36]

耶穌家庭，主愛組成，由天而降，毫無人工
是恩中父子，是靈中弟兄，領袖色彩淡，團體滋味濃
也不論男女老幼，也不論愚拙聰明
種族、邦國、貧富、貴賤，都忘形
真個是天國臨世，神旨行地，相親相愛永不休

〈一點天國酵〉：

> 而今是兵商士工農，農為最下層
> 耕也不免饑，織也不免冷，人人可魚肉，人人可欺凌
> 基督真門徒，深為抱不平，寧可勞苦死，與農表同情
> 不願居都市，願住草野中，勤勞多生產，粗淡務節省
> 多納一分稅，使民擔負輕，少喫一口飯，可回餓殍生
> 深知螢火光，難照普世明，千里始足下，有志事竟成
> 一點天國酵，人類變崔庭

民國時期的基督教，即發展出了解放神學的思想，亦出現了踐行基督教共產主義的生活團體，本書的研究即在於補上「世界神學思想史」上的缺頁。

第一章　真革命黨人，真基督徒

> 天地革而四時成，
>
> 湯武革命，
>
> 順乎天而應乎人。
>
> 革之時大矣哉！
>
> ──《周易》

基督徒的革命團體──日知會

基督教作為一個「外來」的宗教，嘗以一種革命者的形象出現在中國基督教神學思想史上，有所謂「革命者耶穌」或「革命的基督教」的說法，而一切必須追溯至晚清的一個知名革命團體或組織，即是以武昌高家巷基督教聖公會聖約瑟堂為基地的「日知會」。

1938 年 7 月 10 日，一群在「丙午之獄」中落難而後出獄的日知會成員，張難先、梁鐘漢、吳貢三、殷子衡等故地重遊，於日知會舊址建

---

*　本文主要內容曾以〈要想做真革命黨，就要先做真基督徒──劉靜庵之研究〉為題刊於香港《道風》第 42 期（2015），後又以導言的方式收入於曾慶豹選編《基督徒與革命──劉靜庵獄中書簡及其他》（新北市：台灣基督教文藝出版社，2019），該選編收錄了諸多重要且未曾刊載的史料，包括胡蘭亭編著的《劉靜庵》、《殷子恒先生手抄劉靜庵》之手稿、〈武昌日知會與耶教之關係〉等。

紀念亭，刻碑以紀日知會事蹟，部分碑文茲錄如下：

> 故日知會者，武昌革命之源泉也。蓋日知會為聖公會創
> 立，聖公會奉行基督教，其教義以博愛救世為旨，構一天國，
> 勉人之向善，意量駭遍宇宙，罔有封畛，犯難前進，糜頂不
> 辭，耶穌生時，方丁猶太民族衰弱，羅馬摧殘暴恣，愛倡導革
> 命，求復平等自由。故傳教雖久遠，而革命性仍保持未失。吾
> 黨憤清廷之淫虐，漢族呻吟其下，日瀕於危亡，期為一旅之剪
> 除，與耶穌革命之志相符。聖公會即本教旨，纘基督之緒，設
> 日知會，進而為吾黨援。此足證基督教之偉大，主持聖公會者
> 之賢明，勇於赴義也。[1]

據了解，胡蘭亭牧師的兒子胡懋生所述的《武昌日知會概略》（1956）
是最早整理並介紹日知會的。[2] 胡懋生所說明的日知會相關事蹟，見於下
述的文件：[3]

1. 中華聖公會（漢口）鄂湘教區張主教處收藏有日知會碑帖一
   幅。
2. 中國基督教青年會全國協會所編《余日章傳記》中有日知會
   事蹟。
3. 新華社出有一書（書名不記得）及高中三年級《中國近代史》
   兩書內有談日知會事蹟。
4. 二十餘年前，在世人移劉靜庵墓時，發現碑文上也記有日知
   會事蹟。劉靜庵墓在武昌卓刀泉。
5. 黃吉亭先生於抗戰前，特由湘至鄂往日知會基地高家巷聖公
   會建立紀念碑一座，抗戰時因怕被日寇破壞將此碑隱藏地

下，現不知去向，此碑上刻有日知會事蹟。

6. 胡祖禹及編者各著一書名《開國國寶》、《革命知之路》，二書中也談日知會事蹟。

7. 約在民國七、八年時，曹亞伯先生所主辦之《新湖北月刊》在數期內有刊登武昌革命史及日知會事蹟，該刊被王占元禁止出版（內中注有罵王占元事）。

8. 民國二十一年，曹亞伯由滬至漢所編之《武昌革命真史》一書，黃吉亭先生供給他所藏之日知會革命資料及照片，但此書又被當局禁止出版，已出版的多被沒收，發售很少。

◆ 日知會碑（以「日求一知，不斷進步」為精神的日知會是清末由聖公會基督徒組成的革命組織，是「辛亥革命首義」的標誌性團體。圖片來源：作者拍攝自現場）

然而，胡懋生所述日知會的紀錄中，少了殷子衡的一篇論稿，此稿標題為〈武昌日知會與耶教之關係〉（1938 年），文中詳細交代了日知會與聖公會的關係，以及其所秉持何種基督教的理念來作為此團體實踐的目標。殷子衡曾參與日知會發宣傳單的工作，也屬於被清政府捉入牢獄的九人之一，在獄中與劉靜庵（另作「靜菴」，亦作「敬安」）互動最為緊密，出獄後還當上了聖公會的牧師。[4]

〈武昌日知會與耶教之關係〉提及幾方面的內容，反映了這個團體從來就是與聖公會的關係緊密，甚至，思想傾向主要以朝向革命為主張，其中主導並影響此團體實踐目標的即是劉靜庵：

> 當時因該堂的會長為胡蘭亭先生，照護閱書報室而與人談道者，是潛江的劉靜庵先生。劉先生是一個熱心的基督徒，也是富有種族思想的人，人也曾看過太平天國史，他很受過洪秀全先生的思想的影響。[5]

特別是文中所引一段洪秀全向洪仁玕所說的話更顯示出此革命團體的基督教性質：

> 上帝畫分世上各國，以海洋為界，猶如父親以家產分與兒輩，各人當尊重父親的遺（囑），各自保管其已得的產業。中國土地是漢族子孫的，為何滿洲人以暴力侵入我們的中國，而強奪我們的產業呢？如果上帝幫助我恢復祖國，我當叫各國保管自己的產業。而不侵害別人所有的。我們將要彼此有交誼，互通真理及知識，各以禮相接，我們將共拜同一的天父，而共崇敬同一的天兄世界救主之真道。這是我心中的大願啊。[6]

殷子衡形容，這個思想圖景一直主導著劉靜庵的革命心願，世界各國各族同屬一位上帝與其「反清復明」或「驅除韃虜，恢復中華」的思想是並行不悖的。

此處所言及的洪秀全思想，實是一段世界主義和民族主義之辯證的論述。意思是說，世界各國同屬一位上帝，各國各民各自管理所屬之領土，互不相犯，只是當時的中國為他族所犯，與各族兄弟各自管理自己領土之情況相違反。天父作為世界主義，各兄弟作為民族主義的隱喻，成了革命正當性之神學理由。

〈武昌日知會與耶教之關係〉除了記錄了「閱書報章程」、「捐項章程」，也收錄了〈倫敦蒙難後孫中山所致區鳳墀先生的一封信〉、〈聖公會吳德施主教致馮啟鈞書〉及〈雷德禮牧師致駐北京美公使樂克希函〉（錄自曹亞伯《武昌革命真史》上冊）、〈武昌日知會紀念碑〉（民國二十七年五月十八日，歐陽瑞驛）等，其中最特別的莫過於殷子衡為日知會所作的神學詮釋。殷子衡把耶穌視為革命家，他的生平、理想和行動，都與革命的精神有關。

> ……日知會內，暗暗地組織革命機關，這機關，就表面上看，似乎以耶穌教博愛為懷的教義，不大相合，然而要曉得耶穌之名為耶穌的意義，革命事業，正是耶穌的許可。耶穌二字是希臘語，希伯來又名約書亞，譯意就是救主。……。耶穌其名基督其徵候也。提倡革命，就是想把滿清的專制政體推倒，來建設一個民主的共和政體的新國。[7]

而耶穌一生的傳道工作，可以總結作：

> 由三十歲開始傳道，至三十三歲釘十字架，他的工作不外

復興民族，改造社會，拯救人類！[8]

殷子衡列舉了耶穌之所以為耶穌，而能成為救世主之原因。他對耶穌的論述綱要如下：（甲）耶穌所處的環境——（一）耶穌家庭的景況、（二）社會的情況、（三）國際的大勢；（乙）耶穌時代的思想；（丙）耶穌的處事精神——（一）有服務精神、（二）有犧牲的精神、（三）有奮鬥的精神、（四）有進取的精神、（五）有無畏精神。殷特別指出，耶穌是一位解放者，是民族的解放、奴役的解放，並實現人的自由。所以耶穌的傳道工作包括三方面的內容：

（一）復興民族
（二）改造社會
（三）拯救人類

　　日知會在歷史上的命運同樣是坎坷的。[9]在辛亥革命成功並締造民國的過程中，他們的成就與史事一再被國民黨內的其他革命團體所排擠，在國民黨的「歷史解釋權」下，興中會及同盟會被視為正統，而對於以武昌起義作為辛亥革命「首義」並成功推翻滿清的日知會，並未獲得公平的評價，曹亞伯的《武昌革命真史》一書於被禁止發行即是最佳的佐證，該書正是一個親身參與革命並是日知會重要中堅分子所述的歷史，其正是因為目睹革命黨人之間的鬥爭，晚年潛心修佛，不再涉事。[10]晚近，越來越多的學界歷史論述開始對日知會予以應有的評價，從賀覺非的《辛亥武昌首義人物傳》到馮天瑜的《辛亥首義史》，均對參與武昌首義的人物給予肯定。[11]
　　日知會原是一個宗教團體，之後卻逐漸成了一個革命團體。日知會是 1901 年由黃吉亭牧師在武昌高家巷中華聖公會聖約瑟教堂成立的一

個「書報閱覽室」，該室除陳列《聖經》、《公禱書》、《進教要理問答》等基督教書刊和宣傳冊外，還從上海等地購買《開智錄》、《國民報》、《萬法精理》等進步書報，利用教會的特權公開陳列，任人備覽，以「日求一知，不斷進步」，這即是「日知會」名稱之由來。[12] 之後由胡蘭亭牧師接任，擴大了日知會的規模，「所購新書日報甚多。每星期公開宣講，批評政俗，無所忌諱」。[13]

由於「胡、黃均有心革命」，[14] 黃吉亭則到了長沙如法炮製一個日知會，胡厚齋牧師之後也在九江成立了這類閱報室，事實上即是向軍學兩界散佈革命書籍和思想。日知會逐漸成為武昌傳播西學，針砭時政的中心，「科學補習所」成員劉靜庵、張難先、殷子衡是日知會常客。日知會廣受歡迎，帶動了到聖公會做禮拜人數的增加，「每逢禮拜假日至日知會閱書報者更多，兵士學生習以為常，因而做禮拜基督徒者亦不少」。[15]

張難先形容，日知會由聖公會的宣教機構變為「兩湖革命黨的樞紐，雖仍用日知會名義，惟質變耳」。[16] 像日知會這樣的組織，迅速地以武昌為基本，而後如此地擴散到九江、漢口等地，以作為傳播革命思想的場所，結合了有志一同革命的人士加入，影響所及包括湖北、江西、安徽、江蘇、四川、新疆等地。[17]

在聖公會主教吳德施（Bishop Logan H. Roots）的掩護下，日知會獲得空前的發展，其中，最為引人注目的一位代表性人物當然就是著名的因「丙午黨獄」之災而死在牢裡，主張「要想做真革命黨，就要先做真基督徒」[18] 的劉靜庵，日知會是他「獨力締造之革命機關」，上述碑文所形容的「靜庵性沉毅純潔，負責任，對閱書報者，各乘間灌輸革命大旨」，毫無誇大之詞，從組織到宣傳或演講，劉靜庵成了清政府欲逮捕的頭號人物。劉靜庵不僅因其基督徒的個人身分而引起關注，也因教會在援救他的行動上發揮了極大的力量，他在思想行動方面更是相當程度地表現了「革命的基督教」的色彩，從而成了一個典範型的人物。

> 大塊噫氣嗟勞苦，
>
> 帝天無言遂生求。
>
> ——劉靜庵

眞革命黨人，眞基督徒

劉靜庵在日知會成立開會之日做了一次慷慨激昂的演說：

> 中國醒，中國醒，我中華外人要瓜分了，我們同胞又要做兩重亡國奴了。滿清納拉氏常言並將中國妄於外人，不可失於家奴，此滿清亦自認為中國又要再亡了。我漢人四萬萬同胞被滿清壓迫愚弄，多有不知的。現在禍在眉睫，應該醒來，應該覺悟，早想挽救之法，以免永為人之奴隸牛馬，不勝極切盼禱之至。日前同志曹亞伯由湘來鄂，與胡蘭亭先生及兄弟三人商議擴充日知會。現曹君已往日本從事運動。我們日知會重又成立，一切章程宣言都已備就，應成立幹事部。此幹事部多軍學兩界人士，俾黃帝子孫不復亡國奴，豈為同志之幸，亦中國四萬萬同胞之幸。[19]

這種強烈的民族主義思想，一直都是中國近代革命的核心思想。以日知會為主的基督徒革命黨人也不例外，基本上仍然是在這個意義上理解革命，他們嘗試在基督徒的信仰前提上找到解釋，如曹亞伯在教堂中說過「滿清入關滅我漢人之罪惡，實為上帝所不許」這樣的「神學式解釋」。[20]

在日知會成立的相關淵源或雛型可以追溯到「花園山」的聚會。花園山是位於武昌城內東北角的一片幽靜小山丘，外國教會和組織多集於此，即今天的華林。劉靜庵當時就已參加由吳祿貞所召集的活動，地點

就在李廉方的寓所，此處的聚會除了演講、討論外國新知、發放革命宣傳品外，他們還有一部幻燈片機，播放一些世界民族運動和反抗壓迫的現況，吸引了許多有識之士的參加。[21] 花園山的聚會維持了短短數月便解散了，取而代之的是在多寶寺街，時象晉寓所的「科學補習所」，據說這個組織成立於 1904 年 7 月 3 日，相對於花園山的聚會，這個組織還算比較嚴密，之後遷到了武昌魏家街 1 號，雖然劉靜庵當時仍然在新軍黎元洪之下當書記，但已非常投入其中，並召集了不少投軍的青年學生加入，也商議過謀刺清政府官員的計劃。[22] 科學補習所在同年 10 月 28 日於張之洞的緊密搜查行動下也隨之解散，這個組織活動前後不過四、五個月，劉靜庵隨後便躲到高家巷聖公會避風頭。[23]

　　日知會在 1903 年劉靜庵來到聖公會聖約瑟堂之前早已存在，但它的性質很單純，以「日求一知，不斷進步」的精神，提供外國最新書報，以利民智之開放。武昌高家巷的聖公會聖約瑟堂可以說是美國聖公會在武昌開始傳教時所興建的一所教堂，而日知會最初以書報閱覽室的「日知堂」名義成立，為時任吏職的黃吉亭牧師於 1901 年所設立，黃吉亭為首任日知堂的會長，次年因黃吉亭調任長沙而由胡蘭亭繼任之。

◆ 武昌高家巷聖公會遺址（日知會初設於武昌高家巷聖公會內開始，後又在長沙、九江等地成立分支。圖片來源：作者拍攝自現場）

　　劉靜庵踏足這間閱覽室後就結識了胡蘭亭牧師，同時也召喚了一批青年知識分子加入，包括曹亞伯、張純一等，在以書會友的環境中認識了基督教信仰，並紛紛受洗入教，在此逐漸集結了越來越多具有革命熱情的分子，在劉靜庵擔任該會的總幹事之後，日知會開始展現其革命團體的形象和功能。

　　劉靜庵與胡蘭亭之間的互動是日知會從一個閱覽室變成了革命團體的關鍵。劉靜庵固然是此轉變中的關鍵人物，但有此結果卻是劉說服胡蘭亭的結果，劉靜庵的話是這麼說的：

> 國勢誠岌岌矣！公中國人當不忍其倫胥；下走愚妄，竊願借此謀革命以救國，公能許我乎？

劉靜庵特別提及聖公會人士在道德和信仰的前提下是會支持革命的，而且基督教的救世精神在此中國的危難時期，更應獲得實踐。正是這段說詞打動了胡蘭亭，胡蘭亭應之：

> 國危至此！尚何所顧慮？願與君共為其難，即君言，弟好為籌劃也。[24]

就這樣，劉靜庵獲得了胡蘭亭的全力支持和掩護。

　　1905 年，王漢暗殺鐵良未遂而投井自殺，「科學補習所」又被封，劉靜庵決心重組革命團體，「竊願借此謀革命以救國」。自從劉靜庵主持日知會後，「勤奮宣傳不遺餘力」，閱覽室「購列新書新聞雜誌甚多，日來觀者，踵趾不絕。因輸其革命義旨，散布《猛回頭》、《警世鐘》、《黃帝魂》諸編啟之」，[25] 聖公會教堂「每星期日公開演講，闡述世界大勢、本國危機及現今救國之道」，[26] 隔年 2 月劉靜庵在日知會底下召開幹

部大會，訂立章程，設幹事、評議兩部，後被公推為總幹事。[27] 日知會以教會之名謀革命之實自此開始，學界普遍認為其作為一個革命團體成立的時間是在 1906 年。

許多與日知會相關的評述者如張難先、曹亞伯、張純一等人，都認為在劉靜庵的個人能力和才華的組織、推動下，日知會取得了空前的發展：

> 敬安視事後，整理書報，訂立規則，應接尤為周至。數月之間，閱者日眾，閱覽室為之改觀。敬安見擴張會務，大可引導革命，始則漸增革命書報，繼而吸引同志，進行組織。於是商准胡會長，擬製會約，名不變而質變，由傳教進而革命，是為日知會開始演變，時在光緒三十一年乙巳冬也。
>
> 是後每星期日必有類是講演，有時假座文華書院，請名人講演世界革命史事，對時事常含刺激意味，如吳祿真、劉伯剛、金華祝、余德元、朱作梅等皆曾主講。又在黃州設秘密印刷機關，由吳貢三、殷子衡負責校印革命書冊，各處攜以分送，各校學生幾於人手一冊。[28]

劉靜庵機警、鎮定，沒有給政府留下任何垢病之處，而且，由於他的熱忱與投入，日知會的成員均表現得極為團結一致，使參加者也比較放心，亦不給教會帶來麻煩。曹亞伯尤其稱許劉靜庵，認為他一個人可抵作一千個人用：「焉得劉靜庵，化身千百萬，使舊腐之人物，一一覺悟哉」，因此，日知會在劉靜庵的推動之下，獲得了空前的發展，「軍學兩界之入會者，數約萬人」，[29] 也印證了熊十力的話：「識者知其非常人也」。[30]

日知會成員每藉星期天禮拜或在文華書院中的演講場合，無不宣揚

革命思想：講述世界大勢，分析本國危機，指明未來方向。許多的回憶認為，劉靜庵的口才極為激烈和感人，聽者無不深受感召，甚至激動得落淚，如熊十力形容：「每開會演說，靜庵至誠惻怛，聲淚俱下，環聽者常數百人。數月，黨勢益熾，日知會支部林立」。[31]

> 維摩詰病在斗室，佛法及於三千大千世界，耶穌降生馬槽，福音遍傳於南北二極；予持耶穌之名，求救中國之苦，身在縲絏，心在天堂，汝未觀新舊二約乎？三界唯心，有所歸依，即不亂也。自度度人，汝其急信道以求解脫患難中之孽障乎？
>
> ——馮自由，〈日知會首領劉敬安〉，《革命逸史》（二）

殺身體的，不能殺靈魂

1906 年，日知會接待了一位來自法國而經由孫中山介紹指派的歐吉羅上尉（Captain Ozel），其準備進行一次公開演講，講述國外的革命思潮與現況，劉靜庵負責接待和主持演說會的工作。正是這場演講，被當時的巡警馮啟鈞盯上了，就在一次萍鄉、醴陵起義失敗後，日知會成員，包括朱松坪（子龍）、張難先等九人，被一併地捉到牢獄中。其中，又以劉靜庵受到最為嚴重的拷打與盤問，「鞭背至一千四百下，肉盡見骨，面目青腫」，單獨因禁，[32] 想盡辦法就是要指認他即是黃岡縣革命黨人首領劉家運。[33]

吳德施主教、孟良佐（Alfred Gilman）副主教與聖公會教友，為援救劉靜庵等人奔波努力，另外廣學會的李提摩太（Timothy Richard）、

◆ 宣揚革命演講會會場（劉靜庵主持一場戶外演講後與聽眾合影。圖片來源：作者翻拍
自《武昌革命真史》）

美國佈道家穆德（John R. Mott）等人也與湖廣總督張之洞交涉，鼎力協
助他們脫困。吳德施同時寫信給美國國務院，請國務院轉電美國公使通
過外交途徑向清廷施壓，他親自進京，一再向美國公使樂克希證明「劉
靜庵為聖公會所辦大學之教員，任職已八個月，毫無過犯」，[34]「官場既
誣劉靜庵為匪首，則妨害聖公會之名譽」。為援救劉靜庵，吳德施主教
反覆強調他的文華書院教職和美國聖公會虔誠信徒的身分，描述「他
往宣道會聽道理，常與會中人談道。再閱讀兩月，他即在本公會受奉教
禮。從而時直至於今，我等熟識他，詳細查看他，在日知會派他招呼書
報」，「他只想教會」，「於道理日有進益，後定其志，思學聖品，謂若
是拯救中國惟有基督道理為要」，「我等查此三禮拜當中他所有憑據已
另繕呈電，我等看他此等憑據實在顯明其無罪。拘押劉靜庵及其父親兄

弟「使人疑惑，生出謠言來，在閣下與我等教會兩不方便」。[35]

然而，劉靜庵等人審訊時都承認自己是革命黨，散發革命書刊，劉靜庵承認「聯絡軍學兩界中人，以為革命之預備地位」，[36] 故清廷要將劉靜庵等人一律處斬。吳德施在信中，對劉靜庵的人格表示了敬佩之意，除了陳述與他結識的經過和觀感，更是對他的基督教救國主義予以高度的肯定。[37]

在吳德施眼中，劉靜庵品格高尚、博學愛國。從吳德施的信扎中可以更多地認識到劉靜庵，他非常肯定劉靜庵的人格和信仰的真誠，甚至用孟子來形容他的傲骨，並呼求全中國教會為劉的遭遇和處境祈禱，希望他早日脫困：

> 余之識先生，始於一千九百零四年初，先生以慕道來本會，繼而明其志願，盡舉所有用，以鼓吹道德之文明，開啟同胞之知識，是即先生在本會所設日智（知）會。辦事始末之一斑，未幾一千九百零六年春，鄂文華神學校，苦無相當之教習，時蒙慷慨允求，願日盡義務一小時，自余識之始至今日，學生自受教之始至今日，愛之美之之心，未嘗稍退……是年，風潮大起，官示四布捕逮劉家運（述被捕經過，略）……孟子所謂天將降大任於是人也，必先苦其心志，勞其筋骨，餓其體膚，空乏其身，所以動心忍性，增益其所不能之語，其為先生而言呼。願主旨成，更切望在中國之全體教會，為吾人所敬愛之弟兄劉敬庵祈禱，並祈懇全能慈善之上帝，施恩慈與憐愛，使其早得釋放，服事主之教會於中國。[38]

劉靜庵被形容為這樣一個人：

　　性沈毅寡言。務躬行實踐，不尚空談，平生莊敬自持，無
一息懈，雖盛暑未嘗去衣冠。動止皆有常態，與人交，久而
敬，嚴毅誠摯，儼然可憚，然相接既久，則覺其藹然可親。[39]

熊十力則這樣形容這位「非常人」：

　　辛亥五月十八日，幽死於獄，年三十餘歲。敬菴終身不
娶，不肉食，恬淡異常。少治六經佛老諸子學，通曉大義。後
皈依耶教，力窮其奧。平生踐履篤實，立必齊足，坐必平身，
行必端步，律己嚴，待人愛敬。非講道，言語不諸口。事不適
意，怒不形於色。視害己者無怨心，且以其無知而憫之。有病
者，則為之祈禱。嘗曰：「凡人意思行為，須時加檢點，必本
信心而行。吾於時時事事，形形色色，無不親眼見得上帝。」
其體道深切如此。[40]

胡蘭亭刻劃他的人格作：

　　坐如銅鑄，立如金人，行如滿載船。雖病甚，不畫寢，即
寢少須，未嘗肆展；雖緊急，容止從容不迫；暴烈之色，未嘗
見面，叱吒之聲，未嘗出口。有時教誡弟子，稍易聲色，然亦
因弟子之非，知愚頑多次違逆所致也。喜浴悅潔，飲食必節。
多尋思，事必究極處。人喜亦喜，人憂亦憂。[41]

賀覺非在編著《日知會列傳・劉靜庵》一文中，提及他的材料主要參考
張難先和胡蘭亭之作，特別提到胡蘭亭作有《獄中信徒》一書，認為此
書對劉靜庵多為誇大之詞，不足採信。然而對照過曹亞伯、張難先、

◆ 劉靜庵像（被喻作「革命完人」的劉靜庵死在獄中，留下感人的血書。圖片來源：作者翻拍自《武昌革命真史》）

張純一、殷子衡等人的描述，賀覺非的判斷實為一種偏見。我們從熊十力對劉靜庵的印象可以證得胡蘭亭等人之美言絕非不實，熊十力形容劉靜庵「幼隨父讀，穎悟善記，書過目輒不忘。性沉靜無譁，喜坐小樓靜讀，寒暑不輟，非膳不下」，[42] 胡蘭亭說他「通道極篤，愛主彌勤，嚴以律己，忠於謀人。博學多聞，寬和慈祥，固純謹士」，[43] 絕非虛言。

最為感人的故事，是經由在獄中被他規勸信教的殷子衡轉述出來的。劉靜庵在獄中讀經、禱告、講道、唱詩，劉靜庵第一次向同是因與他搞革命而受牢獄之災的殷子衡佈道時說，「維摩結病在斗室，佛法及於三千大千世界；耶穌降生馬槽，福音傳播地球南北兩極。我靠耶穌基督的聖名，求救中國的苦難，身在縲絏，心在天堂」，[44] 之後他提到福音書的內容，認為其中最為精要之處即是：

> 基督教可以救自己，可以救他人，可以救國家，可以救世界。你要趕快皈依基督。救了自己，才好去做那救人救國救世界的工夫，不要蹉跎復蹉跎，像那幾個假革命黨，把我們騙到監牢裡來坐，他們就高飛遠走。……我們要想做真革命黨，就要先做真基督徒。因為革命黨就是要本著基督的博愛主義，為大多數人謀最大幸福呢。[45]

在這些「信仰耶穌的革命黨人」心中，他們經常告誡自己準備為革命付出代價，其精神或動力源於耶穌的一段話：「殺身體不能殺靈魂的，不要怕他」。殷子衡也認為，信靠基督即是自度度人，並求天國實現在人間，受到劉靜庵的感召，他認為馬太福音二十五章 35 節至 45 節那段耶穌的教訓，即是克魯泡特金（Peter Kropotkin）互助主義的先導。[46]

◆ 曹亞伯著《武昌革命真史》封面（日知會成員之一的曹亞伯，記錄了武昌革命前後的第一手見證和原始資料，可是該書出版不久即被查封和燒毀，被列作禁書。圖片來源：作者翻拍自原件）

從張難先給劉靜庵前後所刻碑陰和墓誌的內容看來，與他同時代的人對他的人格和精神均有極為崇高的敬仰之意，他的理想是天下一家，無國界、無種族之分、人不分貴賤、無尊無卑，因而形容劉靜庵為「革命完人」。[47] 同為革命黨人的曹亞伯在《武昌革命真史》中形容劉靜庵是日知會的核心人物，「靜庵作事最機密而沈靜，與日知會幹部諸同志開會議，秘授宣傳革命之方法。……劉靜庵擴充日知會之成績，於法人歐吉羅未來演說之前，軍學兩界之入會者，數約萬人。」[48]

曹亞伯描述劉靜庵在武昌模範監獄所受之苦痛，「非筆墨所能形容」，關於劉的死狀，殷子衡的記述中有令人震撼的場景：

> 劉公敬安平日一念慈悲，與受難之眾囚，感情甚厚，死時皆撫屍痛哭，如喪考妣，且貰托獄吏報告高家巷聖公會。中西牧師，聞耗哀痛，迅至獄中，清屍殮葬，蓋恐獄吏暴戾，棄屍於野也。獄官初不之允，固請而後許，遂舁至武昌聖馬可教堂

> 厚殮之。入棺之頃，劉之老母，撫棺痛哭，暈死者再，幾不
> 知其子之真相。蓋骨瘦如柴，年僅三旬餘，而鬚髮盡白，其
> 為國所受之苦，可以想見。今尚窆穸於聖公會之塋地焉。劉公
> 敬安，名貞一，道號保羅，家運其別字也。籍湖北安陸府潛江
> 縣，生於一千八百七十五年。[49]

劉靜庵死於辛亥年 5 月 16 日，距武昌起義不過三個月，無緣親眼見到
勝利的到來。殷子衡可以說是受劉影響最深的一位革命黨人，以下這段
話完全可以做劉的基督教革命思想的註腳：

> 欲救今日百孔千瘡的中國，非富有博愛的胸襟、熱烈的情
> 感、服務的志向、犧牲的精神，決不能成功。這四種特點，又
> 都孕育於基督教內。[50]

劉靜庵無論就人格或學問上，均備受同時代人的讚賞，同是日知會
成員的熊十力，曾說過以下這段話：

> 日知會諸子，多不羈之才。而王漢、劉靜庵、余仲勉、何
> 見田、朱元成皆天資過人，立身有本末。諸子但為未及古人，
> 自一時之雋也。而靜庵尤卓犖，道皆以年少遭慘變，不得竟其
> 學，展其才，惜哉！[51]

熊十力所述絕非虛言，劉靜庵在獄中留下了令人稱奇的「獄中讀書日
記」，可知其熟讀《明儒學案》，對其他儒家的經典都非常熟悉；[52] 韋卓
民回憶劉靜庵在文華書院教授國文，在課堂上是「兩眼半開半合，嚴肅
地講解莊子、墨子諸書」，[53] 也應證了張難先所述：劉靜庵自小「縱觀六

經諸子，講究心閩、洛、姚江，旁逮內典、道藏」。[54] 最難能可貴的是，在這短短的稿本中，除了精彩的詩句外，還有嘗試表達中國思想與基督教思想融通的觀點，其中〈耶穌復生天人之證〉和〈耶孔異同宜何適從〉，是非常有價值的文章，他不僅比較了基督教與儒家思想的異同，他所表述的宗教思想，更是透露出其革命的思想，可謂信仰體悟與革命實踐相呼應。

> 辛亥武昌義師之發動，眾咸歸功於同盟會員所組織之共進會及文學社，而不知共進會及文學社成立之前八、九年，已有一日知會為之先導。日知會蓋庚子唐才常富有票一役失敗後湘鄂二省之革命策源地也。發起日知會之主動人曰劉靜庵……尤熱心救世，稍長即投身武昌基督教聖公會為信徒，隱然以普渡眾生為己任。
>
> ——馮自由，〈孫總理信奉耶穌教之經過〉，
> 《革命逸史》（二）

獄中書簡

劉靜庵的獄中筆記，摘錄到《明儒學案》的部分並不多，大多數的篇幅是在論及基督教，從他的文字表達來看，這些作品可以算得上是他的靈修之作，論及人的罪、愛、信德、重生、事奉上帝、祈禱等基督徒生活的基本道理。劉靜庵對於基督教的基本教義也是熟悉的，他懂得聖餐的道理（「以聖餐與主交通」）、道成肉身、神人二性、三位一體的

教義、上帝國、耶穌復活的真實性，甚至對於新約舊約之別有精確的說法：

> 舊約以律，新約以愛；律服者奴，愛懷者子。[55]

可謂深悉保羅神學之精髓。

劉靜庵這篇獄中筆記堪比德國納粹期間被捕入獄的潘霍華（Dietrich Bonhoeffer）的《抵抗或服從》（*Widerstand und Ergebung*，即漢語學界熟悉的《獄中書簡》）。劉的獄中書信有兩方面的精彩之處：一是對上帝之言有確切的神學把握，二是對耶孔之異同進行了比較。這些極具神學洞見的見解，無疑展現出劉靜庵不僅在各知識、學識方面聰明過人，在信仰的執著和敬虔度上也是令人感佩的。

自劉自己簡述的學思歷程來看，熊十力對劉靜庵的稱讚絕非虛言：

> 少雅不善辭章學，承父師庭訓，讀書以躬行實踐為本，五經、四子、學案、語錄，自幸未嘗只作文字看過，為往聖繼絕學，庸常有志焉；稍長旁及佛老諸子，抉精剔髓，覺王陽明先生只爭些子之語，猶近門面；既又得耶教之新舊二約讀之，疑久，久之抉雲而覩青天，憬然向者只是在景月下旋轉，乃今杲日當空，四通八達，侈訝乾坤如是其廓落，始嘆精純奧極，得未曾有。[56]

在〈耶孔異同宜何適從〉一文中，劉靜庵批判了人性在名、利、肉欲方面被物化的弱點，這些弱點成了奴役人的力量，人從根本上喪失了人的價值與尊嚴和「筋骨」。面對如此世風日下的局面，無不傷心、失望，「聖道久絕，如固處黑暗陬者，乍臨之以旭日，其不羞澀眼淚而目

回護藏者，其勢蓋不可得也」。[57] 可見劉靜庵是經過一些個人的體會，再觀照中國的歷史現實而作出上述的判斷，因此對他而言，只有耶教才能幫助中國人克服自私自利的行為。

劉靜庵寫道：

> 人之言為上帝像；但當知上帝之言非如人言。上帝以事顯其意，如人之行，意在其中則行亦言也。太初，上帝以言造成萬物，治天下，發明天理人心，將來亦以言審判萬人，上帝之言不朽，言出惟行，非徒然而言，其言如火如劍如燈。竊上帝言者必攻之。敬虔之士當勿忘上帝言。耶穌遵父命而言，有永生之言，天地可廢，其言不可廢。[58]

上述這段文字可以說是許多經文的歸納，貫穿著舊約和新約《聖經》中涉及到上帝之言的描述，而且前後一貫、思路清晰，儼然具有一種「上帝之言」的神學體系之姿，頗有巴特主義的基調。

作為一個革命的實踐者，劉靜庵把握到了基督教博愛和大公的思想，隱約地批評了中國的血緣主義，認為後者的思想是狹窄的，不僅造成人與人之關係的自私自利，同時還是一切社會混亂的根源，他說：

> 惟愛之量，則充乎宇宙；施愛之序，則先及信道。親之以信德而不以血氣，故其道大公而無偏私。中國親之以私，乃成亂天下之因。觀於耶穌親親仁民盡情盡理之純全，遂相形而見隘矣。[59]

他認定，中國古代的天命之學，實為「公義」兩字，故言「公義永彰，此大人畏天命之義歟」。殷子衡以四種特點總結劉靜庵的基督教革命思

想為「博愛的胸襟、熱烈的情感，服務的志向、犧牲的精神」[60]，作為革命黨人基督徒，劉靜庵又從三位一體思想演繹出一種超越血緣的主張，他說：

> 同事一上帝，同行一耶穌，同得一聖靈，是義理之至親，天倫之骨血也。篤義理之親，血氣之親乃克篤；篤血氣之親，義理之親未必能全。人情篤於夫婦，而忍於兄弟，血氣之親可概矣。故以義理為維繫，無疏不親，無倫不濟。[61]

劉靜庵面對巨大的牢獄之災，身心難免陷入極端的痛苦，然而從其獄中的筆記看來，支撐著他的即是他內心的篤信，我們很難從其文字中找到痛苦或沮喪之詞，相反地，處處流露出無比的信心，也難怪他的表現甚至感動了獄卒也歸信基督教，宛如當年保羅所為的那樣，熊十力形容他「非一般之常人」絕非虛言。

在這些筆記中，劉靜庵提到最多的是信心和祈禱。「祈禱之於上帝，有如呼吸之於人身，上帝為人身生命之原。人身不能離呼吸而存，生命不能離祈禱而在」；「信德之於人有如手然，受物於手，受恩以信。……信者人之光也，宜純一常存，亦人之鹽也，宜力行是功，純一而力行，物未有能惑而移易者，是真信德」。[62] 從這些親筆文字，可證其與殷子衡在回憶中所述的劉靜庵可謂完全一致，幾近完人，是中國基督徒中的「聖人」。[63]

被形容作「坐如銅鑄，行如滿儎船」的劉靜庵深陷於此牢獄之災中，也難掩內心情感的痛，他在獄中特別表露了對母親的掛心和思念：

> 兒切切禱告，求主安慰我母親之心。兒知道這世界的苦樂，都是暫時的，也是虛假的。且享這暫時虛假的福，必要受

那永遠真實的苦。受這暫時虛假的苦，必要享那永遠真實的福。[64]

　　我們在這世界，雖受至大至多的苦難，若想到來世在天國裡享受主為自己的兒女所豫備的永福，這世界的苦難，便不足介意了。所以我們應當歡歡喜喜地倚靠主，合著主旨意在世為人，無論教我們怎樣，或苦或樂，都是為我們得救人的益處，我們只好順受，只好求主賜聖靈大能，多多幫助我們。教主的榮耀，無論怎樣，總在我們身上多大彰顯。主是全能的天主，我們靠著主耶穌基督，必蒙成全，阿門。[65]

◆黃吉亭像（左），胡蘭亭像（右）（積極支持革命的中華聖公會的兩位知名牧師。圖片來源：取自網路）

在這些信中，劉靜庵勸母親多讀《聖經》，尤其是〈路加福音〉。劉不斷地安慰母親，並提及其兄長，相信上帝會釋放他得自由，請母親一定要全心全意依靠主，多多祈禱。

　　劉靜庵給家人的信較為節制，不大談起苦難的折磨。在與友人信中，與吳主教一篇描述得較為具體，但信仰顯然讓他在苦難中得到極大的安慰。在〈致吳主教書〉這封信裡，劉靜庵表現出想出獄的迫切心情，懇求吳主教多加救援，但強調通過美使館的力量，對中國政府多有批評。同時，劉靜庵介紹了自己在獄中傳教的經歷，提及了潘季貞與殷勤道兩位朋友。在寫這封信之前，劉靜庵從舊監獄轉移到了新監獄，

因此受了苦中之苦，情況比之前更加惡劣。但劉靜庵也因此認識了守衛軍潘季貞，潘常看顧他，劉藉機給潘講道。這個故事頗相似於新約〈使徒行傳〉第十六章保羅的經歷。潘季貞與殷勤道均受劉靜庵的影響信仰了基督教，至此，劉靜庵明白了主的美意，他的入獄是為了要在獄中傳教。

　　劉靜庵堅信，唯有基督教的福音信仰才能帶給這個世界予光明，他的革命實踐即是在此意義下，致力於使中國從黑暗的世界中走出來。最為體現他苦悶情緒的是詩歌，也通過詩歌表示了他的祈願，正如他在〈讀唐宋詩醇〉這首詩中所述：

> 願教呼吸育青清，履踐天光禮至尊；
> 一掃塵凡萬古暗，琳瑯珠玉播福音。[66]

　　　　　　　　　　要想做真革命黨，就要先做真基督徒。
　　　　　　　　　　　　　　　　　　　　　　——劉靜庵

革命之教

　　辛亥革命親歷者楊玉如如實地對日知會作了以下評價：

　　當時會員結合，主要任務在灌輸知識，喚起革命，其發動指導，尚無大規模計劃，即軍營內部運動，亦無系統組織；但主其事者皆一時之秀，苦心孤詣，奔走呼號，風雨如晦，雞鳴

不已，實已盡宣傳之任務。惜死者死，囚者囚，存者皆風流雲
散，似乎靡所成就；然植根播因，於辛亥革命影響實甚巨也。[67]

同樣是日知會成員並作了不少重要「革命歌曲」、之後主張「佛化基督
教」的張純一，形容日知會是「丹誠水火災救斯民，耿耿耶穌博愛心。
覺世先施日知會，廣陳書報引軍人」，[68] 道盡了此一革命團體實源於基督
教精神。張純一提及了對基督教革命思想的認同，他認為「基督教本為
革命之教，耶穌乃最大之革命家」，「真革命而非之，毋乃非耶穌之道
乎？」，作為一個具有深厚中國文化學養背景的學者，張純一皈依基督
教並受洗，完全是基於他對基督教的革命精神或思想的認同，在此過程
中亦提及劉靜庵：

> 基督教敬天愛人，必慎其獨，不辨婦孺，皆可實踐，信可
> 率人以共由。
>
> 乃受洗禮於聖公會，以欲革新國家，非先自痛除身心之污
> 染不可，適新黨人集鄂垣者日眾，潛江劉敬安，志士也，謀就
> 聖公會重組日知會，寓革新之意於教會，屬余為文，且以拙作
> 軍歌鼓吹其間，一時同志來會，甚盛也。[69]

張純一從創造論的意義來理解革命即是造化，造化同時必然包含
了破壞，並認為耶穌的主張即是「天國主義」，這個教義包括了社會主
義、無政府主義的精髓在內，其思想即是「打破私有制度為極則，故有
誡命雖能遵守猶必須變賣一切所有始能入天國之訓」，「故凡宗仰基督
者，當富平等思想，改造世界，革政治不良之命，促其進化，庶不玷基
督也」。[70] 他解釋了《聖經》中的思想和人物，認為耶穌是一個貧窮者、
無產者、殉道者，〈使徒行傳〉主張共享和濟貧、〈哥林多後書〉主張均

平、〈馬太福音〉主張服務，都無不以「天國主義」為依循。[71]

可見，這種天國主義思想與帝國主義的思想是衝突的，基督教的價值不僅是一種革命，對當時中國的現實意義而言，同時更是反帝國主義、反殖民主義的思想，張純一的說法可以代表那個時期基督徒革命黨人的共同思想，日知會在倡導推翻滿清的主張中，與反對帝國主義有著不可分割的關係，張純一從佛教徒變成基督徒，之後又從基督徒變成佛教徒，唯一不改其本色的，即是對革命的崇尚，當教會與帝國主義無法劃清界線時，教會即是背離了耶穌的天國主義，同時還是革命的最大障礙。張純一的兩次改宗顯然都與革命的思想有關，非關佛法或基督教教義之比較問題，而是實踐之問題。換言之，張純一認為基督教的革命並不徹底，於是他離開基督教以後，致力於主張「佛化基督教」，即是把基督教引往更為激進的道路而去，即便如此，他的「佛化」基督教的做法仍是源於基督教的。[72]

張純一在《基督教外篇》中給予了他對基督教最高的褒揚，其從教育、法政、國民性、家庭等方面談及與基督教的關係，認為民國的創建在於各個層面的思想改造，而基督教是打造一個高素質國民的精神基礎，並總結說：「如上述基督教，有益民國，良非淺鮮。蓋敬天之至，不敢不愛人，而群道由是興。群道與則公能制私，國無不治矣。抑知天道明則人事利，基督教善通天人之郵，俾群據天道以為鵠，欲自淨理自純也。小人日少，君子日多，民國有不強盛者哉！」。[73] 不管從哪一個面向理解，張純一所理解並刻劃的基督教，均是一種社會主義形態的基督教，他的言論可以說代表著那一個時期日知會成員的共同看法。

在這些基督徒革命者眼中，耶穌的博愛精神和救世情懷與捨己救國、謀大眾福利的革命理想不謀而合，他們乾脆將教義中的「博愛」、「甘服眾役，不惜犧牲以利他」解釋為救國救民的自我犧牲精神。在他們看來，耶穌是一個救世人出水火的革命者，是革命的楷模，「福音的

道理是救世的道理」，[74] 革命黨「要本著基督的博愛主義，為大多數人謀最大的幸福」。

「革命的基督教」無疑一直深深地吸引著愛國主義和反帝國主義的中國基督徒，這條思想道路自晚清以降，從「信仰耶穌的革命黨人」劉靜庵、張純一經民國之後的「社會福音」倡導者如吳雷川、吳耀宗、沈嗣莊、張仕章等，儼然形成了一支中國基督教激進神學的思潮。[75]

◆ 劉靜庵墓（劉靜庵從容就義時的一句話：「殺身體的，不能殺靈魂」，使其人格在革命首義中無不令人敬佩不已。圖片來源：作者拍攝自現場）

第二章　革命的基督教

> 我來要把火丟在地上，倘若已經著起來，不也是我所願意的嗎？……你們以為我來，是叫地上太平嗎？我告訴你們，不是，乃叫人紛爭。
>
> ——〈路加福音〉十二章 49、51 節

從「反對宗教」到「剷除基督教」

作為中國近代史上劃時代的重大事件，1919 年的五四運動無疑是一個重要的轉捩點。在政治上，它捲起了舊的帳幔，打開了新的局面；在思想和文藝上，亦可謂翻天覆地，席捲人心。

與此運動俱起的思想文化變動，可稱之為「新思潮運動」，代表這波新思潮運動的兩份刊物，一是《新青年》，另一是《新潮》。前者的編輯群包括陳獨秀、魯迅、錢玄同、胡適等人，後者則由傅斯年、羅家倫等北京大學學生催生，並獲得胡適的支持，後來周作人亦曾主持編務。這兩份刊物集結了當時以北大少壯派為中心的精英，也是許多重要

---

*　原作〈「革命的基督教」——五四以後激進的漢語基督教之形成〉，發表於中央研究院近史所「五四運動與中國宗教發展」國際學術研討會，2018/11/22-24；後收入呂妙芬、康豹主編《五四運動與中國宗教起調適與發展》（台北：中央研究院近代史研究所，2020）。本文為科技部研究計劃之「外人與民國基督教社會主義思想的傳播與實踐」（MOST 105-2410-H-030-046-MY2）之部份成果。

言論問世的園地。

關於這波新思潮運動的主要特色，可以概括為以下三點：一、反對傳統禮教：禮教在中國無異於中世紀歐洲的基督教，壓迫個體自由，同屬反動之力量，都應該被打倒。二、介紹新式思想：西方思想輸入中國，如啟蒙運動在歐洲發軔，撼動既有的權威。在民初的思想風潮中，舊學往往如摧枯拉朽，備受質疑，新學說則如雨後春筍，其中有主張新教育者，如蔡元培；大談西洋哲學者，如陳大齊、胡適；主張西洋文學者，如周作人；鼓吹社會主義學說者，如李大釗、陳獨秀，乃至無政府主義；家庭改造、婦女解放、婚姻自由，也都成為流行的口號。三、文學革命：將五四運動擬為歐洲的文藝復興，倡導新文化運動，提出文學革命的訴求，胡適的〈文學改良芻議〉、〈建設文學革命論〉，陳獨秀的〈文學革命論〉，先後在《新青年》發表，語體文學大張其軍，繼而牽動思想觀點的革命。

不過從本質來看，這場「新思潮運動」的意義不僅於此，也是一場政治思想的激進主義運動。五四高揭的新文化運動旗幟，一為民主，一為科學，中國近代以來對各種問題的反應，或變革呼聲最迫切的面向，多以科學為依歸，面對來自西方形形色色的主義，知識人的取捨往往在於是否科學，即使「革命」亦然。五四的「民主」也在此意義下被理解：民主並非與科學不同範疇的事物，而是本於後者，就歷史演化而言，西方民主的發展亦與科學合轍。馬克思（Karl Marx）為當時的青年所嚮往，是他們認為馬克思主義屬於科學的社會主義，投身新文化運動者多懷有社會主義的傾向，也是因為在他們看來，社會主義屬於科學。[1]

晚清以降的中國內外交迫，五四運動更在知識界激起劇烈反思，也對宗教界帶來挑戰，當時中國基督徒思想家面對的尖銳課題並不少，比如外交方面，該如何看待作為部分帝國主義勢力的基督教，與國族命運的關係又如何？在現代中國，基督教究竟是革命的助力還是阻力？[2] 五

四所引發的愛國主義運動，一般理解為民族主義的表現，不少反對基督教的論述也由此而發，[3] 然而這絕不僅限於民族情緒，這些反教論述也將民族主義提升到科學批判的層次，以科學方式證成其說，深化了民族主義情感的力道。[4]

　　由於知識界普遍服膺科學主義，也以之檢視基督教《聖經》的信仰說詞，但不可否認的是，五四的參與者及繼承者為了民族自覺和社會改造的目的，也從基督教的進步元素中找到了資源。中國基督徒在回應五四的挑戰時，也強調基督教對社會改造的積極性，以削弱科學批判所做的消極性判詞，畢竟科學的爭論難免紛歧，但就具體實踐而言，基督教仍有其貢獻，只是批判者未必領情，因為它仍牽涉到基督教與帝國主義的複雜關係。

◆ 第十一屆世界基督教學生同盟大會主題「基督與世界的改造」（據說，1922 年的「非基督教運動」導火線即是針對準備於北京清華大學召開的「世界基督教學生同盟大會」而來的。圖片來源：作者拍攝自耶魯大學神學院檔案館）

　　以上這些質疑恐怕不是洋傳教士能回答的，多數人也保持緘默，但自詡為基督徒的中國人卻無從迴避。[5] 不論是以之化解身分的尷尬，或是為自宗信仰辯護，五四以後的基督徒知識分子已不能以自立為足，或僅強調本色化，在這一場史無前例的新思潮運動中，從「反對宗教」到「剷除基督教」的聲浪不斷襲來，[6] 與其任人指摘，基督徒難道不該正視中國的現實，提出更積極的回應？尤其是從基督教的思想中問津，大步邁向本色化的道路。民國以來確實有這樣的基督徒思想家，抉擇不同，面目各異，在漢語基督教思想史上留下了激進的色彩。[7]

　　早在 1918 年 6 月成立的少年中國學會已發起宗教問題的討論，將矛頭對準宗教，特別是基督教，此後餘波不斷。1922 年 4 月世界基督徒學生同盟在北京清華大學召開會議，在上海也出現了「非基督教學生同盟」，繼而在北京組成「非宗教大同盟」，復及津、滬，乃至廣東、福建、湖南、湖北、直隸、山西、江西、浙江、江蘇、四川等地，組織活動、會議，也推出各種形式的傳單、報章、雜誌。[8] 其關鍵在於運動背後的思想或意識形態，至少包括以下三者的催化：一是以胡適為代表的學者，質疑宗教缺乏理性；二是以李大釗為代表的馬克思主義者，將反對帝國主義運動指向反宗教；三是以廣東政府為主的排外或激進主義，視宗教為社會落後的表現，或革命前進的阻礙。[9]

　　面對反對基督教的聲浪，教界也做出了反應，除了推動本色化和中國教會的自立，在某些基督徒知識群體中，更以慎思明辨的方式，推動激進的神學思想，可謂近代中國基督教的新思潮運動。概言之，他們將基督教定位為科學的、現代的，甚至是革命的，並重新詮釋耶穌的形象和原始基督教誕生的「真實」面貌，呼喚「革命的基督教」。[10] 本文以下將分節說明其中的重要爭論，揭示近代漢語基督教思想的特色，以及和五四新思潮的關係。

> 我們永遠要宣傳科學的世界觀，我們必須跟某些「基
> 督教徒」的不徹底性進行鬥爭。
>
> ——列寧，〈社會主義與宗教〉（1905.12.03）

基督為何許人？

幸德秋水（Kotoku Shusui）的《基督抹殺論》在 1924 年由北京大學出版，譯者署名「狸弔疋」，由《錢玄同日記》所載，可知是北大的教授劉文典。[11] 其實在此之前，該書已經受到朱執信的注意，為他的反基督教論說提供靈感，錢玄同在古史辨運動中也曾發揮其說，例如以生殖器崇拜解讀《易經》，1925 年初《京報副刊》徵求「青年必讀書」，此書也被選入，足見其影響力。

幸德秋水是日本著名的社會主義思想家，1910 年因「大逆事件」被指控參與暗殺天皇而入獄，隔年遭到處決。《基督抹殺論》是他在獄中完成的遺作，被喻為幸德「最後一部戰鬥的無神論著作」。他另有三部著作也在中國出版：《二十世紀之怪物——帝國主義》（1902）、《社會主義神髓》（1906）和《社會主義廣長舌》（1920）。對這位政治意識形態鮮明的激進社會主義者，中國知識界其實並不陌生。至於《基督抹殺論》提出的大哉問「基督是何許人」，不僅是宗教批判，更是政治檄文，作者在獄中寫作此書，是想從科學性的角度，揭露基督的神話面紗，影射日本的天皇崇拜，實有「天皇抹殺論」的意味。

從宗教批判來說，此書採用比較宗教學和人類學，將基督教的《聖經》、宗教人物及其起源，放在社會批判的脈絡，這對許多中國反對基督教思想者是非常新穎的，尤其是《聖經》研究的各種見解，使他們不再停留或侷限於民族主義情感的復仇式攻擊，轉而運用歐洲方興未艾的《聖經》批判學，從其根本處下手。幸德秋水的社會主義立場既屬無神

◆ 幸德秋水及其《基督抹殺論》（現代中國的共產主義思潮
和反基督教觀點多由日本輸入。圖片來源：取自網路）

論，又是「科學的」，也都與基督教形成對立之態，《基督抹殺論》因此
給人基督教與社會主義勢不兩立的印象，暗示讀者無神論的社會主義者
必須與基督教對抗，「抹殺基督」乃是重大的戰鬥目標。

　　幸德秋水取西方《聖經》批判學之火，以《基督抹殺論》成功引燃
了話題，不過他的做法其實在近代歐美學界早已有之，新約學對這些課
題已經有許多討論。[12] 簡單說，《基督抹殺論》批判《聖經》的可信性，
質疑關於耶穌的記載，認為其內容基本上屬於神話，進而質疑早期基督
教的起源，不過是某些古代宗教借屍還魂，充斥著異教的色彩，因此若
問基督何許人也？虛構之人物也，追隨者當然也是迷信之徒，此教不但
不可信，更要去打倒。[13]

　　不同於其他人對基督教的泛泛批判，幸德旨在瓦解耶穌的真實性，
他採用的歷史批判方法主要來自以鮑爾（Ferdinand Christian Bauer）為
主的德國杜賓根學派（Tübingen School）。幸德熟悉德國學界的思想，
馬克思主義與古典唯物論淵源極深，尤其是通過黑格爾（G. W. F. Hegel）
及新黑格爾主義者對於《聖經》的批判學研究，引起對歷史上耶穌的質

疑，更將宗教批判推往歷史科學的層次。基督教起源的兩大要件是《聖經》與耶穌，馬克思主義和唯物主義者從科學批判出發，首先是否定神蹟，討論基督教的起源不能依賴這些記載，應該就其歷史本質，根據事實或自然的方法來理解新約，何況其成書疑點重重，甚至有些是偽書或托名之作，自然不能全部採信，他們眼中的耶穌也成為一個極為普通的歷史人物。其次，幸德秋水並不否定耶穌存在的可能，但其論點適與基督教針鋒相對：作為古代宗教的神話原型，基督教加諸耶穌的都是經不起實證的神話或傳言，足見其迷信。這種說法呼應了幸德秋水一貫的無神論主張，被基督教奉為上帝般的耶穌，在他看來同樣是凡人，甚至是出身極不名譽的「私生子」──這也讓正反兩派在日後展開激辯，朱執信的〈耶穌是什麼東西？〉便是《基督抹殺論》埋下的火種。[14]

但幸德並沒有就此罷休，更斷言基督教與其他宗教沒有差別，並無任何特殊或優異之處，從人類學來看，所有的宗教崇拜都來自某些基本元素，基督教的起源亦然。《聖經》的許多說法看起來煞有其事，其實都是虛構的，和所有宗教一樣，同屬於原始崇拜宗教的類型。《基督抹殺論》以戰鬥的姿態，試圖撼動《聖經》的合理性與耶穌的真實性，直言世人的信仰出於心理投射，十字架也只是古代宗教的翻版，不外原始社會生殖器崇拜的象徵。如前所說，這些看法並不是孤明先發，很多在德國都已經被討論過，但當時中國對基督教學術的把握有限，反對基督教者往往只能透過民族主義，右批基督教為帝國主義作倀，左批宗教迷信、落伍，此書直取基督教的核心，無疑提供了新的利器，反基督教者可以從中找到口誅筆伐的理據，也奠定了此書在近代中國反基督教著作中的地位。

相較於中國反基督教運動者大多訴諸於民族主義，《基督抹殺論》則針對基督教本身而發，他質疑最力的《聖經》與耶穌，都關乎基督教的起源──究竟是神話還是事實？基督教建基於對耶穌的信仰，如果能

否定後者的真實性，其他也將隨之崩潰。幸德認為東方知識分子在接受西方的優秀之學時也應有所分辨，能證明《聖經》之誤，也就等於證實耶穌的記述有誤，《基督抹殺論》強調基督教從一開始就通不過科學的批判，知識分子根本不須考慮基督教，應當全心轉向社會主義，推動革命，因為這才是理性的、進步的。緣於《基督抹殺論》帶來的衝擊，基督教界隔年推出兩本答辯之作：《評基督抹殺論》（1925 年 6 月）和《闢基督抹殺論》（1925 年 12 月），前者是合集，主編是王治心，撰文者包括沈嗣莊、張仕章、范皕誨等人，反映激進或現代派基督徒的觀點，後者出自西方傳教士殷雅各（Inglis J. W.）之手，代表保守的傳統教義立場。[15]

由於熟知幸德的思想背景，以王治心為首的學者並非只是單純護教，其中也有政治思考在內。[16] 除了解釋基督教是否經得起科學的檢視，他們也試圖答覆：基督教的信仰主張與中國現實社會生活是否有關？僅僅靠科學或實證的方式回應對耶穌人格的質疑是不夠的，基督徒必須正面回應：這樣一位擁有教主地位般的人物，對世局有何意義？在這種思考底下，從「耶穌是私生子嗎」到「基督教是革命的還是反革命的」的論辯於焉展開。

《評基督抹殺論》的作者群以王治心、沈嗣莊、張仕章為主，三人均任教於金陵神學院，此書是他們共事時合作的產物，之後並肩投入《文社》月刊，在該社結束後又另起爐灶，共立新文社，發行《野聲》。他們三人都廣泛回應了新思潮對基督教的種種批評，而且有意針對五四以來的新文化觀，不論是科學或革命的訴求，描繪有別於一般外國傳教團體與多數保守派筆端的耶穌形象。[17] 其他作者有的來自北京真理社，如范皕誨，也有金陵神學院的青年教師。[18] 范皕誨指出反對基督教表現在兩個方面，一是教會，一是教義，前者被指責為帝國主義的先鋒和資本主義的後盾，後者則背上神話、反科學、迷信、阻礙進步等罪狀，[19] 在幸德

秋水的書中兩者兼之。

　　王治心與沈嗣莊合編《評基督抹殺論》之後，王治心又在《教友》第 25、26 期推出「基督抹殺論批評號」，時間為 1925 年 6 月 1 日，分別是金陵神學院的周博夫和包少芳之文，後來以附錄形式收錄於《評基督抹殺論》。同年 8 月，第 28、29 期合刊又繼刊「基督抹殺論批評號」。[20] 在此之前，第 18、19 期已推出「非非基督教運動特刊第一號」，聲明無論是反對或聲援基督教，都可以出於愛國，如果雙方都同樣基於愛國心，反教與否就不是愛不愛國的問題，反教者主要是對基督教有所誤解，而基督徒有責任作出澄清。[21] 第 20、21 期再接再勵，推出「非非基督教運動特刊第二號」，並於首頁公告，準備製作反駁《基督抹殺論》的專號，廣邀同道投稿，由此可見此書在非基運動中激起的震盪。

　　但在王治心等人大力反制的背後，有必要深探其意涵。他們顯然留意到《基督抹殺論》的破壞力，尤其是標榜五四以降強調的科學精神，非常容易打動讀者，當年輕人普遍關切國族命運時，宗教不僅被視為「不科學」，還會助長對現實的無知和無情，妨礙革命的進程。因此《評基督抹殺論》既是對幸德的回應，也有意減輕《抹殺論》帶給知識界的政治效應。

　　《評基督抹殺論》代表了中國基督教現代派或激進派的立場，主要撰稿人大都屬於文社，

◆《教友半月刊》專號（中國基督徒回應《基督抹殺論》中對《聖經》的批判。圖片來源：作者翻拍自原件）

通常比較能理性看待《聖經》與教義，在行動上更展現強烈的社會批判風格，開放性的信仰與相應的社會實踐，可以說在他們身上相互輝映。如果我們放寬視角，當時社會主義的革命訴求通過《聖經》批判，對基督教做出根本性的挑戰，其實也激發了另一種激進基督教的可能，當基督教被推往革命的面向，其思考必定導向「基督教是否經得起科學或理性的批判」，以及「這樣的思想對中國現實將產生何種進步的意義」，《評基督抹殺論》正開啟了這樣的方向。

此書在短短一年內完成並且出版，作者亦屬一時之選，對《聖經》研究都相當熟悉。他們羅列了不少國外新約學（四福音書）研究、希臘化時期猶太史，以及早期基督教史和教父著作等參考書，也清楚把握十九世紀德國學界關於「歷史上的耶穌」的討論，從他們提及的重要學者以及《聖經》高等批判研究和方法來看，當日中國基督教學界的水準無疑是值得肯定的。這些人充分了解新約批判學的貢獻，也指出其限制，他們承認近代科學的成就，但並不因此否定宗教經驗。作為堅定的社會批判者，他們更致力將基督教定位為促進人類文明的力量，對中國而言，基督教可以這種方式去理解，並為人所接受，基督徒也絕非盲信之流。

此書也展現了現代派的開放風格，主張基督教經得起批判，但並不因此完全倒向理性或科學。對他們而言，基督教在歷史進程中孕育的文明生活，要比強調或堅持神蹟更為重要，他們和保守派基督徒的分野也在於此。這裡不妨摘引沈嗣莊在此書〈序〉中的幾段話：

> 幸德秋水於縲絏之中，能作此《基督抹殺論》，其學問與決心——至死反對基督教——未可輕蔑。況且他書中所有的攷據，當非信口雌黃者所得同日語。
>
> 肯定歷史的耶穌與否定歷史的耶穌孰是孰非，未敢斷定。

　　一個人的理想，能不能比他的人格高？倘使是能夠的，而
又證實耶穌不是歷史的人格，則《基督抹殺論》的效用便大
了。……如果一個人的理想不能比他的人格高，那麼《基督抹
殺論》之是否虛實，對於基督教無絲毫的關係。即使沒有歷史
的耶穌，那捏造這偉大人格的耶穌的人，我們奉之為耶穌有何
不可呢？

　　按我今日的解答——明日如何不得而知——即使歷史的耶
穌否定了，善的能力依然不改。[22]

　　上言涉及《聖經》記述的可靠性，包括對《聖經》的文本批判研究，
另一方面談到更根本的問題，也就是基督教之起源。《基督抹殺論》將
此化約為宗教人類學上的普遍現象，從而否決基督教的特殊性，《評基
督抹殺論》不反對從宗教起源的共同現象來了解基督教，但若歸因於與
所有宗教相同的起源，即主要來自人類的心理，淡化耶穌的人格特質，
則斷不可行。他們都重申四福音的價值，並回溯初代基督教的背景，指
出四福音是理解耶穌的重要依據，新約其他部分和早期基督教文獻也可
以相互發明。他們對起源的問題相當重視，認為通過耶穌追隨者的反應
和認知，不僅能證實耶穌其人，也能照明基督教的性質。

　　以沈嗣莊為首的中國基督徒最終認定基督教與社會主義思想一致，
也是通過對基督教起源的理解而來的，由革命性推證耶穌的人格與價
值，換言之，他們接受的耶穌，是與其人的歷史效應密切相關的。這種
觀點起於對基督教起源的商榷，也深刻啟發了沈嗣莊等人如何理解作為
歷史人物的耶穌，以及他對中國社會的意義。正如沈嗣莊所言，要以當
時的學術知識探究歷史上的耶穌，仍是一個開放性的課題，但即使其中
有虛構的成分，也不能否定它源於善的力量，耶穌的人格仍是世間的典
範，接受並追隨耶穌基督依然是可能的。[23]

　　《評基督抹殺論》反映了民國知識圈對於「歷史上的耶穌」而起的反思，書中徵引了黑格爾、哈納克（Adolf von Harnack）、大衛史特勞斯（D. F. Strauss）、鮑爾、杜賓根學派、高等批判（higher criticism）等學說，而其催化劑正來自幸德秋水。此書也是中國基督徒學者首次深入討論新約學研究和神學爭論的成果，既屬空前，也無繼者。我們可以相信當時的現代派基督徒對新約學研究是有所關注的，也願意吸收西方批判性神學和《聖經》文本研究的長處，以學術知識護教，而非仰賴教條性或神蹟性的主張，認真看待所有批判與質疑，但並沒有因此棄守宗教認同，不像基要派所言，科學批判無法與信仰共存，或者說，他們並不以主流傳教士或保守基要派的理解自囿。

> 粒粒辛苦，來處不易，民膏民脂，感謝主賜。歷年國恥，隱忍苦痛，復仇雪恥，萬死不遲。
>
> ——馮玉祥，〈吃飯歌〉

耶穌是什麼東西？

　　幸德秋水的《基督抹殺論》代表社會主義革命家的無神論鬥爭，如同在中國反基督教運動中投彈，民國反基督教言論中，最為人熟知者莫過於朱執信的〈耶穌是什麼東西？〉，首先提及幸德之作，也帶動了其後譯本的流行。幸德秋水偏向理論，朱執信訴諸群眾，在反基督教運動中宛如呼應。[24]

　　1919年12月25日，被孫中山譽為「最好的同志」、「革命中之聖人」的朱執信在《民國日報》「耶穌號」發表〈耶穌是什麼東西？〉，全

文分五部分，包括「歷史的耶穌」、「聖經中的耶穌」、「新教徒的耶穌」、「新理想主義哲學者的耶穌」及「托爾斯泰的耶穌」。從結構來看，其實並無多少新意，但作為《基督抹殺論》的簡明版，此文通篇流露去神話化的特色，成為近代非基督教運動中援引次數最多的文章之一。1922 年非基督教運動展開之後，此文屢見於《共進》等具有黨派背景的刊物，被反教人士奉為經典。1924 年非基運動進入第二波高潮，同年 12 月此文被收入非基督教同盟與《中國青年》社聯合發行的《反對基督教運動》，其後在全國性的「非基督教週」活動中，這本小冊子也再次出現，成為反基督教陣營的主要宣傳工具。[25]

◆ 朱執信像（圖片來源：取自網路）

◆ 朱執信〈耶穌是什麼東西？〉（〈耶穌是什麼東西？〉是反對基督教運動中傳播最廣的一篇作品。圖片來源：作者翻拍自原件）

　　這裡要談到在廣州發起的「非基督教週」，以及孫中山長子孫科的回應。由於廖仲愷、鄒魯等國民黨高層也參與該活動，似乎給人國民黨反基督教的印象，廣東國民黨支部的基督徒黨員乃藉由某次宴會，請孫科發表談話，經整理後，1925 年 2 月 11 日刊於《京報》，標題為〈國民黨與基督教〉。[26] 在回應孫科的文章中，有人提及基督教反革命，理由是基督教採取無抵抗的服從主義，與革命的立場是相背的。[27] 這種看法恐怕也是得自朱執信。1927 年

非基督教運動三波高潮過去後，朱文仍見諸報端，1930 年非基督教運動退潮，江蘇省國民黨黨務整理委員會宣傳部再版此文，並冠以二千多字的卷首語，可見該文深入反教者之心。[28] 至於文中形容耶穌的用語，可說幾近誹謗：

> 口是心非、褊狹、利己、善怒、好復讎的一個偶像。[29]

但朱執信主要是批評基督教阻礙了中國的革命，他特別舉出托爾斯泰（Leo Tolstoy）對耶穌的描述，說明無抵抗主義者等於妥協者。而且在他看來，一切宗教都是迷信，是奴役人的工具，在反對迷信和實踐革命的背景中，對青年而言，革命與宗教幾乎是競爭或鬥爭的關係，只有否定宗教，才能將青年導向真正的革命道路。

在眾多宗教中，朱執信之所以向基督教發難，是因為他察覺到在青年之間，比起其他的宗教，「誘惑力最大的還是耶教」。[30] 五四以降，思想界慣以科學的姿態否定宗教，朱執信也以此向《聖經》開刀，主張耶穌不過是一個極普通的人，被《聖經》虛構為具有非凡能力的教主，「聖經上的耶穌」完全是無根之談。也由於宗教有奴役人的本質，他極力反對推廣神學的主張或信條。基督教宣稱只有宗教才能完成精神生活和社會的愛，滌除人世的弊端，儼然「基督教救國」的論調，朱執信批評這種想法是中國進步的一大障礙，因為基督教是宗教，宗教是迷信的，若不打倒它，就難以剷除封建統治和帝國殖民的勢力，中國的民主革命也不會成功。在這類革命論述中，反對基督教成了重要的工作。

可與此參照的是蔡元培的〈以美育代替宗教〉，也是一篇在非宗教運動中影響深遠的反基督教文章，1917 年 4 月 8 日講於北平神州學會。表面看來，蔡氏的主張比較溫和，但近乎口號的講題不無弦外之音，他承認基督教或宗教吸引人之處，在於陶鑄高尚道德和完美人格，

但這不是宗教的專利，美感經驗也可以辦到，美育同樣能提供精神生活之所需，進而取代宗教。

之所以說蔡元培是針對基督教而發，主要是因為基督教在當時中國教育界有極大的影響力，不少大學由教會所辦，也宣導基督教的信念。有鑒於此，蔡元培當時擔任北京大學校長，對宗教的態度看似溫和，但他之後仍加入反宗教大同盟，更將矛頭直指基督教，除了「以美育代替宗教」，更表示「收回教育權」，以削弱基督教學校對青年的影響。[31]

◆《剷除基督教》（「非基督教運動」的代表性刊物。圖片來源：作者翻拍自原件）

上述兩篇文章一出於革命聖人，一出於國子祭酒，分別代表了民初政、教精英反基督教的立場，前者更挑起了反對基督教的論戰，在《民國日報》等報刊爆發「革命與宗教」的詰問：到底基督教對中國的革命、民主化與現代化，是助力還是阻力？如果基督教的本質與其他宗教一樣，是保守或是不科學的，便無助於中國的進步，也無力解開與帝國主義的纏結。然而「革命與宗教」又是從「耶穌是誰」引起的，究竟耶穌的真精神是什麼？人格表現如何？而「私生子」的爭論，正是起於反對者有意剷除基督的神聖性，將基督教掃入歷史的灰燼。

> 耶穌說，見車要翻了，扶他一下。Nietzsche 說，見
> 車要翻了，推他一下。我自然是贊成耶穌的話。
>
> ——魯迅，《渡河與引路》

革命或宗教

1928 年 2 月 2 日，上海各大報登載了張之江和鈕永建在中央政治會議第 128 次會議上，報請「取消打倒宗教口號」並提請實行信教自由的提案。這個提案是自 1922 年反對基督教運動以來最受關注的一次，表面上是國民黨內部之爭，實際上更直接牽涉到「宗教與革命」或「基督教與革命」的爭論。[32]

葉聲和袁業裕分別在 2 月 4 日、5 日對張、鈕的提案發表意見，張振振（張振之、正之）也接力撰文，基督教界的張仕章則在 2 月 15 日發聲，反對上述人士的看法。雙方在《民國日報》的副刊「覺悟」展開了激辯，涉及「什麼是宗教」、「為何要打倒基督教」、「基督教與國民革命的關係」、「黨教合作」、「三民主義與基督教之比較」，乃至「孫中山的宗教信仰」等層面。根據張仕章的說法，往返的文章共有 19 篇，他特別在自己主編的《文社月刊》設立專號，收錄此次論戰的文章，無獨有偶，張振振也整編這些文章，以《革命與宗教》為名出版。

此時正值國共分歧加劇，張之江和鈕永建呼籲「取消反對基督教口號」，理由是信教自由，但談到反對基督教的複雜來源，則歸咎於「共黨亂政」。他們以俄國為對照，俄國革命的反宗教肇因於東正教與沙皇專制，並且壓迫人民，故反教有理；但基督教不同於東正教，且與英美革命有關。辛亥革命之初，救國行列中也有不少基督徒，孫中山本人亦然，可見基督教與國民革命並不衝突。再者，基督教福音實有充分的革命意義，對帝國主義的壓迫深表厭惡，共產黨人卻有意挑起對基督教的

仇視，「打倒基督教」云云，皆為共黨之蠱惑。

西北軍的張之江是著名的基督徒將軍，先前曾在《文社月刊》發表〈基督教與國民革命〉，原本是在南京的演講，後來撰稿成文。張之江強烈表示基督教是革命的，從主張公義、平等，到對弱小民族的解放和被壓迫者的拯救，都與國民革命的精神一致；基督教絕非帝國主義的同路人，站在基督徒的立場，不可能認同帝國主義，耶穌的行為及其最終釘死在十字架上，更是成仁取義的表現。他如此形容耶穌：

> 革命導師，無產階級的領袖。所以能做真正耶穌的信徒的，自然能做忠實的革命黨員，一定要起來努力革命的。[33]
> 一位真正的基督徒，一定也是一位真正的革命者。[34]

這裡雖然也談到馬克思的無產階級之說，但張氏宣稱基督教與共產黨的暴力革命不同。他批評俄國的共產革命，俄國對中國革命的扶持別有用心，中國並不需要俄國的共產主義，因為中國有自己的共產思想，而且三民主義也代表著某種共產思想，更體現了固有的傳統文化，與基督教的博愛是一致的。唯有平等、自由、博愛，才是真正的革命精神，廢除特殊階級和取消一切不平等都基於此前提，而非共黨暴力革命高唱的「為鬥爭而鬥爭」，而且孫中山即以基督的精神從事革命事業，可見兩者絕不相悖。

從張之江的演講到他與鈕永建的提案，透露了他們的信仰立場與共產黨存在著緊張性。事實上，持反對基督教和主張打倒的論調，常被理解為與共產黨的理論有關，國民革命運動在「打倒基督教」的問題上反映了國、共的矛盾。[35] 張之江和鈕永建提案的意義不僅在於信教自由，雖然在國民黨內部，確實存在著打倒宗教的想法，但張、鈕將此歸因於共產黨，是認為這些主要出自國民黨內的親共人士，因此把清黨與「取

消打倒宗教口號」聯繫起來，也使共產黨與基督教的關係變得更為緊張。[36]

張之江和鈕永建發文後，旋即引來正反雙方的迴響，一邊以袁業裕、葉聲、張振振為主，在《覺悟》大表反對，另一邊則是張仕章對他們的反駁。由於《覺悟》由張振振所主持，張仕章只在此發表過兩篇文章，之後連同好友薛冰、王治心都遭到封殺，張仕章對此極其不滿，於是另闢戰場，把戰線拉回他主編的《文社月刊》（1928.03），刊登了以下文章：

〈鈕張提議實行信教自由〉（轉自《申報》2 月 18 日）

〈宗教問題〉，葉聲（《覺悟》1928.02.04）

〈論取消打倒宗教口號〉，袁業裕（《覺悟》1928.02.05）

〈我也來談談「取消打倒宗教口號」問題〉（《覺悟》
1928.02.12，《文社月刊》1928.02）

〈我的宗教觀〉，張振振（《覺悟》1928.02.12）

〈讀了「我的宗教觀」以後〉，張仕章（《覺悟》1928.02.18）

〈如張仕章君一個簡單的回覆〉，葉聲（《覺悟》1928.02.18）

〈再告「筆誤」的葉先生〉，張仕章

〈三民主義對基督教態度之研究〉，袁業裕（《覺悟》
1928.02.19-20）

〈再駁「三民主義對基督教態度之研究」〉，張仕章

〈總理對於宗教的意見〉（《覺悟》1928.02.19-20）

〈對於取消打倒宗教口號的一點意見〉，王治心

〈混戰的結束〉，薛冰

〈「黨教合作論」的根據——給張振振君的一個總答覆〉，張仕章

〈國府對於信教自由之通令〉（《申報》1928.03.07）

〈中山先生的宗教信仰——國民黨該不該「打倒宗教」的中心
問題〉，張仕章

　　其中的主角實為張振振和張仕章，後者不滿《覺悟》拒登基督徒之
文，在他編輯的專號中，除了連續刊出袁業裕、葉聲的文章，只選錄張
振振的〈我的宗教觀〉，顯然是刻意之舉。從張振振後來編輯的《革命
與宗教》也可看出兩人的交火，除了收入〈我的宗教觀〉和張仕章的〈讀
了「我的宗教觀」以後〉，又寫了四篇長文，都是針對張仕章而發：

〈答張仕章君（黨教合作論）〉

〈什麼是基督教——基督教該不該打倒〉（《覺悟》1928.02.24-
25）

〈基督教與帝國主義〉

〈孫文主義的整個性——駁「中山先生的宗教信仰」〉，附張仕
章〈中山先生的宗教信仰〉（《覺悟》1928.03.14, 16）

　　綜觀這些文章，可以看出雙方攻防之烈，張振振〈我的宗教觀〉引
起的反應相當大，張仕章的反駁也成為焦點。張振振先以〈答張仕章
君〉表明他與基督教界的立場迥異，〈什麼是基督教〉重在抨擊基督教
的附會傳說，其尖銳殊不亞於《基督抹殺論》，〈基督教與帝國主義〉更
直攻基督教與帝國主義的關係，以此駁斥張仕章「基督教受赤色帝國
主義壓迫」的看法，這兩篇文章都可視為反對基督教的理論代表作。在
〈孫文主義的整個性〉中，張振振也引經據典，分析孫中山的言論，指
出「援黨入教」或「黨教合作」對孫文思想造成的曲解。
　　事實上，張振振當時另有一本《人性新論》正待出版，書中對於宗

教的討論非常多，該書後來問世，不少內容已在此前先行發表。他根據唯物論的觀點，把宗教起源與人的基本物質生活需求聯繫起來，宗教一旦漠視或扭曲這些需求，自然會被拋棄，宗教應該服務人，而不是奴役人。[37] 他也指出，秉持革命的基本精神，黨與宗教之間只能擇一而從，站在國民黨員的立場，自然應當奉總理遺教為圭臬，加上基督教在中國造成的種種錯誤，反教勢在必行。他重申必須依循「以黨建國，以黨治國」的方針，建國與治國之道皆與宗教無涉，張仕章主張的「援黨入教」或「黨教合作」完全是錯誤的，徒然混淆視聽。[38]

在〈什麼是基督教〉中，張振振更大談「基督教該不該打倒」。這篇文章與〈耶穌是什麼東西？〉相似，頗有《基督抹殺論》濃縮版的味道，討論耶穌的出生及相關事蹟，重申「私生子」的說法，最好把耶穌當作一般的「人」看待。他更大膽推測猶太人在羅馬的壓迫之下，馬利亞很可能是被羅馬人強姦的，耶穌後來被塑造為反羅馬運動的精神領袖，殆與其出身和猶太社會的集體反抗有關，只是這些痕跡在成為國教後不復得見。[39]

◆《文社月刊》針對「宗教與革命」的論戰（涉及基督教與革命、帝國主義、黨員信教、孫文的信仰等相關爭論。圖片來源：作者翻拍自原件）

對於《聖經》教義，張振振也多所非難，基督徒引以為傲的福音「博愛」，其實是使人變得無用、自私，甚至失去生存的勇氣。[40] 基督教將這種博愛等同革命思想，可謂似是而非，會使人

在革命道路上無所適從，反對基督教就要反對這種「博愛」：

> 假設中山先生是贊成天國的博愛，那麼他所手定出來的革
> 命口號，如打倒帝國主義、取消不平等條約、打倒軍閥，都該
> 取消了。[41]

在他看來，基督教最不當的主張莫過於此。張振振也不同意袁業裕所說的「不必打倒無須打倒，自有時代思想和進化歷史來結束它」，相反的，絕不可放任此說流行。

在〈基督教與帝國主義〉中，張振振緊追不放，批評基督教的荒謬如果僅是教義的問題，不過表示教徒的愚蠢；事實上，基督教與帝國主義的侵略關係匪淺，這樣的基督教怎麼能不打倒？把基督教與帝國主義聯結起來抵制，也不是共產黨的發明，國民黨同樣深惡痛絕，這也是對張之江與鈕永建的駁斥。張振振指出，共產黨留意的是帝國主義的經濟或軍事侵略，忽略了文化侵略，但後者才是根本性的，因為不論是經濟或軍事侵略，都必須先虜獲人心，「文化侵略是帝國主義重要的工具」，基督教對此難辭其咎。[42]

如同葉聲所批評，「基督教借做社會事業來傳教」，「宗教不過靠了政治活動罷了」，[43] 對於宗教與政治的相互依賴，張振振歷數基督教入華的事跡，從景教、天主教傳教士，到基督教如何以文化侵略為前導，以「推算為名，而陰行其傳教之法」，他引用明末清初的「曆法之爭」，同情楊光先被南懷仁指控的遭遇，稱許他是「反基督教之先驅」。[44] 張振振直指基督教侵略中國，正始於明末天主教的耶穌會士，人心一旦被抓住，帝國主義的侵略根本不消一兵一卒。

儘管國民黨中央黨部多次申明「信教自由」，張振振在《革命與宗教》的前言還是直稱：

在革命的思想之下，不容留有濃厚的宗教思想之存在，對
於宗教思想之再起的反動和普遍傳布是認為必須加以抨擊的。[45]

今天應該告別宗教的時代，進入革命的時代：「我們要把信教創教
的精力來參加現代的順應人生、增進人生的革命黨」，「這革命黨就是
中國國民黨」，不屬於真理的都要被打倒，基督教必須打倒，正因為它
是非真理的。[46]

有意思的是《革命與宗教》還有下半部。該書前半是「基督教問題
的討論」，後半是「民風叢話」，前後兩輯構成全書，張振振在第二輯
的引言中提到：

我確認革命思想與宗教思想的不兩立，所以要下一個更大
的決心，要估量估量一切宗教思想的價值。這裡的對手已經不
是基督教，而變為會匪、神兵、邪教、刀會、妖人、神仙、觀
音、關公、同善社、和尚、道士、酸學究……這一類東西了。[47]

不只是基督教，他堅稱中國的各種「怪力亂神」也要抵制，因為這
些都是「反革命」的；他將基督教與本土信仰並列，也似乎意指古今中
外的宗教莫不相同，只有「革命」才是最高的標準。

這場從「取消打倒宗教口號」而起的論戰，也衍生到孫中山的信仰
問題。張仕章率先指出孫中山也是受洗的基督徒，革命與宗教對他而言
可以並存，如果大家都尊崇孫中山，就不該以黨凌教。此文詳引孫中山
有關基督教的言論，反對基督教等於否決孫中山是基督徒的事實，以及
他的革命貢獻，還有基督教發揮的作用。在這場論戰中，張振振通常稱
張仕章「宗教先生」，反駁有關黨、教關係以及孫中山的信仰時，則稱他
「本家先生」，此文也被他收入於《革命與宗教》，並且援引許多孫中山

的言論，反批張仕章只挑選對他有利的證據，而且闡釋多半誇大而扭曲。

關於「孫中山的宗教信仰」或「什麼是孫文主義」的討論，其實仍不離革命與宗教的思辨。張振振強調孫中山的信仰就是孫文主義，是不容分割的，反對共產主義和國家主義將孫文主義與他們等同，也不容許基督教混入，把真正的孫文主義弄得混濁不堪、不倫不類；一切都應以黨為依歸，因為黨的革命才是真正的革命，而黨所相信並實踐的只有孫文主義。[48]

> 希望基督徒曾為帝國麻醉的，或受歐美無賴牧師欺騙的，都要丟了無聊的聖經，專心一志來為黨效力，如果教徒入黨，我們真歡迎不暇，不過「棄教而就黨」，要「以三民主義的信仰代替宗教的信仰」。[49]

「以三民主義代替宗教」和「以美育代替宗教」的邏輯相同，而且共同點都在於非打倒宗教不可，否則「代替」又作何解？[50]

在基督教方面，張仕章也是第一位以教徒立場挺身反駁的。他的基本策略是將論戰導向「中國的革命是否需要基督教」，絕大部份的筆墨用在糾正對基督教的偏見，從中也可讀出挪揄或不屑的口吻；他並不糾結於張之江和鈕永建所關注的清黨問題，而是追問基督教與革命是否只能二選一。

當時另一個討論的面向是革命與科學，袁業裕強調三民主義是科學的，不是去實現天國的理想，而是現實的改造，比宗教更為明確。宗教與革命涉及的層面很廣，必須以科學的方式對待。[51] 除了討論何謂宗教，還要說明基督教與中國現實的關係，帝國主義與基督教的關係更應該廓清，這一點牽涉到中國革命的前景，反對基督教不是對宗教理解是否正確的問題，而是基督教是否對中國的革命形成阻礙，相較之下，反對基

◆ 教友月刊《非非基督教運動》專號（中國基督徒「反批判」，回應「非基督教運動」。圖片來源：作者翻拍自原件）

督教與信教自由是否衝突，問題反而比較輕。

另一個值得關注的案例是王治心，他公開說自己既是黨員，也是基督徒。他認為所有國民都應負起革命的責任：「既負國民的責任，便不能放棄民權革命的義務，既負有全民的責任，便不能放棄民族革命的義務，既不是出世的，更不能放棄了民生革命的義務」。[52] 但基督徒有其特殊的使命，尤其是為了基督宣示的自由平等之真理，必須堅持犧牲，為徹底的解放而奮鬥。王治心直言「基督教的本身是革命的」，耶穌以平民出身，反抗種種壓迫，不可能認同「反對廢除不平等條約」與「謬執基督教不革命」──後者可稱之為「帝國的宗教」，真正的基督教乃是「平民的宗教」，而耶穌的革命精神正源自其平民背景，以及擁抱平民的博愛。

王治心以為，「從原理上講來，革命是求進步的一種手段，基督教是進步的宗教，對於人們肉體和精神生活上有任何痛苦，基督教是欲盡其解放的能力，以復還人們天賦的自由」。[53] 因此基督徒當然是革命的：

> 負了打倒一切壓迫人們的魔鬼，解除人們一切痛苦的責任，不獨應當努力於精神生活方面，而從事於精神革命，也是應當努力於社會生活方面，參與政治經濟的革命。[54]

「取消打倒宗教口號」的戰火也暫止於王治心發表的〈耶穌是什麼東西？〉，他在該文中如此詮釋耶穌：

（一）耶穌是人──猶太的一個平民。
（二）耶穌是無產階級──到民間去的實行者。
（三）耶穌是實行家──注重實際生活。
（四）耶穌是革命者──宗教革命。
（五）耶穌是倫理學家──注重精神生活。
（六）耶穌是社會主義者──以愛解決民生問題。
（七）耶穌是熱心拯救者──大同主義。

始自 1919 年朱執信的〈耶穌是什麼東西？〉，對基督教的批判已成風潮，但在新思潮運動的氛圍下，討論越來越聚焦於基督教與革命的關係，「歷史上是否存在著耶穌」的新約批評學研究，也逐漸不再是爭辯的焦點。正如《基督抹殺論》真正要反對的不是基督教，而是透過神話性崇拜的解構，消解天皇的權威，中國對耶穌身世的討論，質疑基督教是科學還是反科學？《聖經》究竟有無根據？連帶質疑耶穌崇拜的合理性，如果基督教經不起科學的批判，遑論革命實踐的考驗？基督教與歷史的進步既然背道而馳，當然要拋棄，而關鍵仍在於革命。[55]

總結王治心對此的辯護，基督教不是反革命的，也不是不革命，耶穌本身是一位革命者，基督教的真精神也是革命的：

> 耶穌是什麼東西？是猶太當時的一個無產階級，而富有革命精神的人。他的門徒及後世信仰他的人，把他的言論組織起來，造成了一種宗教，推崇他為這宗教的教主，附帶了許多神秘的遺傳的宗教色彩，而失去耶穌的本來面目，而且西方所稱

為基督教的國家，不明白耶穌救世的真精神，以買櫝還珠的方法，介紹到中國來，於是乎在中國所傳布的，不是耶穌教而是基督教，不但於中國固有的宗教思想上毫無裨助，反而引起了無數的糾紛。帝國主義利用他做先鋒，實行其侵略政策，以致引起了一般社會的反抗，現在我來說一句武斷的話，西洋式的基督教，在中國遲早要推翻的，而耶穌的人格和精神，是永遠不會消滅的，所以我們中國人應當多多地促成本色教會的實現。[56]

發動帝國主義侵略的基督教國家，實際上已違背了耶穌的革命精神，也違反了耶穌強調的自由、平等、博愛。如果認同耶穌的遺教，必然反對帝國與強權的壓迫，那些西方國家口口聲聲信奉的基督教，其實已經失去了「耶穌教」的本質，遲早會被打倒。

> 我們今後對於基督教問題，不但要有覺悟，使他不再發生紛擾問題，而且要有甚深的覺悟，要把耶穌崇高的、偉大的人格和熱烈的、深厚的情感，培養在我們的血裡，將我們從墜落在冷酷、黑暗、污濁坑中救起。
>
> ——陳獨秀，〈基督教與中國人〉

基督教的新思潮：革命的基督教

吳耀宗在論及中國 1918 年以來的基督教思想時提到，中國的反基督教運動的本質性問題在於：究竟宗教是解放人，或是壓迫人？就五四

標榜的「科學」而言，基督教或許足以擺脫「迷信」的控訴，現代派在《聖經》解釋和基督教義理上都已經有所回應；但在「民主」方面，則牽涉基督教能否理清與帝國主義的纏結，包括資本主義和西方發達國家的關係，以及來自於西方或帝國的基督教如何變革其侵略與殖民。[57] 吳耀宗認為，大部分的基督徒知識分子都傾向社會福音，他們有感國際情勢之嚴峻，關心「基督教與資本主義」、「基督教與共產主義」、「基督教與唯物論」等課題，這些都是基督教在中國現實中的重大挑戰。無論成效如何，其努力正如中國基督教學生運動所訂的宗旨：

> 本耶穌的精神，創造青年團契，建立健全人格，實行革命，謀民眾生活的解放與發展。[58]

反映基督教以進步的方式來回應群體的現實課題。

　　吳耀宗反思基督教在中國遭逢的質問，認為應該有一場革新運動，展現革命的姿態，反對自由派基督教布爾喬亞式的幻滅，並且主張擺脫壓迫的宗旨，以前者拒絕資本主義，以後者連結倡導社會革命的思想，只有打破一切加諸人類身上的枷鎖，才能真正實踐福音的本質。[59] 吳耀宗稱革新運動的基督教為「現代派」，簡又文稱之作「維新派」，他們都覺得在當時的大環境下，基督教勢必得改造，而其根本精神仍來自耶穌，因為耶穌報告予人的是「好消息」，基督教正是將人從奴役中解放出來的宗教。[60]

　　民初的中國面對重大的考驗和危機，「社會福音」在基督教知識圈和青年之間頗受歡迎，從青年會的組織到學生運動，往往認同這種帶有強烈革命傾向的思想，在基督教當中流行著一句口號：「到民間去。」這是十足「革命」的呼籲，這些人相信耶穌最理解「走遍各城各鄉」，所言所行都屬於革命的表現，對福音之本質亦當如是信解。[61] 如金觀濤、

劉青峰所言：

> 五四以後，革命不僅意味著進步與秩序的徹底變革，還成
> 為社會行動、政治權力正當性的根據，甚至被賦予道德和終極
> 關懷的含義。[62]

在新思潮運動席捲之下，「進步」成為最高的價值，但基督教在中國現代的進程中，究竟是進步的還是保守的呢？基督徒適時做出了反應，《真理與生命》、《青年與進步》、《文社月刊》，以及之後的《天風》，都屢見這類言論。從青年會謝扶雅的話，可以窺見當時激進主義基督徒內心的想法：

> 基督教是革命性的——至少耶穌本身是象徵一團革命的烈
> 火。他對舊制度、舊文化、舊思想，不惜用最猛烈的炸彈投將
> 入去。他排棄飯前洗手，排棄十字街頭禱告，排棄安息日絕對
> 安息。他對於羅馬帝國強權，時時起嚴重的抗議。他寬慰勞
> 苦，同情下層，而對有勢力的長老法利賽文人不憚當面痛斥。
> 他立意要建設一個嶄新的社會——公道、自由、平等、博愛的
> 「天國」。這和當時的現實社會相差太遠，但他毫不踟躕、牽
> 就、妥協、抱著大無畏的精神，貫徹他所堅信的理想。這不是
> 一個革命家的行動而何？福音書中屢載，當耶穌每次講話後，
> 人人都表示驚奇，好像他的話有權威，這都可以證明革命家的
> 一身魂膽！耶穌所到的地方，人山人海，蜂擁相隨，一方面他
> 具有偉大的魄力，他方面亦見革命思想之何等適應當時大眾的
> 需求。中國古書上也有「……革命，順乎天而應乎人」底話。
> 耶穌的革命運動，自然一方面秉承上帝的啟示，而他方面也隱

隱地聽到了大眾的呼聲。所以他能那麼堅決徹底的思想、言語、行動。他為了這種革命運動，濟之以死，十字架上，從容獻身，自有人類以來，未有如耶穌對革命之烈者！奉耶穌為教祖之基督教，奈之何不奉此革命為救世之圭臬也！[63]

革命代表進步，基督教既然是革命的，自然也是進步的。

鑒於新思潮對中國基督教的衝擊，簡又文也呼籲青年會推動基督教的新思潮運動，而這場運動將決定基督教在中國的發展：

> 試問新思潮的範圍能不能避免宗教的新理想？能不能完全不談神學問題？如果不容新神學、新的聖經解釋、新的宗教觀等自由討論和發揮，又怎配講宗教新思潮？[64]

青年會是一個青年運動的團體，青年置身新文化的風潮，信仰難免動搖，當教會失去指導的能力，基督教的命運等於任憑時潮決定，因此簡又文認為，青年會必須揚棄保守，勇於抗拒某些教派人士的支配，特別是外國經費的資助者，他們經常假資本手段限制言論，但維護自由之風是非常必要的，否則難以孕育新思潮的運動。[65] 這些呼求也在《文社月刊》中得到了積極的回應。

這裡要簡單補充《文社月刊》的始末，以助讀者明其意義。1923 年12 月，中華基督教文字事業促進社成立，後來更名為中華基督教文社（National Christian Literature Association），1925 年在上海舉行第一次全國大會，發行此刊。[66] 為了解答國人思想中遇到的現實問題，文社提倡的理念頗有現代派的色彩，對稿件的要求包括：

－糾正當前基督教信仰中存在的某些誤解。

—以簡單明瞭的方式介紹蘊含在基督生平與教訓中的偉大原則。

—為中國目前的需要介紹基督教信仰及其在社會生活方面的原則。

—從中國基督徒在生活經驗中如何認識基督並理解基督教訓的角度介紹基督。

—將過去歷史傳承下來的中國人生活與思想中的社會與道德原則與基督的原則兩方面結合起來，並在此基礎上介紹一種生活哲學，弘揚致力於貫徹這些原則和理想的中國人所取得的成效。[67]

這些原則展示了基督徒面對新思潮應有的思想與社會責任，基督教不僅止於精神層面，也是入世的，必須力行信仰的主張，從個人的生活擴大到社會的關懷與參與，包括革命在內。

文社也曾出版若干小冊子，如《基督教與國民革命》（張之江）、《基督教與民族主義》（陳立廷）、《基督教與民生主義》（沈嗣莊）、《基督教與民權主義》（王治心）、《基督教與農工運動》（張仕章）、《基督教與平教運動》（傅若愚）、《基督教與青年運動》（沈體蘭），顯示文社關注現實中政治衝突性的話題，而且結合了基督教思想與政治、社會課題。他們發揮教義，闡發基督教的自由、平等、博愛理念，耶穌基督屬於平民、勞工、無產階級，基督徒應效法基督，以犧牲服務的精神投身社會，促成國家的建設，廢除不平等條約，改革資本主義對勞工的迫害，以及改善農民的生活問題等。但這種激進的主張，不容易獲得贊助者和外國機構的認同，[68] 由此看來，本色化的實踐絕不只是將「福音穿上華服」，還必須在政治、權力、自主性之間周旋，尤其是當利益衝突時，往往引發緊張的關係，以米星如批判教會或差會的諷刺小說為例，

不難嗅到其中的火藥味。[69]《文社月刊》若要回應非基運動，必然涉及敏感的一面，特別是與外國基督教團的關係；但在外國傳教士看來，只要克服文化上的歧見即可，他們設想的本色化主要在於文化，而非政治。由於雙方認知的差距過大，加上彼此的利益考量，短短三年多就結束了這份刊物。[70]

再回到簡又文，他曾編輯《新宗教觀》，於 1923 年出版，正是反基督教運動的後一年，盼能藉此糾正「對一切宗教——尤其是基督教——每有不合理、不公道、不仁慈、不能堪的判語」。簡又文界定「新的宗教觀」：

> 以宗教為人類生活裡一種經驗，常呈救助生命的功用，而科學、哲學、社會主義等，各有範圍並行不悖，而於基督教則更能加以進化的歷史的眼光之觀察。[71]

回顧歷史，不難發現基督教在西方早已隨著時代而改觀，一方面說明它的演變能力，另一方面顯示今天對於基督教的理解，應該考慮到與現實的關係，基督教的新觀念對中國知識分子仍具有強烈的吸引力，他們認為這些觀念與進步思想並不衝突，而且論點是有學術根據的。

基督教的表現是隨歷史而變的，因不同環境和挑戰而有新的理解與詮釋，從第一代基督徒就已經如此，保羅（Paul the Apostle）傳教到異邦，是突破古代猶太教思想的重大進展，基督教得以轉化成不同於猶太傳統的新宗教，這正是基督教歷久不衰的原因。簡又文據此斷言：「基督教並無一種由威權斷定獨一無二的款式，基督教是常在製造中的」。[72]基督教思想是「革命式」的，在人類文明的進步中如此，在政治實踐的理想上亦如此，因此他主張革命的基督教，認為基督教這種源於革命的歷史哲學是一種進步的思想，推進了西方的理性進程。

不論是崇信或是反對基督教，都未必了解基督，然而自許為基督徒的人必須追問：究竟什麼是基督教？答案不在於立場，而在於能否做出正確的理解。《新宗教觀》共有 16 篇文章，收錄了中國及英美學者的代表性作品，簡又文的〈甚麼是基督教？〉認為當時國人論及基督教，大多未曾認真吸收國外學界已經取得的成果，但如范皕誨所言，對基督教的理解必須與研究成果並進，若能如此，很多誤解就變得不必要，更可發掘基督教對中國可能的貢獻。

《新宗教觀》收錄的文章不僅討論宗教或基督教本身，至少有 5 篇涉及與社會或思想相關的主題，如〈社會主義與宗教的關係〉（第七篇）、〈宗教與社會主義〉（第八篇）、〈社會學的基督教觀〉（第十一篇）、〈基督教和社會主義〉（第十二篇）、[73]〈勞工問題與基督教〉（第十三篇），從理性批判擴及社會批判，可謂「新宗教觀」的特色。現代派有意突破傳統的宗教觀，也倡導基督教的社會實踐。相較於基要派多將基督教限制於純粹的宗教事務，現代派認為基督教不僅可以通過理性批判的考驗，也有足夠的能力應付種種質疑和挑戰——不僅是教義，也包括社會現實的課題，在這種思考之下，「革命的基督教」可說其來有自。

宗教應該是關於生活的宗教，基督教的核心即是「生命」。對於執守教義或信條規定基督教的作法，簡又文也有所反思，他表示基督教與基督教會不能畫上等號，後者受制於組織，往往遷就傳統或儀文，但這些未必與前者主張的生命價值相應。又有人以為《聖經》即基督教，簡又文也表示不然。他指出改教運動之後，《聖經》的權威被樹立，以致「強埋葬基督教之生的精神於死的文字裡」，「基督教簡直變成了拜經教」。《聖經》其實就是一本宗教書：

> 登載以色列民族歷代天才之宗教經驗，及耶穌和門徒之生命經驗，其真價值則在使人讀之能奮發有為，振興同樣之宗教

的衝動，而言行同等之宗教的經驗。此所以謂聖經為人生之寶書也。[74]

　　吾人欲求生命，欲求基督教所應許的生命，當應直到耶穌的生命去予取予攜，聖經呢，就是一枝「盲公竹」。[75]

　　從《新宗教觀》來看，簡又文無疑可歸為漢語基督教的現代派要員之一。[76] 此派對於《聖經》的態度與看法，吳耀宗說得非常清楚：

　　現代派卻根據聖經批評的方法，認為聖經的寫成，雖然是由於上帝的啟示，但我們卻不能根據字面去解釋聖經。聖經忠實地記載了人對上帝的追求，和上帝對人日進不已的啟示。聖經不是一本一字不錯的科學和歷史的教科書，而只是信仰和生活的一個可靠的指導。[77]

　　部分基督徒在回應《基督抹殺論》時，已經開始形成現代派的觀點，不能全然以基要派所接受的類型去理解。反對基督教者往往攻擊基督徒的「迷信」，現代派接受現代《聖經》批判學的成果，基督教與科學的衝突如何化解姑且不論，至少基督教作為宗教，關注人的生活，是對於人生的指導，而這些遠非科學範疇所能回答。簡又文倡言的「新宗教觀」，正代表中國基督徒對於現代派的認可，強調開放與理性，最典型的例子便是簡又文始終正視「耶穌是私生子嗎」和「耶穌是復活了嗎」的討論，任何研究發現都是值得思考的。[78]

　　此外，簡又文在編譯《革命的基督教》時說道：

　　吾國人概念中所謂「革命」，大都以為是有限於政治範圍，而不知社會一切現象中——若經濟，若宗教，若社會組

織，無一不可施行革命。有此誤解，故熱心於政治革命之徒，
見有組織的基督教對於政治運動向之活動的參預，遂以其為反
革命了。而除了政治界之外，其在經濟界，及在社會生活中一
切活動皆所不計也。但智識較深的頭腦，當知經濟革命、社會
革命、精神革命之為真革命，不特亞於政治革命，而且尤為重
要的、為根本的。以上種種障礙所除，「革命的基督教」之真
理乃可表現。[79]

他重申基督教的本質在於革命，這一點正是當時中國社會亟需的：

　　無論帝國主義、資本主義，無論那種萬惡的社會制度之殘
賊人生禁錮人生壓迫人生至如何程度，而凡具有如此信仰及人
生觀的基督教徒斷不敢稍萌改革之念了。以故，無論自身所受
之痛苦，社會所充塞的弊害罪惡，民族國家之衰弱頹敗，及世
界人類之不能共度太平幸福的生活，至如何程度，這一輩的教
徒都以為是「天命」是「神意」是自己生前預定的「命運」了。[80]

　　簡又文也以這樣的觀點，重新探索中國革命的歷史，選擇以太平天
國作為後半生鑽研的對象。在此之前，他其實已經完成《古猶太革命
史演義》，由此可以看出他有意探究基督教革命思想在中國實踐的經驗
和可能，換言之，他想呈現一部「中國的基督教革命史」。[81] 簡又文也慨
言，國人對基督教的理解並沒有與時俱進，因此他譯介了不少關於基督
生平的國外研究，以及新的闡釋，相信無論是盲目的相信或是無理的反
對，都是可以避免的。[82]
　　另外，我們還可以觀察現代派對「神蹟」的態度。他們常被基要派
批評為「不信派」，並非「真」基督徒，理由之一是他們不相信神蹟。

目錄

第一章　引論
第二章　耶穌的環境
第三章　耶穌的主張和程序
第四章　耶穌的原則 - 上帝為父
第五章　耶穌的原則 - 上帝的國
第六章　耶穌的原則：人的價值
第七章　耶穌的經歷及其成功

◆ 張欽士編《革命的耶穌》（不論是「革命的耶穌」或是「改造社會的基督教」，成了在充斥著革命氛圍下的中國基督徒一個難以抗拒的選擇。圖片來源：作者翻拍自原件）

基要派認為這會導致對《聖經》的否定，因為神蹟出於《聖經》，懷疑或不信，等於質疑耶穌的神格。實際上，這些所謂的「不信派」並非只停留在朦朧的信仰，他們出版過「宗教經驗」的文集，也有祈禱的生活，談論自己重生的經驗，至少就其言論來看，多數人信道甚篤，很少發生離教的現象。[83]

從張欽士編譯《革命的耶穌》（1922），[84] 到簡又文將美國著名神學家華德（Henry F. Ward）在華的演講集結為《革命的基督教》（1926），[85] 可以得知這些人基本上都接受現代派的看法，將激進思想帶入民國基督教，就教義而言，經得起科學的考驗，就政治現實來說，基督教乃是革命的，堪負改造社會的宗教性與歷史性任務。

底下想以《革命的耶穌》為引子，說明民國基督教與社會主義的關係，進一步勾勒「革命的基督教」之面貌。此書原出自佈道家艾迪（Sherwood Eddy），供人在聽講後研修之用，係以通信的形式進行，參與研讀該書者約有千餘人，值得注意的是編訂者吳雷川，正是早期中國

基督教社會主義思想的代表性人物。有些基督徒知識分子認為，基督教
無須害怕新思潮，其本身即是新思潮的根源，[86] 乃至成為激進新思潮的
代表，吳雷川雖然是一位出身舊社會的「翰林基督徒」，思想卻相當激
進，甚至主張暴力革命：

> 基督教有所謂「無抵抗主義」，每為指摘基督教的人所藉
> 口。其實這種無抵抗主義，只是個人與個人間在某種情況之下
> 所應用的事理，本不是為國家民族說法的。基督教固然以全人
> 類得救為博愛底目的，但社會進化有一定的程式，不能躐等而
> 幾。
>
> 基督教唯一的目的是改造社會，而改造社會也就是尋常所
> 謂革命。縱覽古今中外的歷史，凡是革命的事業，總沒有不強
> 制執行而能以和平的手段告成的……所以有人高舉唯愛主義，
> 說基督教不可憑藉武力以從事革命，這種和平的企望，我們在
> 理論上固然應當贊同，但從事實上著想：如果要改造社會，就
> 必須取得政權，而取得政權又必須憑藉武力，倘使基督教堅持
> 要避免革命流血的慘劇，豈不是使改造社會底目的成為虛構以
> 終古？[87]

從「革命的基督教」來看，吳雷川可說是一位最具代表性的思想
家，他的《基督教與中國文化》、《墨翟與耶穌》則是中國解放神學的代
表作，他曾說：

> 耶穌一生的目的就是革命，他將他所得於天的聰明才力，
> 乃至整個的生命，完全貢獻於革命的事業，……革命就是改造
> 環境，自不待煩言而解了。世界是人人有分的，革命絕不是一

種特殊的事業，而是普通人都應當盡的天職，無論何人，各有
他的環境，都可以憑著自己的力量來改造，所以人人都可以參
加革命的事功，都是革命的一份子。改造社會，既是人類的共
同目的，所以必先預備自己，才能改造社會。[88]

中國社會兩大弊病，一是制度上的不平等而處於衰弱不振，一是人
心中的不公義而產生混亂不安；前者需以基督教的社會改造以革除之，
後者需以基督教的人格革新以改變之。這樣的說法兼具唯物和唯心，也
是社會福音與個人福音的辯證綜合。在《基督教與中國文化》中，吳雷
川傳達的思想有二：一是社會經濟史的批判性分析，這是他對現實分析
的方法論；一是基督教改造社會的方案，主要為耶穌的天國觀與作為社
會綱領的「主禱文」。

吳雷川主張，宗教必須與政治合作，才可能完成改造社會的功
用，[89] 他關注政治主張也是很自然的，其中又以社會主義最受他青睞。
《基督教與中國文化》最為大膽和創新的部分，即是提出一種社會主義
的基督教思想。他首先肯定了物質的重要性：

　　基督教從社會改造底目的方面來講，完全是唯物的，而從
個人修養底工夫方面看，又可說是傾向於唯心的。[90]

雖然不能說吳雷川是唯物論者，但他顯然接受張季同（岱年，1909-
2004）的說法，在承認「心」的作用之際，仍以「物」為基本，認為基
督教與新唯物論是相容的。關於這一點也可以說是個人福音與社會福音
的綜合，福音既是個人的，也是社會的。[91]

從革命或改造社會的意義而言，基督教對物質的強調或肯定是無疑
的。在這樣的觀點下，吳雷川不接受《聖經》中關於神蹟的描繪，基督

教的社會改造要從物質面做起，正如耶穌面對的第一個試探是對物質的克服，主禱文也表現出對物質需要的重視，這些在在透露了基督教的思想起點。他也強調宗教的物質起源，承認「宗教是不滿意於政治現象的反動及其與無產階級的關係」，[92] 這句話更幾乎是馬克思《黑格爾法哲學批判》導言中某幾句話的翻版。

吳雷川的思想前後一貫，始終從革命出發，來理解基督教，他對中國思想的興趣，重心也在於革命，這也是何以墨子成為他闡發教義的楔子。因為當時學界有一股「墨學熱」，除了批判儒家，這場墨學復興運動也有社會主義的色彩，如同《基督教與中國文化》對社會史論戰的回應，《墨翟與耶穌》的社會主義關懷更加鮮明。這也說明吳雷川的基督教思想不應理解為文化調適，貿然冠以「本色神學」並不適當，上述二書緊扣「基督是何許人」和「基督教的起源」，吳雷川的答案則是「耶穌是一位革命家」、「基督教起源於一種革命」，他告訴讀者，耶穌就是一位無產者，基督教是共產主義的踐行。

1927 年元旦，武漢基督徒聯合會發表〈基督徒革新運動宣言〉，這裡想藉其聲明，小結「革命的基督教」的激進特色：

> 耶穌基督以自由、平等、博愛、犧牲、服務立教，與罪惡的勢力絕對不能妥協，本是一種革命的大勢力⋯⋯我們深願本著耶穌基督當年打倒法利賽主義及傳統的舊禮教，與當時之壓迫平民的富族貴族階級，甚至捨身十字架之革命精神，以從事於我們的革命工作。[93]

在近代中國，基督教面對教界內外的呼聲，包括五四新思潮、反基督教運動的壓力，發出了有別於過去的火光，也留下了新的火種，我們可以先後列出一串主張「革命的基督教」的基督徒思想家：劉靜庵（日

知會／辛亥首義）、張純一（佛化基督教）、徐謙（革命者基督徒）、馮
玉祥（基督將軍）、張之江（基督將軍）、[94] 張欽士（革命的耶穌）、吳
雷川（改造社會）、沈嗣莊（基督教社會主義）、[95] 張仕章（耶穌主義）、[96]
王治心（耶穌主義）、簡又文（新宗教）、吳耀宗（社會福音）、[97] 朱維
之（無產者耶穌）等。[98] 用吳雷川的說法，「革命的基督教」成為「紅色
基督徒」的「縱火者」（passion），在共產黨的革命號召下，更走上「導
爭者」（action）的道路，在漢語基督教思想史留下鮮明的足印。[99] 本文最
後想引用吳氏的一段話作為代表，以終此篇：

> 革命耶穌先烈，
> 有十架堪為圭臬。
> 推倒強權成眾志，
> 把內憂外患齊消滅。
> 新文化，永建設！[100]

第三章 激進化的社會福音

夫中國不患過激思想也，國中明達之士，無傾向赤化
者，近且有反共產主義運動以抵制此種思想，而官廳
更常嚴厲查禁。現雖有少數赤化的宣傳者，受蘇俄
接濟在國內活動，然吾人當知國人對於領事裁判權
之憤慨，殊有為叢歐雀之危險，是乃中國當道及一部
穩健人士所引為深憂者。此余所以敢請求各國從速廢
止領事裁判權也。總之，欲中國不沾染過激思想，則
列強必須放鬆其掌握，否則正為赤色思想播散其種子
耳。……當知中國若欲不受列強之桎梏，惟有傾向於
赤化，僅有二途可擇也。

——陳立廷，〈五卅慘案之事實及影響〉

從基督教救國到革命的基督教

陳獨秀在〈外交問題與學生運動〉嘲諷各種隨著五四而來的運動，

* 本文為科技部補助研究計劃「外人與民國基督教社會主義思想的傳播與實踐—
以賀川豐彥和華德為例」（212）（MOST 105-2410-H-030-046-MY）之計劃成
果，曾以〈華德之革命的基督教思想與民國基督教的廢約運動〉為題，先發表
於中央研究院「五四運動 100 週年」國際學術研討會（2019/5/2-4），後刊載於
《建道學刊》第 54 期（2020）。

什麼道德救國、基督教救國、農村救國、人道互動、憲法治國等等，在他看來，如果不走向革命，所有的運動都是一種逃避，是懦弱的表現：

> 「五四」運動因外交而牽到內政，而牽到一切社會問題，不是一個單純的外交運動，一時頗現出一點革命的空氣，「五四」的真價值在此。[1]

五四所激起的外交問題，是以反對帝國主義為其高峰，而外國人在中國享有治外法權更是令民族主義激憤難平；五四從學生運動擴大為群眾運動，最終將「革命」作為反帝論述中最為核心的思想，基督教正是在此反帝國主義與民族主義的浪頭上的思想和實際戰場。[2]

1919 年，五四運動自科學反對宗教之觀點率先挑起了對基督教的批判，並呼籲「以美育代替宗教」，剷除宗教；1922 年更是以反對「帝國主義文化侵略」之名全面圍剿基督教，並發起了「收回教育權」運動，而基督教回之以自立及本色化運動。1925 年發生了「五卅慘案」，挑起了全面的反帝國主義運動，中國基督徒與此同時也主動發起了「廢除國際不平等條約」運動，將基督教推向愛國主義，並與帝國主義劃清界限。在此一連串對基督教不利的反擊中，中國基督教知識分子逐漸走向激進的道路，他們越發從政治的角度來理解基督教，越發認為基督教本質上即是革命的宗教，因而必然站在被壓迫者或弱者的這一邊，他們甚至重申基督教在中國的命運及其發展，全取決於到底反不反抗帝國主義，以及是否可以為現在瘠弱的中國社會找到何種解放的道路。[3]

中國基督教史專家章開沅總體地描述了從 1921 年至 1925 年的反對基督教運動，指明這是基督教在五四運動直至廢約運動中的關鍵時期：

> 1921 年春，《少年中國》出了三期「宗教問題專號」，共

刊出二十七篇討論宗教問題的文章和演說詞，其中大多數都對宗教持批評態度，這表明非基督教運動已有相當的社會思想和理論基礎。所以，1922 年春爆發的非基督教運動，很快就蔓延到京、津、滬以及廣東、福建、湖南、湖北、直隸、山西、江西、浙江、江蘇、四川等地。1924 年以後，非基督教運動發展為收回教育權運動，而在 1925 年五卅運動後，隨著民族主義的全面高漲，非基督教運動更加貼近反帝鬥爭，並且匯入國民革命的洪流。基督教在中國面臨著空前嚴重的挑戰，基督教在南部中國的各項事業全面受到衝擊。[4]

五卅慘案後，各地燃起了反帝愛國的運動，剛開始只是把矛頭指向英日兩國的領事和那些外國工廠，之後卻演變成斥責「基督教是帝國主義侵略中國的工具」。好不容易從非基運動中平靜下來的基督教，在這場激起高昂民族主義情緒的劇烈衝突中再次成了眾矢之的，那些在華的基督教組織，如基督教青年會、基督教醫院、基督教大學、教堂及傳教單位等，都被認為是替外國資本家撐腰、為虎作倀的，因而成了被質疑和反對的對象。[5]當時流行的口號是：

> 打倒帝國主義的基督教
> 打倒資本主義的基督教
> 打倒文化侵略的基督教
> 打倒帝國主義的走狗
> 打倒資本家的走狗
> 打倒西國人的走狗 [6]

一切與帝國主義相關的罪名，都與基督教有關。

　　於是，在飽受批評的情勢下，由來華的美國哥倫比亞大學倫理學教授華德（Harry Frederick Ward, Jr.）所提出的一系列「革命的基督教」思想，自然吸引了激進派基督徒的關注。華德對資本主義現象有深入的社會學批判和反思，並提出了一套與基督教價值相符的思想和主張，即在反對資本主義對中國壓迫的同時，提供一套新的經濟模式。從《革命的基督教》到《反利潤制度》的出版，華德為中國的「革命的基督教」借鏡蘇聯的經濟模式，嘗試提供了一條清晰、批判的基督教倫理思想。[7] 華德那種具有激進主義色彩的基督教社會福音思想，深深地吸引著那些面對內外交迫窘境、且不滿於教會現狀的中國基督徒，他們嘗試在其中找到一條既要與帝國主義和資本主義劃清界線的社會分析，又要與保守和不作為的基督教事業保持距離的思想道路。當下，「革命的基督教」提供了一條新穎且具現實意義的出路。[8]

> 基督教是人的宗教，所人也必須是社會主義的宗教。它絕不能容忍機器把生命吞沒了去，金錢把性靈侵蝕了去，資本制度把勞工神聖的血都吮吸了去。
>
> ——謝扶雅，《基督教與現代思想》

華德思想的中國行旅

　　不管是社會福音派或是基督教社會主義，這些思想在中國現實的實踐上均帶有革命性，因而也就表現得相當激進。不論是比較寬泛的說詞，如「基督教社會主義」或是一般相對比較熟悉的「社會福音」，都可以說是把基督教理解為一種社會實踐。將基督教與社會實踐的問題相

關聯即在於強調其對社會的改造作用，往往亦可以廣義地以「革命」稱之。這是民國對此用語的一般用法。[9]

華德在中國的巡迴演講，所到之處均受到知識階層極大的歡迎。《京報副刊》連續報導了他的行程和演講內容，後來還集結出版為《革命的基督教》一書。「革命的基督教」一詞遂漸成了社會福音派最為激進的標誌。《革命的基督教》的篇章包括了〈革命的基督教〉、〈耶穌的革命精神〉、〈耶穌的經濟學〉、〈社會改造中宗教之地位〉、〈聖經與無產階級運動〉、〈基督徒的剩餘利益觀〉等，所選各篇主要是由華德教授在前一年（1925）到中國遊歷時之演講稿編輯而成。[10] 華德在各大學及學術團體所講者大都是工業，倫理，經濟等社會問題，唯在宗教團體則有以宗教問題為講演題目，其中有民治與工業、民治與輿論、甘地與印度之將來、工業主義的倫理、貧窮之廢除、怎樣求得經濟之均等、戰爭之廢除、私利之廢除、全世界之合作、俄羅斯之大試驗、我的遊俄的感想等主題。

華德訪華之前，報刊對他的介紹是一位頗富盛名的社會學教授，其中心思想有三方面：提倡社會和經濟的改革、打破一般人謀利的心理，以及廢止國家至上主義。[11] 1925年初，華德先是以社會學家的身分在北京大學主講「工業的倫理」六次，後來在朝陽，清華，燕大，匯文等校講演社會倫理問題。[12] 此次演

◆《革命的基督教》封面（「革命的基督教」的主題，從巡迴演講到集書成冊出版，對中國基督徒青年的影響非常的大。圖片來源：作者翻拍自原件）

講的內容於同年以英文和中文在北京出版，題為《工業主義的倫理》。
1925 年 3 月中旬到月底，華德離開北京，赴天津、濟南、上海、廣
州、南京、武漢等處觀察、遊歷及講演，主要是在基督教的不同團體中
講社會倫理方面的議題，這些稿後來集結成書於 1926 年出版作《革命
的基督教》。當然，該書的部分文章之前也曾見於以英文文稿刊於美國
的雜誌上。另外值得注意的是，華德此行已開始提及了俄國共產革命的
相關話題。

《革命的基督教》一書的譯者簡又文在序言中提到：

> 在我們懂得基督教的真性質的，就說基督教本來是革命的
> 宗教，而在這時代提倡「革命的基督教」也不過是將基督教之
> 真相用現代人的眼光重新表現出來以應付時勢的需要。[13]

《京報副刊》第 79 號（1925 年 3 月 5 日）刊出一篇〈介紹華德博士〉
的文章，作者衣萍如此說道：「末了，我還想對聽華德博士講演的朋友
們說幾句。也許有人要以華德博士的主張為不合胃口的，我知道我們青
年中多的是馬克思與克魯泡特金的崇拜者。」衣萍特別提及華德此行是
乃是自費來華做社會調查，與青年會或協進會無關。此舉乃是因為中國
激進分子對華德並不看好，特別是那些共產主義分子或反基督教者可能
會做文章攻擊他，衣萍希望可以正面地理解華德和他的社會研究。[14] 事實
上，華德此行確實是簡又文個人奔走所成，非青年會或協進會這類基督
教組織所邀請或安排，而簡又文在美國紐約協和神學院就讀時便結識了
華德，兩人間可以視為師生關係。[15]

華德在中國出版的著作共有四本：《工業主義的倫理》（*Ethical
Aspects of Industrialism*；北新書局，1925）、《革命的基督教》（中華
基督教文社，1926）、《近代世界中信仰的效能》（青年協會書局，

1934）和《反利潤制度》（*In Place of Profit: Social Incentives in the Soviet Union*；青年協會書局，1935）。《工業主義的倫理》和《革命的基督教》的譯者皆為簡又文，《工業主義的倫理》出版社北新書局屬於一個左派的書店。

　　《工業主義的倫理》（*Ethical Aspects of Industrialism*）在成書出版之前，書中的各個篇章就已經在《晨報副鐫》上與讀者見面。此書出版情況相當特別，其英文版原著先是在北京出版，後再譯作中文。《工業主義的倫理》一書完全未提及宗教，這是一本全面分析資本主義的書，而且處處指出其惡劣和扭曲的一面。華德在該書中也反省了社會主義可能帶給人類的出路，書中經常提及馬克思，將之作為是他分析資本主義的一種思想工具，書中尤其批判經濟決定論，主張只有道德的管治才能解決資本主義製造出來的問題，最後在結論中強調了經濟的分享論，認為這是最確切的人類倫理。

　　華德的工業主義倫理的哲學可以用以下兩段話來總結：

> 　　我們拒絕工業主義為一種生活方法，但接受其為一件工具，為一種機械的程序，以作得獲特定的目的之用。倘若我們接受一種均分共享的哲學而非攘奪攫取的哲學以為我們的人生哲學，我們即著手改變其形體；而在其形體之改變中，那東西的本性也一體改變了。
>
> 　　工業之作用不是要來生產物品，而是要來發展人格；不是為感覺的生活，而是為精神的生活；我們施用之不是以其自身為目的，而以其為當時量的手段以達到生命之更大的目的。[16]

　　《反利潤制度》（*In Place of Profit: Social Incentives in the Soviet Union*）比較晚出版，是他遊歷蘇俄後撰寫而成的書，於 1935 年在中國

出版。本書是華德談論蘇俄如何以社會主義的方法改造其經濟模式和行為，內文充滿著對俄國的欣賞和推崇。他與佈道家艾迪（Eddy）一樣，對蘇聯的革命以及隨之而來的生產方式和其社會發展有著相當大程度的肯定。華德於 1925 年拜訪中國時，曾數次論及俄羅斯共產革命的問題，以及其對經濟問題所帶來的影響，如 3 月 3 日在北京青年會講「列寧與甘地」、3 月 18 日在燕京大學講「俄羅斯之大試驗」、3 月 23 日在朝陽大學講「蘇俄之偉大實驗」。

《工業主義的倫理》和《革命的基督教》這兩本書都在中國出版，前者的系列內容早已在中國刊物上連載，後者集結了 1925 年在中國演講譯稿和一些其它譯文，主要是華德首次來到中國於各個大學巡迴演講的講稿，演講的內容中亦反映了中國的現實問題，算是針對中國所需而出版的，譯者簡又文的用心表露無疑。《革命的基督教》受到民國基督徒的歡迎，因為它體現了一個正在理解社會改造的基督教。

此行也在別的不同場合中講了別的題目，包括談論過甘地列寧，介紹過女權運動。值得注意的是，從 1925 年 3 月 12 日至 18 日華德在燕京大學做了總題目為「新社會之建造」的六場演講，六次的講題分別為：貧窮的廢除、戰爭的廢除、經濟的公道、私利之廢除、全世界之合作、俄羅斯之大試驗。同樣是簡又文翻譯，相繼刊於《晨報副鐫》，但這些文稿並未收錄於《革命的基督教》一書中，也未見以獨立的單行本發行。[17] 事實上，「新社會之建造」的內容似乎更有價值，這即是華德 1919 年出版的《新社會秩序：原則與議程》（*The New Social Order: Principles and Programs*）之內容。

華德在美國被視為一位馬克思主義者，他在中國則被理解為一位社會科學家。華德與艾迪一樣，是活躍於中國基督教圈子內外的激進分子，他們的言論處處表現為關注現代工業化問題，尤其是勞工的權利和生活。[18] 更甚的是，他們都表現為對俄國革命的肯定和欣賞，公開讚揚俄

國革命的社會改革成就。他們無疑在激進的年青人中受到歡迎，也令革命的基督教思想傾向深入到中國基督教青年人心中。[19]

根據華德女兒所述，華德在中國的行動因公開讚賞蘇俄而受到美國領事館的監控。例如在上海的美國領事寄一封信給美國部門，提及有關華德傾向布爾什維克共產黨的描述，並形容他的演講內容吸引了不少中國基督徒；在南京的美國領事也同樣寄出一封密函，譴責華德對蘇聯的讚賞以及他對中國不穩定的政局所帶來的負面影響。中國官方也不例外，同樣害怕華德的演講會煽動學生對共產主義的熱愛，在一所大學的演講題目「我們可以向共產黨要求什麼？」被該校校長要求刪除。[20]

華德顯然沒有偏袒英、美等國家。由於他親眼目睹了中國城市的混亂，看到了上海罷工事件中員警向群眾多次開槍，他說五月那場罷工獲得各界中國群體的支持，包括學生、勞工、小商家、大商人。為了觀察學生的示威運動，華德偷偷混到裡面去，不過他那明顯的西方人相貌注定要被認出來，由於警衛擔心此運動會演變成暴力而波及外國人，所以派人駐守在華德一家以及其他外國人住家附近。華德的夫人戴希（Daisy Ward）曾描述這樣一個畫面，即：「一個個子不高的左派教授以及戴希前往他的演講途中，竟然由十四位拿著長槍的士兵、兩位官員和八位員警護送。」[21]

華德任教於哥倫比亞大學，專於研究經濟模式、勞工問題和工業社會學。他深入美國社會的勞工群體，激進地捍衛公民言論和集會自由，他曾因有馬克思主義思想傾向而被美國安全局密切關注。事實上，「革命的基督教」這一說法並未出現在華德的英語作品中，他一般的論述即是主張社會福音。受其協和神學院的同事饒申布士（Walter Rauschenbusch）[22] 的社會福音思想之影響，華德對美國的資本主義社會提出特別嚴厲的批判，對工業化帶來諸多階級、不公義及人性的扭曲提出諸多的檢討。

　　1925 年華德訪華，親身經歷到五卅慘案對基督教傳教事業的衝擊，感受到中國基督徒自非基運動以來就陷於困惑和無助之中，他們嘗試努力為基督教在中國找到一條新的出路。的確，五卅慘案是激起基督教界反對帝國主義最關鍵的一場事件。繼非基督教運動引發「收回教育權運動」後，五卅慘案引發了「廢除國際不平等條約」的呼聲，這一次基督徒不是站在對立面，而是向列強表示堅決反對不平等條約，亦向傳教事業做出嚴厲的質疑，認為基督教的傳教事業若要不與不平等條約脫勾，將對基督教在中國的傳播造成嚴重後果，一向護教立場堅定的張亦鏡也提到這個觀點。[23]

　　中國基督徒認為，非基運動者並不是真的反對基督教，他們主要是反對帝國主義、反對不平等條約，基督教在華的傳教事業很不幸地與不平等條約有關。同時，因為不平等條約的簽訂國是西方列強，所以也就把這筆帳算到基督教的身上。因此，中國基督徒認為，要援救基督教的在華傳教事業，以及避免被貼上帝國主義的罪名，就必須支持廢除不平等條約，而且沒有了不平等條約，基督教的傳教事業就不會被打上帝國主義的罪名，這方面自然會使傳教事業更加順暢。當然更重要的是，這才符合基督教的本色，反對不公平以及強權者的暴力。什麼樣的本色化基督教可以回應來自非基運動者的挑戰？革命的基督教是不是一條出路呢？華德的到來，給了中國的激進基督徒指引了一條可能性的道路。

> ……宗教乃是一種革命的勢力。因為即於人生現在的
> 奮鬥中，宗教卻為人們所能想得出之最好的東西——
> 最高的理想——之表示。在命途舛逆、困難交迫之生
> 活中，我們迫得要往前尋求我們所可能幻想得出的最
> 好的東西。這是人生永有的真象及不斷的作用。
>
> ——華德，〈社會改造中的宗教地位〉

什麼是「革命的基督教」？

〈革命的基督教〉一文是華德於 1925 年 3 月 18 日在北京向西方傳教士所做的演講，此文的外文標題是 The Revolutionary: Nature of Christianity。華德在演講中表示，其驚訝地發現「革命」一詞在中國竟然受到如此歡迎，這在美國和英國是極其敏感的，尤其說到耶穌或基督教具有革命性質時，是會遭到諸多教會人士質疑。所以，當他於 1925 年 3 月 17 日在燕大教職員聯誼會上演講〈社會改造中之宗教地位〉時，也就是在西方傳教士的場合中演講前，華德曾提及不論用「改造」（reconstruction）或「革命」（revolution）一詞，都不是他所習慣的，「變化」（transformation，轉化）一詞比較接近於他想表達的意思。[24] 因此這次的演講應該是談「社會變化」（或我們現在較熟悉的「社會轉化」）。確實，華德意識到「革命」一詞會與共產主義的革命聯想起來，而且它還意味著某種比較激進的做法，如暴力革命，這在他所生活的美國社會是容易引起爭論的，因此可以理解何以美國並沒有「基督教社會主義」這類說法，而是代之以「社會福音」的原因。

「革命的基督教」一詞並不是華德慣用的術語，他主要還是使用社會福音（Social Gospel）或基督教社會主義（Christian Socialism）來稱自己的學說或主張。華德在中國演講中坦言，「革命」一詞在中國用

◆ 華德像（紐約協和神學院教授華德博士，在美國是「社會福音」的代表，在中國則成為「革命的基督教」神學家。圖片來源：作者翻拍自原件）

得比較任意，相較之下，美國則保守得多，因此他覺得在中國比較自由，反而更能大膽地使用「革命」一詞。他形容中國人不怕革命，也不怕革命的思想，這個觀感也是從一位在中國的西教士一本書中那裡得到如此的印象。[25] 然而，面對中國的思想氛圍，也不得不使華德做出改變，接受了中國社會普遍對「革命」一詞的用法，即以「改造社會」的角度而非「暴力推翻」之意來理解。

華德在〈聖經與無產階級運動〉一文中說明《聖經》所主張的原則與無產階級運動的關係，特別是他提到無產階級實為代表著那些在世界上受苦和被壓迫的人，他們對此處境奮起反抗是不可避免的。事實上，《聖經》代表著一種進步，它強調了經濟和社會改造的必要性，因為它提倡一種新的生命，也就是維護著一切人對生命的渴望及希望，華德說到：

> 《聖經》非他，乃是一個民族，一個社會，及普通全世界的契誼對於神之進步的經驗之記載也，而以其成績則是發現個人及解放個人為此全世界的契誼中之一份子，此契誼者即仍受遺傳的君主專制的影響之人所稱為「上帝國」是也。[26]

因此，我們會發現基督徒對這個世界的反抗是非常積極的，他們即是根據《聖經》的要求和原則對這許多不公義、不平等以及壓迫和痛苦提出

了反對：

> 《聖經》的教訓與無產階級的運動之和合，及將來兩者互
> 生密切的關繫之可能，請研究下列諸問題一下，即可知道。律
> 法及先知所期的社會是有甚麼主治的原則，甚麼特色，及甚麼
> 具有偉力的動機呢？耶穌的教訓產生怎麼樣的社會呢？從前人
> 們之曾的確努力求實施其教訓於生活中者，以怎麼樣的社會為
> 其目的呢？[27]

《聖經》強調人類的互愛之情，這種倫理觀念是所有的宗教團體都
會認可的，所以反對暴力。由於上帝被理解為一位父親，我們就如同兄
弟姐妹般，所以這個社會應該像是一個大家庭，人與人之間應該是平等
往來的，享有平等的權利。華德強調，「《聖經》的理想與無產階級的
運動互相和合，很為清楚，且很為強有力，蓋此運動乃是圖謀將平民的
生命從社會之底下一層提高以至能享大的生命也。現代的基督教全部
宣教及教育計劃都趨於這一方向。」[28]華德認為公道不僅是我們社會必要
有的價值，而且也是宗教生活中不可或缺的。人類社會是必須生活在公
道之下的，或者，公道也是我們人與人相處時的一種基本價值。所以華
德強調：

> 我信必要給人人以公道的待遇，因為這樣的態度乃是上帝
> 在人類生活中之一種表示。人們向視公道為必要的東西，以故
> 常以上帝為公道的神。[29]

基本上，華德認為基督教是一個解放的宗教。

在各時期中，一切被壓迫的人民之仍得一些安慰及能夠支
持忍受者，只因其相信冥冥之中有公道的上帝在。其耳常聽著
深受不公道的苦之人之呼聲，而其手將必令其得適當的報酬
的。於此可見公道正是人生至高無上的價值之一端了。人們相
信有一個常求公道普施的上帝。凡具有如此信仰的人，當與其
聯合起來共同努力以求普遍的公道之實現。[30]

上帝之公道即表現於祂對一切在不公道中受到苦待的人的關愛，因此，
信仰上帝的人必然是一位求得普遍公道得以實現的人。

關於耶穌，華德在〈致中國基督徒學生書〉一文中如此說：

因為耶穌本是一個木工；他說的話，不獨是代表上帝，
也是替一般農民和工人而發言的。有人問他：「甚麼是領袖資
格？」他反問他們：「誰服務最多？」他們問他：「怎樣能同
他和天父永為伴侶，常敘一體？」他反問他們：「你們幹了些
甚麼以滿足人類的需要？」他又說：「惟有甘願喪掉其生命於
服務中者，方能尋得著生命。」[31]

換言之，革命的基督教是與農人和工人需要相連結的宗教。華德勸勉中
國基督徒學生，對耶穌的認識必須同時意識到他不僅僅是基督徒的耶
穌，他也是農民和工人的耶穌，因為他強調服務，強調無條件的犧牲。
革命是需要犧牲的，追求公道也不免要有所犧牲，具備了犧牲的精神，
才不致於面對困難而心生畏懼。

華德認為基督教有改造社會的能力，特別指出「宗教乃是一種革命
的勢力。因為即於人生現在的奮鬥中，宗教卻為人們所能想得出之最好
的東西——最高的理想。」[32]基督教之所以是革命的，因為基督教主張人

生是為著理想而奮鬥的。華德在以〈耶穌的革命精神〉為題的北京基督
教學生演講中特別提到了中國並追問道：

> 耶穌的精神究能在中國的改革（革命）事業有幾多貢獻
> 呢？

換言之，中國究竟需要不需要耶穌，這取決於耶穌的精神能給中國
的革命事業帶來什麼。華德接著說：

> 這全要看諸君個人能得獲而且表現他的犧牲精神至甚麼程
> 度以為斷。這一點乃是終極的試驗。倘若你在此試驗不能及
> 格，則對於一般攻擊在中國的基督教者，你們確實沒有甚麼有
> 效的答覆。你將永不能給予中國以新的生命，而且即如耶穌所
> 說，連你自己也不能得獲生命，除非你於必需時肯捨棄掉你自
> 己的生命於為同胞服務之中——這即是為上帝服務了。[33]

〈耶穌的革命精神〉可以說是華德的 1925 年中國之行中最精彩的一篇講
稿，此次演講場合和對象是北京的中國基督教學生，可謂是向青年發出
挑戰，要他們認清中國的現實，以及在此現實中，耶穌究竟對中國意味
著什麼。

「耶穌的革命精神」究竟是什麼？這個題目是華德應邀請單位的基
督徒學生要求所作，他們想知道，對於處處面對急切改造的中國而言，
耶穌的精神是否可以實現為一種革命的精神。換言之，基督徒學生似乎
認為，只有一個革命的耶穌才可能為在紛亂時勢中的中國帶來改變。華
德對此作出了回應，認為基督教本質上是革命的宗教，它即是實行耶穌
的革命精神，但他也特別提醒，要首先了解今天我們究竟是處於怎樣的

環境中，特別是要認清帝國主義和資本主義的現實，這樣才可能理解耶穌的精神何以是革命的。[34]

華德指出，「耶穌的革命精神」有三方面：均分共享的精神、發現的精神（愛人如己）和犧牲的精神。華德特別提到初期基督徒願意捐出財產以為公用或救濟有需要的人，現在社會財富則往往集中在少數人之中，大多數的人實際是貧苦的，所以貧苦的人就被那些掌握大量財富的人支配。帝國主義和資本主義把權力和財富都集中在少數幾個人手中，且又不與他人分享，這種自私與壟斷權力並以之作為對他人支配的行為是耶穌所反對的。所以耶穌主張均分共享的精神，其旨是為了對抗以強治弱，華德認為：

> 現在所有的政治和經濟的制度，其組織大都是根據於「以強制弱」一條原則，因強者自以為最有能幹及最有效率故當有宰制他人之權。但耶穌則要強者擔負「服務於人」的責任而非擅操宰制他人的權柄。耶穌這一點的精神在中國究能實現到甚麼程度以促成種種必要的改革使在下層的人民得解放呢？這全靠基督徒學生們能否擔負服務於同胞之責任而非微求宰制之權柄以為斷。一般強者智者能奉均分服務為責任而不以爭權奪利為目的則社會便可改造了。[35]

什麼是「發現的精神」？華德解釋為是不間斷地尋找或探索更多的真理，即是不斷發現那些有需要的人，以生命之改善為努力。華德舉愛人如己為例，認為生命可以無窮地被探索，並發現比權力和財富更有價值的東西。華德說：

> 大凡一般只為自己的權和利而成就的革命，永不能持久

的。然而耶穌乃抱持發現的精神，激動人民進前改革現世，所改革者將能繼續生長。所以然者，因為耶穌之發現的精神亦即是發展的精神（the spirit of development），這精神是要從已往界討取一切的真理，公道，正義，而前進發展至未來界。……以強者宰制弱者的原則——而這原則乃是分裂人類的。資本主義亦斷不能有久立之可能，以其亦是基於以強制弱的原則——為少數人而非為多數人的利益。[36]

　　最後是犧牲的精神。耶穌的死表現為一種犧牲，大凡宗教都倡導人要有此精神，所以是宗教共同的崇高理想。耶穌的犧牲是一種偉大人格的體現，人生不是非為自己謀得一己的安裕或權利，而是付出並對這個世界做出貢獻。事實上，欲從事付出或做實事，無不冒風險的，革命更是說明了風險的巨大以及可能要出極高的代價。華德認為耶穌的犧牲精神與中國的革命事業存在著這樣的一種關係，即把革命視為一種人格的實現，中國的革命注入耶穌的精神，即是準備為自己的同胞做出犧牲，所以他說這是回答所有攻擊基督教最好、最有效的回答。[37]
　　耶穌的革命方法即是犧牲：

　　　　是故他甘願棄掉一己的生命，而惟一心信賴其仁愛的方法終能征服一切的權力。我謂在人士的組織中，這正是革命的方法。復因此之故，耶穌的宗教乃是永遠不息的革命勢力，因為自由與秩序之關繫，及國家與社會團體之關繫，乃是人生永久的問題。求此問題有進步的解決，耶穌的方法是可靠的。[38]

　　所以，華德對於基督教在中國所遭到的反對是有所了解的，也認為最好回擊這些反對者的方式即是為中國做出犧牲，他認為這種犧牲在面對中

國的現實困境中是必須的。革命本質上即是準備犧牲，反抗這個世界的不公，為許多的壓迫和痛苦提出抗議。華德一再強調，革命就是犧牲，耶穌的精神就是革命的精神，因為他為生命的理想做出了犧牲。

資本主義制度是建立於不平等的原則上，耶穌的福音則是建立於平等的基礎上，所以支持資本主義者必然反對基督教，因為他們想藉此減少對他們的威脅。華德特別提醒我們，民主（德謨克拉西）並不能解決我們在工業組織中所造成的不平等，那是一種少數人統治多數人的手段，而且他們的哲學前提是物質的而不是精神的。耶穌的宗教則不然，基督教在政治經濟的需要外，仍著眼於精神性的事務，平等原則即是精神性的。

基督教是一個平等的宗教，華德舉了新約《聖經》中提及「日頭照好人也照壞人」為例，認為上帝是全人類的上帝，所以應該不分彼此，耶穌的革命性質即是要求人類社會和組織應以平等的原則做出改變。[39]這場演講是在西方傳教士聚會中，華德提醒傳教士，傳教的工作應該以平等作為原則，要不然所有的傳教事業終將失敗。華德批判了國家的帝國主義行為，向傳教士暗示應對其宗祖國的國家主義行徑予以檢討和糾正，當國家成為壓迫人的統治時，就應起來質疑並反對之，基督教的平等原則容不下以強欺弱的強權主義行為。[40]

資本主義學說奉行的是一種貪得無厭和自私自利的哲學，這種人生哲學實是無神論的。這種哲學貶低了人的價值，把人的生活建基於追求財富上，人也就成了經濟的動物，生命不再為崇高的理想而活，從而也分裂社會，使人與人之間的關係成了爭奪和壓迫。[41]基督教是倫理的宗教，耶穌的教導是對人生具有革命性的。作為革命的基督教，它即是改變現實的宗教，使這個世界朝向耶穌所堅持的倫理價值。革命就是做出改變，基督教把生命的目的建基於做出改變此一要求上。但是，改變的手段是什麼呢？華德特別提到，金錢和暴力的手段都不是實現平等的手

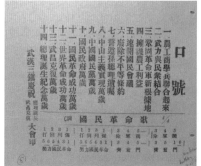

◆ 反帝國主義傳單（在激烈的反對基督教氛圍中，「帝國主義」的罪名是最為顯眼的一項指控。圖片來源：作者拍攝自紐約市立圖書館檔案室）

段，所以資本主義和共產主義是行不通的，因為他們即是分別採取了金錢和暴力為其手段。華德指出「耶穌的方法乃是精神的抵抗，是從仁愛的原則以發出感化、壓迫，及改變的大力。他深深信賴仁愛確有改變人生的大能幹。你們當然記得，當他與比拉多相爭時，他拒絕施用武力之可能。」[42]

　　華德認為，現代資本主義對於人道所犯的罪惡，及其破壞自由、平等、公道及對人類友愛之扭曲是有目共睹的。這些惡劣的行徑都詳載在不同的文件中，從馬克思的著作到上海租界的兒童勞工委員會之報告都充斥著這類指控。因此，我們絕不容姑息這些罪惡劣蹟而應該盡一切的努力用適當的方法去消除。[43]總之，華德始終相信，基督教就是一個革命的宗教，它是一種善的驅動力，「耶穌的宗教而能長在一個固定的社會概況中而不謀改革之──這實是不可思議的怪事。他隨時隨地只有驅動人前進尋求更好的生命。今日之善，只是明日之善之預備而已。這就是基督教的驅動力所以異於由別處發出的驅動力之點。」[44]

> 全體人民一律有權享受自養自存的機會；維護此天
> 權，反抗各種的侵略；發保護勞動者使免受被迫失業
> 之苦。
>
> ——〈社會信條〉第十條

廢除不平等條約

在還沒踏上中國的土地之前，華德就已關注在中國所發生的「非基督教運動」。他認為，反對基督教不完全是宗教的問題，或者也不純然是民族主義問題，其背後與中國複雜的政治現實有關，而涉及到與外國的關係則特別關鍵。要回應反對基督教者，勢必要從中國現實所遭遇到政治和社會的矛盾上來作出回應。[45] 不巧，華德正式踏上中國土地時，卻發生了五卅慘案，這個慘案進一步擴大反對基督教運動。儘管基督教在積極地回應「非基督教同盟」的挑釁稍有了緩和，但此次工潮和學潮卻再次把反對運動推上火線，此次對基督教的反對主要來自於把對帝國主義的不滿，轉嫁到基督教及其代理人身上的民間怒火。[46]

基督教青年會全國協會幹事曾為五卅慘案致公開信函給兩國公使，中華基督教協進會總幹事余日章也為此案兩次致各界公開信。[47] 同年10月，為回應五卅慘案所引起的外交層次的反響，中國基督教主要領袖特別召開了一次「太平洋國民外交會議」，邀請各國代表特別針對中國在國際上的地位發表討論意見，這是一次跨國的基督教界代表以民間的身分來召開的會議。[48] 五卅慘案的發生，正是華德首次訪華之際，此事件帶給他極大的衝擊，回到美國後，就積極為中國奔走，呼籲各界反對各種束縛在中國身上的不平等條約。

華德以一個社會倫理學家的形象出現在中國旋風式的演講中，而作為一位反思資本主義社會各種扭曲和弊端的社會學家和神學家，華德是

諸多來華佈道和傳教人士中少有能夠深入觀察中國現狀的，其歸結於他本身既是一位馬克思主義者，亦是一位神學家。這種身分或思想的綜合我們可以簡單地將之歸類作社會福音。由於他本人的神學深受饒申布士的影響，其社會倫理的主張又與其紐約神學院的同事尼布爾（Reinhold Niebuhr）非常接近，他對中國的現實自然產生同情。[49]

對華德而言，基督教是倫理的，亦是革命的，其目標即是放在對社會現狀的批判以及提出促進倫理方面的基督教原則。所以，基督教的倫理是創造一個新的社會，基督教的倫理之於個人和社會，即是重新理解舊式神學的缺點，並勇於開創新的視角，尤其是當代基督教面對的是由資本主義和其工業化生產所帶來對人性和倫理價值的挑戰。[50]

華德在中國觀察到基督教的危機即在於無法回應社會衝突問題，因為在反基督教的運動中，基督教被質疑其在倫理立場上的含糊，人們之所以仇視基督教，是因為基督教無力應付工業化以及資本主義社會所帶來的種種問題，特別是對勞動者而言，基督教已成了資本主義社會或西方列強國家的官方宗教，而且在這種背景之下，基督教很難表現出其對政治平等的要求。[51] 因此，種種攻擊基督教的言論往往認為基督教是躲在帝國主義船艦炮利之底，為自己創造了有利的傳教條件。因此，基督教與帝國主義的關係是密切的，這種帝國主義的罪名加在基督教傳教事業的頭上，逐漸地被上升為一種「文化侵略」，成了帝國主義侵略的「急先鋒」。[52]

華德首次來到中國，遊走了幾個中國沿海城市，親自感受到了不平等條約對中國帶來的不公平對待。在受到層層條約的限制下，中國無力反抗西方資本主義的大肆入侵，面對西方工業化時，深受西方強權的無情剝削和壓迫，且默默承受著資本主義帶給他們苦果。於是，華德反應得非常積極，回到美國後立即成立一個救援中國的組織，起名為「爭取公平對待中國之美國委員會」（The American Communities for Justice to

China），企圖通過國際的力量來呼籲正視中國遭到的不公平對待。誠如簡又文在《革命的基督教》中介紹華德的一文提及了這個組織，強調是華德來華那年目睹五卅慘案所帶給他的震撼和曾與勞工界和學生運動領袖的互動，令其回美後立即「本於基督教博愛精神，為中國盡力」籌組上述組織。[53] 王治心在《教友月刊》上首度呼籲反帝並組織起「中華基督徒廢除國際不平等條約促成會」時，也提及了華德在美國正在做類似的事。[54]

有鑒於他在中國遊歷時所見到的種種，華德基於他的良知成立了「爭取公平對待中國之美國委員會」，表示願意為中國獲得國際社會的公平對待而奔走。其委員組廣邀各界人士參與，籲請團結那些在美國與中國之間曾經存在善意的人士，立刻盡最大的努力以保障美國政府及時履行它未遵守的承諾，支持此組織立下的七大目標，分別是：[55]

（一）還給中國關稅自主權。

（二）廢除中國境內的治外法權。

（三）所有外國的租借地、居留地和租約歸還予中國，以及恢復中國的完整主權。

（四）美國軍隊從中國國土撤離，美國戰艦從中國海域撤離。

（五）更改和取消美國跟中國既有的不平等條約，以還她平等地位。

（六）對那些在中國為爭取其自由而受苦的人們給予必要的寬免。

（七）美國政府撤銷對於其公民參與上海公共租界的支持或保護，直到該租界放棄無代表則無稅的原則和實踐，以及讓混合法庭恢復其原初的條約地位。

◆《爭取公平對待中國之美國委員會》手冊及通訊（華德博士在北美組織援助中國委員
會，並遊說美國政要廢除對中國的不平等對待。圖片來源：作者拍攝自紐約協和神學
院圖書館檔案室）

　　作為一位美國公民，華德盡可能地以美國作為訴求對象。作為委員
會的主席，華德邀請一般美國公民透過信件、電報、議案或請願書傳達
給時任美國總統柯立芝（John Calvin Coolidge, Jr.），並把副本寄給了國
務卿凱洛格（Frank Billings Kellogg）以及參議院外交委員會主席參議員
波拉等人，以期踐行美國精神中向來主張友善和平等的價值和理念。

　　為救援中國，此委員會於 1925 年 11 月 1 日在查爾斯飯店召開相關
會議，出席者包括了 Messrs, Lovett, Thomas, Misses Flynn, Schneiderman,
Fendall 等人，會議召開前就已發出五千封信，共收到捐款 636.82 美元
以及 150 封表示對委員會的計劃有興趣以及認同的回覆，秘書組報告共
接納了 61 個國際會籍的委員。

　　委員會估計每月運作經費需 500 美元。經費來源可分成兩個部分：一部分經費可由紐約的國際婦女團體承擔，另外則是通過召開大型會議或宣傳公開籌款。是次會中決議，此委員會將會繼續運作直到在中國舉行的大會結束為止。當時，紐約的國際婦女組希望他們可以組成一個聯合委員會以方便執行此委員會所安排的一切計劃，並建議與他們共用辦公室。委員會最後決定把大部分活動集中在中國的紐約國際婦女會，認為透過此一聯合委員會，可避免重疊的活動。華德甚至建議透過在哥倫比亞的學生，組織一個中國委員會，藉以詢問有關邀請中國講員一事，以期更充份理解中國的現狀。[56]

　　會議也接受了建議，一切對外有關手冊和單張的宣傳事宜上，其內容應考慮表達如「指出美國在中國的政策是反對傳統的美國精神」、「中國在邦交上需使用自由」、「關注中國在工業上的問題」、「各種在中國所執行那些特定的不公平的事情應予以終結」。[57] 該委員會也留意到美國、比利時、大英帝國、中國、法國、義大利、日本、荷蘭與葡萄牙九國曾於「限制軍備條約 1921-1922」會議上達成協議，允諾：

　—「尊重中國的主權、獨立性以及疆域和政府的完整性」。
　—賦予「中國最完整和最不難堪的機會，以為她自身發展和維持一個有效且穩定的政府」。
　—允許所有國家在中國貿易和工業獲得公平的機會否則採取「開放門戶」的原則。
　—承諾簽約國不為其國民在中國謀求特殊權利和特權。

委員會要督促這些國家履行他們的承諾，美國更是有責任在此事上表現為一個信守承諾的國家，與其他的成員國共同實現公平的外交政策。[58]

　　正如華德於 1925 年訪華所經歷到的一切，他認為不平等條約勢必

引發中國一連串的反抗運動，上海的罷工事件反映了一切加諸在中國人身上的那種不合理或不公平的對待。1925 年訪華間，華德夫婦對於中國人民的同情使他們特別留意反西方情緒的種種緣由：西方商人對於中國人的歧視、不諳中文的宣教士、城市地區對中國人所實施的隔離政策、宣教機構的奢華設施等，這一切無不讓華德相信，基督教在中國是由槍砲所傳布的。因為不平等條約以及因著條約所激起的反抗意識，中國人對帝國主義背後的文化以及與帝國主義國家有著錯綜複雜關係的基督教傳教運動，必然會從敵意走向仇恨。華德目睹這一切後，認為中國人起來反對是非常正常的。

在擔任委員會主席期間，華德為了協助中國的進步力量四處籌款外，他也不斷地在報刊上挑戰美國與英國在中國的帝國主義議程，他認為關鍵問題在於商業的牟利動機以及大部分基督教傳教士的既定立場。委員會也曾要求美國國務卿凱洛格停止讓美國砲艦在長江一帶巡邏和向村莊發射砲彈，以及抗議美國在財務上支持日本對中國的剝削。華德的援華言論以及其組織因而遭到嚴厲的反擊，被指控背後有共產主義團體在操作，甚至成為美國國家安全局調查的對象。美國的「基督徒學生運動」（Student Christian Movement）響應華德的行動，在美國各地的大學裡呼籲，要求有關當局不以軍事行動鎮壓中國人民的改革運動，這也可以理解何以中國基督教學生運動總是以一種激進的姿態出現，與在中國的外國傳教士形成了一條不同前進方向的傳教立場。[59]

華德發現在中國所發生的問題，也同樣發生在俄國以及其他國家。這問題就是：資本主義與基督教的關係無可避免地導致各派別的彼此仇視，以及提倡一種政治平等的趨勢。反對基督教運動的核心動機是：基督教的倫理匱乏，以致於無力反對或改變此不公平的現實。事實上，全世界以及現在的亞洲，勞工運動所提出來的挑戰的是：到底基督教是否資本社會以及民主國家的官方宗教。正如華德所觀察到的那樣，俄國的

革命必然會引起中國更多的關注，尤其是他已察覺到布爾什維克黨人（Bolshevist）在逐步地擴大其在中國青年中的影響力。[60] 換言之，他無疑是在提醒美國應該避免在西方社會所犯下的錯誤，所以他在中國的演講反映著中國學生的冀望。他的演講內容包括了民主主義、馬克思主義、宗教倫理、人文主義、理想主義、現代的科技和科學等理性的概念以及其感性的嚮往情懷。因此他的演講內容不只是對倫理和實際的資本主義作批判，更是強烈地維護社會主義，但總是小心翼翼地與俄國共產主義革命區別開來。

正如他在中國演講中提及並比較了甘地與列寧兩人，華德在觀察中國的社會發展同時，也不斷地自問，到底是列寧還是甘地能帶領這個國家邁向美好前程。華德那篇題為〈列寧與甘地〉的短文後來是刊登在 World Tomorrow 上的。[61] 此文提到，列寧提倡的是權力的哲學加上暴力，而甘地提倡的是愛的哲學加上非暴力。一般的和平主義者很清楚會選擇誰，但是華德明確地拒絕去接受一些簡單的理論假設。對他而言，結果是重要的，他對每一個意識形態都做出適當的衡量。列寧的哲學曾保護蘇聯脫離反革命行動，因而允許合作的形式出現，而甘地的進路則是促使人民有力量去爭鬥，這是全世界沒有任何的政策可辦到的事。但是故事未結束，到底

◆《教友半月刊》「廢除不平等條約特號」（針對反對基督教運動其中的一項回應，即是基督徒參與「廢除不平等條約」運動。圖片來源：作者拍攝自紐約協和神學院圖書館檔案室）

強制性的無產階級狀態是否真能給蘇聯自由？而英國是否會降服於甘地的方法？儘管華德不是一位庸俗的和平主義者，他顯然還是偏愛甘地的做法，他的關鍵提問是：「到底甘地的方法是否會帶來實際的效果」，「他們要知道到底印度的自由是否能透過不合作、非暴力運動來達成，甚至到最後可以完全避免任何的武力行為。」[62]

華德認為，英國和美國政府有必要從根本上檢視自身。他指出，無論是大英帝國那唯我獨尊的高傲，或是美國那自以為義的判斷，都會造成一種企圖治理和改造世界的野心。因此政府和宣教士們必須放棄在中國牟利或是使中國人歸宗的念頭，並且把中國的福祉和自己的福祉放在同等的地位。[63] 最讓華德感到憂心的，就是西方的經濟帝國將會為了滿足那無窮擴張的慾望，而使中國和被殖民世界變得越來越非人性化。華德和其他的組織領袖向議會施壓，試圖阻止美國繼續派遣戰機支持腐敗的蔣介石政府。

根據華德的觀察，蘇共在中國農村已取得了相當大的成果。[64] 他認為列寧關於工人階級專政的主張，並不適用於中國的情形。他觀察到有數百萬的農民正在挨餓，城市地區有許許多多人民處於赤貧當中，但工廠的勞工人數卻不足以展開工人運動。他在毛澤東領軍對抗蔣介石之先，就已料想這場革命應該是以鄉區為基礎，動員廣大的軍人和農民進行抗爭。華德在〈中國革命的挑戰〉一文中提醒西方世界：[65]

> 中國知識分子已經在五四運動、全民教育運動、政府行政效率改革、國民黨的政見、計劃推行、幫助工農覺醒和組織的運動中發揮角色。新中國何時成真，端賴有多少學生願意獻身教育、政府，以及經濟領域。他們必須具備了解和全力投身服務工農大眾的決心和熱誠。中國革命的下個階段需要培養刻苦耐勞的生產者。知識分子的考驗在是否能夠融入工農團體一起

建立新社會，讓所有的人都能參與文化的領域。

誠如他對中國現實表達的同情，華德曾於 1925 年 3 月 6 日在《生命月刊》發表了一篇〈致中國基督徒學生書〉，文中說到：

> ……我向中國基督徒學生諸君提出一個很簡單且含深意的問題！諸君要怎樣應用你們的教育？……
>
> ……在學校牆垣的裡面，這個問題的意思多半是：「我個人一生的事業將是甚麼？我將來要成就怎麼樣的功業？」但是在校外的世界，這個問題就不同這樣了，世界要問你：「你們的教育對於我們有甚麼用處？你們的教育將來能否幫助解決我們共同的問題麼？你們的教育究竟能否助我們尋出我們所至需要的較好的生活方法呢？[66]

華德在訪華回國後對中國的反帝運動更持同情態度，自認為「如果我是中國學生，我也會成為反帝者」，因而被留美中國學生稱為是讓美國理解中國的「偉大解釋者」。[67] 而這位在中國被人稱之為「左派教授」的華德更提醒道：

> 如果西方現在不讓中國得到應有的公義和獨立，中國就會繼續增強她的武力，直到西方強權再也無法壓制她的時候自行取得公義和獨立。到底要如何停止或解除這武裝的擴張？如果中國發生階級鬥爭，還有何處可以避免？拿破崙曾經說過：「如果中國覺醒，願神護佑世界其餘各國」。現在我們可以說：「如果中國不及時醒覺以非階級鬥爭的方式轉化經濟，願神護佑吾人」。

> 余嘗謂耶穌非傳宗教，乃發明一種世界革命主義。當
> 時不能直達，遂假猶太教之經典以文之。其實所言即
> 反對統治者階級及智識階級，打破資本主義，改造社
> 會，解放婦女等，……。
>
> ——徐謙，《革命的基督教》「序」

激進化的社會福音

　　基督教在中國傳教事業的命運，成也傳教條例，敗也傳教條例。[68] 自歐美各國來華通商貿易始，傳教士便接踵而來。此中伴隨著由種種貿易衝突引來的談判以及民教衝突帶來的放寬傳教限制，前者是中外雙方賺多賺少的問題，從中犧牲了底層的勞動者，後者則直接引來了底層民眾的不滿。傳教工作就是直接走到民間，這便更使得它易與地方士紳或保守及傳統的民風在利益或矛盾上引起不容易說明白的衝突。[69]

　　作為一位外國人，華德試圖脫離受西方社會保護的傳教士圈子，以便接觸更廣大的中國百姓，甚至他還企圖混入示威者的團體中，以更多了解五卅運動可能帶來的廣大影響。華德的言論在美國早就被某些人認為是親蘇聯的，並懷疑他暗助共產黨的革命。因此他從印度到中國的動向都被有關當局監視，有數次關於蘇聯和共產主義的演講都遭到禁止。華德來到中國時，將上海罷工的緊張局勢向「美國公民自由聯盟」（American Civil Liberties Union）匯報，提出了英國和美國所造成的社會不公平問題。以及中國的革新團體所帶有的強烈反帝國主義和反西方基督教傾向。[70]

　　華德在上海所主講的一系列關於「財產」的講座中，論證了私有財產所帶來的危機，以及社會財產如何幫助維護所有個體的共同利益等，這使左派分子留意並接受他，同時華德盡可能地與宗教團體保持距離，

展示自己並非要進行任何宗教活動，而且在演講中也盡可能地不去談論太多基督教的觀點，這樣也就使他逐漸被左傾分子們所接受。[71] 但是，華德的形象還是很清楚的，他的書以《革命的基督教》為名出版，公開揭露他的社會改造思想與基督教之間的關係，因此基督教與社會主義或種種激進的革命思想之間就存在著諸多積極的可能性關係。

　　一般慣稱民國基督教的社會思想作「社會福音」，其實都是泛泛之說，真正的社會福音即是表述為文字的「社會信條」，以及伴隨而來的社會改造行動。中國基督教一般熟悉的「社會信條」即是從華德開始，他的〈社會信條〉曾刊行於《革命的基督教》（1927）一書中，此文後經劉廷芳再譯出刊於《大公報》（1933 年 12 月 14 日）。[72] 事實上，上述的信條曾於 1912 年做過了一次修訂。

　　中國的社會福音同樣體現在〈社會信條〉的精神和內容上，首先把「社會信條」提出來討論的是曾為華德的學生並畢業於美國哥倫比亞大學的劉廷芳。中國基督徒自己第一次勾勒出屬於中國社會的〈社會信條〉，事因即將召開全國基督教大會，主編劉廷芳於《生命月刊》刊出大會分組進行討論的議題，其中第三部份討論的內容為「教會的使命」，劉廷芳認為這個問題應該由中國基督徒來回答，西方傳教士只是把福音帶來中國，至於應建立何種中國教會應由中國基督徒自擬。於此同時，劉提出了研究社會信條的問題，並特別說明美國教會的發展與其自擬的社會信條有關。恰好 1921 年夏天華北學生夏令會有人已草擬出〈社會信條〉且著手研究，並成立了一個委員會，表達了對於社會的信仰和主張，《生命月刊》藉此特別刊出了經數次討論總結出來的「草案」，並徵求基督教各界讀者的意見。劉形容此份「草案」是中國基督徒的「第一聲」，其諸多內容即是仿效華德的社會信條而來。

　　劉廷芳認為，基督教從不改變的宗旨就是「救世救人」，但「拯救」的意義需加以解釋，這就是耶穌基督稱為救世主之原委。他舉華德

的研究為例，得出「二十五條」的主張，以證明基督教開教時的一個世紀中，實為一個理想社會的運動。他也認為社會福音是基督教思想的前鋒，雖然有許多食古不化者的反對，但在教會的事工上影響很大。他認為基督救世主義不是專講來世的，也不是僅為救個人的，而是要改良社會、提倡社會觀的教義，是近世的趨向。劉廷芳對中國教會中出現只關心個人得救（屬靈）而不關心社會（政治）的現象不平，他譴責基督教幫助資本階級壓迫無資本階級，這罪惡是無資本階級所不能饒恕的，他向全國基督徒奉告：「改良社會不能不從改良個人的靈性道德入手，這是基督教千餘年來宣傳的宗旨，這宗旨和改良社會的信條是不相矛盾的，實在是互相作用的，我們切莫偏重了一面！」由此可見，劉是強調須在「個人靈性」與「社會政治」雙重視野之間，求取兩者的平衡。他進一步藉著討論聖誕節，將歷史上對耶穌誕生的研究，當作是研究及解決教育及道德問題的一種根本要素。[73]

中國基督教德高望重的劉廷芳從華德那轉譯過來的信條，完全是緊扣著中國的現實而來，所以華德對中國的影響即是通過了劉廷芳的影響力而傳播出去的，華德是劉在美就學時的老師，劉廷芳逝世以後，極力傳播華德思想的人即是簡又文。

簡又文在《重生五十年》中回憶寫道：「我當年的工作大原則是本著紐約協和神學院麥基法院長的名言，大要是『基督教如要傳播廣闊而迅速，當施行種種聖工（意旨立教會，贈醫藥、施救濟，設學校等），但如要流傳久遠，必須文字經籍之流行』。所以我不斷努力發揚基督教至高無上的遺訓遺範，同時著手編譯經籍」。簡又文稱其辭去燕大宗教學院教職而去西北從軍，乃是「所受華德教授之革命的基督教倫理學的影響為不小」，於此作為參與馮玉祥將軍革命事業的動力。[74] 甚至，簡又文之後的學術生涯也與此有關，先是出版了《古猶太革命數演義》講述瑪加比（Maccabees）的反抗運動，之後又潛心於太平天國史基督教式

The
Chinese Students' Monthly

KWEI CHEN
Editor

CHAO TAO YANG
General Manager

Vol. XXIII   FEBRUARY, 1928   No. 4

The Challenge of the Chinese Revolution

HARRY F. WARD

◆ 華德論〈中國革命的挑戰〉（華德關注中國的國內外發展，並對未來共產主義勢力在中國的蔓延提出警告。圖片來源：作者拍攝自紐約協和神學院圖書館檔案室）

革命的研究，無疑亦是受到「革命的基督教」的概念的影響，想通過歷史的疏理來見證中國基督教革命的可能性。[75]

從華德的著述內容看來，他所思考的問題都是切中當時中國現實的核心問題。他的思想無疑已然關注到了全球資本主義化對中國的衝擊。故此，民國的社會福音的具體表現即是從華德的「二十五條」主張轉化作中國處境的「十七條」。藉由劉延芳從華德處引薦過來以及協進會和青年會所實踐的基本信念，美國和中國的社會福音相合作，此可謂是二十世紀基督教普世思想運動中極為顯著的一個成果。

華德無疑是社會福音在中國現實的實體回應和實踐研究問題中，一個不能忽視的研究對象。其作為美國社會福音的代表以及在中國所採取的態度，影響著中國基督徒在反省中國的資本主義發展時所萌生出來的信仰焦慮，這也埋下了中國基督徒知識精英對共產主義的同情。從艾迪到華德，他們的言論都說明了那個時代問題的尖銳以及如何解釋基督教與那個時代人的命運問題。

華德認為，基督教在歷史上的使命都在為窮人發聲、服事窮人。他因而就像佈道者那樣宣講信息使罪人悔改，呼召自私自利的基督徒回轉。他相信公義的上帝是窮人的上帝，人類不應處於貧富不均的狀

態，因此基督徒應該為基督教社會主義的理想奮鬥，而這事情必然會成
就。通過〈社會信條〉的構思，華德的社會福音思想已開始影響中國基
督徒，加上之後的「革命的基督教」更是吸引著中國基督徒走向更為激
進的道路。學者認為，華德的教導在中國革命當中扮演著微乎其微的角
色，但實則超越了羅素或杜威在中國的影響。[76] 華德無疑是二十世紀影響
中國基督徒思想走向的一位關鍵人物。

第四章　友愛的經濟

> 我甚痛恨日本，但是不能向上帝祈禱使日本滅亡，因
> 為在日本有一位為中國流淚禱告的賀川博士。
>
> ——宋美齡，〈我的宗教觀〉（1939）

來自日本的基督教社會主義者

賀川豐彥（Toyohiko Kagawa）於 1920 年應上海日僑基督教青年會和內山完造（Kanzou Uchiyama）之邀，初次造訪中國，代替吉野作造（Yoshino Sakuzō）擔任第一屆「夏季自由大學講座講師」，[1] 時間為 8 月 19 日至 24 日，期間順道了解上海貧民窟的情形，再經由上海青年會幹事、東大畢業生李漢俊之聯繫與

◆ 賀川豐彥像（二戰前日本著名的基督教社會主義者。圖片來源：作者拍攝自東京賀川豐彥紀念檔案館）

*　本文部分內容為科技部計劃「外人與民國基督教社會主義思想的傳播與實踐——以賀川豐彥和華德為例（1/2）」（MOST 105-2410-H-030-046-MY2）之研究成果。本文的撰寫獲得浜田直也、金丸裕一兩位日本學者諸多的提點，特此感謝。本人另有一篇論及賀川的文章：〈中日戰爭下中國基督徒對賀川豐彥的印象之轉變〉，《聖光學刊》，第 3 期（2018），頁 151-180。

孫中山會晤。[2] 9 月間則又到了北京，經同是基督徒的日本友人清水安三（ShimizuYasuzo）的安排，與胡適有過會談，也見到了陳獨秀、邵力子、毛澤東等人。[3]

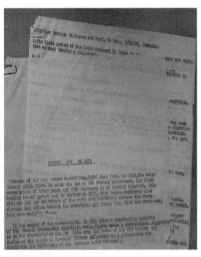

◆賀川與胡適對話未刊稿（賀川與胡適的對話，關心為何共產主義會吸引中國青年的追隨。圖片來源：作者拍攝自東京賀川豐彥紀念檔案館）

賀川與中國基督教發展的最高峰即是 1927 年 8 月 18 至 28 日受邀到上海出席由中國基督教協進會所舉辦關於「基督化經濟關係（Christianizing of Economic Relations）」的大會，並擔任這次大會的主要演說人。賀川在會議上說明了馬克思主義思想對日本的影響，以及他在日本如何實踐其基督教社會主義的理念。接著 8 月 28 日，他有機會再次見到胡適並與他進行對話，胡適對中國的無政府主義思維作了透徹的分析，而賀川則對建立在舊公會基礎上的新中國之重組提出了建設性的建議，並道出了他重讀中國哲學的渴望，以預備發展日本勞工運動之哲學。我們留意到了，胡適在與賀川的對話中提到：

你們日本的馬克思主義者肯定對中國造成了足夠的危害。我們關於馬克思的翻譯不是從德語、法語或俄語來的，而是大部分從日語來的。我不能流暢地閱讀日文，但我認為日本藝術和科學背後具有日本思想。[4]

甚至認為「只有兩個民族好好地研讀馬克思——日本和俄羅斯」,而日本的社會主義思想的確對近代中國的影響非常大(如幸德秋水),從另一個角度而言,基督教的情況亦然,正是從日本來的賀川,他無疑是基督教社會主義的傳播者。[5] 了解賀川與中國基督教的關係,可以作為了解基督教社會主義思想在中國的理論反思與實踐。[6]

雖然流行的說法是「十月革命一聲炮響,為中國送來了馬克思列寧主義」,但中國人所真正認識並引進出版的馬克思主義或共產主義,則主要是從日本那裡傳過來的。訪談中胡適提及很多位日本的共產主義者,他所憂心的是日本的無政府主義者對中國的影響,他坦言中國共產黨員從東京學派和京都學派的社會主義作家和無政府主義者那裡吸收很多,並說到:

> 他們當中的許多人是你的朋友,也或許是,敵人。我對福田(Fukuda)教授印象深刻。我告訴他:「我被告知你最近在歐洲。你的觀點是否有任何改變?」他回答:「不多。」(我堅持)「在什麼方面?」(他回答)「我一向偏好社會立法。現在我認為妥協是無用的。它必須是資本主義,或是馬克思的社會主義。」[7]

有趣的是,賀川委婉地回答胡適說:

> 我的思想是東方式的。我想要思考經濟的價值——一種價值的哲學。我喜歡共產主義,但不是俄羅斯的那種。[8]

賀川所要強調的,即是他的基督教社會主義不是無政府主義,也不是俄國那種搞革命的共產主義,他強調他的立場是基於一種價值的信念,儘

管賀川並不直接說是基督教，但他在諸多的場合都極其清楚地表明他與馬克思主義的不同，借此說明他的基督教社會主義所代表的原委。

　　見胡適的前一天，即 1927 年 8 月 27 日，賀川應中華基督教文社之邀請做了專題演講，講題是「基督與經濟革命」，這是一篇他完整地表達基督教社會主義理念之講稿，最主要是突出基督教與共產主義在經濟革命立場上的不同。[9] 事實上，賀川對資本主義的分析完全援用馬克思的觀點，馬克思對賀川的影響尤其明顯，特別是《資本論》一書，是賀川對資本主義作出批判的思想根據，只是他在對唯物主義或暴力革命的態度上採取了與馬克思主義者完全相反的立場，他認為生命高過於物質，自由比權力更重要。[10]

　　賀川認為，當代資本主義的發展，主要表現於工業生產取代了傳統的手工生產，這種轉變形成了重大的社會變革，關鍵即在於它製造了大量的窮人，特別是那些參與工業生產的勞工，他們是最大的受害者，成了體力的軟弱者、智力的困乏者以及道德的墜落者。貧苦勞動者的最大痛苦即是他們所承受的精神壓迫，他們身心健康所受的壓迫最為嚴重。因此賀川認識到，唯物主義的共產思想絕對不可能給貧苦的勞工帶來解救，因為問題不在於物質或金錢，而在於人生活中最重要的生命和自由，這恰恰是資本主義無法提供，唯物的共產主義也難以消解的。

　　儘管賀川接受了馬克思對於工業資本主義的分析，但他無法苟同共產主義的革命手段，因為關鍵即在於基督教與馬克思主義在價值的理解上存在著本質性差別。誠如他所說的那樣：

> 現代資本制度給予我們的是物質、機器和金錢，而基督所給我們的是生命、工作和自由。[11]

由於價值觀上的本質性差異，基督教只能接受馬克思的社會分析而非他

的結論，因此關於這個世界或社會解救的手段當然也就不同。賀川認為，基督教的經濟學是一種友愛的經濟學，換言之，愛是基督教最大的思想特點，離開了這個主題，也就不存在著基督教社會主義這種說法，因此，基督教的革命即在於激起更大的愛心，基督教自始至終都是愛的宗教。他所踐行的基督教社會主義，其前提即是基督教的愛，可見賀川是一位「唯愛主義」的基督徒。[12]

從賀川的經歷來看，貧民窟可以說是一個很好的社會調查所，正是通過了與社會最底層的人民生活在一起，賀川更能了解這些人所面對的根本問題究竟是什麼。賀川認為，共產主義的革命思想之所以流行於底層的人民之中，正是因為他們面對巨大的痛苦，當破產的農人結隊成群地流落至貧民窟，這意味著農村正在鬧飢荒，當失業的工人聚集在那裏，也就可以領悟到工業的現況為何。就這方面而言，賀川可謂身體力行，他能感受到這些人的痛苦，也了解他們面對問題的複雜心理，從而走進貧民窟，與社會最底層的人生活在一起。[13]

隨著與貧民的接觸以及走進他們的生活，賀川越發能體會到基督捨生取義、做社會的僕人、為人類擔負了十字架。《越過死亡線》一書向我們展現了賀川如何通過貧民窟的生活使其基督教信仰為他帶來豐富的生命體會，

◆《友愛的合作經濟學》中文版封面（賀川主張與基督教倫理思想相合宜的經濟學。圖片來源：作者翻拍自原件）

同時，他進入社會底層的經驗，更激勵他嘗試以基督教的方式來改造這個苦難的世界。賀川的神學與人生觀，即是上帝使我們以祂的救贖來改變人的經濟生活。

賀川在中國的演講，絕大部分的內容都是就基督教與社會主義的關係這個主題來作發揮的。這除了反映中國基督教主要的組織（如關心社會現實的協進會）和青年分子（與社會青年互動極深的青年會）普遍關注這類問題外，他們也希望作為基督徒並且是忠實的實踐者賀川可以就此問題表達清楚，因為這不僅是他的主張，也是所該做的事，理論與實踐兼具非常吸引人，很多人期待著基督教在中國也可以像在日本那樣扮演改造社會的角色和功能。根據俞伯霞記述，作為主要講員的賀川在1930 年 7 月 22 日至 25 日的上海華東大學生夏令會上有三場演講，題目分別為：「基督教與社會主義」、「日本社會運動與基督教的關係」、「基督教社會運動的具體方案」，[14] 可見賀川無疑為中國激進的基督徒在社會改造方面提供了極大的鼓舞以及一種具體的選擇。

中華基督教協進會主席誠靜怡為《賀川豐彥證道談》作序，說賀川是一位：

> 基督教訓的實行家，矢志造福窮苦無告之民，以身作則，惟力是視，久而愈奮。然則謂為實心實力之社會改造專家，亦無不可。[15]

對主張社會改造的基督徒而言，賀川是他們的榜樣，通過賀川在日本這個非基督教國家取得的成就，他們認為在中國要實行以基督教來改造社會同樣也是可能的。同樣是具有社會主義特色，賀川在基督教與共產主義之間提供了對馬克思主義的批判觀點，也在行動上證實基督教的實踐在東方也是可能的。這正是賀川之所以給中國基督徒留下好印象的原

因。他在中國基督徒的心裡，確確實實宛如一位聖人，不少人曾表示：
「若有機會到日本，最想拜訪的人是賀川先生」，這是所有仰慕者最簡潔
有力的一句表達。

　　不僅基督教界，賀川在社會上所得的反響也非常大，不少教外人士
的諸多撰文都對他有極大的表揚，署名作「日生」的作者，以〈賀川豐
彥與日本勞工運動〉一文，詳細列明賀川著述出版的統計表，從其發行
量來看，其影響力可見一斑。[16] 賀川在中國的好形象，最著名的莫過於中
國共產黨創黨人之一的陳獨秀公開對他的讚賞：

> 　　賀川先生是一位有良心的學者，他住在神戶底貧民窟十幾
> 年，專門出力幫助貧民，前兩個月曾來上海調查中國之貧民
> 窟。……我盼望主張工人缺乏知識不能增加工資之人，都注意
> 賀川先生所舉的事實！[17]

這個形象說明了賀川是以鮮明的「基督教社會主義者」被認識的，亦與
中國基督徒對其普遍印象是一致的。又如一位著名的社會主義者黃日葵
在他親眼見到賀川在神戶貧民窟所做的事後，即興作了一首詩歌〈贈賀
川豐彥先生〉（1920）以表敬佩與感動，以下摘錄一小段：

> 　　我沒有讀你的《淚的二等分》，
> 　　但今番卻見著你熱淚的痕跡了。
> 　　我沒有讀你的《越死線》，
> 　　但你的精神已由此窟反射出來，照耀著我們了！
> 　　你至少值得日本人的崇拜，
> 　　但你寧受數千貧民底愛戴，
> 　　不屑受權貴紳士們的優遇了。[18]

一位指派到日本東京基督教青年會協助華工的幹事王希天身上總是帶著賀川的自傳作品《越過死亡線》，以便經常提醒自己要效法賀川刻苦並與貧苦者站在一起的犧牲精神、對勞苦大眾存有一份深切的同情心為志，期許自己做中國的賀川豐彥。[19] 可見，賀川在中國基督教界有著聖人般的形象。

　　這位曾提名角逐諾貝爾獎的賀川，他的一言一行都吸引著中國基督徒的留意。《田家半月刊》主編張雪岩曾提到一次訪日時的經驗：

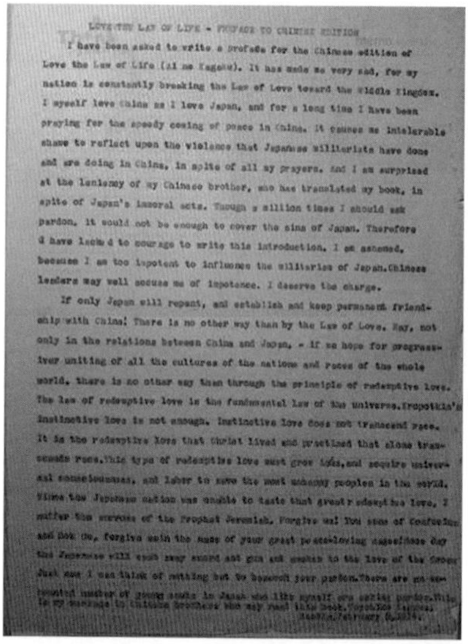

◆《愛的科學》中文版序打字稿（賀川在中譯本序言中表達對日本侵犯中國的歉意。圖片來源：作者拍攝自東京賀川豐彥紀念檔案館）

　　……日本的基督徒大半很注重實際問題，賀川豐彥的「天國運動」就是很好的例子。基督教是入世救人的宗教，當此政治不良，社會不安，經濟破產，民生凋敝的嚴重局面下，中國基督徒應當做些甚麼？不然，理論無論談的多起勁，多熱鬧，也是無補實際的。[20]

賀川在上海的日本友人內山完造在一次座談會〈與內山完造氏促膝論談〉中講到戰前中國對賀川的評價：

　　衛藤：聽說賀川豐彥氏有很多中國青年追隨者，是

真的嗎？

　　內山：賀川氏是基督教徒，他在基督教徒當中很了不

得……[21]

據內山所述，賀川在中國的名聲雖沒有達到「聖人」的程度，但在中國的基督教徒之間的聲望確實很高，《教務雜誌》（*The Chinese Recorder*）也做過讚揚他的類似報導。從賀川涉足中國並在各地所引起的關注，以及其著作翻譯之發行，他在中國基督教界裡不容小覷的吸引力，不難看出他的一舉一動都直接地牽動著基督教社會主義者在中國的形象，基督徒社會主義者成了一位在中日戰爭期間被極力關注的有「良知」的日本基督徒。[22] 從反面來說，人們在中日關係的緊張時期仍關注或報導賀川的新聞和言論，同樣說明當時中國人對基督教社會主義有著密切的關注。

　　　　　　救贖的愛是宇宙間最基本的愛。克魯泡特金的本能的

　　　　　　愛是不足夠的。本能的愛不能超越種族。唯有基督耶

　　　　　　穌實踐的救贖的愛能超越種族。這類救贖的愛必須在

　　　　　　我們中間生長，需要全世界的認同和努力，以拯救世

　　　　　　界上不幸的人。

　　　　　　　　　　——賀川豐彥，《愛的科學》中文版「序」

耶穌的經濟學

　　1927 年 8 月，賀川受邀到上海出席由協進會舉辦關於「基督化經濟關係的大會，作為這次大會的主要演說人，他說明了馬克思主義思想

對日本的影響，以及他在日本如何實踐其基督教社會主義的理念。[23] 賀川認為，基督教本質上即是一種社會主義，其一開始便實施共產的生活，之後在歷史上不斷地以不同形式來實現政治和經濟生活上的平等，這種榮耀和獨特的歷史應該予以肯定。然而，也不是只有基督教主張社會主義，相較之下，基督教當然也不同於其他的社會主義主張。賀川特別強調說：

> 基督教之運動，根本上已不是個人主義的運動。這是一種以神為中心的愛之運動。我們不能說它單是一種經濟的運動，它同時是生命之運動或到自由之運動。換言之，基督教從開始起便是一種社會運動。[24]

因此，基督教主張我們不能單從經濟的角度來理解社會主義，這也就是何以基督教與馬克思主義是不同的。因為，「基督教認定上帝即是宇宙之生命，祂是一種以愛為內容，以救濟一切的罪惡為職志的社會運動，它在本質上便是超共產主義的東西。」[25] 基督教之所以比共產主義優越，就在於：

> 它不但想解決經濟上的問題，它與人類生活之各方面都有關係，它把人認為一個整個的人格，而想解決這種人格之一切的問題。所以在基督教看來，人格問題比起經濟問題來還更重要一些。換言之，它首先要作一種人格的社會組織之運動；它以為財產問題不過是以權利和所有為中心，以為這還是次要的問題。這一點便是基督教與所謂科學的社會主義大不相同的地方；科學的社會主義信奉了唯物史觀之公式，以為一切的文化都是唯物的生產之上層建築。[26]

賀川補充道：

> 共產主義唯有在人類相親相愛的時代才可以行得通，決不
> 是可以僅由外部的強迫和武力的壓力可以實現出來的東西。中
> 世紀之夥計營業組織和自由都市，一到那種利慾薰心的專制的
> 政治家出現的時候，便隨即破壞淨盡了。……
>
> 世上如果還沒有衷心相愛的、內部的、人格的準備時，則
> 共產主義萬萬是無法實現的，基督教之所謂天國運動完全是說
> 這種內部的社會建築，我們不能拿唯物史觀的看法以為唯有外
> 部的東西能夠支配內部的東西。[27]

基督教之光榮歷史，不論政治方面或經濟方面，均表現在基督教社會主義之本質上，其第一原則即是生命價值之保存，其次關於自由，則是建築於一定的真理和愛之基礎上，如同耶穌指示他的追隨者那樣，應該把社會建築於生命和勞動和人格的自由之上，應該把這種社會包納於彼此相愛的、偉大的寶網之中。耶穌始終主張，社會運動應以道德的內部改造為基礎，並且相信超越的上帝也參與這種改造的工作。[28]

賀川一再強調他的社會主義是一種唯心主義的史觀，在華

◆《上帝與社會改造》書封（基督教社會主義思想的一本力作。圖片來源：作者翻拍自原件）

東大學學生夏令營中說到，因為耶穌的經濟學是從心理上來解釋的。他認為，如果世上的事物與人類要不從關係上去理解，也就談不到價值，不論勞工、土地或資本的問題，[29] 基督教社會主義的精神建基於耶穌之精神，耶穌的精神是一種愛的精神，因此，基督教的社會主義只能是以愛為基礎的社會運動。[30] 這是一種以救拔生理的、心理的、道德的虛弱者為職志的愛之運動，這是永遠的生命之運動，是天國之運動，是「愛之社會」主義運動。換言之，基督教社會主義是「唯愛之社會主義運動」。[31] 基督教相信生命價值說和勞動價值說和人格價值說，反對商品主義和機械的奴隸制度。它想以愛為基調而改造法律和政治；只要地球表面上有生命存在，則這種愛之運動便是一種永恆的運動和鬥爭，這雖不能說是階級鬥爭，卻可以說是善惡鬥爭，至少它乃旨在於超越了善惡鬥爭，要徹底地將惡的力量予以拔除。

賀川在 1930 年再訪中國時，做了一次以「神之國運動的社會議程」（The Social Program of the Kingdom of God Movement）為題的演講，談論到自工業革命以來社會變革對世界經濟的影響，面對此世界局面，基督教與馬克思主義就處在一種競爭的關係，這種關係即在於如何解決目前世界的困境。賀川清楚地解釋了馬克思的理論如何著眼於資本與權力，而非主張一種價值哲學，相反地，基督教的立場則是訴諸於價值，這樣的價值又與個人的心理有關，經濟與心理層面的關係正是基督教所關注，這樣的關注即置於救贖的主題上，他說到：

> 經濟是關注生命的，耶穌的經濟學就是這樣。相反地，資本家的經濟學是以物質／資產為主。因此基督徒要重拾耶穌的經濟學，看重生命過於金錢／資本。生命的活力就是勞動。勞動是一種力量，亦是生命。
>
> 基督看重勞動，耶穌的道成肉身以及在世上的勞動，就把

帶有鄙視意味的勞動帶到聖神的層面。約翰福音 5：17：「我
父工作，我也工作」。金錢不屬物質，而屬心理層面。當人們
熱衷於工作，貨幣交換成了一種社會動力（social force），而
不是物質。共產主義不會明白如何用心理的層面去解釋經濟，
除非擁有一個以愛為基礎的宗教情操或信仰。[32]

此次在杭州舉行的中華基督教會工作會議演講中，所謂經濟的心理層面
的基本要素，即是愛。歷史並不屬於物質，而完全是生命的展現；歷史
記錄的是人類的活動，隨之產生各種人文價值。因此，經濟是價值科學
（science of value），沒有生命就沒有歷史。馬克思的視野只局限在個人
資本的層面上，工業革命後機器生產取代了人的勞動。結果是，機器的
大量生產並沒有創建社會，反而製造了個人財富的貪戀。賀川重申，事
實上機器生產並不導致問題，真正的問題是缺乏愛，一切的生產都應該
是服務社會，而不是累積個人資產，正因為缺乏基督的愛，這社會才出
現種種的扭曲。賀川在這份長達十三頁的打字稿中主張要把基督救贖的
力量放到社會經濟上，如果我們實踐聖法蘭西斯的愛，教會也就可以帶
動一個無階級矛盾的工業革命。[33]

　　《友愛的合作經濟學》可以說是賀川實踐其基督教社會主義最重要
的代表著作。中譯本於 1940 年出版，譯者表示這樣的書在世界其他地
區相似的著作中，是一本絕對不可取代的書，「友愛的合作」即是表示
基督教不同於其他社會主義革命的立場，基督教強調愛鄰舍，並將這樣
的理想實踐於經濟生活中，正如譯者序言所說：

　　　　說明合作社與基督教之關係。無宗教性者不得稱為真正的
　　合作事業，以利潤為中心者不得稱為計劃經濟。所謂真正之計
　　劃經濟必須本諸友愛方能成功。

今日之基督徒固不能以為天國與某一種之經濟制度有類似情況，但生茲世界，現代次經濟趨勢則不可不知，社會改造、經濟趨勢實大有關係。[34]

賀川除了關注勞工和農民生活外，對於小市民他也一樣關心。他對現代社會的形成與工業化帶來的種種社會苦果是有所體認的，他相當程度認同馬克思或共產主義對社會分配的解釋，對於剝削和階級所帶來的矛盾深感痛惡，於是提出其重要的經濟學理論——友愛經濟學。所謂友愛即是互助，在尊重生命的前提下，他反對任何暴力形式的革命，尤其是共產主義背後的唯物論思想更是不能同意，所以他認為，要實現人民生命的幸福，對於人的生命尊重就必須擴大到社會的共享方面，事實上，人類可以通過互通有無的方式來解決分配的不公和饑餓等問題。友愛表現在合作，生活協同合作社運動可以說是賀川落實「友愛經濟學」的最具體做法，於是他提出合作經濟即協同合作社運動，於此把財富當作公共財，通過友愛而非強迫或革命，與他人分享。

賀川認為，基督教本質上是一種解放的福音，因為耶穌所宣講的愛的福音是為解放，從心靈到整個社會都貫徹這種愛的精神、解放的福音。他把〈路加福音〉四章那一段耶穌宣讀以賽亞書的經文，理解為解放的福音的最典範性宣示，包含了經濟解放（傳福音給貧窮人）、心理解放（使悲傷者得安慰）、社會解放（報告被擄者得釋放）、體質解放（使瞎眼的得看見）、政治解放（使受壓制者得自由）、關係解放（悅納人的禧年）。[35] 路加是一位世界主義者，倡導上帝國的國際主義，基督正是為這一主義赴十字架之死的，所以耶穌的福音也是社會的福音，賀川指出，縱觀中國的現狀，急需這樣一種福音，一個以愛人和愛上帝為表現的基督精神。[36] 這即是基督教社會主義的基本精神。

　　試問今日世界和中國所要者，是哪一種主義？中國所
　　要的不是以上的三種（按：資本主義、社會主義、共
　　產主義），乃是犧牲服務，即基督的主義，不論在政
　　治社會都應有這種精神。經濟問題必須基督化，這就
　　是我們集合這許多代表所要討論實行的。

——樂靈生（Frank J. Rawlinson），「基督化經濟關係全國大會開幕」

基督化經濟關係

　　1922 年 12 月，艾迪博士聚會於上海，當時曾通過議案如下：「我
儕因鑑於輿論之鼓吹及法律之實施有賴於基督教各團體之聯合運動，故
請各地之教會團體：如教堂，教會聯合會，大學校，及男女青年會等在
本地合組一機關以協力從事於社會及工業問題。凡本地人士之熱心於此
種事業者，皆須羅致之，以期通力合作。」37 在成立中國基督教協進會之
後，1923 年 1 月 9 日又成立「教會與工業委員會」，在組織之名義下以
進行基督教全國大會關於工業問題之議決案為其責任。1923 年 5 月，
第一次全國基督教協進會正式推定設立「社會工業常備委員」，專任工
業狀況之研究並且鼓勵救治性改良。38

　　當時之社會背景自 1922 年的《基督教全國大會報告書》中可見一
斑，工人多以為任人使用乃是一種命定，大多數都是無知識者。在西方
的製造工廠與紡織廠中，不注重通風塵灰狀況，忽視人身健康，許多母
親攜帶幼子進廠工作，並且多年來雇用年幼童工，工時之長危害健康。
依據當時的統計資料描述：「上海製造廠工作者，有十分之一為幼童，
成人中有五分之四為婦女」。若不是教會的協助，鄉村農人之生活更是
無助。這種社會的經濟狀況迫使基督教會同心齊力面對問題，39 由此所成
立的「基督教勞動經濟委員會」隸屬於中華基督教協進會。全國大會通

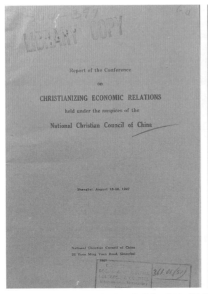

◆「基督化經濟關係會議」英文版手冊（關心工業和跨國資本對中國的影響，主張以基督教的價值來改造工業社會。圖片來源：作者拍攝自紐約協和神學院圖書館檔案室）

過五項議案，其中推舉青年會朱懋澄、女青年會程婉珍擔任中央委員會會務。[40] 1927 年所召開的「基督化經濟關係全國大會」可追溯至此。

　　1927 年 8 月中旬在上海召開的「基督化經濟關係全國大會」，其進行的方法為：由演講和研究報告陳述事實，再經由大會討論決定提案是否通過。大會的主要內容有：工業狀況與問題、鄉村經濟、基督教與經濟問題。在工業狀況與問題部分指出，工業的根本問題是工資、工時、雇主與雇工關係、學徒制度、缺乏工作、勞工運動、工人生活、家庭工業、大小規模工業。鄉村經濟問題部分則是依照倫理觀念研究佃農、市場合作，增加生產、農民協會等。基督教與經濟問題部分對於私產、遺產、工資等制度，及經濟競爭，用社會思想和基督徒倫理加以考驗。[41]

　　大會的程序依據三個主旨：「（1）工業狀況與問題、（2）鄉村經濟

問題、（3）基督教與經濟問題。」1927 年「基督化經濟關係全國大會」大會程序紀錄如下，每日靈修與報告、討論等，8 月 18 日至 28 日每日都有主題性的發表。分述如下：8 月 18 日，「工業狀況與工業問題——今日中國作工狀況的調查與目前設施的方策」，晚間補充討論主題是「國民黨經濟政策」；8 月 19 日，「鄉村經濟問題」——陳述主要的鄉村問題與人類的關係、經濟問題與基督教倫理——社會現代的習慣與分析，晚間有朱懋澄先生的「勞工運動」；8 月 20 日討論主題是「工業問題」，晚間有霍德進的「經濟問題與國際關係」；8 月 21 日，賀川豐彥的「教會與經濟問題」；8 月 22 日，討論「工業狀況」，晚間有「國民黨鄉村政策」；8 月 23 日，討論「鄉村經濟問題」，晚間賀川豐彥分享「日本社會運動」；8 月 24 日，「社會問題與基督徒倫理」；8 月 25 日，討論「社會思想」，晚間有「中國童工問題」的演講；8 月 26 日，「基督教的社會標準」，晚間有陳其田的「國際團體合作」；8 月 27 日，結案討論，晚間討論如何可使此次大會的結案實行；8 月 28 日，討論結案，閉會主題是誠靜怡談「明日中國教會」。

賀川豐彥首先是以一位「基督教社會主義者」的形象出現並被介紹或被認識的，這與中國社會急切需要形成社會改造的期待有著極為密切的關係。正是這個現實的需求，賀川擔任了「基督化經濟關係全國大會」最主要的講員，大家所關心的，一方面是他在日本所實踐的基督教社會主義，另一方面則是基督教如何應付日愈強大的共產主義或馬克思主義的思想運動，賀川在日本的遭遇和經驗無疑是可以為中國帶來借鏡與實踐的參照。可見，中國基督教對賀川的期望是非常強烈的。

賀川於 8 月 22 日至 26 日的會議期間負責每天半小時的早晨靈修。這幾篇分享是非常重要的，一切都根據他對幾處《聖經》經文所作的分析，對於基督徒而言，他們無疑從這裡所聽到的比一切社會福音或基督教社會主義的理論還重要，因為對如何從《聖經》獲得社會改造的支持

即是他們的思想動力來源。換言之，這些靈修的內容都是扣緊著《聖經》與經濟思想的主題來展開的，一方面反映了賀川的基督教社會主義思想，一方面也看到他是如何解釋《聖經》的，這無疑深化了與會者對於《聖經》中所存在有關經濟思想觀點的認識。

從各地代表所發表有關工人運動和農民運動的報告可以看出此次大會的中心議題及會務分組報告主要聚焦於民國以來的基督教界與城市勞動者及地方農民的活動關係方針。然而，更值得關注的則是，賀川的演講決定了大會的決議方向，他在這個會議中強烈地表達了其反共的立場以及他對合作社運動的鼓吹。這兩方面的問題都與他在日本的經驗有關。[42]

賀川在〈日本社會運動〉的演講中，反映了他在日本與共產黨交手的經驗，他敘述了從大正到昭和初期的日本社會運動史，介紹了自「大逆事件」（1910 年）以後日本的社會主義運動所受到政府迫害的歷史，以及與大逆事件（幸德秋水事件）和大杉榮（Osugi Sakae）被殺有關聯的難波大助（Daisuke Nanba）的「虎之門事件」（1923 年）。[43] 他還特別詳述了無政府主義者以顛覆國家為目的而發動的恐怖襲擊事件、以及同無政府主義和共產主義之間為工會、農會運動的主導權所發生的爭執。[44] 當然，也可能基於「非暴力主義」的立場，賀川尤其對標榜以暴力革命改造社會的共產主義者毫不妥協。

賀川以救濟貧民為目的進入神戶新川的貧民窟是在 1909 年 12 月 25 日聖誕節。日本的社會主義運動自 1910 年（明治 43 年）的「大逆事件」以後，進入了被石川啄木稱為「冬季時代」的社會主義運動衰退期。當時的情形，賀川曾對弟子武內勝做過悲觀的回想。作為這段話的前提，賀川承認自己在開始進入神戶的貧民窟從事救濟活動時，曾受過共產主義思想的影響。當時，賀川如同「赤化」般受到社會主義思想的影響，並與之共鳴。但此處的所謂共產主義，實際應該是標榜克魯泡特

金的相互扶助論的無政府主義思想。[45]

在上海的演講中，賀川敘述了日本農會成立的經過。他之所以講述日本農會分裂經過的真實用意，大概是在憂慮中國的工人會因中國共產黨有組織性的社會運動及其背後的蘇聯策動而共產主義化。他擔心共產黨支配中國的勞工界而為之敲響了警鐘。此時，賀川也在為自己創立的農會為共產黨所奪而感到苦悶。這也就意味著基督教與共產黨存在著激烈的競爭關係，由於他被日本共產黨奪取在農會對外活動中的主導權的遭遇，他特別提醒中國基督教要防止農會及工會共產主義化。[46]

賀川這篇充滿著反共思想的演講，基於其在日本經歷過的痛苦經驗，因此他反覆地強調和訴求農會及合作社不可以成為共產黨的下屬，應該堅持以救濟貧民為目的來組建。他表白了對共產黨分裂農會一事的斷腸之情，意圖對中國的共產黨勢力將潛伏於工會和農會運動中一事發出警告。當然也基於基督教社會主義的原則，賀川以相互扶助為理念的協同組合，構想了一個以此為社會基礎集團來重建中國的方略，其觀點曾撰文作〈中国復興への道〉（未定稿、1944年），文中說明了他與中國的合作運動建立關係的前後過程。另一方面，對協進會和國民黨而言，賀川所構想的「中國協同組合國家論」對阻止共產主義滲透農村的對策而言極具參考價值，簡單來說，他所倡議的中國協同組合國家論，即是以「合作社」（協同組合）作為社會集團的基礎，實現中國社會和農村的再建構。[47]

另一方面，賀川對中國基督教的影響表現在對現代工業社會和經濟生活的關注上，他主張以「合作經濟」的運動來抵消資本主義的剝削，這樣的主張在中國基督徒那裡即是提出「基督化經濟關係」，1927年的會議即是此一相遇的見證。之後，陳其田傳播工業改造的思想和原則，朱懋澄則是落實推動勞工運動和新村的建設。陳其田在〈基督化經濟生活運動〉一文中所述的，基本上都是源於賀川友愛經濟學的觀點，而其

具體落實的方式即是援用賀川在日本推行的合作社運動模式，以抵消資
本主義工業化所帶來對中國的衝擊：

> 基督徒個人注意經濟問題，改良勞工生活，發源於西方，
> 因為近代工業制度的產生和一切附屬的罪惡都由歐美方面來
> 的。但是世界各國教會最先提倡基督化經濟生活，當推中國，
> 有兩種原因；一、中國教會固定性，未及西方教會那麼屬害。
> 二、少數的西教士鑑戒西洋痛苦的經驗，甚望中國預先防避，
> 東渡來華竭力提倡。[48]

賀川的合作社運動早在他參與中國基督教協進會的工作前就已有影響，
在〈中國復興への道〉（未刊稿、1944 年）當中，如此記載了賀川與中
國的合作社運動建立關係的前後過程：

> 此時（1927 年），我自日本受邀前去就合作社運動的理論
> 和實踐，在上海大學連續演講。薛仙舟也經常自上海前來考察
> 日本的產業組合運動，我也為他提供諸多方便。[49]

我們必須理解到，賀川被邀請的理由即是他作為日本的合作社運動的先
驅者，以及貧民窟救濟的活動家為誠靜怡及中國的合作社運動先驅者薛
仙舟所看重，希望得到其理論和經營方面的指導。此處所提及的薛仙
舟，即是非常有名的中國合作社經濟之父。

根據協進會總幹事誠靜怡在出版《賀川豐彥證道談》一書的序文中
所提及的：「賀川於 1927 年訪華時，曾傾盡熱情從事飢民的調查和救
濟。」我們可以推測，其調查活動可能包括了參觀青年會在浦東所建立
的基督教勞工新村。賀川在「基督化經濟關係大會」上聽到報告，對上

海浦東為救濟貧民的基督教新村建設抱有很大的期待，而朱懋澄正是在經濟大會上以鄉村經濟為題作了「勞工運動」的演講。根據賀川的說法，他最高興的是在大會上聽到朱懋澄的報告。正如賀川對勞工運動的關注，朱在報告中特別針對了中國勞工運動作了分析，尤其特別的是他提到了基督教在上海浦東為救濟被社會遺棄的貧民窟而以相互扶助為理念建設新村的報告，給賀川留下了深刻的印象，正如他在《雲の柱》（昭和 2 年 9 月號）的通信欄「武庫川畔」當中的記述：「很有意思，能聽到農會的報告和工會的報告很愉快」。[50]

1927 年參加上海「基督化經濟關係」會議期間，賀川認真地聆聽了青年會幹事朱懋澄的報告，21 日晚上他在以「經濟與基督教」的演講中，異常興奮地提到：

今天，朱懋澄君帶我們參觀了浦東地區的新村。在那裡我們得知村裡的財產是基督教徒們共有的──如果他們有不足的就從村裡的其他人那裡要來，如果自己有多餘的就不分彼此共同分享。這是多麼美好的行為啊。[51]

◆ 上海浦東勞工新村（落實關心勞工的生活尊嚴，上海基督教青年會籌建給勞工居住的社區，是「社會福音」在中國的成果之一。圖片來源：作者翻拍自明尼蘇達大學青年會檔案收藏）

在經濟大會上，賀川提議將浦東基督教新村的實踐經驗作為中國基督教團體的傳道方針來積極吸收。[52]

　　朱懋澄的基督教新村得到了賀川的讚賞，亦即是說獲得了來自世界級合作社運動權威人士的認可，賀川對新村的讚賞，對協進會和基督教相關人士而言是無比光榮的。賀川曾就新村的經營運作問題直接向朱懋澄介紹了以日本合作社運動的實踐為基礎的經驗和理論，賀川特別將朱的報告書帶回了設立於兵庫縣西宮市的「農民福音學校」住處的一麥寮，作為農村青年的參考。

　　無論如何，〈中国復興への道〉是一篇非常重要文獻，該文記述了賀川對中國合作社運動的提醒：

> 　　我想，如果中國的青年認為，改造社會必須依照唯物史觀，謳歌無產階級專政的政治體制，以中央集權的形式來實行社會主義，就能立刻實現理想社會的話，那實在是大錯特錯。……如果中國的青年真的為國而憂，希望振興國家的話，我們有必要意識到，看起來不起眼的協同組合運動（按：合作社運動），或許會帶來意料之上的效果。[53]

《教務雜誌》在報導「基督化經濟關係」會議時說到：「賀川以演講及震撼人心的評論及批判，為大會的方向定調。」[54] 由此可見，對於為了制定當時的中國基督教團體面向城市工人及農民的傳道方針，這一大會召開的目的，賀川的影響力堪稱絕大，而對於中華全國基督教協進會而言，賀川乃是基督教社會主義在中國的領路人。

> 我又成為一個痛心的孩子
> 負擔著日本罪惡的重負，
> 具著一個破碎的靈魂，
> 懇求中國和世界的饒恕，
> 我又成為一個憂傷的孩子。

——Toyohiko Kagawa, *The Chinese Recorder*, (1932)

隕落的東方保羅

二十世紀世界基督教界，像賀川豐彥這樣同時帶著激情表現出具有社交、組織、佈道、作家和詩人才華的人，確實是不多見，中國讀者所以傾慕賀川，正是因為他們從他身上找到別處找不著的東西，在中國的外國傳教士也同樣的傾慕這位「東方的保羅」。[55]

在中國基督徒心目中，賀川豐彥是二十世紀一位偉大的基督徒，不論他在貧民窟中的生活或是為勞工請益的運動，均表現出了在二十世紀諸多的社會扭曲和矛盾中，基督徒本著宗教信仰的價值和立場，嘗試做出一些改變的行動。這麼一位基督教社會主義者，亦是一位唯愛主義者，他反剝削、反壓迫、反暴力，但在面對中日關係上的尖銳化之際，卻似乎表現得令人感到失望。儘管中國基督徒一再的以一位謝罪者的形象來塑造賀川的形象，一方面指責日本侵華的不義行為，一方面則是標榜基督徒的道德和博愛，賀川豐彥在中國基督徒的心目中一直都是以一位英雄或典範型的人物來看待，他確實是二次大戰之前中國基督徒的表率，恐怕沒有哪一位國外的基督徒有如賀川那樣崇高的形象與地位，他可以算得上是影響中國基督徒最深的外國基督徒。[56]

1940 年，賀川豐彥因為他於例行性發行贈送的《賀川年曆》（*Kagawa Calendar*）的內容引來牢獄之災，文內有一段賀川特別因為南

◆ 賀川與中華基督教協進會主席誠靜怡（賀川因這張圖片下的一段同情中國遭遇日本侵略的文字而引來牢獄之災。圖片來源：作者拍攝自東京賀川豐彥紀念檔案館）

京大屠殺而向中國人謝罪，提及：

> 日本的軍國主義對中國實施的暴力行為，沒有考慮我所有的祈求，這讓我感到異常的羞愧。……但願日本將悔悟，與中國建立和保持永久的友好關係。……[57]

他在這一張與中華基督教協進會主席誠靜怡合影的年曆底下，撰寫了一段呼籲有關中日基督徒為和平而團結的話，引來了有心人士將之羅列罪名，被判入獄 18 天，拘留於澀谷憲兵隊。

這不是一次單純的牢獄事件，發行了近二十年的個人雜誌《雲の柱》因此事件不得不停刊。第 19 卷第 10 期除了以「終刊號」為名，仿傚耶利米寫了一篇悲泣的哀歌文稿，更重要是該期還特別撰文公開表示對天皇的崇敬，此舉無疑地對許多崇拜賀川的中國基督徒而簡直就是心

碎了。[58] 同時，此一事件之後，賀川在政治立場上更多地靠向於國家主義，和他向來所主張的基督教社會主義漸漸疏遠。[59] 1940 年 9 月 12 日，經由當時的外交大臣松岡洋右干預下被釋，可以這麼說，經過此次事件後賀川與中國的關係明顯地發生了變化。

　　緊接著，1941 年太平洋戰爭爆發，賀川對戰爭的態度和對日軍侵略的立場上都發生了重大的轉變，賀川在中國的形象也發生了改變。他把日本的侵略行為解釋為解放戰爭，對抗的是美國的帝國主義侵略和剝削，甚至宣佈自己已不再是一位和平主義者。在大東亞的精神前提之下，賀川將其基督徒信仰推向了與日本帝國行徑相一致的道路上，成了戰爭的支持者。這一次，中國唯愛主義在賀川的身上嘗到失敗的苦果，因為賀川向來是唯愛主義者的表率，而且，賀川在言論上始終都堅定地站在基督教的愛的立場上，然而，戰爭突出了問題的尖銳性，究竟該不該做出抵抗，基督徒難道只能有愛、只能講寬恕，賀川只是一再的致歉、謝罪，似乎什麼都做不了，基督教的唯愛主義很難有所做為，賀川偉大形象在中國基督徒中也走向沒落。

　　當 1944 年賀川再次造訪上海，儘管是受中華基督教協進會的邀請，但他此時卻是以日本的宗教使節身分宣傳大東亞共同體的思想而來，這一位「基督教社會主義者」已然退出了中國基督教歷史舞台。[60]

第五章　基督教與過激主義

> 無產階級的耶穌喲，你為何生在馬槽裏？
>
> 一睜眼，就是破的窗、敗的壁，
>
> 風雨怎庇？大雪何處避？
>
> 驢馬的生活你先嘗，奴隸的痛苦你留意；
>
> 狐狸有洞，飛鳥有巢，你竟無枕首之地。
>
> 你為何受凍受餓，將名利丟棄？
>
> 臨死衣服被人剝奪，安葬的還是別人的地！
>
> 耶穌，你－你－
>
> 我深深的知道你，你豎起十字架奮臂，
>
> 將特權階級打倒，揩盡貧民的眼淚！[1]
>
> ——林漢達，〈無產階級的耶穌〉

沈嗣莊是何許人也？

本著「提倡能促進中國本色基督教運動之國文著作，並引起此類文

---

*　曾以〈思想過激者的遭遇——沈嗣莊其人及其思想〉題目收入於郭承天、周
　　復初主編《認識耶穌，贏得基督：中國基督教之本土與全球發展》（新北市：
　　橄欖出版社，2016）。本文為科技部補助研究計劃成果：「經世與革命：民
　　國基督教社會主義思想——以吳雷川、沈嗣莊和張仕章為例（2/3）」（NSC
　　102-2410-H-033-056-MY3）。

字閱讀之興趣」為宗旨的文社刊物《文社月刊》，在出刊兩年八個月後因被指「思想過激，辦事不力」而與中華基督教協進會決裂，最終《文社月刊》被迫停刊，原來幾位重要幹事轉而另組「新文社」，投入主編《野聲》，《文社月刊》可謂就此結束了其在中國基督教思想舞台上短暫而光輝的生涯。[2] 王治心如此形容這場風波：

> 　　與廣學會的筆戰，漸漸成為基督教中革新派的大本營，惹得一般守舊的基督徒的不滿，他們便運用暗箭傷人的辦法，謀截止文社的經濟來源，使文社不能在中國繼續，果然，三年來的文社就壽終正寢了。在文社三年的工作，出版過十一種國人創作的書籍及幾種佈道單張，刊行了二十三期的月刊，發行到三千多份。《文社》停刊以後，沈嗣莊、張仕章和我三個人繼續組織了「新文社」，發行一本月刊，稱為《野聲》，並且發刊過幾種叢書，新文社因為沒有分文經費，純由我們三人自行挖荷包，全國新基督徒，雖在主張上有不少的同情，但不能從經濟上加以援助，我們三個人又因各謀個人的生活，分散到各處，沈嗣莊到南京政界中去了，張仕章入滬北浸會堂教師了，我則執教於福建，便不能集中力量，乃至無形消滅。先是當我在編輯文社月刊時，又自辦一張週刊，名曰《直道》，發表我個人對教會的主張，攻擊教會中的帝國主義者，曾嚴厲地討罰施嘉達，責備廣學會，並積極主張教會自立，取消不平等條約，更為一般人的眼中釘，這也間接影響到文社的命運。於是我們這幾個人，便成為基督教的革命者和叛徒了！[3]

　　《文社月刊》曾被《申報》評為當時宗教界三大具有影響力的出版刊物之一，屬於中華基督教文社的機關報，它創立於 1925 年 10 月，

1928 年 6 月停刊，其中擔任該社代社長兼《文社月刊》主編一職的沈嗣莊是一位關鍵人物。[4] 比起基督教界名聲比較響亮的趙紫宸、吳雷川、吳耀宗等人，很少人留意到沈嗣莊，更不用說對他有何認識。文社在他手中開始，也在他手中結束，在最後的總報告和辭職宣言中，其態度和言辭激烈，從中更見識到他的人格特質。從沈嗣莊的寫作內容和思想來看，他很可能是當時基督教學界裡學問立場和思想態度上傾向於社會主義最為鮮明的一位。

沈嗣莊的學問功底和思想視野在其最重要的一本代表作《社會主義新史》一書中顯露無遺，而這本冠以「新史」的書，最富價值的部分便是他在書中以極大的篇幅談論了與「基督教社會主義」相關的內容，這本書還特別邀請北大校長蔡元培先生為它寫序。蔡元培是這樣評價這本書的：

> 吾國譯述西洋社會主義史者，已有多種，然對於宗教家之運動，多不致詳。今讀沈嗣莊先生之社會主義新史，乃詳人所略，側重基督教與社會主義之關係，使讀者公認此種運動，為人類普遍的要求，而決非一學派之所杜撰，則其對於社會主義之研求，將益增興趣。[5]

沈嗣莊在離開上海青年會，結束了與新、舊文社的繁瑣工作之餘，花了相當短的時間完成了《社會主義新史》一書，該書於 1934 年由青年協會出版，即是在著名的「非基運動」之後。我們一般都認為，蔡元培對於基督教的態度是多有批評的，但蔡卻為沈嗣莊之作寫序，並在其中表達對基督教與社會主義關係的重視，這篇序言足見沈嗣莊在思想界的影響力以及其著作的重要性。

《社會主義新史》寫作的源起，始於沈嗣莊任職於中華基督教文社

◆ 沈嗣莊像（司徒雷登給沈嗣莊取了「約翰・衛斯理」（John Wesley）的外文名字。圖片來源：作者翻拍自原件，沈恬女士私人收藏）

時期，而文社結束後，正逢中國基督教學生運動的勃興，沈應邀演講，因此就有了基本的初稿和構思。沈嗣莊在序言中表示，他在思想傾向上獨獨鍾愛基督教社會主義，他的心願便是能夠撰寫此一主題。據說，沈嗣莊在蘇州昌門街老家以短短幾個月時間便完成此書寫作，當然，其中多得其同好張仕章從上海給他寄來諸多的參考資料才能使其如願。

沈嗣莊是何許人也？為何他的著作《社會主義新史》獲得了蔡元培的青睞，究竟沈嗣莊在中國基督教社會主義思想史中扮演何種角色，以及其相關的思想是什麼？我們先從他的家庭歸信基督教開始說起。

沈嗣莊，原名「善烔」，「嗣莊」是他的號。1894 年生，原籍吳興（今浙江湖州），居住於烏鎮，任沈氏族長。自宋至清，這烏鎮前後出了 161 名舉人，其中 64 名進士，可謂人傑地靈、人才輩出，同齡的沈雁冰、豐子愷、徐志摩，都是大家比較熟悉的，也算是他的老鄉。其父沈寶桐任知縣，是個文化人，具有豐富學養，讀了不少古書，沈嗣莊的一生亦深受孔孟處世之道的影響。沈寶桐為人正直坦率，不俯仰權勢，熱心公益，鄉民如遇什麼委屈，必挺身而出，為弱勢者仗義執言，深得鄉親敬佩，故其民望甚高。[6]

沈嗣莊並非獨子，在之前還有兩位哥哥和一位姐姐，可惜都相繼夭

折或不幸意外過世，最後只剩下他一位，父母自然疼愛有加。為了讓他日後出類拔萃，成為大才，費盡心血為他覓得一位德才兼備、學識豐厚，且具有維新思想、遠見卓識的學者陳藹士先生，並受教於他門下，陳老十分喜歡這個既聰明伶俐又帶有幾分靈氣、充滿陽剛之氣的學子。陳藹士先生乃第一位為沈嗣莊打下紮實文化基礎的人。

烏鎮雖然文化氣氛濃，讀書人多、見多識廣，卻從來沒有聽過關於基督教的事。終於，奇蹟還是發生在這個家庭裡。有一天清晨，沈寶桐醒來，推醒睡夢中的夫人，非常激動地對她說，昨晚他做了一個夢，夢見一個人頭上圍著一圈荊棘、淌著血，這個人為什麼這樣可憐？也許一般人會認為，日有所思夜有所夢，應屬正常，然而，沈寶桐從未見過這樣的人，為何會做這樣一個奇怪的夢？兩人面面相覷，無言以對，想不到答案就在數年以後。

約莫在科舉制度廢除之後不久，這個小鎮果然發生了一件新鮮事。一位美國傳教士（史子嘉）滿懷熱情、千里迢迢來到這個小鎮，想把基督教福音的種子撒在這塊土地上。起初，鄉親們看到一位遠道而來的洋人來傳教，既好奇又疑慮重重，因為五年前剛發生過八國聯軍侵占頤和園的事，和洋人接觸，恐遭惹來是非，大家在教堂周圍彷徨、僅僅觀望，沒有人走進去，對這個傳教士也沒有特別的興趣。

教堂就在沈家的隔壁，但沈寶桐完全沒有走進去瞧瞧的動機。直到有一天，沈老的腳被家裡的狗咬傷了，無法走動只好留守於家中，在這期間就自然地聽見隔壁傳教士的證道和唱詩歌的聲音。由於哪裡都去不了，本性率直的他決心弄明白這位遠道而來的傳教士到底在說些什麼，他乾脆就將椅子搬到教堂去，仔細傾聽那位外國傳教士講的教理，在臨行離開前，傳教士突然贈送他一張耶穌半身圖像，圖像中所見的，和幾年前他夢中看到的那個可憐人幾乎一模一樣，使他大為震驚、激動不已。自此，沈老不僅每週帶領合家去敬拜上帝，並與該傳教士建立了極

其深厚的友誼，經常互動交流思想。不久，沈寶桐合家受洗歸信了基督教，極有可能這是烏鎮最早一個信奉基督教的家庭。

後來，沈寶桐又徵得夫人的同意，自己也成了一位傳教士，和那位傳教士一起傳揚福音。由於他們三人攜手合作緊密配合，帶領了許多烏鎮鄉親們歸向基督教。沈嗣莊就是在這樣的環境中成長，透過了這位不知名的傳教士，信仰態度和外語能力方面均獲得了極大的增進。

十八歲那年，沈嗣莊剪去了辮子，進入南京金陵神學院接受新式教育，受到賈玉銘牧師的高度賞識。家庭和學校的環境，為他打下了堅實的宗教基礎，堅韌不拔的信仰貫穿了他的一生。司徒雷登訪問神學院時不經意地發現了成績優秀，外語口語流利的沈嗣莊，後經賈玉銘的介

◆ 沈嗣莊（J. W. Shen）擔任西北大學中國學生會副會長（他在西北大學讀經濟系，卻酷愛《聖經》研究，常到神學系上課。圖片來源：作者翻拍自原件，沈恬女士私人收藏）

紹，與還是一年級的沈嗣莊長談，發覺他不但成績優秀而且有抱負、有遠大理想，實為可造之材。在大二時，司徒雷登就為他尋得獎學金，一舉送他到美國西北大學深造，攻讀經濟、哲學、神學，從此沈嗣莊就踏上旅美求學之途。[7] 值得一提的是，沈的外文名字 JOHN WESLEY，是司徒雷徒所取的。[8]

沈嗣莊在情急之下只買了赴美船隻低艙等的位子，來不及與父親約好在碼頭道別，船便開走了。至美國，在女傳教士的幫助下通過美國移民局的限制，趕赴伊利諾州大學報到，之後轉到西北大學。沈嗣莊在校期間酷愛希伯來文，曾任中國留學生會的主席。其在就學期間非常清苦，靠在郵局打工賺得微薄的生活費，有一次因犯傷寒症住院，連 50 元的醫藥費也繳不出來，所幸遇到一位匿名的慈善人士捐助，出院後打聽恩人下落，準備登門答謝，才發現是一位貧寒黑人，深受感動。

自美返國後，回到母校金陵任教，後受趙紫宸之邀轉到東吳大學。兩人共事期間，曾商議對中國教會發展之見，這也就促成了沈擔任中華基督教文社代理社長和月刊的主編之事。

文社成立的宗旨是為落實中國教會本色化而努力，其中一項即是思想的自主，因此，由本地作家創作，正是落實文社宗旨的一種手段。然而，所謂由中國作者自行創作、少依賴外國傳教士或外國作品的譯介，其根本的意含當然是一種對問題意識的把握，換言之，中國基督徒關注的問題，未必是外國傳教士關注的問題，寫作無疑地反映了對問題的關注，以及如何更有效地解決問題，文社的努力即在此，這些都是必須由本地的基督徒承擔起來的。這也是本色化的深意所在。[9]

沈嗣莊在文社期間所主編刊物的內容及主持出版的書籍，已明顯地帶有強烈的激進主義傾向，並且對社會主義或共產主義帶有不僅僅是同情，甚至是支持的看法，同時對帝國主義和西教士的問題多有評議，但這也埋下了決裂的因子。發行近三年的《文社月刊》於 1928 年停刊，

兩年後中華基督教文社宣佈解散，從〈我服務文社的最後報告〉及後來另組新文社所發行《野聲》的內容中，可以明顯地看出，一切都歸因於「神學路線」和利益衝突之問題，經費支助的斷絕成了最為直接的手段。

沈嗣莊離開文社後，在新文社所做的規劃，更能說明問題的原委：舊文社無法如願，就到新文社來執行。從「新文社小叢書」第一年的出版計劃上可以明顯地看到，沈嗣莊在編輯的方針上具有濃重的「基督教社會主義」傾向。此套叢書共計劃出版十本，分別為：《耶穌主義論文集》（張仕章、黃菩生著）、《基督教共產主義的理論與實際》（張仕章編）、《英國基督教社會主義》（沈嗣莊編）、《美國基督教社會主義》（張仕章編）、《法國基督教社會主義》（沈文鴻編）、《德國基督教社會主義》（馮雪冰編）、《日本基督教社會主義》（黃菩生編）、《社會革命與中國宗教》（王治心編）、《基督教的道德》（張仕章著）、《新基督教》（沈嗣莊著）。這些標題清楚地表達了，沈嗣莊原在文社想做卻受到阻撓，而今另起爐灶的出版計劃，可謂全是原來思想風格之延續。[10]

沈嗣莊在新文社月刊《野聲》的〈發刊詞〉中說道：

> 我們絕對否認我們慧直的話就是野蠻；因為我們自問，我們的動機，是要超拔自己和人類全部；不過同時我們實在瞧不起現在的所謂文明。它是資本主義所造出來的，是虛假，世界上一切不平等事情的化合物，是根本不能成立的。……所以我們與其在現有一切惡制度底下敷衍著，而被褒為文明者，還不若超過現有一切惡制度而被詆為野蠻人。[11]

新文社月刊取名作《野聲》，乃是仿效《聖經》中的一位野蠻人——施洗者約翰，「豫備主的道，修直他的路」。而新文社也像這一位曠野先知的下場一樣，最終也因為經費拮据而慘澹收場，沈嗣莊與幾位好友各

奔東西。可見，沈嗣莊的基督教社會主義思想不容於當時的教會，最終，他還是選擇遠離了基督教機構的圈子，走到政界和教育界去了。

沈嗣莊在學界的工作經歷，自金陵神學院開始，再到東吳大學，後經省立四川大學農學院聘為農業經濟學教授，最後與同窗張凌高一同打造私立華西協合大學。抗日戰爭勝利後，沈受張群、黃炎培等人之聘請，擔任上海私立中華工商專科學校校長。[12] 另外，沈嗣莊也曾擔任中國政府禁煙委員會三個辦公機構中的宣傳科科長，該會的首要任務是制定《禁煙法》和《禁煙法施行條例》，於 1928 年 9 月 17 日頒佈。禁煙法共七條，主要是自 1929 年 3 月 1 日後全國一律禁止吸食煙毒的限令。在擔任此職期間，發生所謂的「江安土案」，因為反對包庇國民黨高官私藏煙毒，而不惜與張之江等人衝突，自此就與黨國基督徒的關係疏遠。[13]

沈嗣莊的基督教社會主義思想，到後期則表現得越來越明顯，特別是離開基督教界以後，他更多地接觸到了具有左派傾向的人士，如馬寅初、郭沫若等。1947 年，也就是沈嗣莊擔任中華工商專科學校校長第二年，國民政府下令通緝他，隔年 2 月被董事會免去他的校長職務。被通緝的主要原因是上海地下學聯曾一度設在中華工商專科學校內，中共地下黨組織指導上海學運的《學生報》也曾在該校印發，自 1946 年冬季起，上海歷次學運都有中華工商專科學校的學生參加，至 1949 年以前，參加革命工作的學生共計百餘人。

中共地下黨組織在校內先後成立「新青聯」、「駱駝社」、「火炬社」等社團，用以組織群眾和宣傳群眾，參加反對美帝國主義、反對國民黨反動派的進步運動。1946 年 12 月，發生美軍強姦北大女生事件，全國學生掀起抗議美軍暴行運動，中華工商專科學校的學生代表楊榴英是全市學生抗暴大遊行的組織者之一，著名的人口論者馬寅初教授和日班二分之一以上的學生也積極參加了遊行。

1948 年因與校內董事會的矛盾激增，沈嗣莊被傳「因病辭職」，董

事會藉此宣佈由顧樹森接替為校長，結果鬧出「雙胞案」，引起學生的騷動和不安。隨著中共勢力越來越逼近，校內左派人士取得了絕對的優勢，沈嗣莊感到夾在兩派地下黨員之中陷於孤立，雙方角力而被犧牲，最終只好黯然離去。[14]

1949 年後，沈嗣莊的處境更為艱難，由於他與民盟的關係，加上中華工商專科學校原來又與國民黨大佬張群有關，最後被冠以反革命分子，從此基本上再沒有參與任何的活動和組織之機會，形同軟禁於家中，再經文化大革命，最後在 1973 年逝世於上海。其女沈越於 1990 年代初移民美國，囑咐其子用盡各種辦法將其骨灰帶到美國，後葬於加州一處墓園，永眠於美國大地。

沈嗣莊一生最為崇敬他的母親，在對母親的回憶中流露出一種基督教信仰式的深情，模仿奧古斯丁待其母親一樣，向母親表示懺悔之意。他提到一段往事，以及母親對他信仰的叮嚀，特別抄錄如下：

> 最難離開的是我的母親，那時她才做過六十壽慶，我二姐和三哥，在我未生以前，早已夭殤。自從我生下來六十天之後，大哥也暴病死了。所以在我母親眼中，只有我一個寶貝。他全部的人生觀都繫繼在我一個人身上。她時常向我說：健，那時候你未滿周歲，有一天我掉在水裡，我想像我那樣可憐的人，活著也無生趣，現在既然有死的機會，死了到乾淨些。不知怎樣一來，後來我想到了你，於是我就爬了起來。健，你是我唯一的希望。天下的人我都可以離開，除了她之外，所以在老媽子喊了我之後，我便很躊躇地走到我母親房裡，想要向她告別。[15]

> 這是三月二十日，母親逝世後第四十九天，即普通人所謂斷七，我在她墓前獻上的自訴：母親阿，恐怕連你也想不到這

最後的一句，在事實上，簡直喚醒了我三十九年的迷夢。這一剎那間的經驗，給了我在任何書本中找不出來的啟示。我的教育不是比你受得多嗎？我得到過水平線上的收入，我差不多已經足跡遍天下；我自問，從應世以來，從來沒有虧待過人。但是所謂教育，所謂金錢，所謂經驗，所謂良心算什麼，如果我不能再得到你所得到的那種安詳，你看我奮鬥了十三年。單就我各種職業的性質上說，你便可知道我在力竭聲嘶地奮鬥，和我內心中的波浪翻騰了。你屢次用慈祥的態度勸我，叫我多做禱告，多看聖經，不要剛愎自用，不要離棄耶穌。我為取悅於你的緣故，或一笑置之，或偶從聽你的話，在行動上似乎是一個熱心的基督徒，可是我的內心，又何嘗在哪裡奉行你的訓誨呢？母親阿，你為我犧牲太大了，因為沒有妳臨終時候那種安詳的態度，和你所說「耶穌和我同在」，我是不會醒悟的。[16]

可見，母親對他的基督教信仰還是起了很大的影響力。沈嗣莊承認其思想開放，對於基要派分子的言詞亦多有貶抑，但是，他仍然承認宗教經驗之於他的意義，但不是在於那些神蹟奇事之類的，這份信仰的態度來自於母親，可以說全是因為母親的虔誠打動了他的心。在〈我的宗教經驗談〉一文中，沈嗣莊處處表露了母親的死帶給他的信仰衝擊，從態度強硬的自以為是，變成更多地承認自己在上帝和人面前的無知，亦承認神學研究是不能取代宗教體驗的。他公開表示知識是上帝的恩賜，人並不能憑自己的能力去獲得對上帝的信仰，甚至知識還是一種障礙。所以，信仰即是出自於上帝，也是因為上帝而成就的，即便是「命定」也不意外，重點即在於人必須向此「命定」作出服從之意。這篇文章無疑揭露了他的思想轉變，甚至承認他的宗教體會與基要派或保守派所認為的是相同的。[17]

◆ 與夫人馬敏秀合影（赴美期間，沈嗣莊與馬敏秀保持著密切的通信往來，留下不少書信。圖片來源：作者翻拍自原件，沈恬女士私人收藏）

在赴美前，沈嗣莊就已與馬敏秀訂婚。馬敏秀來自一個牧師的家庭，父親馬云泉，共育有三女，敏秀是最小的一位。在美國的七年期間，二人留下了厚重的情書，馬敏秀雖未正式嫁入沈家，但她承諾在沈嗣莊赴美期間，替他好好地孝敬沈家的長輩，全心照顧其父母。1949 年以後，他們倆因為馬敏秀的姐姐馬敏貞與「倪柝聲派」（又稱作「召會」）有關係，在四川時也曾接待過江守道，開放召會於家中的聚會，而被捲入控訴倪柝聲的事件中，被打為「反革命分子」。沈嗣莊向來耿直，面對所遭受的對待，要求法律的公審，但始終都沒有獲得回應，十七年來把自己封閉在上海淮海中路1350 弄 9 號房子的閣樓上，主要的日子都在掃地、寫自評報告，幸得《荒漠甘泉》相隨，馬敏秀則被要求背毛語錄及在暴日底下用筷子捉蒼蠅。

三十九歲（1933）那年，沈嗣莊說他曾經死過一次。當時犯上了痢疾，醫生已宣佈放棄治療，在迷魂狀態中體驗到一種瀕死的經驗，意識中見到一位身穿白衣的人出現，這人說會再給他四十年。沈嗣莊把這次的經驗看作是上帝給他的啟示，這事果然應驗了，也就是四十年後，即1973 年 1 年 9 日，等到了自己心愛的女兒沈越回來，道出了最後一句話：「外界風雲變化，內心平靜天堂」就離世了。沈嗣莊走後，馬敏秀於 1977 年 6 年 30 日隨夫而去。

……社會主義與基督教本不是兩件不同的事，這是無可疑義的。所以研究社會主義的人，非同時研究基督教不可；這和基督教的人，非同時研究社會主義不可一樣。

——《社會主義新史》

從無政府主義到基督教社會主義

沈嗣莊在說明《社會主義新史》之所以冠以「新」時特別提到：

本書明目張膽地以基督教為出發點。在八章書中，至少有三章與基督教有直接關係。在中國，這種以基督教為出發點的社會主義的歷史，恐怕沒有過。這是本書所以為新的又一原因。

又說：

本書把他置而不論，而偏自舊約聖經入手。這證明基督教與社會主義有切膚之關係。在唯名主義產生以前社會主義與基督教是一而二二而一。唯名主義的產生，雖然使社會主義有離基督教而獨立的機會，但是在聖西門傅立葉等的歷史中，基督教的成分，卻仍然很豐富。一八四八年這一年，在社會主義歷史中有兩件重要的事：一方面是馬克思科學社會主義的崛起，一方面是英國基督教社會主義的成立。前者與基督教脫離了關係，有時甚而至於與基督教處於敵對地位。歷史雖然沒有告訴我們後者因為要直接應付前者而起，而其適足以使前者知道社

> 會主義與基督教本不是兩件不同的事，這是無可疑義的。所以
> 研究社會主義的人，非同時研究基督教不可；這和基督教的
> 人，非同時研究社會主義不可一樣。批評基督教為反社會，反
> 革命的人，讀了本書，或者可以知所反矣！這是我所希望的。[18]

沈嗣莊作此書的目的很清楚，是要回應那些將基督教說成「反革命」的主張並予以駁斥，所以，在他的思考和理解中，基督教本質上是革命的。

《社會主義新史》內文第一章為「《聖經》中的社會主義」，分別有三節：一、先知和律法書中的社會主義；二、耶穌的社會主義；三、使徒時代的社會主義。沈嗣莊雖然在此僅僅花了十九頁的篇幅概括地介紹《聖經》中的社會主義，但這恐怕是當時能夠把《聖經》中涉及到經濟生活、財產、貧窮、社會正義等問題表答得最為清楚的代表性作品了。當然，最難能可貴的莫過於是第二章「自教父至謨耳間的社會主義」，他還把從使徒時代經教父、中世紀至宗教改革的教會史中涉及相關的主題也作了清楚的交待，見識到了基督教社會主義在西方社會的演進和改變。

從這兩章的內容看來，沈嗣莊基本上認定，基督教與社會主義的關係是極為緊密的，從《聖經》到教會史，都充斥著這類主題，儘管社會不斷地進化，歷史上存在過的那些基督教社會主義都不再能延用於今，所以，我們應該為目前的現況追問一種與時俱進的基督教社會主義，因此對於何種「基督教社會主義」的思考應該是開放的：

> 對於那些像我一樣醉心於基督教社會主義的人，更有一言，非聲明不可。我之所謂基督教社會主義，斷斷不是歷史中陳列著的基督教社會主義，比如使徒時代的基督教社會主義，英國的基督教社會主義等等。它們通通失敗了。二十世紀

與科學社會主義昌明之後的
我們，又何必踏它們的覆轍
呢？它們所主張的原則可以
與天地同其不朽，它們的手
段確有修正之必要。至於如
何修正。那是我和讀者應當
努力的一點。[19]

◆ 沈嗣莊編寫《社會主義新史》（《社會主義新史》一書徵得北京大學校長蔡元培題序。圖片來源：作者翻拍自原件）

儘管歐美歷史上，形形色色的基督教社會主義均可謂以失敗收場，但是其問題意識基本上並沒有衰退，尤其二十世紀社會科學注入了不同的思想和元素，都刺激著基督教如何去吸收或發展自己的社會主義觀點。關於這點，使我們明確地看到沈嗣莊在對上述問題進行思考時，將之置於中國當時的處境，他的基督教社會主義主要針對兩個問題展開，分別是帝國主義和資本主義，這正是當時中國所面對的尖銳性話題。

　　沈嗣莊作此書，從某種意義看來，即是要為基督教作辯護。民國時期基督教面對各種的挑戰，儘管基督教內部的矛盾也是沈嗣莊所關注的，但是對於外部給基督教帶來的責難，他更是站在護教立場的前線予以回應，其中由被非基運動者作為攻擊基督教代表作的日本社會主義者幸德秋水所寫的《基督抹殺論》引發的論戰尤其受到注目。沈嗣莊與其基督徒友人一同撰文回應了「到底基督是何許人也」，涉及到關於「歷史上的耶穌」之爭辯，可以看得出沈對於新約《聖經》學研究是熟悉的。[20] 換言之，沈嗣莊很早就參與了與社會主義者的論戰，因此，《社會

主義新史》是一本為基督教作辯護之作，也是與社會主義者較勁之作，沈嗣莊企圖想辯解基督教並非迷信或落伍，相反地，它是一種革命的力量，是進步的，也是積極面對社會挑戰的一種思想。

《社會主義新史》標明了「基督教與社會主義有切膚之關係」。沈嗣莊在這本書一方面陳述了《聖經》中的社會主義思想，另一方面則是基督教發展中形成形形色色的基督教社會主義思想。然而沈所要表明的是，這一切最主要的還是起源於對人類生活的痛苦所作的反應，正是生活的痛苦不易消除，社會主義也就仍有其存在的價值。沈嗣莊指出，對於社會的痛苦，有些社會主義主張以激烈的手段來化解，但是也有採取友愛的方式來表達的，而基督教社會主義則是屬於後者。[21]

打開沈嗣莊的著作目錄來看，與基督教社會主義相關的文章很多，大體上他都是以社會主義的眼光或角度來評論資本主義的是與非：

〈革命的耶穌〉，《文社月刊》第 1 卷第 8 冊，頁 1-12；

〈民生與共產〉，《文社月刊》第 2 卷第 7 冊，頁 1-10；

〈經濟革命中婦女之地位〉，《文社月刊》第 3 卷第 8 冊，頁 38-46；

〈基督教與共產主義〉，《微音月刊》（1930 年 4 月），頁 79-95；

〈福音中的財富觀〉（編譯），《道聲》第 5 卷第 5 期；

〈產業〉（編譯），《道聲》第 6 卷第 6 期；

〈耶穌的降生與革命〉，刊於何處不詳；

《社會主義史》（*A History of Socialist Thought*, 1936，翻譯，六冊），列德萊（Harry W. Laidler）著，（長沙：商務印書館，1937）；

《尊重勞工的耶穌》（上海：青年協會出版，日期不詳）；

《解放思想的耶穌》（上海：青年協會出版，日期不詳）；

《英國基督教社會主義》（預告新文社出版，出版與否不詳）；

《新基督教》（預告新文社出版，出版與否不詳）。

我們大致可以把握到沈嗣莊的基督教社會主義之偏向。基本上，他的社會思想明顯傾向於無政府主義，沈嗣莊極為推崇克魯泡特金（Peter Kropotkin），曾譯有〈克魯泡特金的人生善行學〉一文，[22] 在他返回母校金陵神學院給同學的演講中，以「到民間去的第一條件」為標題，並說明了這是一種無產階級者的革命行動，把無產主義者巴枯寧（Mikhail Bakunin）也提了出來：

> 據我看來，到民間去的意思，不是青年會向來所說的社會服務，實在是一種無產階級的革命行動。到民間去的這個口號，乃是無政府共產主義領袖巴枯寧氏始創造出來的。[23]

沈嗣莊以無政府主義者巴枯寧的觀點在江南大學夏令會的演講中討論了當時極為熱門的話題：「到民間去」，其中又涉及馬克思、列寧等人的思想。[24] 演講的一開始，沈嗣莊引了兩段文字，一是耶穌的話：「有錢的人要進天國，比駱駝穿過針的眼，還要難」，一是巴枯寧的話：「特權和享有特權位置的特性，就是將人類的智慧和良心都湮滅了，……我們相信他時常利於那些統治和掠奪的少數人，而傷害陷於苦境的大多數人的利益」，以此顯示出耶穌思想與無政府主義思想的親緣性。

　　沈嗣莊指出，「到民間去」的第一條件不是什麼社會服務，而是一種無產階級的革命行動。真正的革命只有無產階級的革命，因為它意味著必須抱有犧牲一切特權或優越生活的志願。但是，其意義還不僅僅如此，沈嗣莊認為，一位真正的革命家，還必須具備良好的修養，他特別

舉了托洛夫斯基（Leon Trotsky）的《列寧傳》中提到列寧在革命的事業中，經常是以靜默沉思的方式來決定事情，所以他特別向基督徒說明祈禱對於「到民間去」也是格外重要的，因為人的行動必須有良好的修養，才可能做出準確的道德判斷。這是「到民間去」的真正精神和內涵，換言之，一個基督徒要是真實行「到民間去」，應該就像是一位無產階級者一樣，而且，還是一位無政府主義的無產階級者。

「到民間去」是民國時間非常響亮的口號，基督徒也自覺地與這個時代並進，發出了同樣的口號，沈嗣莊向神學生呼籲「到鄉村去」，那是最需要基督教做實質性工作的地方，這樣的精神宛若無產階級的革命精神般投入改造社會的行列。無政府主義者絕不是不作為，相反地，他是積極地作為，此一作為不是消極地濟貧，相反地，是為了喚起底層或勞苦大眾的主體意識，基督教信仰即是以此主動、積極的態度參與社會改造之列，打倒一切扭曲了人類平等價值的思想和體制。

事實上，無政府主義也是民國時期一個值得留意的思潮，一方面這個思潮帶著左派或社會主義的思想，一方面又激進地表達了對種種政治主張的不信任，因而，實質上就是革命者。[25] 基督教界傾向於無政府主義的除了沈嗣莊，還有張仕章，而最著名的無政府主義者即是國學大師劉師培；沈嗣莊闡釋了克魯泡特金的人生善行，將它視為是一種身體力行的無政府主義，張仕章曾譯介了不少克魯泡特金的思想，主要即是將之看作為一位耶穌精神的實踐者。[26]

沈嗣莊對於無政府主義的理解和推崇，主要與他反對資本主義和帝國主義的立場有關。換言之，民國時期的激進主義基督教，與其時代氛圍是有關的，無政府主義是一種革命精神的表現，它反對專制統治，反對強權暴政，不同於晚清革命派的仇滿和暴力革命的主張，沈嗣莊以其基督教社會主義精神面對越來越陷於資本主義剝削和帝國主義壓迫的中國，甚至在道德上，他的自由進步思想也與無政府主義者的理念是相同

的。作為中國現代史上強大的思想運動，無政府主義吸引了非常多的中國思想精英的傾慕，劉師培、章太炎、吳稚暉、梁啟超、蔡元培等人都屬於此陣營。[27] 以此推想，蔡元培為沈著寫序，可能是與兩人在無政府主義思想態度上的一致性有關。[28]

　　除了表達對無政府主義代表人物克魯泡特金、巴枯寧的肯定，沈嗣莊有不少的論點深受考茨基（Karl Johann Kautsky）的影響，特別是將早期基督教視為一種共產主義的生活形態，成了其理解新約《聖經》的重要依據。[29] 沈嗣莊認為，耶穌對經濟制度是有自己想法的，對於貧富不均、剝削的制度，他極力反對，甚至主張非推翻不可，但是，他並不主張暴力，卻主張無政府主義。[30] 放置在二十世紀，耶穌肯定是一位無政府主義者，因為他認定：

> 我們可以說他是二十世紀的無政府主義者，因他認定已有的一切政治制度，無論其為羅馬專制國，或者是柏拉圖的共和國，都是造成人類差等階級的。倘使人類的差等階級，一旦還在，什麼公平，公理，是不會有的。可惜，在這點上，他的門徒，甚至保羅，都是不懂。所以我們倘使有科學的眼光，平心靜氣的看去，現在跳躍而排演在我們眼前的一切所謂過激主義，就是共產主義和無政府主義。耶穌已經看到。不過現在的共產主義和無政府主義為什麼向耶穌那樣的猛攻呢？這是因為耶穌講精神生活，是完全出於宗教的緣故，而且他是極端反對暴動的。[31]

無政府主義者並非消極地面對這個世界，他對這個世界的種種是採取行動的，「到民間去」意味著認識到民間疾苦，並盡最大的可能去改變它，所以基督徒不能不干政，不能只是消極地躲在宗教生活的背後。

　　沈嗣莊激進地主張「基督徒應該干政」、「帝國主義和資本主義都應該被推翻」、「反對與帝國主義和資本主義有所聯繫的傳教活動和教會組織」。沈嗣莊要教會明白，基督教傳教與帝國主義之間的關係是很難擺脫的，只要「這塊洋招牌」是自戰爭和不平等條約得來的，都是反基督的，因為不管是戰爭的形式或是簽訂不平等條約，其實質即是帝國主義，而帝國主義的背後即是資本主義，所以他主張，要解決帝國主義問題，首先必須先打倒資本主義。他甚至認為，孫中山的三民主義中所指的「民族主義」即是對抗帝國主義而來的，民生即是對資本主義作出的反應，可惜的是，民國革命至今，犧牲太多的民生，不僅沒有成功反抗資本主義，也無力於打倒帝國主義。總之，如同列寧所言「帝國主義是資本主義的最高階段」，沈嗣莊同樣認為資本主義與帝國主義是一而二、二而一的敵人，基督徒主張三民主義應該看清楚這一點。

　　沈嗣莊表明，追根究底，中國基督徒之所以主張不應干政，源於西方帝國主義的宣傳，以及這些與帝國主義國家有關係的傳教士，他們一方面是外國人的身分不便涉足中國內政，另一方面也與不平等條約有著不名譽的關係，所以信仰立場就會產生這類偏向，而這些表現都與基督教在《聖經》和西方的歷史發展不相吻合。換言之，因為某種現實的原因造成了基督徒對政治問題的態度和傾向是完全可以理解的，只是對中國而言，這是一個相對尖銳的問題，它首先遭逢的是帝國主義的問題，以及在其背後的資本主義，基督教在中國的傳播事業，與這些問題可謂盤根錯節。

　　因此對沈嗣莊而言，一旦涉及到基督教的政治態度，勢必得面對現實存在的問題，對中國的現實而言，那就是經濟生活的問題，其背後又必然涉及到帝國主義的問題，一旦這些問題是相關的，這也意味著有必要去檢討基督教的傳教事業，因為這些事業很難擺脫與帝國主義的關係，又同時很難脫離由這種現實所引起對基督教和《聖經》的理解。無

疑地，同所有的社會主義神學一樣，沈嗣莊的基督教社會主義必然是一種實況的基督教思想，這個實況就是中國當時所遭遇的處境。

耶穌生在馬槽裡，葬在別人的墳墓裡，真的沒有意義麼？沈嗣莊把耶穌看作為一位無產階級者，他從耶穌的家庭開始，認為若我們讀到路加福音對耶穌誕生過程所述的，耶穌生在馬槽裡，他用極為卑微的方式來反對所有經濟掠奪，便可以理解他如何以一種極為普通的平民身分來表示對受統治階級奴役壓迫的反抗。所以，耶穌的降生是以一種更為普羅大眾的生活方式來反映新社會的到來勢必要面對現實的痛苦。

耶穌沒有財產，也無富親，無從享受來自各方的利益或好處。耶穌的門徒都是貧窮的，所以他說：「狐狸尚有洞，飛鳥亦有巢，惟人子在世間無枕首之所。」我們可以理解，耶穌四處奔走狂呼地斥責富人、安慰貧民、鼓勵貧民，這說明了他的思想傾向於社會主義或無產階級。沈嗣莊經常指出為富不仁的事實以及難以改變的現實，社會的財富主要是被少數人所壟斷，他們同時也創造了貧窮人的痛苦，富人靠剝削貧窮人的生產和勞動來為自己謀取幸福，即便他們也施行慈善，但耶穌還是看穿了其中的偽善，罵他們是假冒為善。因此，由於財富形成了支配和壓迫的工具，所以主張無產，而且，若要真正地去除壓迫和統治，則其立場自然是一種無政府主義。

沈嗣莊對於「基督教社會主義」的思考是開放的，他認為我們應該為現狀追問一種與時俱進的基督教社會主義。這種從實況出發的思想，也就直接地表現在解釋《聖經》和耶穌的思想言論上，《社會主義新史》即是梳理了這種關係的背景和變化，一方面要突出《聖經》思想處處表現出其對社會現實的關注，一方面也說明耶穌及初代教會的言論是有其時代脈絡和背景的，這些背景必然涉及到社會和經濟問題，尤其耶穌的時代背景更是與羅馬帝國相關。《社會主義新史》清楚地表達了中國基督教社會主義者的問題意識和時代立場。

> 每一個人的幸福都緊密依賴一切人的幸福
>
> ——克魯泡特金，《互助論》

革命的耶穌

商務印書館於 1930 年出版了一本名叫《華盛頓》的書，其收入於王雲五主編的「萬有文庫」系列中，1948 年又在「新中學文庫」中再版，這本書的編作者即是沈嗣莊，在這本書的序言中他提到這麼一句話：[32]

> 為了這種暗示，我便下了兩個決心：第一，……。第二，我相對地用唯物史觀的眼光把華氏（華盛頓）的生活和美國資本主義初期歷史打成一片。

注意，作者特別提到「用唯物史觀的眼光」來研究華盛頓，即將其放置於美國資本主義經濟史的脈絡中來理解他。這種別出心裁的寫作立場，在民國初期還是相當特殊的。

沈嗣莊認為，基督教與唯物論是不衝突的，任何以簡單的方式來否定兩者的關係，都是因為沒有認真地理解《聖經》是如何看待物質的，以及將馬克思主義這一方簡單地說成是反對精神事物。在〈基督教與共產主義〉一文中，沈嗣莊比較了耶穌與馬克思，這篇講稿最先宣講於 1927 年 9 月的中國基督教學生運動上海團契，1930 年經修正後發表於中國基督教學生運動的代表性刊物之一《微音》上。[33] 在這篇文章中，沈嗣莊首先向我們揭示了耶穌生活的時代背景，最重要的是提了猶太群體中的愛色尼派，儘管不能確定耶穌是否是受到愛色尼派的影響，但他的經濟觀與後者非常地相似。

在〈革命的耶穌〉一文中，他從幾個層面分析耶穌是宗教革命家、

倫理革命者、經濟革命者。[34] 關於經濟革命部分，沈嗣莊認為耶穌非常重
視經濟問題，而尊重人格、人類平等、反對奴隸制、尊重婦孺等，必須
涉及到經濟革命之內容，因此耶穌必然關注由現代財富觀念和生產制度
所帶來人類的痛苦。沈嗣莊指出，耶穌的財富觀即是認為除了物質，還
有精神，資本主義過分依賴物質、擴張物質，結果則失去人格或人的價
值受到扭曲，正是耶穌所反對的。除了經濟問題，沈嗣莊在〈革命的耶
穌〉一文指出耶穌的世界主義與國家主義是並行不悖的，由於耶穌一視
同仁，不分猶太人或外邦人，而國家主義也應在這個意義上來予以維護
或強調，並且正是這樣，國家主義才不會變成排外主義，也不會與世界
主義衝突。耶穌無疑是愛國的，但是，從更高的層面看去，這種愛國應
該成為世界主義，以反對侵略或狹窄的民族主義。

　　沈嗣莊以路加福音中，耶穌工作的起始宣示作為對耶穌一生實踐社
會主義的一個縮影，這個縮影即是：

　　　　主的靈在我身上，因為他用膏膏我，叫我傳福音給貧窮的
　　人，差遣我報告被擄的得釋放，瞎眼的得看見，叫那受壓制的
　　得自由，報告上帝悅納人的禧年。

沈嗣莊補充說，路加是一個人道主義的擁護者，還有，路加福音在鼓勵
窮人之後，更添上了一段痛罵有錢的人的話，都是一些對於有產者的反
抗，言詞相當地激烈，最為簡潔有力的話即是：路加說：「人為上帝的
國，撇下房屋，或是妻子，弟兄，姐妹，父親，母親，兒女，沒有在今
世不得百倍，在末世不得永生的。」[35]

　　為了弄清楚耶穌的經濟觀，沈嗣莊把耶穌帶回其猶太背景之中，特
別留意到了各種主義的流行，以及這些主義與當時時代所面對問題之關
係：

> 到耶穌時代，希伯來民族實在忍無可忍了。內感資產階級
> 之剝削，外有帝國主義之侵略，所以有奮銳黨人（Zealots）、
> 愛色尼派（Essenes）等革命運動。他們和國民黨一樣，除了民
> 族民權之外，其根本動機，還是在民生，……。[36]

〈厄辛茲疏說〉一文即是對於猶太社會的共產思想之代表——愛色尼派
（時譯作「厄辛茲」），進行深入地介紹。愛色尼派具備了這些特色：

> 他們住在村落裡面，避免城市的繁華，……。他們大部分
> 以農耕為業，其他則從事於含有平和性的副業。他們和他們的
> 鄰舍，都在這方式中勞動著。他們既不積蓄金銀，也不需要土
> 地，以獲得收入，他們只是勞苦工作，得到生活中必須有的供
> 給。他們是無產者。其原因並不由於機遇之不幸，卻是因為他
> 們不追求財富的緣故。……他們把財富看為不需要和不愜意
> 的。……他們絕不從事於戰具之構造，……。他們中間也沒有
> 奴隸。一切都自由自在地為自己工作。他們輕視統治者及官
> 吏，不但因為他們破壞平等，反對公義，……。實則自然是我
> 們的母親因為自然創造一切，扶養一切。……愛色尼派人……
> 有三種觀念，或原則，是他們接受的，就是愛上帝、愛道德和
> 愛人類。愛人類的表示就是慈愛、公平和物品上之共享。[37]

基本上，愛色尼派人是共居的。他們之中沒有人有一間房屋是不屬於一
切人的。事實上，他們都同居著，每一間房子都開放著，接納從遠方來
的伙伴。而且一切的糧食都是大家的，衣服原料也是一樣。可食之物同
樣供給那些趕不到公共會食時間的人。一般說來，他們有著在其他種族
中所沒有的居住相共、飲食相共和生活相共。而且，愛色尼派人每日並

不為自己留下食物，卻都願意與人分享，供他人使用。對於疾病者和年老人，均予以充分的注意，並且投身照料他們。所以，這樣的猶太社群無疑是十足的共產主義者，他們將宗教生活和經濟生活結合並予以實踐，耶穌的許多精神和思想，與愛色尼派者非常地相似。

在沈嗣莊引述史家約瑟夫（Josephus）的話說：「愛色尼派鄙視財富。他們所實行的共享生活是駭人耳目的。我們不能在他們中間找出有一個人比別人富有些。他們有一條法律，就是他們一經加入，便該把一切交給團體。其結果則既沒有困苦和貧窮，也沒有剩餘和奢侈。……因為他們以為汗淋脊背是一回好的事。……如果他們宗派中有人從別處而來，那末，他們一切所有的，便該公開。」[38] 因此，可以這麼說：「他們簡直就是現在的共產黨，一方面主張無產階級革命，一方面是國際的」。[39]

與所有論及原始基督教或早期基督教者一樣，沈嗣莊必然關注基督教起源的社會背景，尤其是耶穌的思想或行動，究竟與當時的猶太社會存在著何種關係，在那個時代背景下所形構出來的思想傾向，是可以從猶太社會中的不同群體中看出差別的。換言之，沈嗣莊把握到了耶穌的時代背景，以之作為理解耶穌的一個重要脈絡，對所有基督教的自我理解而言，認識到那些因素將有助於基督教面對當前或現實問題時，可以有更為適切的看法，一方面是回到《聖經》，一方面則是落實信仰，這些問題同樣是民國時期中國基督教所面對的問題。

沈嗣莊自美返國，即擔任金陵神學院的舊約教授，不論在希伯來文或是希臘文方面，他都具備了這類研究《聖經》之語言能力，不管翻譯或寫作，都著譯多篇相關《聖經》研究的文章，加上他受廣學會之邀，參與《四福音大辭典》的編譯工作，更可以證得。[40] 自他發表的一篇〈希伯來民族的來生觀〉[41] 來看，沈嗣莊可以說是那個時期關於這方面主題討論相當深入的人，他也在〈外史中之耶穌聖誕〉一文中介紹《聖經》正

典之外（「外史」）有關聖誕的記載。[42]〈厄辛茲疏說〉雖然是根據約瑟夫《猶太戰爭史》的編譯之作，但同樣見識到沈嗣莊對《聖經》的熟悉，他一方面說明愛色尼派的主張，一方面則引證四福音中與愛色尼派相似觀點的相關經文，如此對照出新約《聖經》或與耶穌可能的關係。根據沈嗣莊的判斷，耶穌與這班共產主義者是絕對有關的，雖不能說耶穌即是愛色尼派者，但至少可以說耶穌的行動和主張，與他們的相似性極高，如果說耶穌受到愛色尼派的影響也不為過。總之，沈嗣莊所欲證明的，無疑是與他所闡釋的耶穌形象有關，這樣一位革命者，其對產財或經濟有一套相似於社會主義的思想是肯定無誤的。[43]

　　沈嗣莊認為，關於耶穌與馬克思的比較，關鍵點就在於如何理解唯物史觀和階級鬥爭，以此認為馬克思不容於基督教，而事實恐怕並非如此表面，甚至沈嗣莊也嘗試反駁馬克思是無神主義者而與基督教是相矛盾的。首先，馬克思的唯物史觀，實為一種方法論，是他分析事物的方法，即是問歷史是如何造成的，這答案即是在於勞動與吃飯的問題，但是除此之外，借助於恩格斯可以理解，馬克思對於其他的事物也表示重視，如道德、教育等，只是他認為物質的東西影響較大。其次，說馬克思是無神論者也不是完全正確，事實上馬克思並未全盤反對宗教，其所反對的是那些造成社會不和諧的宗教，而那種令人類加深兄弟友愛之情的宗教是有助於社會的。再來是關於階級鬥爭，沈嗣莊認為鬥爭乃是嫉惡如仇、反對壓迫的手段，換言之，因為不公義而不爭取，其不僅是一種讓步而已，它更是等於允許了一種罪惡的橫行，他舉耶穌到聖殿去趕走做買賣的人為例，以此說明酌量的鬥爭是應該的，尤其制度本身即是罪惡之源時，當然，耶穌是不同意暴力的。[44]

　　順著上述的主題，沈嗣莊支持馬克思的鬥爭方式：

　　　　第一，組織工會，把無產階級聯成一條戰線。第二，組織

消費合作社，以減少商人的剝削。第三，組織工人階級的政
黨，以作工人階級法律上的後盾。[45]

通過比較了耶穌與馬克思，沈認為兩者在反對壓迫和威權上是一致的。
他認為馬克思對於基督的人格和精神是推崇的，〈基督教與共產主義〉
特別引用了布哈林（Nikolai Ivanovich Bukharin）的《共產主義 ABC》
以力求公信。文中具體地認同了階級的問題，並主張應組織工會將無
產階級團結起來、實行合作消費模式以減少商人的剝削，以及組織工人
政黨從法律層面上支持工人階級。基於實際的行動，他贊成布哈林的說
法，無產階級是為全人類的解放而奮鬥，反對壓迫和剝削，這種以絕大
數人的利益為考慮的行為，按基督的精神而言，並非不能理解。

　　沈嗣莊在〈民生與共產〉一文中，分析和比較了孫中山的民生主義
思想與共產主義的關係，但更重要的是，其認為基督教在許多方面與民
生主義是意見一致的，尤其在財富觀上，基督教對於人格的維護遠遠超
過一切，所以資產或財富不是衡量個人的標準，而且要留意財富對人的
腐蝕，所以對於私有財產應給予檢討，「剩餘價值」背後的貪心更應予
以杜絕。[46]

　　借助於共產主義的反思，沈嗣莊認為應該改善農民的生活、勞工的
生活也必須獲得改善，所以當他分析了中國的情勢後，認為馬克思的共
產主義在許多地方是非常吸引人的，而且他也認為馬克思的共產主義理
論有許多是非常正確的，而唯一比較缺欠的是精神生活方面的不足。恰
恰是這樣，基督徒則在這方面可以予以補強，他認為歐洲的社會主義失
敗，即是沒有充分將自己與無產階級和受苦大眾聯繫起來，中國基督教
應該看到這一點。[47]

　　總之，不管是耶穌還是保羅，他們並不是抽象地看待物質（或民
生）。沈嗣莊認為，耶穌出身於無產階級，他對於解放被壓迫的民族以

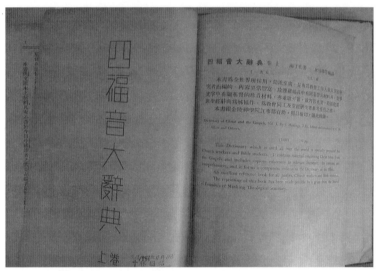

◆ 參與廣學會《四福音大辭典》條目撰寫（相當多與《聖經》有關的辭條，是由
沈嗣莊負責撰寫的。圖片來源：作者翻拍自原件）

及向無產階級表示同情是毫無異議的。對於耶穌的經濟觀，他認為有幾
項原則：一、反對剩餘價值；二、人的價值是至高無上的；三、資本家
比較是「不仁不義」的；四、上帝並不以有產或無產來衡量事務；五、
人應是財產的主人而非奴隸；六、財富的概念包含了精神生活方面。

現在人類所需求的是新耶穌，這是文社的使命二。

——《文社月刊》第一卷第一冊

思想過激的《文社月刊》

中華基督教協進會於 1922 年成立後，於 9 月召開會議，以應付反教之風。同年 12 月再次召開會議，於會中決定組織「中華基督教文字事業促進會」，委員包括了余日章、趙紫宸、劉廷芳、誠靜怡等中國教會的領袖，但是直到 1925 年，「中華基督教文社」的名稱才確立下來。[48] 於是，1925 年 3 月文社的工作正式展開，除了組織以外，最重要的即是對外發行《文社月刊》，以落實原來設置的宗旨和目標。1926 年 2 月，文社正式成立並召開第一次全國大會，通過了組織章程並推舉職務代表，余日章為執行部長，原是趙紫宸被推舉作總幹事，卻臨時轉而請沈嗣莊代此職務，重要的委員包括了王治心、鄺富灼、胡貽穀、劉廷芳、陸志韋、朱經農等人，可以看得出來這些名單都是中國教會的精英分子。

文社的經費主要來自「美國社會與宗教研究社」（The Institute of Social and Religious Research）支持，文社的基本工作政策是：「本社為獨立之機關，不受任何組織之牽制，其主要之職務即徵求或創作本色文字，並不發行其他機關愈發行之書籍。凡其他機關無力付梓之佳作，本社竭力助之；凡其他機關不能印行之書籍，本社挺而為之。」[49] 其所羅列的工作範圍包括：

一、徵求及養成基督教文字著作人才
二、羅致著述家及譯學家
三、喚起讀書興趣

四、出版《文社月刊》，以鼓吹本色文字及本色基督教為職

五、編輯及出版有關於哲學、社會問題等書籍[50]

　　《文社月刊》是文社的機關報，1925 年 10 月創刊，1928 年 6 月停刊，共出 3 卷。《文社月刊》的宗旨正如上述「以鼓吹本色文字及本色基督教為職」；後因閱者要求，除原有目的外，加上「教會行政」及「基督教思想」兩條。月刊主編先是由代總幹事沈嗣莊兼任，後因社務繁忙，由王治心於 1926 年起接任。[51]

　　文社自 1923 年從中華基督教協進會分開自立後，協進會仍是文社的主要支持者；文社的執行委員如誠靜怡、劉廷芳、余日章等，皆為協進會的成員。兩者間的齟齬開始於中、英文特刊一事。協進會因受部分西教士的壓力，將文社出版的中、英文特刊描述為「觸犯眾怒」（原文為 "Provocative"）之物，並且聲明該特刊與協進會全無關係。中文特刊方面，除在封面題上「歡迎蔣總司令」字樣及蔣介石的肖像外，內容跟以往數期並沒有多大分別。英文特刊的內容，則是西方傳教士最敏感的題目，其中包括沈嗣莊的 "Religious Liberty"（宗教自由）、羅運炎的 "Foreign Concessions"（租借問題）及余日章的 "Unequal Treaties"（不平等條約）等。當時不少西教士對本色化教會運動已有所不滿，認為彼等「假創立本色教會為名，大肆其排外行為」，而中、英特刊的出版，無疑更加添此等西方傳教士的懷疑，所以便以「思想過激」的理由，勸美方停止文社的津貼。[52]

　　由於文社的言論被批評明顯地「左傾」，擔任社長的沈嗣莊當然四面受敵，一是來自保守派的質疑，二是來自西方傳教士的批評，這種情況最後產生的結果即是文社的經費支助受阻，但其堂而皇之的理由是：「思想過激，辦事不力」。[53] 沈嗣莊在辭職時發表了激烈的言論：〈我服務文社的最後總報告〉，一方面陳述了文社成立原委與理想，一方面則是

◆《文社月刊》封面（沈嗣莊與基督教關係比較緊密的時期，是在他主編《文社月刊》時，他辭去主編時寫下慷慨激昂的工作報告，反映到刊物「過激」言論不容於支助者。圖片來源：作者翻拍自原件）

公開質疑一切的打壓手段，其背後無疑代表著一種「帝國主義」的勢力。當沈嗣莊於文社的編輯方向和內容上不斷地指控「帝國主義」的勢力時，他實際上明顯地威脅到了某些人的利益，是政治方面的亦是神學方面的，更好地說是現實方面的。

　　沈嗣莊不斷地重申，文社的理念和實踐，即是倡議一種改革的基督教，這種思想與社會的前進是相匹配的。換言之，基督教在中國的本色化歷程，一定是與中國追求進步有關，基督教應該認清他在中國的命運，全部取決於是否與時俱進，其應是一種向阻礙革命的帝國主義對抗的精神。因此，文社儘管接受西國教會組織經費上的支助，但沒有理由因此就放棄了基督教的精神，如果不認清這一點，基督教恐怕將歸於淘汰，它不僅在中國將受到挫敗，它在世界歷史上的命運也是相同的，換言之，一個阻礙進步的宗教，是會受到世人的唾棄。基於對基督教精神

的肯定，沈嗣莊為此做出了捍衛的舉動，即以辭職表心志，不願就此放棄理想，向現實妥協，因為這種妥協的態度是扭曲基督教精神或違背耶穌的教誨，最終也將葬送基督教。

沈嗣莊積極參與過「學生立志傳道團」，曾用三個月的時間跑遍了福州、上海、寧波、漢口、武昌、岳州、長沙、湘潭、醴陵、北京、奉天、天津等地，對教會學校進行觀察和了解，並於大學生組織中帶領奮興會。沈嗣莊於此行中對各地方不同的學生思想傾向多有了解，並回答他們所提出來的問題，我們在〈對於教會學校之觀感（原名「巡遊觀感」）〉的報導中，可以看出中國教會所面對的問題，包括了保守和激進、創新或革新、差會與本色化、新思維與新神學（童女生子／演化論／宗教存廢）等。[54]

沈嗣莊的基本立場是認為，真理無新或舊的問題，那些打著自己是「舊派」的人，事實上是指摘別人屬於激進或是搞破壞。進一步說，沈嗣莊認為真理無舊的，重要的是真理，他類比了德國浪漫派思想家萊辛（Lessing）的說法，我們在真理與追求真理之間擇一，應該是選擇追求真理，這才是基督徒應有的精神，追求真理而捨真理，這就是「真理無所謂新或舊」的表示。[55] 這無疑正是沈嗣莊一生所秉持的態度，正是這種「追求真理」的態度，他必然與一般認為把握了真理的人格格不入，教會圈子中強調自己所持的真理是「舊的」，也就是與「追求真理」態度相反，沈嗣莊一生就是與這些「舊說」對抗，所以才被形容為「思想過激」。

無論如何，沈嗣莊確實是屬於當時中國基督教界中比較激進的人物，除了《社會主義新史》的出版，1937 年又譯了 Harry W. Laidler 的《社會主義史》六冊。[56] 他主編的《文社月刊》，因為種種原因的衝突而結束了，之後又另組「新文社」，主編《野聲》，越來越表現出與主流教會的決裂，與張仕章等人越來越向社會主義思想靠攏，主要的矛盾還

是在針對帝國主義的問題上，尤其教會在這些問題上明顯是很難洗脫其關係的。

在結束《文社月刊》時那份洋洋灑灑的〈我服務文社的最後總結報告〉之外，我們恐怕還得要在《野聲》前幾期與中華基督教協會相關人物的往來指責信件中尋找緣由，其中不難看出結束並離開《文社月刊》的一些思想性衝突，即是與《文社月刊》越來越走向一種「激進主義」的思想有關：

> 我們主張基督徒不但可以干政，而且是應當干政的。我們是基督徒。不錯的，可是我們同時也是國民，對於國家政治的好壞，怎能袖手旁觀呢？所謂基督徒不干政一說，乃是歷年來西宣教師傳授於我們的衣缽。他們對於中國的政治，是可以不干涉的，而且是應當不干涉的，因為他們是外國人。不過我們一做了基督徒，就入了外國籍嗎？既然還沒有入外國籍，那末對於我們本國的政治，就該有擁護或打倒的人權了。而且做了一個人，對於本國的政治，是不可不顧問的。因為你不顧問他，它倒要來顧問你，而使你感受種種痛苦了。現在中國國內的軍閥跋扈，民無寧日，政治空氣之骯髒，正如以西結所看見的髑髏。除非你瞎了眼睛，不然，就要蒸蒸得做三日嘔，這種政局，我們不干涉，不思所以廓清之，這實在是忍心害理，不是平日講服務犧牲的基督徒的行徑了。[57]

新文社月刊《野聲》第一期刊出了「本社啟事二」一文，其旨是「徵求關於批評基督教神學、政治、機關、書籍等著作」，由此說明了新文社月刊走得比以前更為激進，以對抗帝國主義的姿態來實現基督教的革命精神，這回對準的是在基督教內部中阻礙著中國進步，扭曲了基督教精

神的保守勢力。「本社啟事二」一文是如此寫道的：

> 　　新文社的目的在脫離帝國主義的牽制，藉文字的力量，實
> 現耶穌主義，建設人生宗教。所以我們對於革命的青年和新進
> 的教徒所發出來的呼聲尤所歡迎！我們很盼望海內外的耶穌主
> 義的忠實信徒和基督教中的革命同志時常把他們平日所有關於
> 批評基督教神學，政治，機關，書籍等等的著作賜下，本社當
> 代為赤裸裸的批露出來，以促進中國的基督教革命運動。[58]

　　沈嗣莊曾因思想開放而被人說成是異端，或者在基要派分子看來，他就是一位自由派分子，其思想屬於新神學。沈嗣莊毫無疑問地因為基督教社會主義傾向而不可能認同基要派神學主張，雖然其在回憶其母親的文章中提及宗教經驗之於信仰的重要性，但這僅僅是意味著宗教經驗對自由派的基督徒而言，同樣是極為重要的，是不可取代的。

　　事實上，沈嗣莊也認清一個事實，即在基督教歷史上，任何具有革命或前瞻性的人物，都會被埋沒。他以基督教革命文學為例，認為組織化的基督教往往不能容納這些，甚至他也認為，打著客觀或超然的旗號也是可疑的，因為基督徒面對的是他們的現實，包括了社會政治在內，因此不可能空洞地談論一些不關自己的事，因為革命文學的價值往往即在於他們不滿於現實，或對政治社會有所批評，他舉了李提摩太的《時事新論》為例，這個最典型的基督教革命文學之作，其命運是被冷落的，甚至還受到被否棄的命運。[59]

　　沈嗣莊在〈我服務文社的最後總報告〉道出了內外夾攻的困境，說穿了即是威脅到了某部分人的利益，這些利益都與基督教的帝國主義派有關，也就是一旦本色化運動使得西教士失去了權力或是那些依賴西教士生存的人受到威脅，就使得他們聯手起來，這無疑再次證實本色化運

動的最大困難即是來自於經濟能力和自主問題，果然，文社的處境便是陷於此泥濘之中。沈嗣莊沉痛地表示：

　　　　當本社起初創辦的時候，因為提倡「本色教會」的緣故，
　　就發現了兩種敵人：一種是素日反對中國教會本色化的腐敗頑
　　固派，他深恐文社因此真個運動全國教會本色化，豈不失卻了
　　他們的地位，所以就竭力地在暗中大肆其攻擊，以造成反對文
　　社及誣衊文社的空氣。一種就是旁觀派，他們站在旁觀的地
　　位，用冷眼觀察文社的行動，倘若一旦有了可以攻擊的隙縫，
　　他們便不妨趁火打劫的向著文社進攻了。不料在一九二七年的
　　春間，果然給了這兩種敵人一個很大的機會，於是，他們就趁
　　著這個機會，把他們平日反對之氣，都噴到文社的身上來了。
　　諸同志或是還可以記得：當去年春間，國民革命軍克復江浙
　　的時候，本社幹事部即向執行委員會提議發行中英文特刊各一
　　種，以表明基督徒對於國民革命的態度，並且站在基督徒的地
　　位對於國民革命有所貢獻。不料因就引起教會中一班反對國民
　　革命的頑固者，和基督教界的帝國主義派（即反對本色教會的
　　一派）攻擊，向美國社會宗教研究社力進讒言，以「思想過激」
　　之罪，勸美方停止本社的津貼，果然他們的目的達到了。[60]

當然，這些反對勢力總不會如此公開收關其利益的問題，相反地，如所有基要派的反對手法一樣，其從「維護思想」的立場著手。這種情況正好可以作為尖銳化文社矛盾的理由：

　　　　本社成立的起初，在神學思想方面，就主張打破原來的傳
　　統思想，抱著大公無私的態度，以探求真的基督教及真理的本

源，所以在出版物方面，絲毫不含有先入為主的成見，凡是具有誠意而能加以深切研究的文字，本社都是盡量的容納歡迎。在這一點上，更是為基督教界一班自命為老派的頑固份子所不容，他們沒有別法阻止我們發言，所以就用此狠辣的手段，使美國方面，斷絕本社的津貼，巧婦難為無米之炊，如此自然不滅而滅了。本社文社月刊中，常有討論的文章，在那些作者對於他們文章所發表的意見，並不是無的放矢，毫無根據之言；不料那班固執守舊的愚腐之輩，就借此為攻擊文社的好資料。[61]

以「思想過激」質疑文社的路線，也就無疑地違背了文社的成立與發展的方針。文社的使命是：

> 現在人類所需求的是新生活，這是文社的使命一。
> 現在人類所需求的是新耶穌，這是文社的使命二。
> 現在人類所需求的是真理，不是遺傳，功利，這是文社的使命三。
> 現在中國所需求的是本色教會，這是文社的使命四。[62]

這就是為什麼需要文社的理由。所以，主編徵求論稿著作致力之議題和方向都切近現實，即是回應這個時期知識界所關注的問題：基督教與國家主義、基督教與赤化、學生與愛國、宗教與科學。可見本色教會不是一種塗粉抹脂的工作，它說明教會來到了關鍵時刻，必須做出大膽的改變，社會已走上了革命之路，教會要跟得上時代，一同擺脫封建和迂腐，基督教在中國要有所發展，迎接一種新的思維是在所難免。所以沈嗣莊在他的發刊詞中，提及了此歷史時刻的重大責任：

　　中國政治革命，已經告一段落。社會革命，亦正方興未
艾。而我基督教界的革命，也已不可須臾緩了！基督教在這一
千多年的中間，深受封建制度的荼毒，已經完全失去其自由平
等的宗教精神了。現在，政治已漸達到自由的地步，社會也將
達到平等的地步，宗教若是仍舊守著從封建制度和資本制度所
產生的一切違反自由平等的不良制度，不肯犧牲自己固陋的愚
腐的成見，那末，宗教與環境既不相合，必至發生衝突，終必
至於宗教被淘汰的地步。[63]

教會本色化可謂困難重重，首當其衝的任務即是要面對教會既得利益
者，其中以外國傳教士所受到的衝擊最為直接。但是，如果不認真面對
這個問題，就做不到本色化，要做到，就得必須無情地從不平等條約到
教會治理權問題，一一揭示教會中的帝國主義性質。所以，沈嗣莊對於
帝國主義的痛恨，無不與其在教會中所目睹的現狀有關，教會裡的問題
是帝國主義最直接和最現實的一面。

　　無論沈嗣莊對基督教的《聖經》和神學立場多開放，他始終都堅定
地認為自己是基督徒，並以實踐基督教的價值為人生的基本信念。文社
的結束，正是一面鏡子，它照射的是教會的現實而非理想，是利益面非
福音，沈嗣莊等人被扣以「思想過激」之批評，實為所有反對改革的藉
口，割阻經濟支援即是最簡便有利的手段。這種藉口與手段與帝國主義
有著驚人地相似，權力和金錢往往總是變革的最大阻力。沈嗣莊的基督
教社會主義，並不僅是一種護教，同時也是一種改教，是一把雙刃劍，
其命運早有所料。

> 我們主張資本主義是應當被打倒的，
> 　　因為他是萬惡之源。
> 我們普通只看見帝國主義之大砲，
> 　　而沒有看到大砲後的資本主義。
> 　　　　　　　　　　　——沈嗣莊
> 〈一九二七年聖誕日中國基督徒對於時局的宣言〉

超過邊際的基督徒生活

　　沈嗣莊曾經翻譯過史懷哲（Albert Schweitzer）的一本書《蠻荒創業記》，這可能是最早的一本史懷哲之中文譯作，由青年協會書局出版。[64]

而沈在主編《文社月刊》後就少有作品，但一有發表必屬佳作，其寫作與關懷主題越來與社會主義思想有關，這恐怕與他的農經背景有關。沈嗣莊對於民生的問題尤其關注，這也使得他的基督教社會主義自然地針對資本主義做檢討並表達了強烈的批判：

◆ 沈嗣莊翻譯史懷哲之作（圖片來源：作者翻拍自原件）

　　我們主張資本主義是應當被打倒的，因為他是萬惡之源。我們普通只看見帝國主義之大砲，而沒有看到大砲後的資本主義。……資本主義是國民革命的死對頭，

我們革命軍的子彈，應當透過帝國主義而達於資本主義才行，
這就是為民生而革命。犧牲民生而單單喊幾聲打倒帝國主義的
革命，不是三民主義忠實的信徒啊。[65]

　　所以我們做基督徒的，和三民主義的忠實信徒，應當聯在
一起，在一般人的道德和精神生活的培養上，努力加工。不過
我們不是烏托邦，同時也應當把世界無產階級聯成一條戰線，
至少可以向資本主義示威。[66]

　　我們基督徒，本耶穌博愛和福音傳給窮人的精神，情願為
工人階級奮鬥。[67]

　　耶穌不像中山先生那樣是一個實行經濟革命的人，斷斷不
是，他看精神生活，比物質生活來得高尚，他說：「人不是單
靠餅活的」那麼，我們又何必拉他進來和民生主義湊熱鬧呢？
否，否。耶穌固然是烏托邦一派的人物，對於實行方面，沒有
民生主義那麼言之詳盡；可是他所遺下的幾條道德原則，不單
和民生主義有共鳴之可能，而且叫後世經濟學家得到一種暗
示，向更完美路上奮鬥去。[68]

　　任何對當時中國現狀稍有關注的學者，皆對被資本主義和帝國主
義全面蹂躪的中國表示同情。基督徒知識分子同樣認識到，一個嚴肅
的基督徒，應該全面地反省基督教對於現代公共生活參與的可能性，
內容包括了工業狀況與問題、鄉村經濟問題、基督教與經濟問題，儘管
基要派並不熱衷於這類問題，但並不表示他們不受到這些外在因素的影
響，甚至可以這麼說，即使「單純」靈性追求或信仰的生活，事實上也
都是這個複雜的社會政治或經濟史的元素所造就而成的，當耶穌說「我
的國並不屬於世上的國」並不是說他的國可以置身事外，更不是說基督
徒因此可以置若罔聞，相反地，他是重申並提醒我們看清楚這兩者的差

◆ 沈嗣莊與友人攝於華西霸（離開了基督教圈子，沈嗣莊後期的工作主要從事與教育相關的事業，包括擔任上海中華工商專校校長。圖片來源：作者翻拍自原件，沈恬私人收藏）

別。換言之，經世神學（Public Theology）或社會福音並不是將信仰與這個世界混同，而是企圖不斷通過進入這個世界的方式來見證上帝的國是如何不同於這個世上的國。這種思想旨趣可以說是那個時期走上激進道路或宣稱基督教即是革命的宗教的基督徒所共有的信念。沈嗣莊的基督教社會主義思想也在這種時代氛圍中滋長起來。

1917 年俄國革命之後，主張或贊同社會主義的基督徒都受到考驗，他們必須要向人們解釋，俄國共產黨對宗教的逼害是不是意味著基督教與社會主義是不相容的呢？〈蘇俄底下的宗教〉一文，即是沈嗣莊對上述問題的辯解。

根據沈嗣莊的分析，蘇俄確實存在著迫害宗教的事實，而且，他們所採取的手段和做法都相當極端。但是，沈嗣莊也要教會誠實面對究竟有哪些問題確實是教會的腐敗，教會是不是同過往的統治階級為伍，成了控制人的工具或手段，因此當蘇俄反對宗教時，它或許正是反對那種扭曲的教會組織，藉此，教會應深切反省，並回復到其本來應有的面貌，使教會自身也加入革命之列，糾正歷史上所犯下的錯誤。

《社會主義新史》第六章談到布爾雪維克主義（Bolshevism）時，沈嗣莊也談到了蘇俄革命後對待宗教的現況，他舉了艾迪與蘇俄政府談

話的結果得出結論，認為蘇俄當局反對宗教不是出於哲學而是政治，他們並沒有否定宗教，只是在他們的政治立場上，特別是共產黨的思想路線，反對宗教的理由往往是與他們反對宗教被利用作統治的工具有關。[69]

沈嗣莊的思想是大時代的產物，當然，由於是大時代，他見證了他那個時代所遭遇的問題。更重要的是，他見證了基督徒在那個時代盡了最大的可能去回應他的時代，即使是最微弱的聲音——基督教社會主義，最終被時代的洪流吞噬掉，但他的書寫仍屬頑抗的一種表達，歷史儘管無情，但思想的果實是存在的，後學的反思和整理，也無疑參與了他的見證，當然，是為那個時代曾經存在過的表示尊敬，也向那些企圖遺忘或抹除其存在事實的書寫作出嚴正的抗議：中國基督教的激進主義思想，不容基要派的徒子徒孫輩們否定。[70]

〈超過邊際的生活〉一文是為某間學校的畢業禮所做的講詞，內文述說著一種理想主義的精神，勸告學生應該不畏困難，當然也不能向現實妥協，頗有激進詮釋學的意味。沈嗣莊如此說到：

> 統治階級和被治階級一旦還在，人類平等，乃是緣木求魚，所謂正義，是不會有的。所以要達到正義和人類平等的地步，只有一條途徑，就是消滅一切統治階級，耶穌以五個餅兩尾魚吃飽五千人之後，民眾要擁他為王；可是聖經裏說：他獨自退曠野去，因為他認定統治制度和平等正義之不兩立。統治制度消滅了，然後可以談經濟平等，和人與人中間的正義。不過這種無治，斷斷不是現在流行之所謂無政府共產主義，因為他絕對反對暴動和殺人不眨眼的行為的。有人說：民生主義三十年，共產主義三百年，無政府共產主義三千年。我們或是說：這種主張和平的無政府共產主義，也許要三萬年還不夠；可是我們倘使認定這種主張和平的無政府共產主義是善的，那

> 末「焉有善而不可用者」？我們應該戴上最有致遠能力之望遠
> 鏡看去，向最遠邊際的彼岸猛進。[71]

沈嗣莊解釋道，我們的經驗往往受限於我們的眼界，所以害怕於我們所未曾經驗或不熟悉的東西。同時他也指出，我們要做出一些改變，肯定要付代價的，甚至非犧牲不可。基督徒面對挑戰，信仰的眼睛應該是可以幫助我們越過邊際，這種經驗可以用《聖經》中的約瑟來作為例子：

> 超過邊際生活做人去，在旁人看來是作夢，而且我們的遭
> 遇，也許和約瑟一樣，或著比約瑟還不如；不過現在世界所需
> 要的，正是超過邊際，善於做夢的人。[72]

換言之，面對最為艱難的任務，非要越過邊際不可，若受限於邊際，就奢望改變。沈嗣莊依強調他的無政府主義理想，這是一件看似不可能的事，但只要它是對的、是善的，我們就要堅持到底，哪怕是別人嘲笑或認為不可能，理想的堅持總是必要的，因為「現在世界所需要的，正是超過邊際，善於做夢的人」。

第六章　耶穌主義

> 人之有罪並不在乎他是否由於暴躁而作錯了事，或失足而陷於羞恥，而是要看他是否企圖建立一個自己服事自己的私人王國，是否隨時準備去阻撓和打擊人類之趨向和平、正義或友愛的經濟生活，因為這種趨向將減少他的政治特權，不勞而獲的收入，和他控制勞工階級的力量。

> ——饒申布士（Walter Rauschenbusch），
> 《饒申布士社會福音集》

宗教批判的批判

　　第一位把社會主義或馬克思主義介紹到中國的，是著名的英國傳教士李提摩太（Timothy Richard）。李提摩太在《萬國公報》經由口譯並經蔡爾康筆述英國學者基德（Benjamin Kidd）的《社會進化》（*Social*

---

*　本文內容係〈民國基督教與馬克思主義的對話—以張仕章的耶穌主義研究為例〉和 "The Image of Jesus in the writings of Zhang Shizhang (Hottinger S. C. Chang)" 二文的匯整而成，分別曾刊載於香港《道風》第 51 期（2019）和 Christianity and Literature Volume 68, Issue 1 (2018)。本文同為科技部補助多件期研究計劃：「經世與革命：民國基督教社會主義思想—以吳雷川、沈嗣莊和張仕章為例（3/3）」（NSC 102-2410-H-033-056-MY3）之部分成果。

Evolution）一書的部分篇章，時譯作《大同學》。「大同」同時具有社會主義和世界主義的意思在裡面，李提摩太文中所使用的「安民學」即是指社會主義，首見於《萬國公報》第 121 期（1899 年 2 月和 4 月），之後於上海廣學會出版全書。[1] 在中國基督教歷史上，山東馬莊的「耶穌家庭」不僅是中國本土的基督教教派，它更是一個徹底實踐基督教共產主義的教會團體，中共建政後還一度被表揚作推崇和學習的對象；[2]民國時期留美學生在美國的查經班上，主要的讀物是康奈爾大學教授精琪（Jeremiah Whipple Jenks）的《耶穌教訓中的社會意義》（*Social Significance of the Teachings of Jesus*, 1906），據說，這本書擄獲了不少留美的中國學生對共產黨的支持。[3] 在當時中國的現實處境中，作為社會主義的基督教是非常吸引人的。

從民國時期最早提出「革命的基督教」的主張，[4] 再來即是不斷形成「社會福音」的行動，中國基督徒思想界中激進思想家更多地偏向認同革命和同情社會主義，基督教與馬克思主義在此意義下展開了對話，他們不同於「建設性」的本色化主張，而是走向「批判性」的社會改造立場，極富盛名的民國基督教組織中華基督教文社及其出版刊物《文社月刊》的結束，可以說是在這兩者之間因分歧到分裂最佳的寫照，我們從之後成立的新文社及其刊物《野聲》的發刊詞和路線更是可以進一步獲得證實。[5] 張仕章即是一位從文社一直走到新文社的激進中國基督徒，其主張的耶穌主義即是民國基督教與馬克思主義對話最具代表性的成果，不論就方法論或是《聖經》詮釋方面，張仕章可謂完整地展開了一種在民國語境下的中國基督教社會主義思想。

「新中國」誕生後的第二年，當全國還是彌漫著一股「解放」後的樂觀氣氛時，主張「耶穌主義是真正的社會主義」的張仕章編譯出版了《宗教批判集》一書，全書近五百頁，該書於 1950 年五月出版了兩千本，不到一個月的時間就再版。[6] 這本書主要是向那些對宗教有所反對和

批評的人而出版的，內容分上篇和下篇，上篇羅列了從馬克思、恩格斯開始的中外思想家，包括羅素（Bertrand Russell）、陳獨秀、毛澤東、梁漱溟等人反對宗教的主張，下篇則是贊成或是同情宗教的人士，從黑格爾，經貝蒂也夫（Nikolai Berdiaev，現譯作「別爾嘉耶夫」）、杜威（John Dewey）、孫中山、梁啟超、賀麟等人。附錄則收錄了一些關於宗教自由文件，有〈中國人民政治協商會議的綱領〉、〈蘇聯的憲法〉、〈美國共產黨的黨章〉等。[7]

◆《宗教批判集》（本書是張仕章迎接中共建政的一本書，想藉此表達公開討論共產主義與基督教的積極和消極的兩方意見。圖片來源：作者翻拍自原件）

　　當然，其中最引人注目的，無疑即是收錄了毛澤東的言論，編者把它放在「反對宗教」之列，意味深長。事實上，這並不是一本真正的著作，全書主要是選編了中外學者或思想家的言論以作歸類，張仕章自己的選文也收入且篇幅是最多的，占35頁之多，標榜著「是為了供給新時代中這班宗教的懷疑者、批評者和反對者研究宗教問題時有所參考，以及幫助那些宗教的同情者、信從者和宣傳者在討論宗教時有所依據」。[8]此時「新中國」剛交到了共產黨的手上，這本的內容反映出真正的問題即在於：反宗教下的宗教及其命運將會如何？這個問題透露出一種緊迫的現實，新一波的「非基運動」恐將再起，這才是最為關鍵的。這一切都表明，張仕章已經開始在思考如何在共產黨的統治之下維持宗教與社會主義的良好關係，另也附錄了〈晉冀魯豫邊區政府對天主教會與基督教會的政策〉、〈湖北省人民政府的通令〉、〈王震將軍在新疆的演說〉等文獻來予以佐證，以重申在共產

◆ 張仕章像（這是唯一一張僅能找到的
張仕章個人照。圖片來源：作者翻拍
自《上海青年》雜誌）

黨統治之下的宗教自由是可能的。[9]

不管是張仕章或是吳耀宗，由於他們比較多接觸基督教與共產主義或社會主義之問題，加上 1917 年俄國革命成功以後，蘇俄的宗教政策成了一個重要的參考指標，尤其是宗教自由是否容於共產主義社會，也就成了他們所關注的焦點。關於這一點，吳耀宗似乎早已留意到，因此在他主持青年協會書局時，就特別找人翻譯了幾本國外研究蘇俄宗教政策的書籍，如《蘇聯的宗教與無神論之研究》。[10] 也就是說，早在中國共產黨取得政權以前，吳耀宗已經留意到要認真面對共產黨統治之下的宗教政策可能會是如何，以及基督教將會面對何種程度的威脅和考驗，相關方面在該書的序言中有著非常清楚的表達。

儘管《宗教批判集》這本書如此受歡迎，但之後就不再印刷了，多產的張仕章從此便沒有其他的作品得以再出版了。唯一之後出版的作品是《匈牙利的宗教》一書，其問題意識也是相同的，根本的問題還是在：究竟共產黨統治的國家，是否容忍宗教的存在，反宗教與基督教之間可能消除矛盾嗎？[11] 基督教在「新中國」的命運將會如何？同時，另一個值得注意的現象，即是張仕章絕大部分的書都在 1949 年再版重印，不知是否意味著負責出版編輯的吳耀宗刻意表現基督教與共產主義的相容性？還是有意要向共產黨暗示應對基督教予以寬容？基督教會似乎面臨著不被政府承認的嚴峻考驗。

　　當然，這個問題不需要花太多的篇幅去回答，基督教在中國還是存在，然而，真正消失的是「基督教社會主義」，理由當然是它不容於「新中國」，朱維之從此之後不再提及《無產者耶穌傳》這本了不起的解放神學之作，張仕章也不再提及他的「耶穌主義是真正的社會主義」，這些都是 1950 年以後的現實。張仕章曾天真地以為：

> 中國的基督教和社會主義的希望就是在於它們的協進和同化，而使中國變成一個「新中國」，世界改為一個「新世界」。所以這種希望和成功乃是中國的基督徒和社會主義家對於全世界最大的貢獻啊！12

而 1950 年以後的現實就是「中國基督教社會主義」徹底地在中國思想語境中消失，包括「社會福音」這塊老招牌連屍骨都已找不到了，耶穌主義的戰鬥者張仕章也在各種「政治運動」之下，落得「鬱鬱而終」的命運，截止目前為止，我們仍不清楚他究竟是死於何年。13

> 蓋宗教者原非聽之覺之物，乃為行為也，實際之生活也，建立品德與社會秩序之原理計畫也。社會福音實足以廣闊人之生命，增長其能力。
>
> ——艾迪，《艾迪博士之宗教講演》

作為批判的耶穌主義

　　剛從《文社》分裂出來不久之後，張仕章於名為「新文社」的《野

聲》中發表了一篇頗為激烈的文章：〈脫離滬北浸會堂宣言〉，文中說
到：

> 我覺得今日的教會就是近世帝國主義、資本主義、宗派主
> 義和儀式主義的產物。我們要在裡面宣傳耶穌主義、天國主
> 義、革命主義和進化主義就如同羔羊進入狼群，又好像向園戶
> 收果子的僕人——就是耶穌再來，也要被他們釘死的！
>
> 我覺得目下的教會充滿了傳統的思想、政治的嗅味、商業
> 的性質、盲目的信徒與腐敗的份子。牠非但不能改良社會，反
> 被社會惡化。牠非但沒有勸人為善的權威，而且也沒有防止個
> 人作惡的實力。我們要想這種枯乾的無花果樹出來指示天國的
> 道路，擁護自由的真理，賜與豐富的生命，不過是白費心血，
> 空耗光陰罷了。[14]

這篇文章宣佈了他從此不再與教會有何實質意義的聯繫，認為教會已陷
於不可救藥的地步，已成了改革的一大阻力。一方面，這篇文章表現出
了張仕章一貫的激進思想態度，另一方面也表達了他的思想很難容於中
國基督教的現實，從沈嗣莊、張仕章、王治心離開《文社》到《野聲》
的幾項聲明看來，基督教社會主義者的思想與言論，不僅與教會不和，
更與當時占主流地位的全國性機構和外國基督教勢力越來越形成勢不兩
立的局面。[15]

　　張仕章可以說是民國時期著述和譯作頗多的一位基督徒，他的文章
不僅經常性地發表於各類報章雜誌上，他更掀起了大小不一的論戰，包
括性道德、革命與宗教、國民黨宗教化、反駁幸德秋水《基督抹殺論》
等問題。[16] 然而，張仕章把自己的思想立場標誌得最為清楚的，即是他不
斷地為他的「基督教社會主義」思想辯護，稱之為「耶穌主義」，前後

著有《耶穌主義論文集》（1931）、《耶穌主義講話》（1941, 1949）、《一個耶穌主義的宗教觀》（1935, 1949）、《基督教與社會主義運動》（1939, 1949）等代表作。[17]

關於張仕章的求學經歷，我們所知有限，可以肯定的是他曾短暫留學美國並獲碩士學位，亦曾任教於滬江大學。張曾說明了他的思想歷程：

> 我在民國元年（1912年）就開始研究克魯泡特金的無政府共產主義，並且非常崇拜這種主義。到了民國六年，我卻正式信仰了基督教，並在四福音中悉心探討耶穌的言行。自從俄國革命以後，我便努力翻閱國際社會主義的書籍；同時對於馬克斯與列寧的生平和學說，特別加以注意。其結果我在民國十一年（1922年）就獨樹耶穌主義的旗幟，作我信仰的目標和宣傳的張本。以後我曾經把馬克斯主義、列寧主義和耶穌主義三者作一種綜合的，分析的和比較的研究，卻使我覺得耶穌主義在目下混亂的中國更有提倡的必要與實現的可能。[18]

如上所述，張仕章在成為基督徒前，是一位無政府主義者，影響他最大的是俄國的克魯泡特金，他曾於早期翻譯過一篇〈克魯泡特金傳略〉，發表於《時事新報‧學燈》（1919/10/10）。[19] 他也曾譯有一本《辛克萊的宗教思想》（*What God Means to Me*, 1936），[20] 辛克萊（Upton Sinclair）是一名美國左派作家，他在《宗教的利益》（*The Profile of Religion*）中說明耶穌為無產階級革命的創始人，並說無論基督教歷史如何充斥著種種污穢，也無論基督教如何受到資產階級利用，總無法否定無產階級革命的真正領袖即是耶穌。張仕章也譯過美國社會福音大師饒申布士（Walter Rauschenbusch，時譯作「饒習博」）的《耶穌底社會

原理》（*The Social Principles of Jesus,* 1920）[21] 和麥墨累（John MacMurray）的《創造的社會》（*Creative Society: A Study of the Relation of Christian to Communism,* 1935）。[22]

在張仕章諸多的翻譯作品中，最具價值和代表性的是《基督教與社會革命》（*Christianity and the Social Revolution,* 1935）。此書原來是一個選集，為留伊斯（John Lewis）等人主編，於 1935 年出版，原書有十八篇專文，中譯本只擇譯了十篇，相關理由張仕章在編輯者序中有所說明。重點是，這本書的內容主要在於討論「基督教與共產主義」的關係，作者包括了麥墨累（John MacMurray）、雷文（C. E. Raven）、尼布爾（時譯作「尼勃」）等人，文章分作三個部分，一是基督教裡的社會主義、二是共產主義與宗教、三是基督教與共產主義。本書基本上認為，就基督教的《聖經》和歷史看來，基督教原來就是一個社會主義的革命團體；在宗教觀方面，基督教與馬克思的共產主義並不存在著必然的衝突；在政治上，基督教與共產主義的合作是完全可能的。因此，對張仕章而言，中國某些反對宗教分子想站在共產主義或馬克思的立場上否定或批判基督教，完全是不公允的，甚至是一種誤解。當然，對於那些認為基督教如同水火不容般地抗拒馬克思主義，同時也是沒有道理的。[23] 無疑地，這本書充分地反映了張仕章本人的思想立場和旨趣，即是溝通基督教與社會主義，而基督教社會主義的稱呼即是「耶穌主義」。

> 「耶穌主義」也就是一種「基督教社會主義」。[24]

張仕章堅定地指出：

> 基督教與馬克思社會主義的假設雖有「有神論」與「無神論」的分別，可是它們的結論還是相同。……馬克思社會主義

派所主張的兄弟主義只限於同等的階級——就是根據休戚相關的同情心，還不免發生階級間的仇恨心；所以基督教的論據確乎比它來得更徹底與更普遍了。還有馬克思社會主義派所提倡的共產主義，只以勞力為標準——就是依據「各取所值」的原則，仍難免發生貧富不均的結果；所以基督教的說法似乎比它來得更通順與更圓滿了。」[25]

對於耶穌主義與社會主義兩者間的關係，他進一步清楚地指出：

> 我相信基督教若不經過社會化，而採取社會主義的政治綱領與經濟政策；那麼「地上天國」是永遠不能實現的。反之，社會主義若不經過基督化，而容納基督教的道德標準與精神修養；那麼「世界革命」也是永遠不能成功的。所以「同化作用」就是基督教與社會主義運動中的第一種必然的趨勢。[26]

張仕章認為基督教是一種社會的宗教，不僅繼承舊約時代先知的社會思想，還要發揚耶穌基督及其門徒的社會教訓，所以舊約《聖經》和新約《聖經》是基督教社會學說的根據，也是社會主義家不可抹煞的真理。[27] 所以張仕章檢閱先知、耶穌及使徒的言論，作一個使讀者能更了解基督教社會學說的價值；他分三方面來解釋：（一）先知的社會思想、（二）耶穌的社會教訓、（三）使徒的社會主義。[28]

具體而言，他指出舊約時代的希伯來先知，因面臨腐敗的內政、社會的黑暗與貧富的不均，對社會發出警告與正義的呼聲；也因深受外來侵略，受到異族壓迫，導致流離失所的悲苦而喚醒民族解放與國際和平的思想。他也強調，把舊約的先知書打開就能看到這些富有社會主義的大先知——阿摩司、何西阿、以賽亞、彌迦、耶利米與以西結，就處處

可見他們反抗社會不公與同情被壓迫階級的言論。[29]

　　他也指出，在四福音中，就有許多地方看見耶穌的確是一個理想的社會主義家與實行的社會革命家。耶穌以宣傳天國主義的方式來打破帝國主義，又提倡人本主義以消滅資本主義。而他的社會使命就是要「傳福音給貧窮的人，報告被擄的得釋放，瞎眼的得看見，叫那壓制的得自由」（〈路加福音〉四章18節）。他的「社會目標」則是要建設一個自由勞動、機會均等、各盡所能、各取所需的「葡萄園」（參看〈馬太福音〉二十章1至16節），也就是無強權、無階級、民主化、共產化的新社會。（參看〈馬可福音〉十章42至45節；〈馬太福音〉十章8至10節；〈路加福音〉八章21節，又十八章22節）總而言之，張仕章以為耶穌的社會教訓對有產階級或特權階級，則是一種嚴重的警告，但對於無產階級或被壓迫者，卻是一種懇切的安慰。[30] 耶穌的使徒，因為聽從耶穌的社會教訓，以及受到耶穌的精神感動而成為高尚的社會理想家與偉大的社會運動家。我們可以從新約的〈使徒行傳〉與使徒書信中看出，耶穌的追隨者已經實行過原始宗教的共產生活，也提出極有價值的社會原理。

　　在新文社月刊《野聲》創刊號的第一篇文章〈赤裸裸的耶穌主義〉中，張仕章清楚說明了自己所提出的「耶穌主義」。他做了三方面的分析：第一，用社會的眼光來看，耶穌主義就是進化主義、革命主義和社會主義。第二，用政治的眼光來看，耶穌主義就是反武力主義、反資本主義、反帝國主義。第三，用宗教的眼光看，耶穌主義就是救人主義、救國主義、救世主義。至此，張仕章已經全面詮釋了他以及一些志同道合者所主張的耶穌主義。從他所詮釋耶穌主義的角度和所用的話語看，無一不反映出時代和當時的國民革命運動對他的影響。他甚至認為耶穌親自受過「帝國主義思想的試探，但他不肯退讓屈服，終究給他打倒了」。[31] 很顯然，張仕章所塑造的耶穌形象是一個反帝反軍閥、救國救世

◆《耶穌底社會原理》目錄及封面（美國「社會福音」神學的力作，很快就有了中譯。圖片來源：作者翻拍自原件）

的革命者。他把提倡、同情耶穌主義的人都稱為「中國基督教裡的革命分子」，「革命」是耶穌主義的關鍵詞。

換言之，張仕章的「耶穌主義」是一種置於中國語境的基督教社會主義，其思想根源於五四的新文化運動，知識分子無不求社會的變革與思想的改變，基督教之於張仕章即是一種進步的思想，它正好可以作為改造中國現實的一個方案，一切的舊思維、舊制度在耶穌那裡都成了改造的對象。

恐怕沒有哪一位中國基督教社會主義的思想家像張仕章那樣，如此多方面且廣泛地吸收了基督教各方關於社會主義思想，他的翻譯即是他思想的來源和動力。在理論方面，張仕章在翻譯饒申布士的《耶穌底社會原理》，於譯序中表明本書為的是「使急進的新青年完全了解基督教式底真理」，以及「使守舊的基督徒重新覺悟基督教底精神」，重申基督教不能窄化作一種個人道德的活動，而是對於促進社會合理化有著人道主義、世界主義、利他犧牲、解放思想等可能改變中國的力量。[32] 在實踐方面，張仕章透過翻譯《世界的公民穆德傳》（*John R. Mott: World Citizen*），了解到穆德這位二十世紀世界基督教偉大實踐家的感人事

197

蹟，明白了基督教實踐社會福音的可能性和挑戰，張在譯序中稱穆德是
「世界偉人」，稱他的人格和事業都一心表現在天國的運動中，認為他
不管在何種位置上，他的努力都是為了實踐他在信仰人格中所堅持的，
所以張仕章別出心裁地把書中幾段本是穆德對其導師「慕翟」讚揚的言
詞，刻意轉譯為「穆德」，換言之，如果基督教在屬靈的遺產上對慕翟
是讚揚的，那麼對於穆德的讚揚也同樣是適用的。[33] 無疑地，上述這些充
分地說明了耶穌主義在理論上需要《耶穌底社會原理》的主張，在實踐
上需要像穆德這樣具有世界公民偉大人格的基督教領袖。

> 共產主義是一種帶著宗教陪音的政治理想主義。……
> 在共產主義的最後希望中所顯示的無政府主義的色彩
> 實在是它所具有的宗教特性之一。共產主義要想運用
> 各種政治方策和技能，以建立一個新的世界，使其中
> 一切人類的關係都變成道德的，而非政治的。
>
> ——尼布爾，〈基督教的政治與共產主義的宗教〉

耶穌主義的辯證法

對中國基督徒知識分子而言，1922 年爆發的非基督教運動，與
1924 年發生的「收回教育權運動」，是兩個重大的思想事件。張仕章感
受到了基督教在中國現實中所面對的困難，一方面要為基督教辯護，但
另一方面又要重新解說基督教，[34] 他陸續發表了多篇文章，然而，在《青
年進步》發的〈中國基督教與社會主義〉卻是一個關鍵。[35] 這篇文章是
他首次表達了對社會主義的好感以及看法，他分別從原理、目的、方法

加以比較，並希望中國的基督徒與社會主義家了解他們之間的衝突是出於「成見」與「誤會」。這時，張仕章尚未使用「耶穌主義」（Jesusism）這個概念，但可看得出是張仕章「耶穌主義」的問題意識與思想淵源，而他即是將這一年作為他提倡耶穌主義的開端。[36] 自 1922 年開始，他通過在杭州浸禮會真神堂的講道，以「耶穌主義與社會問題」為題，逐步展開了他的「耶穌主義」論述，其目標即是全面改造國家、社會，以致於現有的教會也同樣必須予以改造，具體思想框架如下：

總論──　　　耶穌主義的分析與社會問題的解剖；

　　　　　　　耶穌主義與學生運動；

　　　　　　　耶穌主義與婦女運動；

　　　　　　　耶穌主義與新文化運動；

　　　　　　　耶穌主義與勞工運動；

　　　　　　　耶穌主義與學校制度；

　　　　　　　耶穌主義與家庭制度；

　　　　　　　耶穌主義與教會制度；

　　　　　　　耶穌主義與國家制度；

結論──　　　耶穌主義的實現與社會問題的解決。[37]

直到 1927 年，張仕章接著發表〈社會主義家眼光中的耶穌〉一文，一開頭就表明：「我是一個耶穌主義的信者，也是一個社會主義的學徒。」[38] 他認為耶穌是一個很偉大的「社會主義家」也發起很多的「社會革命」，於是，將「耶穌主義」更明確地定調為具有社會主義思想性質的主張，更甚的是，其本質上又是革命的。[39] 由此，張仕章的「基督教社會主義」就此確立。

　　首先，張仕章認為基督教是一個改造性的宗教，它可以自我批判，

亦對社會發出強烈批判的一種思想，他所提出的「耶穌主義」是從自我改造開始的。耶穌主義所掀起的宗教革命和道德革命，必然從宗教自身擴展到社會，宗教可以救人也可以害人，而且它常被人利用，成了服務於某些人的工具，因此我們可以理解那些反對宗教的原因，認真看待他們的言論，並虛心檢討自己的缺失。所以，宗教是可以與世界上其他那些反對壓迫或解放人類的力量結合起來，因為耶穌主義作為這樣一種宗教，他與那些追求人類美好未來的人或思想是一致的：

> 　　我確信耶穌主義的宗教是一種普遍的世界的宗教，也是一種前進的革命的宗教。它是要發揚真理，追求公義；它也要恢復自由，保障和平；它想要消滅權，廢止戰爭；它又要感化個人；改造社會；它更要愛護人道，拯救世界。[40]

可以這麼說，「耶穌主義」一詞是張仕章自己發明的，他表明過不用「基督教」和「基督主義」的理由，前者是經常伴隨著歷史上的錯誤而成為他人攻擊的對象，後者是指加上耶穌身上的頭銜而非直指耶穌自己的教義或故有的原理；至於「耶穌教」則是經過保羅和路德的，同樣與耶穌固有的主張已有所區別。[41] 所以，他花了很大的力氣去說明這個詞的意涵，以冀和現在的基督教或基督主義作出區別。[42] 不論是基督教或是耶穌教，其本質就是一種「宗教」，宗教與一種帶有統治性的結構相關，至於基督主義則是帶著教條性的，缺少了人性中活生生的經驗，張仕章認為耶穌的社會理想即是「消滅強權」、「化除階級」、「廢止私產」，這即是《聖經・路加福音》所言的：

> 　　叫有權柄的失位，卑賤的升高，飢餓的得飽美食，富足的空手回去；傳福音給貧窮的人，報告被擄的得釋放，瞎眼的得

看見，叫那受壓制的得自由。

事實上，從一般的經文引述，我們很難看出張仕章的「耶穌主義」有何特色，或它又如何與所謂的社會福音作出區別，但是，只要我們從辯證法的概念來理解「耶穌主義」，便較能把握「耶穌主義」的特點在哪。

　　上文提及的〈赤裸裸的耶穌主義〉，加上〈什麼是耶穌主義〉，曾以《耶穌主義論文集》方式出版，之後再集結〈辯證法的耶穌主義〉和〈戰鬥的耶穌主義〉，編成了《耶穌主義講話》一書。[43] 在〈辯證法的耶穌主義〉一文中，張仕章認為「耶穌主義」無論從哪一方面看來，都是合乎辯證法的基本法則：「他的思想和生活——理念與實踐，又具有辯證法上的統一現象，所以他的全部生活發展歷史也就是『對立統一』、『質量的互變』與『否定的否定』的具體表現」。[44] 這說明張仕章當時已完全接受了馬克思主義的辯證法。在〈戰鬥的耶穌主義〉一文中，他指出「耶穌不是一個『非武力』的和平主義者，卻是一個『反武力』的戰鬥主義者。他的戰鬥哲學是我們所當認識的，他的戰鬥生活也是我們所應效法的。所以戰鬥的耶穌主義實在是這個大革命時代的唯一福音」。[45]

　　張仕章強調，基督教與社會主義之間是可以協調一致的，說它們之間存在的必然的矛盾或衝突，都是源於一些成見或誤解，因為他們並沒有深入思想或價值的核心中對它們進行比較。張仕章認為他在這方面是做過努力的，即盡可能地找到基督教與社會主義的契合點，中國基督徒和社會主義者應該認清此事實，則可以「異途同歸」：

　　　　……二者的性資是大同小異的，並沒有什麼衝突的。他們的方法雖各別，但是目的是一樣的。他們的歷史都是「社會改造」的運動，……[46]

　　　　耶穌主義就是一種進化的，革命的社會主義；反武力的，

反資本的天國主義；救人的，救國的救世主義。如果能根據這
種主義而建設出一種新宗教來，那麼一定會最適合於現代人生
的。[47]

從另一種角度而論，彼此又是互補的，同時也意味著應該予以合作，形
成「聯合陣線」：

基督教若不經過社會化，而採取社會主義的政治綱領與經
濟政策，那麼「地上天國」是永遠不能實現的。反之，社會主
義若不經過基督化，而容納基督教的道德標準與精神修養，那
麼「世界革命」也是永遠不能成功的……。[48]

張仕章了解到中國的現實。在中國的基督徒應加入革命的行列，社
會主義運動家則應注入宗教精神；革命必須有道德作為價值指引、宗教
作為實踐的動力，基督徒在某種意義上具備了這些條件，但是基督徒所
缺乏的是對這個世界的清楚認識，追求博愛或地上的王國所應具有的分

◆《耶穌主義講話》及
《基督教與社會主義運
動》封面（張仕章一生
都積極宣傳其別出新裁
的「耶穌主義」。圖片
來源：作者翻拍自原
件）

析和批判，因而落入一種保守、甚至為個人主義的宗教。張仕章提出：

> 基督教——耶穌的宗教——本是一種社會主義的宗教，也是一種革命主義的宗教。但是現在有許多基督徒卻把它當作一種個人主義的宗教，又使它變成一種保守主義的宗教。於是近來有不少的社會運動家——尤其是馬克思社會主義信徒——就認定基督徒是現實世界的逃避分子，又批評基督教是革命時代的反動勢力。其實，真正的基督教——就是耶穌主義——乃是社會革命的原動力；因為耶穌本人不僅是一個獨特的宗教革命家，而且也是一位偉大的社會革命家。所以我相信基督教非但不會被社會革命的潮流所衝破，而且也還能引導社會革命的勢力走向正確的路線哩！[49]

「天國近了」，耶穌主義作為基督教社會主義，就是去實現天國的理想，犧牲也在所難免，而革命意味著隨時做出犧牲，這種犧牲在耶穌主義那裡是一種實踐的方法，其基本原則即是：博愛。

「基督教社會主義」，顧名思義，即不同於各種以唯物主義作為其主張的社會主義。關於這一點，張仕章也表達得很清楚。張仕章勇於走向基督教社會主義，主要受惠於一位美國左派文學家，如前面曾提及，他於 1936 年翻譯出版了一本題為《辛克萊的宗教思想》的書。這本書在美國曾受到極大的關注，主要是因為辛克萊曾經對基督教展開過非常嚴厲的批評，他在《宗教的利潤》一書中以經濟史觀的眼光批判基督教會，並將之分為：征服者的教會、上流的教會、婢女的教會、奴隸販賣者的教會、商人的教會、庸醫的教會、社會革命的教會。辛克萊也寫過一本耶穌傳的著作《他們稱我為木匠》（*They Call Me Carpenter: A Tale of the Second Coming*, 1922），暗指耶穌其實是一位無產階級革命的煽動

者，尤其是面對今天的資本主義以及這個剝削社會下的教會，耶穌肯定是奮起反對的。張仕章從很多方面都表現出類似辛克萊般的激動，他譯出辛克萊的一生，受到他的影響也是直接的。

　　儘管與唯物主義劃清界限，但作為基督教社會主義的思想，無疑地，它首先必須在方法上與馬克思主義是一致的。按我們所熟知的，「辯證法」一詞的使用在中國就帶有激進的、左派或革命的意味，尤其在馬克思主義那裡，他們即是用辯證法來否定所有的宗教，同時也認為基督教不合乎辯證，亦即是必須被淘汰的。「辯證法的耶穌主義」是張仕章的基督教社會主義最重要的思想，他一方面認為耶穌的天國思想本質上即是辯證的，另一方面，也通過了具有辯證法的「耶穌主義」來說明基督教與馬克思主義並未衝突，因為它們同樣是通過辯證的方法來實現自由共產的新社會，因此，種種想以辯證法的思想否定基督教的嘗試，它們是不會成功的。

　　張仕章認為，耶穌的思想充分表達在他對於天國的比喻上，而且，正是在他的天國思想中，辯證法的思想得以精彩地發揮。概括而言，他將辯證法的基本法則歸納為三條定律：（一）對立的統一（The Law of the Unity of Opposites）、（二）質量的互變（The Law of the Transition of Quantity into Quality, and Vice Versa）、（三）否定的否定（The Law of the Negation of the Negation）。[50] 以下分別就天國的辯證法思想分述之。

　　首先，「對立的統一」表示「一切事物或現象都包含對立的因素而引起內在的矛盾，而這種矛盾的統一和鬥爭便成為發展的動力，最後會使自身走向滅亡或轉化的結局。」[51] 張仕章引用《聖經‧馬太福音》十三章第 24 至 30 節的經文，來看耶穌對此的比喻：

　　　　耶穌又設個比喻對他們說：天國好像人撒好種在田裡，及
　　　　至人睡覺的時候，有仇敵來，將稗子撒在麥子裡就走了。到長

苗吐穗的時候，稗子也顯出來。田主的僕人來告訴他說：主
啊，你不是撒好種在田裡嗎？從哪裡來的稗子呢？主人說：這
是仇敵做的。僕人說：你要我們去薅出來嗎？主人說：不必，
恐怕薅稗子，連麥子也拔出來。容這兩樣一齊長，等著收割。
當收割的時候，我要對收割的人說，先將稗子薅出來，捆成
捆，留著燒；惟有麥子要收在倉裡。

張仕章認為，耶穌的比喻說明了任何的事物都存在著矛盾或對立，好的
或壞的都可能同時存在，但是這種關係不會永遠如此，它只是暫時的，
社會發展過程中的「揚棄」作用會將不好的給淘汰，最終留下好的。天
國的社會進程亦是如此，是一種對立的統一，是帶有「揚棄」作用，一
方面保存好的，一方面則拋棄不好的，張仕章又引用一段經文「天國又
好像網撒在海裡，聚攏各樣水族，網既滿了，人就拉上岸來，坐下，揀
好的收在器具裡，將不好的丟棄了」（〈馬太福音〉十三章 47-48 節）。
同樣是「對立的統一」的例子。

　　其次，「質量的互變」是說明事物在發展過程中，它可以發生由量
到質和由質到量的轉變。張仕章表示，從量到質的轉變是說明一種事物
在發展的過程中，由量方面的變化突然引起質方面的變化。[52] 對此，他引
用了新約《聖經》關於「芥菜種的比喻」來說明：

　　他又設個比喻對他們說：天國好像一粒芥菜種，有人拿去
種在田裡。這原是百種裡最小的，等到長起來，卻比各樣的菜
都大，且成了樹，天上的飛鳥來宿在他的枝上。（〈馬太福音〉
十三章 31-32 節）

上面的比喻指出，一粒芥菜種在發展過程中，它的量慢慢長大，最後使

得它原來的質「菜種」的規定性成為新的質，也就是「樹」的規定性。關於「從質到量的轉變」則是說明一種事物在質方面的變化，也會產生量方面的改變；在耶穌所提的比喻中「麵酵的比喻」也同樣說明天國的發展具有這樣的「質量的互變」：

> 他又對他們講個比喻說：天國好像麵酵，有婦人拿來，藏在三斗麵裡，直等全團都發起來。（〈馬太福音〉十三章 33 節）

他指出，這段經文的意思就是三斗麵裡加了麵酵，便發了起來，產生新的量的規定性，這是「質量的互變」的又一例。

至於「否定的否定」，則是說明一切事物在發展的過程中都要揭示內部的對立或矛盾，最後引起鬥爭而否定了自身的肯定性，而這個否定在繼續發展的過程中，又為新的對立物的鬥爭所否定，造就了否定的否定，產生了比原先的事物更高級、更進步的結果，也就類似「負負得正」的意思。張仕章認為，耶穌對這道理，也舉了一個比喻，可說明上面的論點：「我實實在在的告訴你們，一粒麥子不落在地裡死了，仍舊是一粒，若是死了，就結出許多子粒來。」（〈約翰福音〉十二章 24 節）這段經文揭示了死看似是對生的否定，然而，卻是通往再生的必經之途，「否定的否定」即是將死作為一種否定予以否定，其正面的意義即是生，「否定的否定」是革命，亦是再造、再生。

張仕章指出，耶穌關於天國的比喻，主要即是突出了社會發展的程序，從舊的轉變成新的，這種轉變合乎現代的辯證法原理。[53]「辯證法」作為一種方法，它在天國的主題上表現得極為貼切，而且它在耶穌的人性或人格上也同樣具備了辯證法的意味。關於這方面的表述，即是「耶穌主義」最富神學意味的部分。對「耶穌主義」的信者和學徒而言，張仕章認為只有「耶穌的人格」才是思想與行動的統一，「耶穌的生活」

才是理論與實踐的統一，也唯有耶穌才能達到「知行合一」與「言行一致」的模範，因為我們從四福音中就可看見耶穌全部生活就是「理論與實踐之為法的統一」。張仕章以為耶穌不抱富貴榮華的觀念，也沒有君王專權的想法，所以他針對這個部分引用另一段新約《聖經》為例：

> 魔鬼又帶他上了一座最高的山，將世上的萬國與萬國的榮華都指給他看，對他說：你若俯伏拜我，我就把這一切都賜給你。耶穌說：撒但，退去吧！因為經上記著說：當拜主你的神，單要事奉他。（〈馬太福音〉四章 6-10 節）
>
> 耶穌既知道眾人要來強逼他作王，就獨自又退到山上去了。（〈約翰福音〉六章 15 節）

他指出，耶穌的「言語與行為」也是一致，耶穌曾向眾人宣言，他的使命就是「主的靈在我身上，因為他用膏膏我，叫我傳福音給貧窮的人；差遣我報告：被擄的得釋放，瞎眼的得看見，叫那受壓制的得自由」（〈路加福音〉四章 18 節）。所以，耶穌在行為上所表現的也都是這類的事工。

張仕章發現耶穌在宣傳天國的福音時，也常提出「死中救生」也就是「否定的否定」的理論，耶穌的生活即是實踐天國的福音，而這種「理論」與「實踐」的統一，也使耶穌的一生充滿了偉大、神聖與悲壯。[54]

張仕章總結地認為，「耶穌主義」是一種辯證法的綜合主義，也是一種「心物合一」的綜合哲學。所以，針對耶穌的「綜合主義」，他提出了兩種主要論證：（一）事理合一論、（二）神人合一論。[55]「事理合一論」指的是「事」（現實）與「理」（理想）是統一的，「事世界」（現實世界）與「理世界」（理想世界）是合一的。因此，耶穌曾經教人向上帝禱告說：「所以，你們禱告要這樣說：我們在天上的父：願人都尊你

的名為聖。願你的國降臨；願你的旨意行在地上，如同行在天上」（〈馬太福音〉六章 9-10 節）。耶穌看地上的國（現實世界）與天上的國（理想世界）是合而為一的，同時他教訓眾人說：「你們要先求他的國和他的義，這些東西都要加給你們了。」（〈馬太福音〉六章 33 節）張仕章認為這裡的「國」（理想世界）與「義」（理想）都是和「這些東西」（飲食，衣裳等等現實的事物）可以聯合共通，這就是一種「從心到物」的合一論。[56]

在另一處經文中，耶穌又有一次勸告他的門徒說：

> 我實在告訴你們，人為我和福音撇下房屋，或是弟兄、姊妹、父母、兒女、田地，沒有不在今世得百倍的，就是房屋、弟兄、姊妹、母親、兒女、田地，並且要受逼迫，在來世必得永生。（〈馬可福音〉十章 29-31 節）

張仕章指明此處的「福音」就是「理想」，「房屋、田地」都是事物，「永生」便是理想或精神的生活，「今世」乃是事世界或現實世界，「來世」則是理世界或理想世界。由此可知，「今世」的物質生活與「來世」精神生活是互相保證與貫通的，也就是「從物到心」的合一論。[57]

「神人合一論」即是耶穌看他自己與「上帝」合為一體，所以他說「我與父原為一」（〈約翰福音〉十章 30 節）。耶穌也認為「那些承受上帝道的人」也是和神同體合一的。耶穌曾為當時的門徒和後世的信者，向上帝禱告：

> 聖父啊，求你因你所賜給我的名保守他們，叫他們合而為一像我們一樣。……我不但為這些人祈求，也為那些因他們的話信我的人祈求，使他們都合而為一。正如你父在我裡面，我

在你裡面，使他們也在我們裡面。(〈約翰福音〉十七章 11-21
節)

　　張仕章表示，耶穌的主義無論從哪一方面來看都合乎「辯證法」的
基本法則，他的思想和生活、理論與實踐都具有辯證法上的統一現象。
但從哲學的角度來看，耶穌主義的哲學基礎不是辯證法唯心論，也不是
辯證法唯物論，而是辯證法綜合論。如果將他們合起來講滿可以稱它為
「心物綜合論」、「事理合一論」與「神人合一論」，[58] 張仕章鄭重地表示：
「這一切結論都是我長時期的研究和體驗中得來的。」[59]

　　　　　　　　耶穌之怒，怒社會之大弊也。在莊嚴之神殿，公行賄
　　　　　　　　賂之制度，是可忍，孰不可忍。使耶穌而今猶在，則
　　　　　　　　對於現代市政之腐敗，上下苞苴。獵官收賄之舉動，
　　　　　　　　又將作如何態度耶。澄清政治者，聖業也；修明民事
　　　　　　　　者，神意也。

　　　　　　　　　　　　　　　──富司迪（Harry E. Fosdick），
　　　　　　　　　　　　　　　　　《完人之範》（第三週第五日）

耶穌主義者的耶穌形象

　　五四運動以降的許多著名文學家作品中，都曾出現過不少經典的耶
穌形象之作，包括魯迅〈野草・復仇（二）〉、艾青〈一個拿撒勒人之死〉
（1937）、茅盾〈耶穌之死〉（1942）、朱雯〈逾越節〉（1939）、端木蕻
良〈復活〉（1946）等。[60] 在中國基督教史上，由於趙紫宸的個人光芒，

人們過分地關注他的《耶穌傳》，以致於忽略了其他同樣具代性和有非常高思想價值的耶穌傳之作，如吳雷川、謝頌羔、張仕章、謝扶雅、朱維之等人都有過於相似「耶穌傳」的作品，儘管他們並沒有像趙紫宸那樣有如此深邃的學養根底和神學洞見，但他們仍做出了驚人的貢獻，只是際遇則令人同情。

對中國基督教神學而言，一位成功的神學家並不在寫了何種大部頭的思想理論或系統神學之作，相反地，只有寫下代表性的「耶穌傳」才可能奠定他的地位，理由是在中國的語境中，「人格」比「學識」更受到肯定。我們認為，趙紫宸獲得如此高的推崇，與他那本名聞中外的《耶穌傳》有絕對的關係，而且我們不難發現，趙紫宸有非常多的著作都與關於耶穌的描述有關，如《耶穌的人生哲學》（1926）、《耶穌研究簡課》（1939）、《耶穌小傳》（1947）等，他對於耶穌形象的論述乏善可陳並無特別之處。相對而言，張仕章關於「耶穌傳」的作品，則表現出一種解放者、革命家的形象，這與他倡導一種「基督教社會主義」的思想有關，這樣一種激進的耶穌形象，在當時中國的處境下也就特別有意思。

在編選《聖經文學讀本》時，張仕章選擇了三段經文作為耶穌人生的關鍵，並要人們特別針對所列舉的問題作反思。第一段是耶穌十二歲往耶路撒冷去與父母走失的反應，第二段是耶穌潔淨聖殿，第三段是耶穌送往釘十字架前受審的對話。張仕章在此將耶穌刻劃成一個「雖千萬人吾亦往矣」的革命家形象，一位少年人早熟地回應了時代給他的考驗，耶穌因此立了志向與其之後的事業是值得我們學習的部分；第二段更為深刻，主要是因為耶穌使用了武力，一位標榜著愛人如己的耶穌，卻做出了激烈的手段，主要的原因莫過於耶穌抵抗著聖殿中買賣交易背後所涉及的不公平或扭曲了的價值觀，事實上，他這樣的舉動勢必得罪那些既得利益者並引來反抗，但他對此毫不保留；第三段耶穌從容就義

的犧牲，正是每一個時代的承擔者恐怕都不得不走上的道路，然而，正是這樣的道路考驗著年青人的意志是否堅定、立場與行動是否一致，並令其為此做出心理上的準備。[61]

以上三段敘事的內容，是張仕章為耶穌形象所刻劃出來的基本調性。如果基督教即是以耶穌為核心，則他的人格和遭遇將解釋一切，當然，這也是對於所有認為自己是耶穌的追隨者必須自我反思的內容。張仕章毫不懷疑耶穌的主張和他的死，可以發生無可限量的影響力。

根據張仕章的說法，「耶穌主義」完全是拿耶穌本人的人格來作根基的：

> 耶穌主義的特點就是在於耶穌自己的人格；因為他所抱的主義，都已經在他自己的人格上表現出來了。他是言行一致的，表裡相通的，身心不背的。他想什麼，就講什麼；他講什麼，就做什麼。反過來說，他所行的，就是他所言的；他所言的，就是他所思的。……這樣說來，耶穌的人格──思想，言語，和行為的結晶體──既是「耶穌主義」成立的要素，又是「耶穌主義」表示的實體了。所以「耶穌主義」能不能使人有起信推行的價值，都要看耶穌自己有沒有高尚完全的人格。[62]

在面臨外敵的入侵、民族生死存亡的危難時，許多基督徒知識分子開始思考基督教能否救中國的問題，而且伴隨著強敵的步步逼近、國土的大片喪失和無數家園的被毀，大部分基督徒無法再高舉基督愛的旗幟，而紛紛投入抗日救國的洪流中。

1931 年 9 月 30 日，在新文社同仁「告全國基督徒書」中發出了這樣的一種呼喊：

在聖架寶旗底下的弟兄們！我們怕敢與惡魔爭戰麼？我們
真能為公理戰爭麼？如果非武力不足以保障世界的和平，為什
麼基督徒不可以借用武力呢？如果非戰爭不能夠實現人類的正
義，為什麼基督徒不該參加戰爭呢？我們別再為絕對無抵抗主
義者所愚弄了！我們別再為極端和平主義者所麻醉了！我們要
使被擄的得釋放。我們要叫受壓制的得自由。我們要做剛強的
人。我們要用膀臂施展大能，把那狂傲的人趕散！我們要拿起
上帝所賜的全副武裝，抵抗仇敵！這樣，我們就不愧為制止強
暴，維護人道的基督精兵了！[63]

新文社作為張仕章宣傳耶穌主義的陣地，發出這種借用武力保護家園、
保障世界和平的呼喊聲，可以說是代表了張仕章的呼喊，但從相關資料
看，張仕章在這一時期仍然是堅持和平主義的。

1939 年，張仕章在《基督教與社會主義運動》一書中再次地強調
基督教與社會主義攜手合作的重要性，他認為「以前各國基督教社會主
義的運動或基督教共產主義的實驗大半是因為未能與社會上勞苦群眾打
成一片，也不肯與政治上社會黨人共同奮鬥，以致不能抵抗外來的資本
主義與法西斯主義的壓力，而終歸失敗」。因此，他極力倡導「聯合陣
線」，基督徒應該加入社會主義的陣營，以聯手反抗資本主義、法西斯
主義，他認為基督教只有：「採取社會主義的政治綱領和經濟政策，地
上的天國才可能實現，社會主義容納基督教的道德標準和精神修養，世
界革命才可能成功。」[64]

《基督教與社會主義運動》雖然是一本小篇幅的著作，但問題意識
和內容的鋪陳都是非常精彩的，張仕章沒有否認基督教與社會主義兩者
之間存在一些衝突點，但這並不意味著彼此的調和是不可能的。該書吸
納了不少國外的馬克思主義或社會主義專家之見來表達自己的看法，並

總結認為，未來的攜手合作將會對彼此的缺點做出彌補，同時也將彼此的優點發揮到極致。換言之，張仕章對於基督教與社會主義的協調是滿富信心的。《基督教與社會主義運動》引述了大量的《聖經》經文表示基督教如何得傾向於社會主義或共產主義的社會學說或立場，同時，也說明了國外形形色色的基督教社會主義觀點，甚至他還列舉了「基督教共產主義的實驗性例子」說明它們的成功與失敗。無疑地，他甚至認為，在中國面對非常時期（抗戰），基督教與社會主義組成「聯合陣線」的時候更是到了。

張仕章的主要著作思想除了標榜非常清楚的基督教社會主義立場和觀點外，他還有另一方面的表現亦是值得關注的，那就是在文藝方面的創作，兩本有關「耶穌傳」的著作。可以說是他的思想在文藝方面的體現。相較一般基督教作家所塑造的耶穌形象，基督教作家張仕章刻劃的耶穌似乎神性更少些，且更為激進。張仕章的《革命的木匠》孕育於1932年，1938年開始在基督教刊物《真理與生命》上連載，1939年出版了單行本。[65]

僅看這篇小說的題目，就透露出其激進、用世的傾向。小說共分十二章：立志救國，工讀生活，受洗獻身，曠野奮鬥，結合同志，到民間去，革命高潮，國外息遊，天國運動，舌戰群儒，捨生取義，最後勝利。小說中耶穌完全是社會革命家的面貌，是一個人格高尚、堅忍頑強、勇於犧牲的領袖人物。

對於中國基督教知識分子來說，他們的用世之心毫不輸於教外人士。他們之中的激進主義者，則逕直將耶穌視為一個社會革命家，極力表彰其革命性。吳雷川就是激進主義者的一個代表。他將耶穌的人格與中華民族復興聯繫起來，強調耶穌的革命性。寫於1931年的《基督教與革命》一文中，吳雷川談到，耶穌的人格已被大眾認可，現在更要突出其革命性，「為要適應現代人生底需求，喚起現代青年底效法，就

覺得與其認他是一種宗教的教主，無寧認他是提倡人類社會革命的先導者」。這樣的觀點，在張仕章《革命的木匠》中得到了很好的回應，這本小說清楚地表達「耶穌的革命性格及其社會思想」。

張仕章是一位堅定的基督教社會主義者，他出版的《耶穌主義講話》用「辯證法」等「嶄新」的觀念來理解「耶穌主義」；他更早的《基督教與社會主義》一書則論述了基督教與社會主義運動的關係，特別介紹英法美等國基督教社會主義運動。他的這些激進思想，比吳雷川走得更遠，在小說《革命的木匠》中顯露無疑。張仕章作為一個基督教徒，有著自己的耶穌觀，呼應吳雷川等激進基督教知識分子的知識觀，在重塑耶穌形象方面，與趙紫宸的《耶穌傳》有明顯的差異。

張仕章早在 1928 年編譯出版《青年模範》一書中時，便將耶穌刻劃成一位「憤青」，他的激進思想與其背後涉及到的國族命運有密切關係。《青年模範》的開始，即是描繪耶穌如何從先輩的講古中認識到以色列的歷史和現實，這些悲痛的遭遇以及先知的言論，都深深地刻劃在他的記憶中。所以耶穌的生命模範即是不屈不撓地走向宣傳天國思想的道路去，由於這個天國思想是一種革命思想，不容於當代，其激進地與當時的各種勢力起衝突，所以最終走向犧牲的道路。[66]

《青年模範》是張仕章編輯的一本「歷史小說」，在「卷首語」中他描述耶穌是一千九百年前猶太國的無產階級平民，從小就做了羅馬帝國主義下的「亡國奴」。從小就接受以色列民族主義的宗教教育，長大後便成了「群眾運動的領袖」，最後則成了國民革命的「犧牲者」；故事的整個架構皆以是否應以武力革命的方式推翻羅馬帝國、復興猶太國為主。耶穌在世只有三十三年，傳道也不過短短三年，卻改變了世界革命的思潮，生前被唾棄，死後卻受到普世異族所崇拜。[67] 張仕章認為：「他的歷史是可悲可泣的。他的事業是可驚可歎的。他的人格是可敬可愛的。所以他的一生言行正可當作現在青年最好的模範。」[68] 然而，這本

書出版的背後相當地曲折，反映出了耶穌主義者的思想主張與當時的基督教界人士確實存在著不少的張力。

《青年模範》是張仕章使用白話小說的方式來描寫耶穌十二歲以後的種種事蹟，主要目的是為了要吸引所有青年男女的興趣。他認為本書適合教會初中學校一、二年級學生程度。[69] 張仕章相當看重這本書的影響力，他強調這本書不是一種寓言，而是一種歷史小說。因此張仕章在本書的序文中提道：

> 它並不是一張只有前景忘記後的照片，卻仍是一幅前後兼顧，四面襯托的油畫。所以請讀者切勿當它是一種理想派的寓言傳奇，總要看它是一種寫實派的歷史小說才對！[70]

事實上，這本書並無特別之處，由於是改編的，整體而言，仍表現得相當地生澀，甚至相當地呆板，讀起來並不太吸引人，因而能引起的討論也不多。該書刻劃出耶穌不屈不撓地宣傳天國思想，而這個天國思想卻不容於那個時代，並與當時各種勢力起衝突，最終走向犧牲的道路。然而，問題的癥結在於他的這種「革命」思想立場與當時某些基督教界人士的立場，明顯是有所衝突的，在出版過程中便發生了不少。

《青年模範》一書主要是依據《少年基督傳》改編，另外也參照了新約四福音裡所記載的事實，並加上張仕章多年宣傳「耶穌主義」的想法，因而編輯這本適合青年心理的英雄傳，更重要的是他想要提倡這種道德化的「宗教革命」，亦即是根本的「思想革命」。[71] 據說，這本書是僅費時六個月草草完稿之作，當時中國正面臨直魯軍閥的勢力與反革命的氛圍，所以「革命」二字是相當敏感也是禁忌，所以既不能將此書命名為《一個犧牲的革命家》，也不能稱它為《革命青年的模範》，最後，張仕章只好將此書委婉地命名作《青年模範》。[72]

實際上，廣學會出版委員對此書的「卷首語」甚為不滿，其中有人表示：「耶穌並不是一個革命家，乃是一個純粹的宗教家」[73]，也有人說「耶穌是精神革命，並無革命精神」[74]；但是，張仕章同意「卷首語」可以刪減，但堅持內容不可改，因此他的「卷首語」變成了「小序」，而內容依然照舊，分為二十四章，之後，他為此事而離開了「廣學會」。

《青年模範》於 1928 年 3 月由上海廣學會初版，共有二十四章，半年不到就銷售一空；1929 年 9 月再版，校閱者為陳金鏞，他另外加上了初版沒有的第二十五章「復活後的情形」，此章節由謝頌羔所編輯，此事引來了張仕章極大的失望與不滿。當此書再版之際，他向廣學會要了幾本翻看，卻發現書目卻多了「第二十五章」，他相當震驚，也不知道他們為何要多加上這一章，另外他原來想請沈嗣莊為此書寫序，廣學會當局不肯。

《青年模範》的出版正值張仕章等人從文社出走並與廣學會諸委員之間發生嚴重的矛盾時期。因此，當他之後成立了新文社，在《野聲》發表了一篇〈再版的《青年模範》〉來表達幾點聲明與他的想法，可見這個時間點正是彼此關係非常尷尬的時期，當時這本書的出版也反映了背後有諸多複雜的因素，尤其是神學思想立場上的衝突。[75]

如果說張仕章在 1928 年編譯出版《青年模範》中所刻劃的耶穌是一位「憤青」，他的激進的思想跟他的「國族命運」有密切的關係。那麼，之後出版的《革命的木匠》則有些不同，同樣是一本耶穌傳之作，內文卻更為精煉，更富個人思想和特色在內。

《革命的木匠》是一本短篇的宗教歷史小說，是張仕章於 1932 年第一次大膽嘗試的作品。他以小說的文體來描述耶穌一生的故事，希望讓非基督徒或對新約《聖經》不感興趣的大眾，藉此明白耶穌的革命性格與社會思想。他在「初版序」中陳述：

> 我的目的原想用小說的體裁描寫耶穌一生中可歌可泣的故
> 事，使一般對新約聖經毫無興趣的非基督徒大眾都可由此明瞭
> 耶穌的革命性格和社會思想，再進而研究一千八百年前傳下來
> 的四福音書以及中外馳名和洋洋大觀的「耶穌傳」。[76]

《革命的木匠》整本著作，所處的背景則是羅馬帝國時期，耶穌即為反抗羅馬的革命者，推廣正義、為民族犧牲、反抗腐敗的制度並推動社會改革。張仕章的《青年模範》與《革命的木匠》有所不同，前書完全不提復活這部分，而後者則是以復活作為整部作品的結束：

> 「主當真得勝了死亡。我們快快去把這好消息傳給眾人聽
> 罷！」
> 彼得面帶笑容地說。[77]

《革命的木匠》完全將把耶穌放在「革命者」的角色，從平凡的「木匠」成為改造與推翻羅馬帝國的「英雄」，對應於當時中國的時勢，無非是希望鼓舞年輕人能對內憂外患的中國有所奮鬥與自覺。

故事一開始就強調耶穌從小就立志救國，描述了耶穌對於以色列國深處在羅馬帝國的壓迫與威脅的吶喊，刻劃了特權階級、貴族祭司、法利賽黨人與無產大眾、耶穌的使徒們兩派對立的角色，人物特色強度分明，而耶穌即是那位貫穿全書，有著穿針引線功能、理念鮮明的主角；事件的鋪陳則是自無產者耶穌領悟到自己的使命，至帶領無產大眾進行天國解放運動的革命過程；時間安排在羅馬帝國國勢強盛的時代；地點營造於加利利與其他地區、迦百農、耶路撒冷等區域。內文從第一章立志救國到第十二章最後勝利，無不反映張仕章對當時中國的處境與未來的盼望。

耶穌主義叢刊

革命的木匠

張仕章著

基督教新文社出版

◆《革命的木匠》封面（一本「耶穌主義者」的耶穌傳，突出其革命者形象。圖片來源：作者翻拍自原件）

張仕章所寫的《革命的木匠》是有其背景的，他在再版的「序」中也提到：「因為三十多年來我始終相信：無產者耶穌──『革命的木匠』──正是現代中國革命青年的最好模範。」[78] 本書的重點就是耶穌立志救國、革命、最後被釘在十字架上的捨生取義與最後耶穌復活，即著墨在投身於社會、具有革命家形象的耶穌，整本書的內容以耶穌個人的形象、耶穌的革命故事以及耶穌的天國運動為主軸。

《革命的木匠》主要突出了一個重要的時代背景，即是以羅馬這個帝國的統治及其文化為批判的對象，耶穌即是一位反抗羅馬的革命者，他比約翰的悔改道理更加地激進，他救國的革命使命即是解放那受壓迫者。在這樣的帝國統治背景之下，張仕章筆下的「革命的木匠」耶穌是反抗非正義的領袖，他要「復國救民」，他反對守舊的法利賽人、媚外的撒都該人，他願意為民族犧牲一切，要對腐敗的制度進行改革，從事社會革命；儘管耶穌看上去像是一位悲劇英雄，但他對以色列宗教的腐敗和殖民帝國暴政的反抗，最終以捨生取義的方式取得了勝利。不同於《青年模範》，《革命的木匠》以復活作為了整個作品的結束，可謂意義深長。

總之，《青年模範》是編譯本，當時張仕章翻譯此書的目的在於教化青年學子的品格，希望一般大眾，能了解偉大耶穌的一生並將耶穌視為他們的模範；他不強調耶穌的「神性」，所以並未翻譯原文第二十五章，怕模糊青年學子在人格學習與志向立定的焦點。而《革命的木匠》出版之際，中國正處於各種威脅與衝擊，他從一個「非武力」的和平主

義者成為「反武力」的戰鬥主義者。《革命的木匠》正演繹了當時的國族命運，也看見了張仕章對國家、對民族的企盼與強烈的愛國心，在此他特別以耶穌的復活代表耶穌戰勝了死亡，似乎要告訴背負理想的中國青年，只要勇敢奮鬥，中國就能贏得最後勝利。

> 我所宣傳的這位上帝是在人類的心中，並在教會的內外為正義奮鬥——甚至在許多拒絕他名字的反叛團體中，也是如此。世界上有許多人要剝削別人的勞力，而為自己積蓄財富，以誇耀物質的勢力——這樣的一個世界在真正信仰宗教的人看來，就是必須改變的世界。
>
> ——辛克萊（Upton Sinclair），《辛克萊的宗教思想》

叫有權柄的失位

張仕章認為，《聖經》對於金錢和權力所帶來的扭曲是有所批判的，「叫有權柄的失位」，這尤其與資本主義的問題有關，即它發生在資本家對工作的壓迫和剝削，其具體地表現在工資的問題上，他留意到了耶穌在一個比喻中，就深刻表達了對待這個問題的看法。他從這個比喻中，列出了幾個可以思考的問題：[79]

現代資本家對勞動者所付出的工資是以什麼為標準的？
〈馬太福音〉20 章 1 至 15 節關於葡萄園園主分配工資的原則對現代社會中的失業問題與工資問題有何啟發？

張仕章認為，在上帝統治的新社會中，人人都當有勞動的機會與權利，他們的酬報也不可像一般現今社會所採用按時計算或各取所值的方法，卻要依照「各盡所能各取所需」的原則。這意味著，天國的準備更多的是考慮到各人的因素，奉行「公平原則」，卻不一定是「正義的原則」，前提即在於人與人之間是否存在著憐恤和同情之念，工作不能決定一個人的命運，人也不是全由他的勞動來決定其尊嚴的，耶穌的天國考慮得比這更多，因為注入愛與寬容，人類的經濟生活將會不一樣，人與人之間的不同關係引起人的基本尊嚴當然也會不一樣。

張仕章的上述闡釋可以使我們明白，何以耶穌強調天國就好比孩童，孩童沒有成人世界的勞動能力，有時也不是根據公平原則作判斷的；然而，作為社會中沒有勞動能力的，他們的生存一樣受到人們的尊重和愛護，甚至有過而無不及。耶穌倡導人要回轉像小孩，意味著成人世界的邏輯不是唯一的，甚至其正確性也是可疑的，耶穌明白地說，只有親自體會孩童的世界，我們才明白何謂天國的道理。

民國時期不少基督徒知識分子，喜於在聖誕節期間特別撰文談論聖誕與現實的關係，例如有吳雷川的〈聖誕禱文：耶穌救世之主歟，自爾誕生於斯世〉（1926）、〈耶穌聖誕與雲南起義〉（1926）、沈嗣莊的〈一九二七年聖誕日中國基督徒對於時局的宣言〉等。其中，又以張仕章最為積極，他曾有撰寫多篇對聖誕節反思的文章，篇篇都表現其激進的思想。

張仕章在關於聖誕的撰文，包括〈聖誕日代耶穌宣言〉（1925）、〈耶穌的三大福音——為紀念一九三八年耶穌聖誕節而作〉、〈耶穌聖誕與雲南起義〉、〈耶穌聖誕與天國福音〉、〈耶穌聖誕與兒童幸福〉、〈叫有權柄的失位〉等。舉凡其聖誕紀念文，最吸引人的莫過於是他在文中強調的「兒童福音」。[80] 這位「耶穌主義者」在論及「兒童福音」時，更是能夠貫徹這樣一種社會主義的思想，他以此「兒童福音」作為對資本

家、帝國主義、反基督教、基督徒和牧師的反駁和質疑。張仕章認為，耶穌降生之所以被強調，即是要人留意被輕蔑或忽略的兒童，孩童在法律、社會、家庭中經常是沒有地位的，因而在資本主義社會經常成了犧牲品（童工），在家庭全繫於父母如何對待他（私人財產），這也就意味著兒童在社會中是最為邊緣、最弱小的。他認為，耶穌所傳的「天國的福音」就是「兒童福音」，耶穌的生活史全繫於聖誕節中有關的意向，因此兒童當被視以神聖、高尚和光明。所以聖誕節不是耶穌生活的部分而是全部，不是開端而是中心：

> 耶穌降生，天地一新；
> 世界文明──兒童福音！[81]

張仕章上述觀點也體現其編寫的《青年模範》一書中，此作品突出了耶穌的出身背景以及他的童年生活。該書一開始即是一群小孩正圍著一位老先生，聆聽著種種關於解放的故事，耶穌的一生都與他在孩童時期所聽見或經歷的有關，特別是在拿撒勒這個窮鄉僻壤長大，以及他從事的木匠工作，都成了他爾後成長面對各種挑戰的經驗。

　　儘管耶穌主義是中國基督教的激進神學，但它同時也是兒童的神學，因為從某種角度而言，童稚也可以是激進的，耶穌要我們「回轉像小孩」，因為「天國就在其中」，天國的福音就是「兒童的福音」，問題在於對絕大部分的人而言，「回轉」是困難的，亦是極其不願意的。「耶穌主義」引起教內教外人士的批評，當然也就是預料中的事，正如耶穌誕生在馬槽（「有一嬰孩降生」）以及最終被人釘在十字架上（「看哪，你的兒子」），都是兒童福音的表現。

第七章　因真理、得自由、以服務

「因真理、得自由、以服務」
—— 燕京大學校訓

歸信基督的末代翰林

　　基督教在中國的發展，正值中國多事之秋，從晚清的天朝崩落，到民國時期的內憂外患，任何稍具良心又想實踐自己信念的人，無不憂心並企圖去做些什麼。那個時代激化了偉大的心靈和勇敢的思考，造就了機遇也潛伏著危機。從民國肇建到新中國誕生，中國基督徒在社會思想上曾有過或成功或失敗的深刻反省，中國基督教神學即萌生於此。

　　現代中國是一個沒有人可以完全說得清楚的複雜歷史階段，以致留下了許多可能的解釋空間。「中華現代性」問題正是交織在資本主義與帝國主義的歷史糾葛下，正如汪暉在《現代中國思想的興起》中所指出：

---

*　本文是由兩篇導論結合而成，收錄於拙編《基督教與中國文化——吳雷川作品集（一）》和《墨翟與耶穌——吳雷川作品集（二）》兩書中，分別於 2013 年和 2015 年由橄欖華宣出版社出版，此處刪減去了部分內容（生平、信仰歷程、相關研究成果述評），部分內容為科技部補助研究計劃「經世與革命：民國基督教社會主義思想——以吳雷川、沈嗣莊和張仕章為例（1/3）」（NSC 102-2410-H-033-056-MY3）的研究成果。

> 現代帝國主義與殖民主義的根本特徵不僅在於軍事佔領、
> 武力征服和種族等級制，而且還在徹底地改變殖民地社會的原
> 有結構，並使之從屬於工業化的宗主國的經濟體系，進而形成
> 一種世界範圍的、不平等的國際性的勞動分工。[1]

許多基督徒都有同樣的感受，認為基督徒的任務是：必須對付現在摧殘
著人類的兩大罪惡：國際間的不平等和社會間的不平等。中國與世界同
樣處在這樣的歷史情境中，生在這個大時代的吳雷川之所以歸信基督教
並形成對基督教的獨特解釋都源於此，橫在他眼前的，就是如何同時面
對中國的現實與基督教的未來。[2]

晚清以降，基督徒知識分子對中國社會和政治的走向進行神學性反
思，從而呈現出了極為濃重的「經世」傾向，「經世神學」要比那被基
要派分子污名化或扭曲了的「社會福音」更精切得多，至少，它說明了
一種與中國思潮並進的神學，又與現今形形色色的「公共神學」可以聯
繫起來。[3] 王明道的「儒家化基督教」、倪柝聲「道家化基教」以及吳雷
川的「墨家化基督教」，形成了漢語基督教的三大路線；王明道將基督
教解釋作講道德的宗教、倪柝聲操練一種內在（靈知）化的基督教，兩
者屬於「個人福音」或得救的問題，而吳雷川則是訴諸於社會服務的行
動或實踐，被稱作「社會福音」或革命的基督教。

吳雷川在解釋燕京大學校訓「因真理、得自由、以服務」中的「服
務」時，將之闡明作「改造社會」，而非泛指一般性的做事或工作，「服
務與革命同義」：

> 欲服務，必先養成服務之人格。即真理得自由，第一要改
> 變觀念，第二要革除習慣，堅決意志。
>
> 人必服務，不能服務，即為無用之人。正給在革命時代而

　　不參加革命之工作，即是時代之落伍者。[4]

吳雷川認為，個人福音與社會福音並不衝突。他在燕京大學一次團契的講稿中，提及耶穌在人格方面能刻苦、高尚純潔，這即是個人福音的表現；對於社會改造，耶穌也有通盤的設計，主張廢除私有財產，以犧牲看己為徹底的表現，是為社會福音。換言之，信服耶穌和學習耶穌者，應以此為其人生之一切意義所在。[5] 吳雷川認為：

　　研究基督教即學習耶穌，當有三部分。其第一，當認清為人之目的（在基督教謂之認識上帝）。如耶穌於己工成，即言當以上帝之事為念是。第二，當洞察社會情勢，預備各種知識、技能，如耶穌在三十歲以前所預備者是。第三，當隨時練習操守弗失，如耶穌之至終為真理而犧牲是。要之，欲治人必先

◆ 吳雷川擔任燕京大學校長（「收回教育權運動」後，教育部規定校長必須由中國人擔任，吳雷川被選定接任。圖片來源：作者翻拍自《燕園永遠在我心中》一書。）

修己，修己之目的乃在有益於人，其理固甚顯明，亦甚簡也。[6]

作為完整呈現「革命的基督教」思想的代表性人物，吳雷川在中國基督教思想史上的地位，肯定超越了趙紫宸。事實上，趙紫宸被名氣和教務纏身所累，著述雖多，卻未見有體系性或創造性的主張，反觀吳雷川，他的《基督教與中國文化》和《墨翟與耶穌》兩書可以視作漢語基督教思想中的兩本「經世神學」之「經典」力作，此二書使他躋身於中國神學家之行列。吳雷川所提出的「革命神學」或「革命的基督教」實則形成了「漢語的解放神學」。燕京大學、青年會的基督教精神，基本上即是吳雷川思想的體現，甚至「紅色基督徒的長征」可能也受到他的影響。[7]如果民國時期那些主張激進、革命的神學即是所謂的「基督教社會主義者」（Christian Socialist），吳雷川則可以列作是這個思想陣營中最重要的代表性人物。[8]

萬有的父啊，

我們認你為父，

我們就知道我們人類都是弟兄。

無論是過去現在未來的人，

以及種族階級程度不同的人。

都是由你而生。

我們應當合群互助，

你就是吸引我們合群互助的能力，

啟示我們合群互助的中心。

——吳雷川，〈「主禱文演詞」〉

走向經世與革命的神學

1932 年，中華全國基督教協會主辦第一屆「李提摩太獎」徵文比賽，題目為「耶穌生平」，頭獎獎金五百元；1933 年第二屆「李提摩太獎」徵文比賽，委員會提出了兩個題目：「我所認識的基督」和「基督教對於今日中國應有的貢獻」，王揆生、薛冰合著的《我所認識的基督》（1935）即是第二屆「李提摩太獎」參賽的得獎作品。之後每一年都提出切合現實關懷的徵文比賽題目，激發了不少精彩之作。

吳雷川參加了第一屆「李提摩太獎」徵文比賽，但並沒獲獎。該文之後經吳雷川本人刪減了大半的篇幅，以〈耶穌生平〉為題公開發表於 1933 年 12 月 17 日《大公報》「宗教特刊」第二期上，後又轉載於《道德半月刊》。

這篇文章曾被天主教的牛若望諷刺為「失敗之作」。「失敗」一方面是指徵文比賽沒有獲獎，同時亦是指這篇文章有非常多想當然爾的說法，而這些說法基本上是沒有《聖經》根據的，因此對耶穌的解釋當然

非常可疑。事實上，在對吳雷川「耶穌傳」的諸多批評中，最為人所津津樂道的則是出自他在燕京大學的同事、神學科班出身，作有〈耶穌為基督〉（1936）一文的趙紫宸。他毫不留情面地批評吳雷川於 1936 年出版的《基督教與中國文化》，指他在相關領域所具備的知識是非常膚淺的，說得直白一點，便是與牛若望的想法一樣。然而，關於這點，吳雷川對他們的批評沒有作出任何回應，但這不代表吳雷川接受了他們的批評。

相反地，吳雷川於 1940 年出版的《墨翟與耶穌》一書中並沒有放棄他對耶穌所作的詮釋，甚至他在這本書中更加強化他對耶穌革命者形象的描繪，這回他是認真地參考了一本由海爾（William Bancroft Hill）所編寫的《基督傳導言》（*Introduction to the Life of Christ*, 1925）和考茨基（Karl J. Kautsky）的《基督教之基礎》（*The Foundation of Christianity*, 1932），並輔之以早期教會史的視野，肯定他自己之前對耶穌（四福音書）所作的理解，算是間接地回應了牛若望和趙紫宸的批評。

不管是牛若望或趙紫宸，他們都認為吳雷川的《聖經》或神學常識是不足的，但是，情況真是如此嗎？固然，劉廷芳在為《墨翟與耶穌》寫序時，用略帶調侃的語調說吳雷川不諳外語，所以無力參考國外汗牛充棟的耶穌學或基督論之研究，他還指出，吳雷川的書大部分篇幅主要是參考或根據一本翻譯書《基督傳導言》，言下之意即是指吳雷川在《聖經》研究方面的學識的確是相當薄弱的，然而劉廷芳卻沒有否定吳雷川的貢獻，讚譽「這是一本中國基督教空前的著作，是宗教思想史上重要的嘗試」，並指《墨翟與耶穌》：

> 所描寫的耶穌生平，我以為不是主要的；它主要的，是所提出來他的教訓。若有對於吳君所描寫的耶穌生平，不敢贊同者，我奉勸他們對於所提出來的改造社會的教訓，加以一番精

細的研究。本書在中國基督教思想史
上的地位，將要在這一點上得最後的
判定。[9]

總體而言，劉廷芳對於吳雷川所參考的文
獻還是給予肯定的。

　　事實上，一位不諳外語又只能依賴一
本譯作的吳雷川，他的《聖經》常識或許
在趙紫宸般的專家眼裡實在是不足夠的，
但換個角度想，又有誰可以對於國外相關
耶穌討論的知識真全備或充分的呢？重點
是吳雷川如何使用這些材料，他獨具慧眼
地將四福音的材料與初代教會歷史結合起

◆ 吳雷川像（末代翰林吳雷川
　皈信基督教，曾擔任燕京大
　學校長。圖片來源：作者翻
　拍自《燕京大學文史資料》）

來，也就是說，吳雷川結合了《基督傳導言》和考茨基的《基督教之基
礎》，將耶穌的形象更為聚焦於他所論述的社會改造的脈絡中，而考茨
基之作無疑在此一結論方面是最具代表性的。

　　吳雷川事實上並非對國外關於耶穌傳的種種學術爭論一無所知，
我們可以注意到海爾的《基督傳導言》一書，除了是關於四福音研究
在考據學方面相當好的一本教材外，書末有一篇「附錄」，約二十七
頁，全面闡述了歐洲現代思潮中對於歷史上的耶穌或種種新約學研究的
探討，介紹了包括杜賓根學派、雷南（現譯成「勒南」，Joseph Ernest
Renan）、衛史（現譯成「魏斯」，Johannes Weiss）、菩賽（現譯成「布
賽特」，Wilhelm Bousset）等當時前沿的新約《聖經》研究，差不多把
一百年以來種種關於耶穌爭論的基本立場都簡單地交待了。換言之，吳
雷川在某種意義上是接受了當時歐洲的學術成果，並擱置了上述種種爭
論，進入對他所關注的社會改造的角度來理解或闡述耶穌的形象，儘管

趙紫宸、牛若望等人的批評也不是沒有道理，但對吳雷川而言，這些批評並不是他所在乎的問題。[10]

吳雷川視耶穌為一位無人能及的偉大革命者，是青年應學習和效法的典範，其為民生疾苦而發出怒吼，為社會改造而點燃熊熊烈火，這正是中國所急切需要的。年少刻苦己心的個性給吳雷川的基督教思想打上了清晰的印記，他之所以信仰基督教，以及將耶穌或基督教思想作出如此的詮釋，是為崩落的中國社會帶出改造的契機，這是他個人的生命問題也是中國的現實問題。

吳耀宗主編《基督教與新中國》中的〈基督教與社會改造〉一文是吳雷川對於自己的基督教思想表述得最為精確和簡要的文章。此文總結地認為，耶穌志在改造社會而非創立宗教，他的門徒和爾後基督教的形成與發展相當程度地扭曲了他的原意，耶穌的天國思想即是他所有思想的核心，而主禱文正是他改造社會的原則，放眼中國社會以至於全世界，唯有基督教是一個可以應付並解決人類根本難題的宗教，其改造社會的思想，即是徹底地拋棄了人類世界中所創造出的種種對立或衝突的元素，其中又以經濟問題最為首要。[11]

吳雷川的基督教思想基本上是逐漸形成的，其歷經了一些發展和改變。儘管作為一個舊世界的老學究，吳雷川自接受基督教以來，並沒有發生太多的思想性掙扎。他在論述自己信仰的歷程和宗教經驗的文章中，主要表達了他對於人生的困惑，或是基督教如何吸引或打動他之類的說詞。相反地，他確實很少以「調和者」或「會通者」的姿態來表述他的基督教信仰，因為傳統文化的血液在他的內心之中並不構成什麼衝突，或者可以說，他的思想源於基督教與中國文化的比較或互動。換句話說，當我們要理解吳雷川諸多論及基督教與中國文化的相關文章時，應該留意到他在信仰的自我陳述上，它並沒有將文化之間的衝突作為一個問題去對待，相反的，吳雷川更敏感於對時代或當時中國思潮發展的

衝擊，不管是中國思想界自身的提問（如：「中國社會是一個什麼性質的社會」、「中國未來要往何處」），或是對於基督教的衝擊（如：「非基督教運動」、「收回教育權」），他主要的關注更多在此；他的作品主要都還是以回應「社會實踐」的公共議題為主，而非興趣於「搞學術」。這種趣味傾向在他最為成熟和完整的兩部著作《基督教與中國文化》和《墨翟與耶穌》中均表現得極為清楚，可惜後世對吳雷川的解釋，比較多偏向於學院型的問題意識，結果就偏重他的「儒化基督教」問題，甚少談及他的「改造社會」或「革命的基督教」。

吳雷川受洗皈依基督教之後，最早從事基督教的寫作即是見於《平安雜誌》，吳即擔任該報刊的主筆。《平安雜誌》自 1918 年始，第一至五期為北京宣武門內的頭髮胡同達材學舍發行，自第六至十三期轉由北京象坊橋北安立甘中華聖公會發行，前後只出版了十三期，期間吳雷川共發表了十七篇文章，其中包括了最早的一篇見證信教歷程的〈述信〉，和〈基督教與中國〉、〈述儒教與基督教之論上帝〉、〈基督教救國約說〉等。

從 1920 年開始，吳雷川前後在《生命月刊》、《真理週刊》和《真理與生命》月刊上發表了長短不一的文章。[12] 華北公理會出版部所印行由真理社出版的「真理社小叢書」系列作品中，就有吳雷川編的《主禱文演詞》和《基督教研究課程》，其中張欽士主編的《革命的耶穌》（1922，1927）的真正編者和修訂者即是吳雷川。正如這整個系列的其他作品如張欽士的《為民眾奮鬥的偉人》、《為新世界奮鬥者》，寶廣林主編的《基督受難與無抵抗主義》等標題明顯看出，吳雷川與當時基督徒激進分子所關心和闡揚的主題，無疑處處表達了革命者耶穌或革命的基督教等色彩。

《主禱文演詞》和《基督教研究課程》應該是吳雷川之前在《真理週刊》發表過的文章之集結。前者是吳雷川分別就每一條「主禱文」以

禱文的形式來表示回應，文筆相當感人，基本上反映了吳雷川早期對基督教思想的深刻體會，也可以說是他的宗教情感表露無餘之作，爾後他在「主禱文」上所作的社會性解讀當然也與此息息相關。[13]

吳雷川在日記中寫到：

> 抑所謂《主禱文》者，乃當時耶穌指示門徒，以人生之道義存此意念，非徒誦其詞句而已也。今試略述其義。其所含之教訓，即首言人類同出一源，當彼此相愛；次言人當具尊重公義、改造社會、服從真理之宏願；又次言人類各得所需，故人當知足；又次言人皆有過，故當強恕而行；又次言世途多險惡，當謹慎自持，同時又當掃除社會上一切禍害，使未來之人類同享幸福。其含義有如是之廣博深厚，誠吾人將所宜終身服膺者也。[14]

吳雷川對於革命的基督教思想之闡發，主要是根據耶穌的「主禱文」來展開的。

「主禱文」可以說是基督教改造社會的綱要，當日耶穌教訓門徒祈禱，本不是教他們將這幾句話念一遍就算了事，乃是教他們思想這幾項要義，用來轉變世俗的觀念。如禱文第一句「我們在天上的父」是教人要想到人類皆是弟兄，應當平等博愛；第二句「願人都尊你的名為聖」是教人想到世界上最好是有一個公認的真理；第三句「願你的國降臨」是教人想到人當努力謀求社會的進化；第四句「願你的旨意行在地如同行在天上」是教人想到人人都當服從真理；第五句「我們日用的糧食今日賜給我們」是教人知足不可有貪心；第六句「饒恕我們的罪如同我們饒恕得罪我們的人」是教人要推己及人；第七句「不叫我們遇見誘惑拯救我們脫離兇惡」是教人要謹慎自守，遠離罪惡，努力奮鬥，除去禍

害。吳雷川認為，如果我們常常思想這幾項要義，養成正當的觀念，自然就不至有狹隘、愚昧、懶惰、驕傲、貪爭、妒忌、忿恨等諸種惡行，以至釀成誤國殃民的禍害。所以基督教以耶穌人格為中心，又教人以修養人格的方法，我們能定志效法耶穌，使耶穌的人格常誕生在我們的心中，社會就獲得改造，中國就必定獲救。[15]

經歷非基運動的強大思想壓力，吳雷川總結出了對教會三方面的反思：首先，傳教夾帶著國際強權勢力是不容非認的，但亦不啻抹殺宗教本身的真義。吳意有所指地表示基督教入華是隨著國際侵華勢力打開的傳道之門而來，恰恰與基督教宣揚的愛與公義相悖，基督教應極力扭轉此形象，以更能說服人的道理栽種在中國人的心中；[16] 第二，吳認為教會固執己見且宗派林立，模糊了以傳教為己任的最大目的，教派爭端可以追溯久遠，主因則是各教派之間無法以傳播耶穌作為共同努力的目標而聯合，反倒只重各自的教規、教政能否推行，造成教會根基不穩的現象；[17] 第三，吳認為中國基督徒分子不純，不能有真正的團契，因而就沒有全國聯合自立的準備，因此呼籲教會各界領袖尤其須負起責任，以期做到自養、自治、自傳而努力，並且當改進過往為了增長信徒人數，所採取的各種利益引人入教的不當方法，而信眾之中，有使命有熱情的青年會眾，無法真正擔負起民族復興的重任，實為可惜。[18]

吳雷川清楚認識到，基督教在當時中國的現實中，理應保持更多的反思和自我改革的力量，從而根本地體現基督教的真精神。面對中國當時不平等的社會問題，以及打倒帝國主義、軍閥、資本家或智識階級等呼聲，吳雷川也發出不平之鳴，目的即是要改造社會，求得平等。[19]

而後反基督教運動似有緩和的現象，但到了五卅慘案發生後，又激起全國性的大團結，反對帝國主義侵犯中國主權國格，尤其是青年朋友的愛國運動，成為全國焦點。吳雷川的〈中國學運信仰與使命的商榷〉一文中，標明了社會革命的運動目標，吳說：「我們肯定現在的中國需

要一個社會革命，……革命的步驟是先發動對外的抗爭，從抗爭中團結大眾的力量，然後掃除一切阻礙革命的勢力，以建設為大眾謀利益的新社會。」[20] 吳雷川經常以青年人作為他作品呼籲的對象，他期青年以厚望，認為中國的未來繫於現今青年的人格和使命的塑造上，他為青年愛國的基督教精神發出了幾項挑戰：

一、我是否有修養人格的決心？我的意志是否高尚？思想是否
　　純潔？
二、我是否承認人類應當博愛互助？我平日的行為是否表現這
　　樣的精神？
三、我是肯急公好義不避艱險麼？
四、我是要鍛鍊身體忍受勞苦麼？[21]

吳雷川無疑認為，耶穌即是所有青年的典範，應效法之。

吳雷川身處正值亂世中的中國，不斷強調自己的看法是順天應時，這就是「革命」一詞的本意。作為一介書生，面對國家社會，吳雷川滿懷抱負，不管是在信教前或後，其志不改，不管是面臨社會、教會人士的批判，其志不改，指出在人性貪婪的心態下，既得利益者豈在乎社會動盪、民生國家之安危？我們從他主要的作品中看到，吳雷川並無刻意改變基督教義之嫌（他認為主流的基督教教義太多是扭曲或誤解的產物），反倒是嘗試要以基督教去改造中國，他立志追求且銳意奉行的態度，即是期待基督徒能務實面對中國當時處境，有為之處當為之，才能產生影響社會的力量；另外，更須避免教會本身落入因循舊路而不思進步，自外於社會大眾的情況。因此，教會本色化之路，應以革命為其理想。

至於面對中國故有的傳統和道德，我們可以在吳雷川論及基督教與儒家思想關係之文章中看出他的態度，包括了：〈述儒教與基督教之

論上帝〉、〈基督教經與儒教經〉、〈論基督教與儒教〉、〈聖誕節的聯想——耶穌與孔子〉、〈人格——耶穌與孔子〉、〈基督教之「聖靈」與儒教之「仁」〉、〈基督教祈禱的意義與中國先哲修養的方法〉、〈基督教的倫理與中國的基督教會〉、〈從儒家思想論基督教〉等文。大體上，吳雷川確實比較過基督教與儒家思想的關係，如以「仁」說「聖靈」、「祈禱」無異於一種「修養」、「耶穌」與「孔子」均屬於偉大人格之典範、「天國」如同「大同世界」等，其主旨不過就是想把基督教的思想說清楚，甚至藉此理性地把握基督教的主張。

　　上述的文章經常被許多學者引用作理解吳雷川溝通基督教與中國文化或「儒化基督教」的根據。上述文章的確有許多真知灼見之處，以及在溝通基督教與中國文化的某些方面具有相當重要的見解，但吳雷川通過中國思想來闡述基督教並非要做兩者的會通和比附，《基督教與中國文化》和《墨翟與耶穌》重申了他的立場：借儒書或中國思想來證實基督教，其目的是「解除遺傳的迷信」。[22] 事實上，這種做法並不是要將基督教儒家化或者調和兩者的關係，儘管他的說法主要還是交待基督教與儒家思想有許多方面是一致的，例如他提到基督教的祈禱時，即是說明祈禱就如中國傳統的修身，它主要是表現一種自我，通過祈禱「開拓心胸，恢宏志願，戒貪，明恕，謹身慎行等等，都是教訓為人的道理」，[23]這與他理解基督教作為改造社會或革命是一致的，因為若將祈禱理解為一般宗教迷信式的求神問卜，不僅無助於革命，還阻礙社會的進步。換言之，無論祈禱或修身，都是在「革命」事業上的非常重要元素：

　　　　耶穌一生的目的就是革命，他將他所得於天的聰明才力，
　　乃至整個的生命，完全貢獻於革命的事業，……。革命就是改
　　造環境，自不待煩言而解了。世界是人人有分的，革命決不是
　　一種特殊的事業，而是普通人都應當盡的天職，無論何人，各

> 有他的環境，都可以憑著自己的力量來改造，所以人人都可以
> 參加革命的事功，都是革命的一份子。改造社會，既是人類的
> 共同目的，所以必先預備自己，才能改造社會。[24]

從這些基本的思想旨趣看來，吳雷川根本的目的，還是以闡述革命的問題作為出發點，而不是做宗教溝通或文化調適。所以，基督教在中國的發展，不是要爭取中國文化對它的接受，或去適應中國的文化環境，基督教之於中國在於它是否扮演著革命的角色和作用，合力打造一個新的中國。

從另一方面，吳雷川對儒家或中國傳統文化是採取批判的態度的。

> 二千餘年來全國人所崇奉的孔子之倫理學說，現代已經
> 喪失其權威，那麼，猶太人耶穌所創的基督教，到現在也將
> 及二千年，他的倫理學說，怎樣還盼望能在中國應用呢？不
> 知基督教與孔教，根本就有所區別，孔教重在「則古昔，稱先
> 王。」以整理維持現狀為目的，一切的設施，在當時足適應環
> 境的，是治世的，因而就是有時代性的。基督教則是提出最高
> 的原理，以改造社會為宗旨，他的論據，總是不滿意於以往和
> 現行的制度，與當時的社會不能調，以至受人排斥，目為怪
> 異……。[25]

換言之，吳雷川認為儒家的思想與基督教根本的差異即在於，一個是保守的，一個是革命的：

> 儒教是有時代性限制的教義理論，且以尊君護王權為的是
> 維持現狀為本，其倫理規範常隨著時代處境而變，也失去其權

感性；反之，基督教的本質恰好相反，它具有超出現世的更高
原則性，也就不受限於某一時代的社會倫理處境，而須削減其
真理標準以適應之。[26]

而且他進一步說，由於種種不合事宜的弊端，孔教的「舊道德」如擁護
王權、父權、男女不平等勢必淘汰，「基督教的倫理是要來取代孔教的
倫理的」。

吳關於禮教的批判也是相當徹底的：

　　人情本是出乎自然，但自然之情，有時覺得太率直而樸
素，所以要有禮以文飾之，使之紆徐而閒雅，有藝術的意味，

◆ 吳雷川與燕京大學同事合影（燕大校園裡培養了不少「紅色基督徒」，他們對共產革
命有著一種源於基督教般的熱情，更實踐著燕大校訓的精神。圖片來源：作者翻拍自
《燕京大學文史資料》）

總之是要加上一番人為的工作。……因為禮既有文飾的作用，就有虛假的弊病，所以積極教人要保持著忠信。……總起來說，中國所謂禮教，在節人之情一方面，持之太嚴，不免違反自然，使人屈伏。而在文人之情一方面，又因為過於文飾而斲喪了自然，就引人走入詐偽的路。禮教顯然有此兩弊，是研究社會底人值得注意的。[27]

又如他在〈中國舊道德價值的重估與基督教〉一文所主張的那樣，中國當時所面對的，即是如何盡量打破「舊道德」，以為「新道德」創造更多的機會，「對於舊日所謂綱常名教，務欲其摧毀無遺」，[28] 革命的基督教在此關鍵時刻即是發揮除舊更新的作用，也只有基督教可以為中國播種一個進步的未來，這種觀點在 1940 年出版的《墨翟與耶穌》書中，仍然予以強調：

> 到了現在，中國因著世界潮流的震盪，各方面都有劇烈的變動，儒教外表的權威既已成為過去，法家的精神還有待於徹底的改造而後實現，至於道教與佛教，其不足為國家社會間的質幹，自不待言。所以為應付時代的需求，實有別立質幹的必要。我們合理的觀察，就是希望墨、耶一派將要代之而興。[29]

吳雷川思想前後一貫，對基督教的理解，始終都就革命方面來予以把握，他對中國思想的興趣，仍然是在革命的問題上，所以我們可以明白何以墨子成了他進一步闡發基督教的楔子，因為當時學界正興起一股「墨學熱」，這場復興墨學的運動一方面是批判儒家，一方面是傾向於社會主義思想。無疑地，吳雷川與上一本書《基督教與中國文化》在回應「社會史論戰」一樣，《墨翟與耶穌》更清楚地靠向社會主義。這裡我們

再一次證明，吳雷川的基督教思想為何不應理解為是一種文化調適，如果他的主張仍然是所謂「本色化神學」，其所謂的本色即是當時中國的現實，這個現實即是進步與革命的問題，關於這個問題，吳始終關注的即是究竟基督教在之中可以起著何種程度的作用。

《墨翟與耶穌》誕生於隨處充斥著革命氣氛，各種主義瀰漫的二十世紀初的中國，吳雷川在該書中把耶穌徹底刻劃為一位革命家、一位天國主義實踐者。《墨翟與耶穌》的寫作風格與《基督教與中國文化》沒有太大的差別，即是針對書的標題所述而分別論述之，同時，在思想立場上也未見有何轉變，基本上是更進一步地發揮前一本書寫作的論旨，針對耶穌的生平和思想，在篇幅的安排上，特別作了更多的說明。

墨學在五四時期成了一個解放的力量，根據梁啟超的說法，墨學復興打破了儒學獨尊的局面，更是提振了思想的救世之道。當時流行一種說法，認為墨子與基督教有著深遠的關係，一是「西學中源說」把基督教說成是源自於墨學，梁啟超曾說：墨子是個小基督，從別方面說，墨子又是個大馬克思。馬克思的共產主義是在唯物觀的基礎上建設起來的，墨子的唯物觀比馬克思還極端。[30] 因此，從相關方面理解，把墨子比作基督和馬克思，其共通點即是社會主義的思想，故此梁啟超說：「墨子之政術，非國家主義，而世界主義社會主義也」。[31] 吳在《墨翟與耶穌》一書一開始就旗幟鮮明地透露出，認同社會主義改革的傾向，而所謂社會主義即是要從經濟基礎上改造世界，推翻現時代的資本主義，並取而代之。《墨翟與耶穌》可以說是在當時代的墨學復興浪潮中找到了一個契合點，這個點顯然絕不是本色化神學的問題，而是革命神學的問題，吳雷川在墨子的思想中，找到將耶穌解釋為一位社會革命者的契合點。

中國的希望在社會改革，而改革的成敗在於耶穌的理念能否實現，這是吳雷川篤信不疑之事。吳雷川更視耶穌一生的目的就是革命，他將一生所得於天的聰明才力和整個生命，完全貢獻於革命事業。並且，耶

穌的革命理念，在吳雷川看來是順天應人之事，尤其是到了民國之初，凡事以革命為榮，因為革命的意義就是改革。[32] 作為一位基督教社會主義者，吳雷川接受唯物論者的觀點，認為「社會的結構，是以經濟構造為下層基礎，以政治制度與意識型態為其上層建築。而社會的變革，便是因經濟基礎有了變動，以致影響到上層結構也必變動。」[33]

除了序言和結論外，《墨翟與耶穌》分成四部分：墨翟略傳、墨翟思想的研究、耶穌略傳、耶穌思想研究。吳雷川主要在此清楚地刻劃了兩位歷史上的偉大人格，他們均以改造社會為旨趣，他們的理論和行動均以建造社會為根基，從而展開除惡務盡的革命。把耶穌與墨翟相提並論，其意在於將兩者皆視作社會主義者，關於耶穌，吳雷川在整體上都是根據考茨基的《基督教之基礎》予以發揮的。《基督教之基礎》對原始基督教的形成及其帶來無產階級的革命有著極為深刻和創新的解釋。於是我們就可以理解，吳雷川崇墨的思想理由仍然是旨在闡發基督教的革命思想，同時也間接地回應了趙紫宸的評論，基本上即是表示他的思想立場並未鬆動，並且還有更為強化它的理由。

在〈馬可九章三八至五零節演義〉一文中，吳雷川解釋了〈馬可福音〉書中的一段經文，認為該文是耶穌教導門徒要有「公心」，有公心者則不好名和必務實。一般上，務實者必好名，不好名者則不務實，尤其是後者，他認為凡不務實者，好自欺欺人，是私心所為，若以不好名為由，經常變得不務實，故兩者都有其優缺點。吳雷川將兩者的優缺點作辯證式的理解，所以不好名是不足夠的，還要務實。同樣地，一個人務實但一定要不好名，這樣才符合耶穌教訓人「以上帝的心為心，即是所謂的公心」的道理。[34]

吳雷川應該被歸類作一位「公共神學家」：「耶穌承認宇宙有一最高的主宰——就是上帝，並且以上帝為我們人類公共的父。」[35] 這位「公共的父」眷顧所有的人，不偏袒任何人，上帝主持公道，即源於他的

「公心」，而且耶穌的人生觀即是源於上帝的旨意，實現天國是所以人生的唯一公共的目的，意即改造社會。

　　毛澤東曾在一次與司徒雷登的會面中，令人玩味地向曾任燕京大學校長的司徒雷登感謝燕大的畢業生，說他們有許多都「到後山去了」。[36] 燕大的精神即是社會主義精神，這沒有任何誇大之嫌，燕京大學的校訓「因真理、得自由、以服務」即是吳雷川思想精神的體現。

> 我們只要求你的國和你的義，
> 　　就必能得你的賞賜。
> 你的公正，是無陂不平，
> 你的憐憫，是無微不至。
> ——吳雷川，〈聖誕禱文〉

「耶穌爲基督」

　　《基督教與中國文化》一書出版不久，即招來了同是燕京大學同事舊好趙紫宸的嚴厲批評，這篇文章發表於《真理與生命》月刊第十卷第七期上，標題為〈「耶穌為基督」——評吳雷川先生之《基督教與中國文化》〉。[37] 截至目前所見各方對吳雷川所做之研究和批評中，這篇書評可以說是最為尖銳且難以抹除的深刻文章，一方面表現出了趙紫宸作為「神學科班」的學術功底，一方面也突出了吳雷川基督教思想致命性的要害。當然，也正是通過了這篇書評，吳雷川的思想特性和立場才得以被看清楚，即清楚地呈現了一條在中國做神學可能與傳統以來西方做神學的方向和問題意識不一樣的地方。

241

◆《基督教與中國文化》封面（在「本位文化派與西化派」之爭中，提出基督教文化可供未來建設中國茲作參考的價值。圖片來源：作者翻拍自原件）

在書評的標題上，趙紫宸選用了《基督教與中國文化》第四章的標題：「耶穌為基督」作為回應，直指該書的問題核心，正如所有論及基督教思想的著作一樣，對於「耶穌何以是基督」的問題與解釋，將決定性地產生一種相應於它的神學思想，正是這個問題作為一切問題的核心，將決定著該種思想是否成功或具理由。趙的做法無疑是正確的。

比起當時一般的書評，這還算得上是一篇篇幅頗長並論述極深入的文章，幾乎毫不留情面、鞭辟入裡地分析《基督教與中國文化》全書的弱點，即提出究竟吳雷川解釋的耶穌有何《聖經》的根據，這種解釋除了其相關的理據外，其同時將涉及到「基督教何以是基督教」？或者，為什麼是基督教而不是別的宗教？到底基督教的獨特性在那裡？換言之，趙認為，吳雷川所解釋的耶穌根本得不到《聖經》相關經文的支持，其同時將帶來一個更為根本的問題：在對耶穌所作的這種解釋下，基督教還有其獨特性嗎？究竟基督教是否必要的，如果這種基督教不再需要上帝，其是否僅僅是改造社會的一種思想？

梵德比大學（Venderblit University）高材生趙紫宸無疑展現了他的神學專長，而且公允地說，趙的批評差不多完全否定了《基督教與中國文化》這本書的價值。趙首先指出，《基督教與中國文化》最為核心的思想即是指耶穌是一位革命家或社會的改造家，而且更為直接的是，吳雷川認為，耶穌最原初的理想即是要來作猶太人的王，換言之，耶穌從

一開始即是要從事政治改革工作的，只是這個想法後來遭到自我修正，轉向於宗教，變成了一位宗教家。關於這一點，吳雷川在書中的確說得很清楚：

> 他的計劃，正是要作成一般猶太人所想望為君王的基督。[38]

從對取得政權的計劃，轉而變成了傳播「主義」，主要是因為經歷了約翰被逮入監並死於牢中，以及民眾認知的差距。換言之，耶穌原來是充滿著改造現實的理想和熱情的，其手段也是無異於一般的政治行動和做法。基本上，耶穌一開始就對「變更經濟制度」和「解決民生問題」有濃厚的企圖心，當然，對於羅馬的殖民統治，同樣是予以關注的。[39]

　　吳雷川要我們注意的是，耶穌自始至終都沒有否定他是基督、是來作猶太人的王的。正是出於革命的必要，耶穌毫不猶豫地承認自己的動機和理想，而且，這種情況在耶穌死後，卻被他的門徒所遺忘或放棄了，只專注於個人的得救，完全忽略了社會改造這個初衷。[40] 正是這一點，趙紫宸批評吳雷川完全是憑空想像的結果，認為「耶穌要作政治的君王的證據，《新約》裡完全找不出來的」。[41] 趙紫宸詳細地列舉了相關經文來說明，一種「政治上的基督」或作為「君王的基督」都是吳的想像，沒有得到相關經文的支持。

　　在神學上，趙紫宸根據一種「終末論」（或譯「末世論」）來力證耶穌並不是來實現一個地上的天國，相反地，他向門徒不斷地傳達了他對於種種世俗天國或權勢之見的否定。換言之，這是一個將來的天國，是屬靈的國度，不是地上的國度，所以耶穌是一位精神領袖而非政治行動者：

> 耶穌的父家——天國——是一個心靈之域，而不是一個世界上的國家。……

> 耶穌所謂君王，其意義與世俗之所謂君王不同，……
>
> 我們不能盡量舉引經文，只得略引《馬太福音》數處，以證實耶穌的天國並不是一個有時間空間限制的世間的國，因此耶穌也不是這樣一個國裡的君王。[42]

如果按晚近諸多關於新約研究或四福音書與政治方面的討論，吳的思想表現實屬超前，儘管他並未接受過任何正式的神學教育，對《聖經》的研究也極端粗淺，但是他的論點在今天看來並不稀奇，這就不得不令人驚訝，吳竟然可以通過自己的想像，取得了一種甚至比趙紫宸更接近晚近的成果，耶穌作為政治性的彌賽亞絕非空穴來風，吳的論點基本上可說是正確的，只是吳沒有具備相應的能力可以回應或反駁趙，結果只能對趙的批評沈默不語。[43]

趙紫宸總結出一段話，行文中無疑透露了他的思想傾向：

> 只因耶穌沒有顧到經濟制度，也沒有想作世界上的君王，所以在他出來傳道不久的時候，能從容閒雅地將這些美好的詩文教訓人，使人的心靈因此從物質生活的束縛中解放出來而進入於信仰的海闊天空之中。[44]

原來，他針對吳雷川的批評，正是根據趙一直以來對於耶穌所作的理解——耶穌是詩人，而不是政治家。關於這點，仔細地閱讀其最具代表性的著作《耶穌傳》就可得知，別忘記，《耶穌傳》不過是早《基督教與中國文化》一年出版。換言之，兩者的差別恐怕不是有無經文上的支持，而是如何解釋這些經文的問題，因為在基要派的神學前提上，趙的耶穌傳在經文上也未必獲得通盤支持。從另外一個角度來看，趙紫宸在《耶穌傳》中並不採取末世論的方式來理解耶穌，甚至種種關於將來的

末世色彩都可以說是門徒對耶穌的誤解，令人費解的是，趙竟然用自己也不採信的神學觀點來批評吳，實在是有欠厚道。[45]

事實上，吳雷川與趙紫宸的差別，恐怕是出於他們個人思想傾向或氣質的不同，也許這種說法太過於強調作者個人因素。但要是我們從某些新約學或神學的研究上來看，吳雷川的解釋同樣可以找到許多後來學界研究成果的支持，就以「解放神學」或「耶穌政治」的神學觀點和《聖經》詮釋學的理解來對照，趙紫宸之見也不過是「一種」神學立場，換言之，儘管吳雷川沒有留洋，也讀不懂洋書，更談不上對「神學」有基本的素養，但吳雷川的解釋卻遠遠地早過於拉美的解放神學，堪稱足以「改寫」世界神學發展史。

趙批評吳的基督教思想源於一種對宗教的定義或解釋，由於他將宗教僅僅理解為一種社會力量，因此也就取消了人神關係這方面的主題；換言之，若只以考慮宗教的社會功能作為前提，其結果當然也就無須去考慮上帝是否存在，人與上帝之間的一種崇拜關係自然也就不是重點所在，說到底，「上帝」是不具位格性的，我們根本就不須考慮與祂建立何種關係，充其量也就是一種「欲求」或「渴望」。[46] 關於這點，布洛赫（Ernst Bloch）對基督教的解釋，與吳雷川竟有非常相似的看法，他的《基督教中的無神論》（*Atheism in Christianity*）寫於 1968 年，即是說明基督教即是源於一種對「未來」的渴望或欲求，儘管布洛赫用了「烏托邦」或是「美好的想像」這類精彩的學術語彙，但意思卻是一樣的，吳雷川關心的即是一種「自由的王國」（用布洛赫的話），耶穌改造社會之旨，無疑即是徹底實現一種新社會的到來，這樣的社會是以平等、自由、博愛為原則，其具體的結果即是達到廢除財產佔有的制度，以實現物質的平均分配。[47] 正是這一點，吳雷川的思想即是一種「馬克思主義的基督教」或「基督教共產主義」的思想，關於這一點《基督教與中國文化》第三章已經說得很直接了。

趙紫宸相繼針對第五至第八章作批評，其中即是涉及到基督教與中國文化的關係問題。[48] 我們都已清楚地認識到，吳雷川的《基督教與中國文化》這本書，其論旨主要是間接參與了 1935 年間發生在「全盤西化」與「中國本位文化建設」之間的論戰，關於這一點，我們會在下文論及「中華現代性」時詳述之；其實，趙紫宸對吳雷川有關中國文化理解方面所作的批評，正是出於同樣的思想前提，對趙來說，中國文化是一個精神性的問題，但吳則認為是一個物質性的問題，後者明確地將自己與他同時代對中國歷史所進行的「社會史」解讀聯繫起來，換言之，趙沒有捉到這個問題意識，以及當時史學界對中國史所作的社會（經濟）史解讀，所以他也就不明白何以吳雷川不厭其煩且大篇幅地直接引述陶希聖、李麥麥、夏曾佑等人作品之原因，而且趙還以發現到吳雷川竟遺漏了中國的美術文藝而洋洋得意，像是在說吳對中國文化沒有常識一般，略帶譏評之語氣，孰不知，這也同樣表現出趙不明白吳雷川何以思想偏向於此，沒有捉到他的問題意識。雖然趙注意到吳重視的是「未來」，但他不理解，關於「全盤西化」與「中國本位的文化建設」之爭正是論及中國的「未來」，吳雷川當然了解中國文化中詩文藝術的重要性，但面對中國當前的情勢，吳比趙更把握到了基督教的現實性，也就是：基督教在中國的命運及其在未來中國是否占一席之地，將取決於如何參與中國現實的社會改造有關。關於這一點不是趙批評吳的那樣，以此使基督教變得可有可無，相反地，正是這場現實的參與，令基督教無法缺席，或應取得一席之地，這正是其他任何的什麼「主義」所無以取代的。

　　《基督教與中國文化》第四章的篇幅在全書的篇章比例中算得上比較短的，當然也是正如趙紫宸所看到的那樣是全書的核心。我們留意到，在《基督教與中國文化》第四章論及「耶穌為基督」的內文中，提及了祈禱，提及了「主禱文」，而關於「主禱文」的解釋，正是吳雷川基督教思想最為核心的內容，正如他所言：

> 他又嘗以祈禱時應有的思想教訓門徒——就是現今所稱為「主禱文」的——其中卻包含著改造社會的綱領，⋯⋯。[49]

對此，我們當好好地留意吳雷川對主禱文所作的解釋，這是他改造社會或革命的基督教的思想根據與泉源。

作為中國「最後一位」翰林，吳雷川有如此「激進」的思想，在其同儕中實屬少見；而且作為中國少有的「儒生基督徒」，其視基督教為「革命」而非僅僅是宗教，在那個年代的基督教圈子裡面，已遠遠地超過「社會福音」一詞所界定的界線，無怪乎吳耀宗在為《基督教與中國文化》寫序時，都不免批評他幾句，認為吳雷川主張的暴力革命是與基督教的基本思想不相容的，基督教是「絕對唯愛的」、「非暴力的」。[50]事實上，絕大部分的基督徒恐怕都會與吳耀宗一樣，對這一位「翰林基督徒」以下這段話極為不安和不能認同：

> 基督教唯一的目的是改造社會，而改造社會也就是尋常所謂革命。縱覽古今中外的歷史，凡是革命事業，總沒有不強制執行而能以和平的手段告成的。⋯⋯所以有人高舉唯愛主義，說基督教不可憑藉武力以從事革命，這種和平的企望，我們在理論上固然應當贊同，但從事實著想：如果要改造社會，就必需取得政權，而取得政權又必需憑藉武力，倘使基督教堅持要避免革命流血的慘劇，豈不是使改造社會底目的成為虛構以終古？[51]

於是他認為耶穌基本的想法亦是如此：

> 他必是本著個人的經驗，深知要徹底的改造社會，既不是

愛與和平所能成功，而真理又不能因此就湮沒不彰，於是革命
流血的事終久是難於避免。他預想將來必要經過革命流血的慘
劇，……但基督教既是革命的宗教，如果將來革命要走上這一
條路，我想基督教決不能是置身事外。[52]

事實上，我們可以大膽地說，吳雷川的思想不是在任何「激進神學」的
影響之下形成的，我們找不到任何的證據可以證明吳雷川受到什麼「自
由派」或「左派基督教」神學的影響，別忘了劉廷芳曾「公開」說出吳
的學術「底細」：不懂外文，所有關於基督教思想的理想都是通過中文
翻譯本獲得的。

　　所以，吳雷川的思想可以說完全是從他自身的經驗而來，這樣的
經驗來自他個人，亦來自於那個時代的氛圍。換言之，不管我們如何
定義吳雷川的基督教思想：新派、自由派、社會福音、社會主義、共
產主義……不一而足，或如他自己稱之作「改造社會的基督教」，我們
無疑可以概括地說他思想是一種「解放神學」，儘管這個名詞是很久之
後針對拉美的神學形態所構想出來的一種神學，但對於一直援用至今，
所冠予吳雷川「本色神學家」一詞的說法，應該考慮放棄它，因為「本
色」一詞極容易使人望文生義，將之理解作「具有中國文化色彩的基督
教」，結果各種加諸在吳雷川身上的「儒化基督教」說法或問題意識就
成了一種習以為常，事實上，「本色」原來意指的是「處境」並非思辯
或傳統，它更多是指一個以具體的政治社會環境來構思何謂「本色」，
吳雷川的《基督教與中國文化》應如是解。

改造社會，既是人類的共同目的，

所以必先預備自己，才能改造社會。

——吳雷川，〈基督教與革命〉

基督教與中華現代性

謝扶雅認為，《基督教與中國文化》一書中對中國文化偽道學部分加以抨擊，亦可見吳當年心中期望朝氣蓬勃的「中國基督教學生運動」能培養出基督徒青年領袖，共本「耶穌的精神」，承擔建立新社會的歷史使命。[53] 這個觀點基本上是正確的，即吳在「自序」中所言：

而我個人之所以勉力寫這本書，更是以青年學生為對象，很希望現代的青年學生——無論是基督徒或非基督徒——都能瞭解耶穌，瞭解基督教，因而負起復興中國民族，為中國創造新文化的重任。

本書可以說是吳雷川應吳耀宗之邀而寫成的，在短短的九個月內完成，全書約十萬餘言，分作十章：引論、耶穌事略、耶穌訓言綱要、耶穌為基督、基督教在世界歷史上的價值、基督教與中國的關係、中國文化以往的檢討上（學術思想之部）、中國文化以往的檢討下（政治社會部）、中國文化未來的展望、基督教更新與中國民族復興。

在「基督教與中國文化」這樣的標題之下，吳雷川提醒讀者不應將之理解為一種「比較」，更不是要「儒化基督教」，一切均著眼於「基督教之於中國的未來」的問題上來探討上述之問題：

寫這本書，固然不可抱著狹隘的偏見，高舉所信奉的基督

教而任意批評中國固有的文化，也不必有意地要將基督教與中國文化對比，解釋二者的異同或得失。因為若是照那樣寫法，總不免將本問題的範圍縮小。我於是決定我的寫法：（一）將基督教與中國文化分別論述，使它們各自有其園地，公開地任人觀覽與批評。（二）不注重以往和現在而注重將來，示人以進步的思想。（三）以中國為重心，無論是說明基督教，或是討論中國文化，無非求有益於中國。[54]

吳雷川的問題意識與所有與他同時代的中國知識分子一樣，思考著「中國何去何處」的問題，所以，吳不是在處理教義性或義理性的問題，他所冀望的即是基督教如何參與形塑或改造中國命運的這場運動。

吳雷川在第九章「中國文化的未來展望」提及有人提出「中國在文化領域中是消失了」的警言，[55] 這句話即是全書的問題所在，我們必須留意到吳雷川在第一章的「引論」中已經鋪陳他的問題，因為全書的焦點即是討論「中國本位的文化建設」的問題。時為 1935 年，熟悉民國思想史的人都知道，吳雷川寫作本書時，學界正陷於「本位文化」與「全盤西化」的爭論之際。同時，第七章「中國文化以往的檢討上（學術思想之部）」和第八章「中國文化以往的檢討下（政治社會部）」大量引述相關學者和相關論點，包括夏曾祐、陶希聖、李麥麥等人，基本上也與從 1931 年到 1937 年間「中國社會史論戰」有關，對此我們應該從此一思想史的脈絡下來理解吳雷川探討「基督教與中國文化」的本意究竟是在什麼樣的一種問題意識底下進行的，換言之，要準確地把握《基督教與中國文化》的問題意識，必須先來理解「中國本位的文化建設」和「中國社會史論戰」。

民國二十四年（1935）一月十日，十位教授學者於《文化建設》月刊第一卷第四期上聯合發表了一篇題為〈中國本位的文化建設宣言〉

（又名〈一十宣言〉）的文章，作者包括了王新命、何炳松、武堉幹、孫寒冰、黃文山、陶希聖、章益、陳高傭、樊仲雲、薩孟武。〈宣言〉之後轉載於各報章雜誌，接著受到各界的反響，引起了一場牽涉人數極多、議題極廣的論戰，形成了「本位文化」與「全盤西化」兩派人士的激烈論戰。事實上，「全盤西化」派發表論點的時間較早，1929 年胡適就已提出「全盤西化」一詞，之後陳序經於 1932 年出版《中國文化的出路》一書，更是全面論述了「全盤西化」的觀點，但真正掀起這場論戰的，卻是在〈宣言〉發表之後。

〈中國本位的文化建設宣言〉中說到：

在文化的領域中，我們看不見現在的中國了。

又說：

中國在文化的領域中是消失了；中國政治的型態，社會的組織和思想的內容與形式，已經失去它的特徵。由這沒有特徵的政治、社會和思想所化育的人民，也漸漸的不能算得中國人。……中國是中國，不是任何一個地域，因而有它自己的特殊性。同時，中國是現在的中國，不是過去的中國，自有其一定的時代性。所以我們特別注意於此時此地的需要。此時此地的需要，就是中國本位的基礎。[56]

這十位教授學者聯合發表的宣言，引來了非常多的討論，表面上他們是在回應以胡適和陳序經為主的「全盤西化」之論點，但我們可以很清楚地發現，這些爭論根本的焦點即在於「中國未來該走何種道路」，什麼樣的思想、社會和文化可以真正回應中國此時此地的需要，正如後來編

輯出版論集時何炳松總結所說的：

> 其實我們的初衷無非想矯正一般盲目復古和盲目西化這兩
> 種不合此時中國需要的動向，此外別無他意。所以我們的宣言
> 假使能夠引起大家注意這兩種動向的危險，或者至少能夠激起
> 主張這兩種動向者能各加一番反省的功夫，那我們的目的就可
> 算達到了。因為我們少數人所能做的只是指出一個可能的方
> 向，至於怎樣走向那個方向，達到建設文化的目的，那是我們
> 大家所應同負的責任。[57]

這場思想論戰主要是涉及到「如何建設」的問題，儘管「中國本位」是首先被考慮的，但那不過是代表它的主體性，至於這個主體性的內容是什麼，當然才是應該被討論的問題，而且，討論的過程中產生了對「什麼是中國本位」以及如何批判地「建設」以中國本位為主的文化，正是問題的焦點。

吳雷川的《基督教與中國文化》即是順應著這樣的問題意識來思考問題，他認為「中國本位」基本上是不成問題的，但成問題的則是到底該如何「建設」，又該用何種方式來建設它，以中國為本位的文化建設無一倖免地必須先清理過往已然存在的中國本位文化，面對將來，什麼樣的建設是符合中國本位的，什麼樣的建設可以解決目前「本位文化」與「全盤西化」兩派人士所共同關注的問題。吳雷川無疑主張基督教是未來在建設以中國本位為主的文化上必然要認真思考並可茲接受的一個方案，因為在中國的建設問題即是如何實踐革命，基督教之於中國本位的文化建設上，即是「除舊佈新」，這恰好是不論傳統派或西化派所無法實現的。

但是，當我們探討未來之際，不可能不首先去理解中國究竟是什麼

樣的社會，它的社會性質是什麼，認識到它存在的現狀，才可能為建設
提出確切的方案。吳雷川指出：

> 中國以往的不自覺，是受了二千多年君主專制和沒有外族
> 文化相比較的害處，現時的自覺，當然是受了世界文化交流之
> 賜。所以中國現時的一般學者，無論他是要復興中國固有的文
> 化，或是要充分承受世界的文化，抑或是不守舊不盲從而創造
> 建設此時此地需要的文化，總之是要為未來的文化想辦法。[58]

正是這個問題，吳雷川留意到了另外一場著名的論戰：中國社會史論
戰。這場論戰持續時間之長、規模之大、涉及人物之多以及鬥爭之尖銳
激烈，都是前所罕見的，它不單單是一場尋常的學術論爭，而且是一場
背景複雜的政治鬥爭。[59]

　　我們特別留意到了，《基督教與中國文化》第七章和第八章兩章在
「中國文化以往的檢討」方面，大段引述了有關中國社會史論戰的作品
的原文，包括了夏曾祐的《中國古代史》、陶希聖的《中國政治思想
史》、李麥麥的《中國古代政治哲學批判》，加上楊東蓴的《本國文化
史大綱》等，他們都相當程度地持唯物史觀的立場，分析方法上對經濟
制度、生產力、生產關係之類尤其注重，李麥麥尤其注重階級鬥爭的分
析。其他包括馮友蘭的《中國哲學史》和梁啟超的《先秦政治思想史》，
雖然後兩本書不涉及到中國社會史論戰，但馮友蘭的實在論立場以及梁
啟超的社會主義偏向，都一再顯示出吳雷川的思想傾向，這也就說明了
他始終都以中國現實社會的問題為思考的焦點，同時其思想立場上更多
偏向於具有社會主義色彩的觀點，甚至同情唯物論的觀點。

　　中國社會史論戰的中心問題是：當時中國社會的性質是資本主義，
封建主義，還是半殖民地半封建的？認識到中國現階段的社會性質，也

就直接影響到究竟中國未來將往何種道路的判斷，同時接受了對於中國社會史的深刻反思和批判，期待一種革命的到來也就成了政治上最為直接的成果，反對帝國主義、無產階級革命等立場越來越成了當時思想界的一種共識。

儘管它的現實意義明顯大於學術意義，各派學者的爭論，不管背後存在著什麼政治意圖，它們基本上都是想解決一個知識社會學的問題，認識到中國社會性質，才可能為中國的未來謀求其正確的出路。這即是吳雷川關注參與並以基督教的立場對此問題作出回應的理由所在。由於明顯熟悉此場學術論戰，吳雷川也藉此表現出他的政治傾向和主張，這從他在第九章論及「中國文化的未來展望」時提及像葉青（任卓宣）、林癸未夫（日本經濟學家）等的論點看來，他的社會主義主張是非常明確的，只是他仍堅持從基督教的觀點出發來實現這場革命，不管是反對帝國主義或是無產階級革命，基本上他並不反對，但前提即是建立在耶穌的人格和其天國思想之中，而這個主張的基礎卻是唯物的：

> 須知中國現時的急務，就是要使物質的生活人人各得所需，同時又要使人人都知道節約自己，服從並維護社會的公律。等到第一步實現之後，所謂精神生活，即一切道德的觀念，自然更可提高。[60]

所以，吳的論點非常明確，基督教不是一種唯心論的主張，它非常重視物質生活，所以基督教在改造社會方面，就不是一種消極意義的「人格救國」，它的革命性也不在於一種抽象的「精神革命」，經過了中國社會史的回顧和其性質的定義，中國首先需要的是一場物質革命，它表現在政治和經濟革命上，基督徒在這場革命的行動中，一方面要承擔起領袖的任務，另一方面則是隨時準備好犧牲自己，革命是不可能不付代價

的，正如信仰是不能不捨棄更多的，這一點正是耶穌的真正精神所在，基督徒說效法耶穌，其意即在此。

《基督教與中國文化》顯然不是爾後所有與此題目相近的論著那樣，旨在溝通基督教與中國文化，以化解其間的差異或衝突。吳雷川對此「比較研究」的工作並不感到興趣，或者說，作為基督徒，學術不是他真正的旨趣，現實才是他思考並實踐信仰的場域。這也就是為何吳雷川在該書的一開始要進行公開的「信仰告白」，如此的表白莫過於要說明基督教的命運繫於中國以至於全世界，面對日愈混亂的時局和不確定的將來，基督教有一股理想和穩定的力量，他認為自己的生命見證可以說明這一切，但他更相信，說服了他的耶穌人格和社會綱領，是全人類所共享並追求的典範。關於這一點，吳雷川從來沒有懷疑過。

就中國文化的部分，吳雷川在檢討諸子百家在學術思想及政治社會的過往發展之外，更進一步提出其未來的展望；就基督教部分，不但分析基督教在世界歷史上的價值、基督教與中國的關係，並提出基督教的更新與中國民族的復興。

緊接著中國社會史論戰和文化建設爭論的問題意識，吳雷川一方面把握了思想界對中國所作出的診斷，也清楚在各種主張中越來越明顯的思想走向，當然，他更把握了對中國文化的全面性檢討，以作為提出基督教的思想時有其相應和準確的反應。《基督教與中國文化》對於中國文化的批判是顯而易見的，當他越發現儒家之弊，他更加篤定基督教的優點，並從中歸納出何種基督教主張或思想可以提供傳統儒學所不及或不足於解決現代中國的弊端。

所以，吳在該書中指出，兩千年來中國封閉在自己的天下觀中，缺乏外來文化的競爭而致落後，歷代政權藉由「陽儒陰法」使民本思想形同虛說，進行改革時又無法擺脫古人尚古、保守思考特點。[61] 通過李麥麥所作的分析，吳也指在這種封建社會之下的孔子思想也是成問題的。[62]

中國在春秋末期至秦併六國前，是封建制度崩潰之時，也是學術思想最發達時代。到了王權一統之後，即便如孔子者，也視君主專制制度為固定且理所當然之體制。[63] 並且，帝王所轄之域即為天下，如《詩經》所說「普天之下，莫非王土；率土之濱，莫非王臣」，而無視於其他民族的存在，總是以蠻夷戎狄等污穢之號稱之，而不能以平等互通待遇相處。吳認為，正是在這種誇大自詡的心理下，蹈常習故地過了二千多年，失去了競爭比較之機會，造成進步遲滯。[64]

換言之，中國文化傳統在儒學附和下，政體變成禮教束縛捆綁，已盡失人性自然情感，也成為國家發展的重大阻礙。甚至，國人對於宗教的需要，趨向功利範疇也是不爭的事實，有貴族為政治目的而信宗教；有一般人為求福或免苦而信宗教；有因哲學或宗教思想而研究宗教；有因不滿現狀而利用宗教以為反抗的工具者。[65] 另一方面，通過對中國學術文化史的重新解讀，吳雷川也對照並總結出對基督教的社會政治史的解讀，一方面留意到基督教演化發展中加夾了不少教條化或腐敗的現象，同時也想正本清源地回到耶穌對天國的講述和其實踐的主張。

吳雷川語帶預言地說到基督教和中國文化的「未來」：

> 有些信基督教的人們，總還是渴望基督教在中國文化得著相當的地位，彷彿是要求中國文化的承認。但在我看來：此種願望，似乎是大可不必，並且在現代已不合實際的需要。因為，從過去一方面觀察，這多少年來，西方的學說、藝術、制度、禮俗等等，很自然地傳播到中國，中國也很自然地接受而仿效，其中有好些是由基督教直接或間接地介紹而來。現時的中國文化，似乎早已含有基督教不少的成分，何必再要求承認？更從未來一方面設想，現時中國文化的自身正在謀求新的建設，基督教若還要求中國舊有的文化承認，豈不是多費一番

周折，將至徒勞無功？所以我以為：當此世界一切正在大轉變
之中，基督教與中國文化將有同一的命運，它們必要同受自然
規律的約束，同有絕大的演進，同在未來的新中國中有新的結
合，這是可以預言的。[66]

因此，不管是基督教或是中國文化，吳雷川都是以一種社會批判的眼光
對兩者進行分析，在經過他的深思熟慮之後，他強烈地表示基督教是革
命的，中國未來的文化建設是關於如何改造社會的問題，種種的社會史
觀察已為我們指出了社會的現狀和弊端，基督教在參與中國未來命運的
探索中，將以一個革命者的姿態予以實現，一方面解救中國的困境，一
方面則使基督教真正在中國的土地上發芽、結果，結出自由、平等、博
愛的豐碩果實。

> 基督教從社會改造底目的方面來講，完全是唯物的，
> 而從個人修養底工夫方面看，又可說是傾向於唯心的。
> ——吳雷川，《基督教與中國文化》

改造社會

　　中國社會兩大弊病，一是制度上的不平等而處於衰弱不振，一是人
心中的不公義而產生混亂不安。前者，須以基督教的社會改造以革除
之；後者，須以基督教的人格革新以改變之，兩者兼具唯物和唯心兩
方面，也是社會福音與個人福音的辯證綜合。在《基督教與中國文化》
中，吳雷川最主要的思想有兩方面，一是社會經濟史的批判性分析，這

是他對現實分析所根據的方法論，一是提出了基督教改造社會的方案，耶穌的天國觀和作為社會綱領的主禱文即是他的思想方案。

吳雷川主張，宗教必須與政治合作，才可能完成改造社會的功用；[67] 因此他對於種種政治主張的關注也是極其自然的，其中，又以社會主義的思想最受他青睞。《基督教與中國文化》這本書最為大膽和創新的思想部分，即是提出一種社會主義的基督教思想，首先即是肯定物質在這方面的重要性：

> 基督教從社會改造底目的方面來講，完全是唯物的，而從個人修養底工夫方面看，又可說是傾向於唯心的。[68]

雖然我們不能說吳雷川是一位唯物論者，但他顯然是贊同張季同（張岱年）先生的說法，基本上主張在承認心的作用之際，仍是物為基本，所

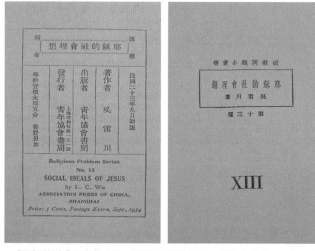

◆《耶穌的社會理想》封面（漢語基督教解放神學的力作之一。圖片來源：作者翻拍自原件）

以認為基督教與新唯物論是相容的。關於這一點，也可以說是對個人福音與社會福音各執兩端的一種綜合，福音既是個人的亦是社會的。[69]

因此，從革命或改造社會的意義而言，基督教對於物質的強調或肯定是確切無疑的，正是在這個觀點之下，吳雷川不僅不接受《聖經》中種種關於神蹟的描繪，也認為基督教的社會改造是從物質層面做起，正如耶穌所面對的第一個試探是對物質的克服，以及主禱文亦表現出對於物質需要的重視，都一再地顯示了基督教的思想起點。關於這一點，吳雷川亦留意到宗教的物質起源，所以承認「宗教是不滿意於政治現象的反動及其與無產階級的關係」，[70] 這句話完全是馬克思在《黑格爾法哲學批判導言》一文中某幾句話的翻版。

《基督教與中國文化》的部分內容曾譯成英文在《教務雜誌》（*The Chinese Recorder*）上發表，[71] 一些評論者已經指出吳雷川的思想確實具有明顯的社會主義傾向。吳在《基督教與中國文化》的第九章中展望中國文化的未來，其特別著重於政治社會經濟的分析與討論，所引述社會革命或反對帝國主義、資本主義的論點，主要都採納了葉青的觀點，不管就經濟或是教育，甚至關於民主或獨裁的問題，都明顯地靠向社會主義的一方。這種想法在他第三章論及耶穌的天國思想時亦顯露無疑：

> 建立天國以改革經濟制度為中心。[72]

他以登山寶訓為例：「耶穌在登山訓眾時，論到八福，先說貧窮的人有福」，又說：

> 耶穌教訓門徒祈禱，其中有「我們日用的飲食天天賜給我們」的話，正是教他們要思想如何供人人得所需要。[73]

社會分配不均即是舊社會的根本缺陷，人類社會必須按照人人都能取得的平均分配為原則，所以他總結地認為，可見「耶穌要改造社會，並不輕看物質，乃是要物質分配平均。」

所以改革經濟制度是改造社會的核心工作，這也就是為什麼耶穌的許多言論涉及民生、財富等：

> 耶穌理想的新社會，其主要條件即是物質的平均分配。他嘗明說在天國裏蒙稱讚的人，就是因為能注意於同胞們的衣食住行等事。[74]

在社會不均和分配的問題上，吳雷川進一步主張消除階級、廢除私有制。關於這方面，無疑是吳雷川思想中最為激進且與社會主義、甚至是共產主義思想最為接近的部分。

在分析耶穌生長的社會背景時，吳雷川已指出當時的諸多思想派別之基本傾向是與政治經濟社會的立場有關的，如奮銳黨人中主要為無產階級者、愛色尼派接近於共產主義、撒都該人屬於貴族階級等，加上耶穌的門徒中大半屬於無產階級，且初代教會也實施共產的生活。事實上，耶穌的時代背景相當程度造就了他的思想和行動取向，所以他的天國思想中包括了：反抗阻礙社會進步的領袖、專一拯救當時飽受壓迫和剝削之苦的人等，如果社會的弊端即源於這些不平等和不公義的經濟制度，耶穌的思想即是以改造這些問題為主，他的基本想法即是：要消滅貧富的階級，當然要廢除私有財產的制度。[75]

吳雷川嘗試從相關的經文中來解釋他上述的論點。例如耶穌以有錢的財主難進天國、〈馬太福音〉二十章 1 至 15 節「葡萄園作工」的比喻說明應以需求而非工作的多寡決定一個人的價值、「浪子悔改」是講述應看輕財產以顯示大公而非佔有、「天國筵席」中試牛或娶妻都是重私

人而招到批判等等。這也就是為何吳雷川特別欣賞陳獨秀，認為儘管他不是基督徒，但對基督教的認知還是相當準確的：基督教是窮人底福音，耶穌是人的朋友。他也贊同吳耀宗的想法：將產生剝削、壓迫、不平等諸多現象的社會，變成一個以共勞、共享、共有、共治為原則的社會。[76] 不管是「窮人的福音」或是「共勞、共享、共有、共治的社會」，這即是一種解放神學的主張。

《基督教與中國文化》中直接涉及基督教思想解釋的部分即在於第二至第四章，標題分別作：耶穌事略、耶穌訓言綱要、耶穌為基督。此處吳雷川所引述有關耶穌的材料主要來自福音書，對耶穌的事蹟訓言作敘述分析，將他看作社會革命的領袖，側重從社會改造人民革命方面去分析耶穌的事蹟和教訓。其中比較引起爭論的核心問題在於：耶穌是如何自覺自己是革命者，以及對於政權的態度，前者表現在「耶穌何以是基督」之爭議上，後者則是耶穌的主張是宗教的或是俗世的，他是如何看待自己的思想和行動的。

吳雷川經由對耶穌時代的分析開始，以此把握耶穌的思想和行動所代表的意義，其注意到了羅馬帝國殖民統治猶太的政治現實，以及種種源於社會矛盾和思想意識形態鬥爭的經濟問題。可見他對時代或脈絡的解讀已為對耶穌的解讀做了極好的準備，這也就意味著，要不從這個方面來理解耶穌，都純屬神學的想像或誤讀。吳認為：

> 若依照神學家的說法，這一切都是上帝所預定，自然就沒有問題。但我們是要研究耶穌為人的，神學家的意見，大概我們都不願意接受。[77]

事實上，當代許多的新約學研究肯定了從政治經濟學的角度出發，對耶穌的理解是非常重要的，這同時也說明了，吳對耶穌的政治性解讀完全

是站得著腳的，儘管有許多細節的部分非他所能解釋，但他的解讀顯然絕非一般基要派或趙紫宸的批評可以簡單駁倒的。換言之，吳對耶穌的「政治彌賽亞」的解讀是完全成立的，只是細節部分有異或待商榷，但整體而言，吳的解釋肯定是有價值的。

由於對中國社會史論戰的方法論意識方面有所自覺，吳雷川認為通過時代背景和相關因素的理解，可以很容易地證實耶穌的思想和行動確實有明顯的政治動機，而且，這個動機清楚地體現在他十二歲的一次自覺：

> 當耶穌十二歲的時候，隨同他的父母上耶路撒冷去過逾越節。守滿了節期，他的父母起身回去，卻看不見孩童耶穌。那時同行的人很多，以為他必是在同行的人中間；及至走了一天的路程，就在親族和熟識的人中找他。既尋不著，就回耶路撒冷去找他，卻遇見他在殿裏，坐在教師中間，一面聽，一面問。凡聽見他所問的都希奇他的聰明和他的應對。他的父母看見就很希奇。他母親對他說：「你父親和我傷心來找你，你為甚麼向我們這樣行呢？」耶穌說：「為甚麼找我？豈不知我應當以我父的事為念麼？」耶穌所說的我父，是指上帝說的，所以他的父母不明白，當時耶穌就同他的父母回家去，他母親把這一切事都存在心裏。[78]

吳雷川引述了〈路加福音〉二章 42 至 51 節的故事說明了耶穌一生的志向，一方面他承繼了猶太傳統的教訓和歷史，另一方面則意識到自己的責任。「應當以父的事為念」即代表了耶穌把目光和志向都投向於實現，投向於公共，這種思想的表現必然與猶太的社會和歷史命運息息相關，因此可以理解他爾後的言論，不管是關於天國的追求以及相關宗教

和社會的批判，都與這個志向有關，這句話更是「耶穌自承為基督的動機」的證言。吳雷川總結地說：

> 耶穌生於猶太人渴望民族復興的時代，在幼年就立定了大志，當三十歲的時候，開始在社會上作種種活動，要成就他改造社會的事業，歷年不久，受反對黨的陷害，被釘於十字架而死，他卻因著死而完成了偉大的人格，這就是耶穌一生事蹟的大略了。[79]

可見，吳雷川認為耶穌表現了一種政治早熟，這種早熟是源於猶太人的歷史命運，也來源於猶太宗教的傳統思想教育，即是對於彌賽亞的渴望和等待，耶穌竟與其他曾經在歷史上有過革命計劃和行動的猶太分子一樣，自覺地要成為那個時代一個政治行動的領袖，即通過社會改造的行動來擺脫殖民統治的命運。所以對吳雷川而言，耶穌嚴格來說並不是要創立一個宗教，他的所言所行都是為了改造社會而來的，十二歲那次的公開表白已清楚說明一切，爾後其思想發展莫不以此為主。耶穌的宗教言論並不遮蔽其社會改造的理想，他的宗教言論在具有宗教性格的猶太社會上顯得非常地強烈，因此宗教便首當其衝地成為批判的對象。

吳雷川指出，耶穌對於經濟問題的關注幾近乎是他言論最為核心的部分：

> 在人類社會間，使人感覺得最不平，最痛苦的事，就是因經濟制度的不善以致人的貧富不均。貧富既是不均，而貧者又居多數，世界上有多數人得不著相當的需要，世界不能希望和平，人類也就得不著幸福。所以要改造社會，必要從根本上著手，改善經濟的制度，這是無可疑的。[80]

耶穌經常在比喻中以經濟或分配的問題來述說天國不是偶然或無關緊要的，甚至「浪子悔改」之比喻也是旨在說明佔有或分享的經濟學分配原理。耶穌提出天國的思想，即是對舊社會的一種否棄，「經濟制度若不改變，社會間的道德永不能進步。所以改革經濟制度必為改造社會工作的中心」。[81]

吳雷川除了要我們留意耶穌十二歲的表白之外，還說到了耶穌與約翰的關係，更重要的是，他還特別說到耶穌曾經想以取得政權的方式來實現他的理想，然而之後卻發生了轉變，這個轉變尤其關鍵，使他充分地了解到必須選擇了另一條革命的道路，以更為徹底的方式來實現它。

對於「耶穌自承為基督的動機」，吳雷川認為耶穌十二歲那年已有自覺，這個自覺即是「志願作基督」，並「擬就計畫，要作成一般猶太人所想望為君王的基督」。耶穌最初的計劃雖然是要作猶太人所想望的君王，而其主要目的乃是要改革社會，這就與猶太人傳統的觀念大不相同了；猶太人所想望的是急速地以武力脫離外國的羈絆，宣佈獨立，而耶穌則是深察內外的情勢，要謀徹底的改造。吳雷川形容：

> 耶穌最初的計畫，乃是一方面要應付全民族對於基督的希望，一方面又要貫徹自己建立新社會根本的主張，這正顯出他在那二十年來的預備時期中是如何慎重思量而後決計。並且：他的計畫，照當時猶太的情勢看來也是極合宜的。因為：當時猶太雖受羅馬的轄制，但羅馬對於猶太，只有派兵鎮守和定章徵稅兩件事看為重要，至於猶太的內政則絕不干預，所以那時候儘管著手改革內政，也不至牽涉外交。這正是利用時機，量力而行的上策。[82]

就此意義而言，耶穌的「政治彌賽亞」的自覺是可以確定的。再加上耶

穌與施洗約翰的關係，以及其門徒們的身分背景，都有明顯的政治動機，所以耶穌有這方面的傾向無疑也是完全合理的。因此吳雷川認為，耶穌的計劃是要取得政權，即是革命。

然而，這個動機和想法之後發生了轉變。原因為，第一是約翰的政治性遇難使耶穌的計劃受挫，第二則是發現一般的人們對於他的政治理想仍存在著一種尚未成熟的思想動機，也就是尚未為一個新社會的到來做好了思想上的自我改造和準備，所以無法冒然躁進，只好從人的根本問題著手，也就是從改造人心開始，以待時機成熟進而徹底改變這個世界。

吳雷川對基督教思想的闡發，主要在於對耶穌所進行的詮釋，他的詮釋力求與主流教會界的解釋不同，因為他認為爾後種種對耶穌的解釋都充斥著各種遺傳或誤解。吳認為，我們不必拘泥於《聖經》的表面記述，應考慮的是它深層欲表達的思想：

> 所有教會遺傳的信條與解說都不可盡信，教會的規則與禮儀也不必重看，只有耶穌的人格足為我們信仰的中心。他是以身作則，教訓我們做人必須以改造社會為天職，更教訓我們持身涉世要服從真理，這正是我們做人的規範。[83]

對他而言，耶穌的思想主要表現於他的天國觀，以及天國觀的具體實踐，其核心主張即在於主禱文。吳雷川的基督教思想，完全植根於他對主禱文所作的解放神學式的解釋，他坦言：「我的信仰至今還是如此，這在正統教會看來，我已經算是叛教之徒了」。

吳雷川認為，耶穌自述他為人的目的有三：一是為上帝做工，二是服事人，三是為真理作見證。這三樣結合起來，就是以自身的行為，表彰上帝愛人之真理。以此為目的，自然會成就偉大的人格。至於我等應

當如何修養才能接近這目的？最簡便的方法，莫如日日思想耶穌教訓門徒祈禱的幾句話──就是教會所稱為主禱文的。當日耶穌教訓門徒祈禱，本不是教他們將這幾句話念一遍就算完事，乃是教他們思想這幾項要義，用來轉變世俗的觀念。根據吳雷川的解釋，主禱文是耶穌給予門徒的教訓，提醒他們要時時想到社會責任，以改造社會為一生工作的目標，也可以視之為「耶穌的社會理想」的縮寫。[84] 並且，〈主禱文〉更是解決社會兩大問題（不平等、不公義）的最高指導原則。[85]

不管是《基督教與中國文化》，或是之後出版的《墨翟與耶穌》，這兩本吳雷川最為代表性的作品，都不應簡單地認為是「本色化神學」之作。這兩本書都同樣表達了基督教何以是革命的，以及耶穌是如何以一位解放者的形象在中國歷史的現實中。吳雷川以改造社會之旨來理解耶穌所有的言論，所以基督教就是一個改造社會的宗教，它具體地落實在政治和經濟的層面上，實現一種天國主義的理想。誠如他在《耶穌的社會理想》中所述：「要實現新社會的理想，不是短期間可以成功的，必得先改革一般人的觀念，在一般人的心理上有所建設，方可在事實上逐全推行。所以耶穌在世時，到處宣傳天國，為人講道，改正人的心理，正是他要實現理想的初步工作。」匡正人心，無疑是進一步推及社會，使社會獲得進一步的改善，總之，基督教之所以為救世的宗教，正是因為耶穌有改造社會的計劃，並且他的改造計劃，與現代的社會主義有許多相同之處。所以用現代的眼光看來，與其說耶穌是宗教家，還不如說他是社會革命家更為適當。[86]

吳雷川認為，耶穌的社會理想體現在天國的思想中，建立天國又以改革經濟制度為中心，他指出：

> 耶穌在登山訓眾時，論到八福，先說貧窮的人有福，又說：「你們所需用的一切東西，你們的天父是知道的，你們要

先求他的國和他的義，這些東西都要加給你們了。」（《馬太福音》六章 32 至 33 節）這正是說，人生有所欲求，本是天然的公例，只因舊社會的制度不良，遂使人生多有缺欠，現時務要建立新社會，那時一切的需要，自然是分配平均，人人都能取得，不必再各自謀慮了。

要消滅貧富的階級，當然要廢除私有財產的制度，所以耶穌說，有錢財的人難進去國。（《馬太福音》十九章 21 至 24 節。）既廢除私有財產的制度，當然凡物皆為公有，所以耶穌所說家主分銀與僕人的寓言，（《馬太福音》二五章 14 至 30 節）就是指著管理公共財產的事說的。[87]

換言之，吳雷川主張天國的建立以經濟制度的改革為中心。貧富已是不均等，而貧窮人又是多數，世上多數的人無法得到足夠的所需，世界和平的希望若無法實現，人類就無法獲得幸福。因此有改造社會的必要，且必須從根本著手，改善經濟制度是殆無疑義的。接著「你們需用的一切東西，你們的天父是知道的。你們要先求神的國和神的義，這些東西都要加給你們了」這句話的引用，正是指人生有欲本是自然的法則，因著舊社會制度的不良，變成人生中諸多的欠缺。現在，應該建立新社會，那時一切的需要都會自然地平均分配。

耶穌說到他的國和這世界不同，吳認為這是指耶穌在政治組織上必大有改革；耶穌說要先求祂的國和祂的義，這些東西都要加給你們了，吳認為是指新社會的經濟分配必是均平的；耶穌也說財主難進天國及葡萄園作工的寓言，吳認為這是新社會中私有財產制不能存在，凡物皆為公有，凡人皆為公家作工並各盡所能。但是，人受私事的牽制，推辭天國的筵席，或說要去看地，或說要去試牛。

耶穌理想的新社會，其主要條件就是物質平均分配。他所稱讚在

天國的人，就是注意同胞衣食住的人，他為了群眾而思量，絕不會輕視物質。吳雷川也認為，關於「失羊」、「失錢」的比喻，即是形容一般人對私有財產是如何地重視；關於「浪子」的比喻，更加向人明示人的佔有性實際上對人是無益的，且應該被排除；關於施洗約翰，人們問他「我們該做什麼」的時候，他的答案只是分衣、分食、不要多取。應該要充分知道，這類的話不得不對一般人財產佔有的觀念予以糾正。此外，如果財產已是公有，人民就是所有財產的主人，自然就沒有納稅制度。耶穌和彼得論及收稅的事，即是說人子應該免稅。綜合耶穌的言論，即是環繞在物質或經濟的改造上，就此吳雷川認為，早期的教會表現為一種共產生活的原因，即是對耶穌理想社會的實踐。[88]

　　吳雷川更為激進的思想是主張徹底消除血緣或親屬關係，這些話出自於一位飽受中國學術薰陶的「翰林」而言，不得不令人感到不可思議。吳雷川援用了〈馬可福音〉十章 29 節、〈路加福音〉十二章 51 至 53 節、〈馬可福音〉三章 35 節、〈路加福音〉九章 60 節的經文，他認為耶穌並不主張保守家族制度或觀念，他從更為高或更普遍主義的意義來理解人人生而平等的價值，所以吳雷川在解釋〈約翰福音〉十六章耶穌最後與門徒談話，預言門徒將要發憂愁，而憂愁要變為喜樂，卻用婦人生產的事作比方說：「婦人生產的時候就憂愁，因為他的時候到了既生了孩子，就不再記那苦楚，因為歡喜世上生了一個人。」為什麼他不說「歡喜家裏生了一個孩子」，卻說「歡喜世上生了一個人」，可見耶穌的比喻正反映著一種普世主義的精神，流露出打破家庭觀念的言論，可想見他對於新社會的構思中，認為未必要保存家族的制度，甚至認為一種理想社會的到來，是不應有血緣觀念的限制的。[89]吳雷川對血緣觀念以及其與舊禮教社會的關係基本上都抱持相當激進的批判，未來中國的命運無疑不可能交給維護專制的宗法封建制度，因為它們無助於健全國家的發展，甚至是一種進步的阻礙。

　　如果基督教是一個改造社會的宗教，究竟吳雷川有沒有在《基督教與中國文化》中為未來的中國提供什麼樣的解決方案？我們通過了解吳雷川對社會史論戰的理解和把握，可以清楚地看到他對於資本主義確實有諸多的批判和反省，事實上，不管當時的中國處於何種社會制度之下，首先必須先解決民生的問題，在第九章「中國文化未來的展望」中，吳雷川即是根據葉青的言論來述說自己的看法，並且同意「中國只有走社會主義的一條路」，這條路是革命的，也是反帝國主義的。[90] 吳雷川甚至也藉由本位文化建設的問題反省中國現階段經濟改革的重要性，並且也同意，中國未來的經濟制度必屬於社會主義。[91] 其在提及教育的改造方案時，同樣主張在自由民主和獨裁專制之中，社會主義的教育，即是教育以社會主義的經濟建設為文化基礎。其他方面如土地政策、農村建設、新生活運動等，吳雷川大體上都是一些粗略的見解。總體而言，其主張社會主義的思想取向是確切無疑的，因為一切的問題都必須從物質生活的問題為起點：

> 須知中國現時的急務，就是要使物質的生活人人各得所需，同時又要使人人都知道節約自己，服從並維護社會的公律。等到第一步實現之後，所謂精神生活，即一切道德的觀念，自然更可提高。所謂個人自由，也因著全體的安寧，漸漸地得到真趣。所以現時一般的言論都是趨向於第一步，現時的設施，固然談不到徹底改造，也有些是向著第一步努力。[92]

　　嚴格說來，基督教根本就無法提供任何一種具體的經濟制度或社會改造的做法，吳雷川確實看到了這一點，所以他對於基督教的認同或把握，總是就人格之於社會改造的積極作用上作出肯定，耶穌所代表的一種現代社會所亟需的人格典範是最能為改造社會的理想帶來動力和基本

條件的，所以基督教即是在人格上實現所有制度上必備的人格條件，也就是人才的素質。作為一位教育工作者，吳雷川始終都相信教育的重要性，有好的人才素質才能期望有好的制度運作，耶穌的人格特質即是犧牲和革命的精神，換言之，這與社會主義的思想宗旨是一致的：

> 現在中國的危難已是與年俱深了，所以現在我更要說：自今以往，中國民族要求復興，恐怕已得不著從容改革的機會，只有預備從艱苦奮鬥中開出一條血路，前途纔有光明的希望。這時更需要為正義而犧牲自己的人們，基督教或者能多多益善地供給麼？
>
> 現時要復興中華民族，所需要的領袖人才，當然不能效法孔孟從容大雅的態度，而要效法耶穌的刻苦勤勞，奮身不顧，這豈不是基督教特殊的貢獻麼？[93]

> 自有信仰耶穌的人們，大都夢想和平，高談博愛，哪裡願意有縱火與分爭的，但耶穌卻明說他來到世上的目的，正是為此。
>
> ——吳雷川，〈「縱火」與「導爭」〉

「去宗教化」

從 1936 年出版的《基督教與中國文化》和四年後出版的《墨翟與耶穌》兩書的內容看來，吳雷川明顯保持一貫的主張和立場，顯然沒有

受趙紫宸不太客氣的書評所影響而有所改
變，甚至從另一角度來說，《墨翟與耶穌》
是一次對趙的批評的總回答。

正如我們在《基督教與中國文化》一
書中看到的，吳雷川置身於當時中國的處
境中，思考基督教如何展開一種對中國文
化的改造力，《墨翟與耶穌》則是更近於
以人物著手，突出中西方世界同樣有著主
張改造世界的思想家或宗教家。在中國，
墨子受到二千多年的埋沒，而這樣一位以
改造世界為目標的傑出思想家，卻在耶穌
身上找到了諸多吻合的思想和行動。因
此，吳雷川又一次展開「基督教與中國文

◆ 趙紫宸像（趙紫宸為文評論
了《基督教與中國文化》，
突顯兩人殊異的神學觀。圖
片來源：取自網路）

化」對話的工作，這樣的思想工作是通過對中國現實問題的思考而來，
這個思想潮流正與晚清以來的「墨學復興」密切相關。吳雷川再一次以
其基督徒的身分和思想立場介入或與學界進行對話，《墨翟與耶穌》可
以說是吳雷川所做的最大嘗試，正如劉廷芳在序言一開頭所言：

　　這是一本中國基督教空前的著作，是宗教思想史上重要的
嘗試。[94]

劉廷芳在序文中挪揄了吳雷川，說他不悉外語，所以全書在論及耶
穌和《聖經》的部分，主要都是依賴翻譯的作品，加上當時好的中譯書
確實不多，此書要為某些論點做辯解，著實是一件不容易的事。但是，
吳雷川還是用了自己的方式克服上述的難題，首先他明確地從一種立場
出發：對耶穌的解釋，主要依據海爾的《基督傳導言》，而對於初期教

會的理解，則根據考茨基的《基督教之基礎》。我們特別留意到，《基督傳導言》附錄了一篇長文，這篇文章非常重要，基本上，吳雷川可以從這篇文章中大略地瀏覽並了解歐美神學界關於基督論的爭辯，尤其是德國近百年來於新約學上的討論，包括大衛‧施特勞斯、包爾等人的思想，這篇文章所述都相當清楚。所以吳雷川的立場，其實是經過選擇的。再者，《基督教之基礎》一書已於《基督教與中國文化》發揮過，本書則是更加地關注並肯定初期教會發展中的那些社會性因素，因此更進一步地從社會主義的分析方法來理解基督教，這與他所倡導的革命是相符的。關於這一點，劉廷芳說《墨翟與耶穌》是一本「比較宗教」之作，似乎還不是太準確。

如同《基督教與中國文化》出版後，招來了好友趙紫宸的批評一樣，《墨翟與耶穌》出版後也很快地收到了來自基督教界同道徐寶謙的評論。當然這篇書評還是應要求而作的。徐寶謙的評論不算太長，內容也沒有趙紫宸那般尖銳，但還是提出了對吳雷川的質疑，值得認真看待。在中國基督教史上，徐寶謙被歸類為「社會福音派」，可以算得是一位身體力行的基督徒實踐者，他投身於鄉村的建設工作，即是落實其在基督教神學上同樣是以社會改造為目標的立場，所以這也就意味著可以通過徐的批評來看出同樣屬於社會福音派，他們之間又存在著什麼樣的差別。當然，徐寶謙學問不及趙紫宸，這是不爭的事實，所以徐文前面的大段主要介紹吳雷川的《墨翟與耶穌》一書的結論，並坦言只針對其論及耶穌的部分作評論，徐確實是沒有相應的能力來評述墨子部分。

徐寶謙認為，吳雷川的主要中心思想有兩方面，其一是人本的理性主義，另一是社會中心，因此全書的主要力證墨子和耶穌都是致力於改造社會的思想家，尤其對於耶穌的部分，徐認為吳雷川在這方面盡可能地除去從福音書中所突出的宗教性元素以及流傳下來種種關於耶穌的宗教色彩描述。[95] 換言之，吳雷川強調「信仰宗教與服務社會在人生中，是

聯結不可分的」，所以墨子和耶穌所談論的，都是「知人論世的道理」，其終極之目標，即是社會改造，對於一切制度的批判和否定之同時，也就帶來了兩人的共同命運，被拒於時代，甚至耶穌就此付出捐軀的代價。就這基本的想法，徐寶謙把它理解作人本的和社會中心的。

　　徐寶謙所突出吳雷川人本的理性主義和社會中心，嚴格說來，都不是重點。這樣的評述，從觀感上相似於基要派的口吻，都是極為化約或簡單化的理解。當然，我們沒有必要否認吳雷川確實要對基督教做一種「去宗教化」的詮釋，其用意正是與其欲完成改造社會的基督教神學主張有關，所以仔細地批判了種種「誤解」耶穌的身分和工作的人，包括門徒以及教會史上所說的宗教思想，最終耶穌成了教主，基督徒則成了膜拜耶穌的人，高談神蹟和彼岸的救贖。重點在於吳雷川是否能夠化解種種的疑難，特別是一千多年來基督教會所發展出來的宗教性解讀，但是這種種的想法和主張，徐卻以人本和社會中心來概括，容易給基要派分子留下做文章的機會。

　　回顧趙紫宸的評論，主要在於吳雷川沒有說清楚為何耶穌發生了從政治向宗教的轉變，而徐寶謙對《墨翟與耶穌》的質疑則是在於為何耶穌的改造計劃不能顯露？為何他的門徒也不能理解他？因此，不管是趙或是徐，他們要問的問題是：耶穌的身分究竟是什麼。徐認為，如果耶穌的身分和其工作那麼清楚，沒有理由要隱藏起來，或者，門徒按理不可能不知道耶穌的意圖，不然耶穌又何以將許多的重責大任都交給他們呢？總結而言，那就是「耶穌是基督嗎？」這個問題同時問到耶穌對自己的認識以及門徒又是如何認識他的。這樣看來，趙和徐對吳雷川的批評沒有太大的差別。

　　這的確是《墨翟與耶穌》一書的要害，關於這方面，吳雷川也自覺到。問題就在於，當我們一方面要從四福音書中取得對耶穌的身分和工作的理解，另一方面又質疑那些門徒對耶穌的理解是成問題的或不清楚

的，那麼我們還能根據其他什麼樣的材料做解釋呢？

> 　　耶穌不是要創立宗教，……基督教會所審定，用以宣揚基
> 督教的經典，其中記載耶穌的言行完全渲染了宗教色彩，……
> 有自陷於矛盾的困難。[96]

於是，吳雷川採取了「解神話化」的方法，即通過重新書寫耶穌傳的方式來顯露深藏在宗教表象之下的改造社會思想，而就是這一點，正是他的釋經學精彩之處，而《墨翟與耶穌》第四章的用心即在於此。儘管不能不從宗教入手來理解他，但耶穌終其一生都不是要建立宗教，所以門徒不了解，之後的教會也誤解了他，吳雷川說得直接，但肯定是有根據的。劉廷芳的讚譽絕非恭維之詞：

> 　　若有對於吳君所描寫的耶穌生平不敢贊同，我奉勸他們對
> 於所提出來改造社會的教訓，加以一番精細的研究。本書在中
> 國基督教史上的地位，將要在這一點上，得最後的判定。[97]

　　不管門徒或是教會歷史，他們之所以誤以為耶穌是來創立宗教，主要的原因在於他們沒有看到猶太的社會與宗教是不分的，「猶太原有的社會上一切制度，幾乎無一事不是與宗教有關聯的」[98]，當《聖經》述及宗教的種種時，它即是在談論著社會，「要將宗教上所有消極的制限變為積極的活動，使宗教成為社會進化的原動力」。[99] 古代的宗教與社會之關係，並不如我們現在這樣，所以耶穌凡是論及宗教的，都必然論及社會，所以反過來說，宗教即是社會，社會即是宗教，宗教改造人心，當然也就是在改造社會。事實上，這樣的理解也不致引起爭論，但問題在於耶穌本人了解不了解，以及為何耶穌改造社會的真理不能直接顯露出

來，前個問題在《基督教與中國文化》中討論過「耶穌為基督」，後個問題則是《墨翟與耶穌》要回答的，一方面求證耶穌的工作確實是為了社會改造，另一則是去除加諸於耶穌身上種種宗教的色彩，那些宗教色彩給基督教失去了改造社會的行動之可能，甚至還造成弊端，教會史確實存在著這些阻礙社會進步或追求解釋的元素。關於這些問題，正是吳雷川想處理的。

關於耶穌改造社會的真相沒有被顯露，吳雷川歸咎於一方面是門徒仍然是用一種舊的遺傳來理解耶穌苦心，這項所謂的遺傳即是源於猶太社會的宗教傾向，所以門徒沒有特別認清耶穌的改造大計，全是環境使然，因此他們宣稱「耶穌為基督」的結果是與這個世界妥協起來了。[100]吳雷川提出另一種情況，教會的發展隱蔽了耶穌改造社會的真相，這表示基督教的發展受制於國教化，形成各種帶有階級利益的考慮，教會變成了宗教機關，甚至形成了專制並壓迫別人的力量。[101]關於這方面，吳雷川以神學史的批判之姿來揭示種種對耶穌真實教誨的扭曲，目的即是恢復真相，還耶穌本來的真面目，在他看來，耶穌的死正是說明了一切，他的改造社會計劃直接招來了政治或帝國對他的逼迫，十字架的吶喊是再一次表明對上帝託付的一種回應，換言之，他在十字架上的死是一種完成，一種對於社會改造失敗而表現出來最嚴正的抗議。

吳雷川就此指出，「宗教對於人生的功能，初步是指示人當如何修己，更進一步則是使人能忘己以拯救社會」。[102]宗教本應是促進社會的原動力，墨子和耶穌都有此共同的體認，這也就是為何不能寄望於儒家的理由，正是因為儒家在宗教的部分極為欠缺，進一步說，墨子和耶穌的宗教仍然不是最為確切或根本所在，因為一切最終都是以實現一個理想的社會為旨，所以耶穌要講天國，墨子要講兼愛，都是意指社會性的，甚至準確地說即是「新社會」，為的是謀求全人類的幸福，這是宗教的精神，也是實現於社會的價值。

　　徐寶謙固然也不否認改造社會的計劃是存在於耶穌那裡的，只是他認為那應該不是首要的或最重要的部分，因為他認為，門徒的犧牲或殉道，更多是源於對宗教本身的一種無條件的委身，關於這一點，不能全盤否定了門徒或《聖經》正面所述的，因為要是否定這些，又要從《聖經》中獲得相關的支持，自然就會變得困難重重。徐寶謙對吳雷川質問，完全可以從《墨翟與耶穌》一書中獲得解答，並且同時回答了前面所提及的，同樣為社會福音派，徐寶謙和吳雷川的差異何在。吳雷川的「解神話化」的努力，雖然看起來有一些笨拙，主要原因當然是他缺乏《聖經》學的能力，但是要是從一種釋經學的立場來理解，吳的說法還是表現出了驚人的解釋力，他已盡一切最大的可能去完成揭示隱藏在《聖經》底層的真正本質或意義，那就是改造社會這樣帶有強烈解放神學意味的解釋，至少取得了自圓其說的成果。在我們今天看來，只要加入一些《聖經》批判學的學理或分析方法，吳雷川的見解，確實是很有價值的，儘管基要派或福音派如此抗拒這種解釋的方式，但憑心而論，它作為諸多解釋中的一種，吳雷川已顯出了一種突破：一種福音或信息（*kergma*）如何通過「解神話化」或「去宗教化」的批判性解讀，使之從宗教或神話的束縛中釋放出來的突破。這樣的信息可以說完全是實存的，對吳雷川而言，我們的個體性實存與社會或禮制是密不可分的，所以改造人格當然也是益於改造社會的，所有以改造人格為旨的即是以改造社會為終的。

墨子是個小基督，……又是個大馬克思。

——梁啟超，《墨子學案》

墨子是個小基督，……又是個大馬克思

《墨翟與耶穌》一書的架構非常簡單。全書共六章，除了第一章作為引論和第六章作為結論，其他的四章分別為：墨翟略傳、墨翟思想的研究、耶穌略傳、耶穌思想的研究。吳雷川在引論中簡單地勾勒了墨子和耶穌的歷史命運，然而真正說來，近百年來的墨學復興才是引起他對問題的思考和興趣，接著再將之與耶穌聯繫起來，即是通過同樣具備宗教性以及社會主義傾向，來理解基督教與中國文化共具有改造社會的理想。《墨翟與耶穌》宗旨不是以宣揚宗教為旨，而是出於「故事因於世，而備適於事」（引自《韓非子・五蠹》篇）[103] 這個思想性的動機，但這一切都必須置於近代思想史上的「墨學復興」來理解。

值得注意的是，墨學復興並不只起因於一般人鑽研古文的喜好，而是墨子的人格受肯定，且其主張合乎現今時代之需要。[104] 站在這樣的基調上，吳雷川看見了改造社會的契機——墨翟與耶穌——不單只是宗教教義的宣揚，而是一股社會改造的動力。所以，在吳的《墨翟與耶穌》一書開始，即雷霆萬鈞地指出當時所處時代，一如《彖傳・革卦》所說：「天地革而四時成。湯武革命，順乎天而應乎人。革之時大矣哉。」[105] 在吳看來，中國正逢巨變，改造社會只是起步，全面的革命亦得為選項之一。

明清之際，資本主義漸抬頭，使得經世致用之學成為當務之需。於是，在諸子學與孔學應並讀的呼聲下，最值得注意的現象是墨學實用之道的地位提升。孫詒讓在《墨子閒詁》一書中，高度肯定墨子。[106] 劉師培也指出：「墨家的特點是不重階級，以擴大人民的平等為宗旨，墨子

倡導的敬天明鬼，是顧慮君主不能體恤人民而虛設的一個警告機構，屬於限制君權的範圍。」[107] 從墨學復興的熱絡可看出，吳雷川為何如此信心滿滿地說：「故事因於世，而備適於事。」

吳雷川回顧了墨學復興的軌跡，也稍微點評了墨耶關係的研究，墨學復興是他所肯定的，基本上沒有什麼需要批評。至於墨耶關係，他則認為過往所做的，主要是以宣揚基督教為旨，然而他認為，真正對此問題的關注，應置於現實問題的思考上，所以他認為之前包括《墨耶論衡》、[108] 王治心的《墨子哲學》研究，[109] 都不是成功之作。值得注意的是，吳雷川不知道是忘了還是刻意未提及他的好友張純一的《墨學與景教》一書，[110] 這本書出版於 1926 年，吳不可能不知道，但竟然完全未提及該書，的確令人玩味，可能與他們倆之間存在著一些不愉快的交往有關。

有關墨學復興，的確是值得大書特書，它是中國近代思想史上一個重大的「思想事件」，反映了中國的現實。[111] 先秦時，「世之顯學，儒、墨也」[112]，或「楊朱、墨翟之言盈天下，天下之言，不歸於楊，即歸墨」，[113] 但漢以後廢黜百家，獨尊儒術，幾近兩千年，墨學可謂若存若亡，提及它的人極少，幾成絕學，甚至將之作為異端看待，誰要是贊同墨子，可視之作「名教之罪人」。然而，墨子的學術命運，隨著西學的到來，發生了根本的改變。西學的東來引起騷動，主要是帶來了對經世致用之學的重視，尋求治世之方或立言之道成了致學者所關注的，西學衝擊和救世救弊為一而二、二而一的事。梁啟超說「蓋最近數年間，《墨經》諸篇為研究墨學之中心，附庸蔚成大國，不久恐此諸篇將發揮無餘蘊，墨學全部復活」，[114] 這樣的話聽起來有些誇張，但絕非空穴來風，至少它反映了真實的現象。

復興墨學這等「名教之罪人」（指的是清儒汪中），確實是一個難以抗拒的思想趨勢，它的發生與中國近代的政治現實與發展有著密切的關係，特別是社會主義的思想性言說，以及西學與中學的關係。[115] 墨學

復興無疑是受到西學衝擊之下形成的。所謂的西學，主要是兩方面，一是科學，一是宗教，恰恰在墨家的學術思想裡，都能找到這兩方面的元素，以應付西學來襲。因此在這個意義之下，「西學墨源」之說甚囂塵上，儘管「中國古已有之」說主要還是文化心理層面的慰藉居多，畢竟這種現象所帶來的即是既肯定西學也肯定中學，尤其是中學中的墨學，看來是唯一足以應付得了西學之挑戰之中學。

不管是作為對抗西學，或是藉口傳播西學，問題仍在於現實的需求和挑戰，在學術思想界中引起並形成了一種以致用為考慮的思想傾向。晚清學者提出「西學墨源」之說，代表人物為鄒伯奇、黃遵憲、薛福成、郭嵩燾等一些從事洋務運動的人士，他們都共同地看清楚了中國的問題，以及在應付西方衝擊下應採取的反應。[116] 西學東來，給中學帶來的衝擊，即是西方那些帶有強大的技術主義與實用取向的東西，「師夷長技」說明了一切，進而再將之從技術推向政制和宗教層面，結果，晚清士人發現，在諸子學中，墨學最為接近西學，因此而推斷，西學之一切，在古代中國早已有之，墨學之所以應被重新肯定，即是在肯定西學的前提下，並轉而發現中學被埋沒了的遺產，正是墨學的沒落導致了中國不及西方，反過來看，即中學故已有之的東西，現在轉而向西方學習也不是一件壞事，至少在根源上，學習西學實為學習己被遺忘的中學。

「西學墨源」固然是「夷夏之辨」之產物，說明了文化保守主義的心態，另一方面卻也等於間接地承認了對於西學的接受。清嘉道以降，中國思想界面對巨大的挑戰，社會劇變激起思想的漣漪，因此墨學的復興確實是與歷史和社會的現實有關，其實用取向是顯而易見的。

對於西學與墨學的關係，諸多的觀點都放置於西教與墨學的關係，認為耶穌教不僅與墨家之說同，甚至耶穌教還可能源於墨子。相關看法又早在陳澧、薛福成那裡論及，以下摘錄相關的說法：

鄒伯奇：西人天學之技倆，不出墨子範圍，西學源於墨子。[117]

黃遵憲：竊意墨子之說，必有以鼓動天下之人使之尊信者。今
　　　　觀於泰西之教，而乃知之矣。余考泰西之學，其源蓋
　　　　出於墨子。其謂人人有自主權利，則墨子之尚同也；
　　　　其謂愛汝鄰如己，則墨子之兼愛也；其講獨尊上帝，
　　　　保汝靈魂，則墨子之尊天明鬼也。[118]

黃遵憲的概括極具代表性，舉凡西學中的宗教、技器、政制等，都源於墨學，這樣的說法也見於陳澧跟鄒特夫之說，不僅認為西人的天主說與墨子的天志說無異，更是通過了與《幾何原本》作比較後，也認為西方的數學，在墨子裡也可以找到。[119]

薛福成：余常謂泰西之教，其源蓋出於墨子，雖體用不無異
　　　　同，而大旨實最相近。[120]

薛福成：今泰西各國耶穌天主教盛行，尊天明鬼，兼愛尚同，
　　　　其術固然本諸墨子。[121]

宋育仁：耶穌教取法墨氏，故流弊同歸。[122]

郭嵩濤：大率耶穌術士，而其為教主於愛人。共言曰：視人猶
　　　　己，即墨氏兼愛之旨也。

張自牧：其教以煦煦為仁，頗得墨氏之道。耶穌二大誡：一曰
　　　　全靈魂，愛爾神主，即明鬼之旨也；二曰愛爾鄰如
　　　　己，即兼愛之旨也。凡歐羅藝術文字旨著於《經上》
　　　　之篇，以此知墨為西學之鼻祖也。[123]

梁啟超：竊意墨子之政治，宗教主權之政治也。墨學之組織，
　　　　與景教殆無不密合，景教有教皇，而墨學有鉅子。兩
　　　　者之精神形式全同。[124]

> 譚嗣同：世之言夷狄者，謂其教出於墨，故兼利而非鬥，好學
> 而博不異。其生也勤，其死也薄……尚鬼，故崇地獄
> 之說。[125]

上述的言論都顯示出基督教與墨學的關係，除了義理和基本思想，更重要的是，他們都同樣具有改造社會的強烈動機和意願。因此，墨耶的對話或關係還是置於此問題意識之中。

清末中國飽受強權掠奪下，知識分子奔走於國學復興，幾乎等同是救中國的不二途徑。但是此一作為，出乎意料地擊倒了儒學及其經典長期以來的獨尊地位。國粹學派透過重新整理先秦諸子思想，發現儒學之所以過往二千年支配中國政治與學術的「正統地位」，並非儒學優於諸子之說，實因中國長期落後的封建思想宰制下所導致的結果。

孫詒讓的《墨子間詁》是一本集大成之作，亦是近代墨學復興的開山之作。從孫開啟了思想維新之勢，接著錢玄同、梁啟超、劉師培等這些具有社會主義思想傾向，甚至主張無政府主義的，無不以「思想解放」之意圖來解讀之，如梁啟超所言：「今欲救亡，厥惟墨學」，[126] 可見其影響之至。墨學復興，間接地暴露出儒學本質的弊端及缺失，如吳雷川所言：「清末君權衰落，儒學權威亦成強弩之末」，進而提升了墨學的地位，墨儒並稱為顯學於明清之際。儒學獨尊的神聖地位不再，也間接確認二個要點：一是，孔子在周秦時期，只是百家中的一家；二是，諸子之學若並稱為經世致用之經學，則儒學原就不當受到獨尊之地位。

梁啟超提到，墨子的宗教思想並不是一種僵化或保守的教條，相反地，宗教思想在墨子那裡成了一種批判的資源，而他的批判即是源於宗教的理想，所以就這一方面而言，與基督教極為相近。[127] 重點就在於墨子的宗教僅僅考慮的是現實而非彼岸，他沒有像基督教那樣有靈魂的說法，所以他的宗教思想本質是為了改造社會而為的。[128] 關於這一點，可

以作為我們理解吳雷川的一個線索，換言之，吳將《聖經》中那些奇異或神秘的事件予以抹除，不因此就否定了基督教的思想價值，恰恰是這種意義的轉化，對社會獲得改造並帶來進步才可能被理解。

李麥麥在《中國古代政治哲學批判》一書中也說道：[129]

> 不管人們是怎樣來形容墨子，墨子是中國古代的基督。……其艱苦卓絕的精神，不下於約翰和聖保羅。墨子的「摩頂放踵利天下為之」的精神，更不亞於基督上十字架的勇敢。
>
> 墨子不是一個政治家、哲學家，而是一個艱苦卓絕的教主……。[130]

我們知道李麥麥的研究著作一直是吳雷川所看重的，包括在之前的《基督教與中國文化》就已大段地引述李的觀點，當然，就政治思想的立場而言，李是屬於社會主義陣營，因此這又更清楚地看到了吳雷川的思想傾向。

吳雷川抓到了時代精神的走向，在眾多主義和學說之中，看到了基督教和墨學的價值，並嘗試以墨耶融合的方式，解決中國諸多社會、政治和經濟的弊端，這個思路以馬克思主義或唯物論為主要傾向。《墨翟與耶穌》一開始就旗幟鮮明地透露出，他所認同的是社會主義改革，而所謂社會主義：是要從經濟基礎上改造世界，要推翻現時代的資本主義，取而代之。[131] 這樣的思想傾向，才是吳雷川認為耶穌和墨子可以聯手合作改造社會的理由，所以根本的問題就在於解決社會現實問題。基督教在西方的成功，以及墨子在中國遭到埋沒，面對中國的危機，正是一次重大的考驗，吳雷川堅信這才是中國文化的真正出路，因此問題不在於文化而在於社會或經濟，而選擇以社會主義為其思想的道路，在一

種以批判現實為考量的前提之下，似乎也是大勢所趨。《墨翟與耶穌》即是一本墨學復興的產物。[132]

> 耶穌教義，本是極適宜於民治的國家，只要除去遺傳的神學、規訓等等的掩飾，脫離帝國主義、資本主義的利用，將本來面目顯豁呈露，自然使人歡喜接納，何患他不能在中國誕生？
>
> ——吳雷川，〈一九二七年耶穌聖誕紀念發願文〉

廢除私有制

　　吳雷川的貢獻，莫過於他留意到制度在社會改造中的關鍵地位，因此，《墨翟與耶穌》不是一時興起之作，而是一部具有學術嗅覺之作，是長期關注的結果。換言之，吳雷川作《墨翟與耶穌》即是在墨學復興的語境中進行。真正說來，所謂墨學復興無疑即是實學復興，對社會而言，也就是現實的問題，墨學復興所開啟的即是向社會主義思想靠攏。對此，有兩篇文章是不能忽略的，一是 1927 年發表於《燕大月刊》的〈墨教規制說略〉，另一是 1920 年發表在《生命月刊》的〈禮制與基督教〉，可見

◆《墨翟與耶穌》封面（「墨家基督教」表現為與中國現實相宜的革命式宗教，劉廷芳為此書題序。圖片來源：作者翻拍自原件）

吳雷川對墨耶的關注相當早，因此，把吳雷川的思想說成是儒家化的看法，主要是未能掌握到思想史的脈絡和吳雷川個人學術生命的思想歷程所致。

〈墨教規制說略〉一文，吳雷川早已表明墨耶相近：

> 猶太新約書記其先哲耶穌之布教也，其唯一大事，即為選召門徒，而其派遣門徒分赴各地，亦惟以宣傳天國為要務。又時以新立之規約，如彼此相愛為人捨命諸說，諄諄語誡，故其門徒服習有素，卒能給合團體，於財利則共同享用，為道義則奮不顧物，其情事多有與墨教相類者。[133]

可惜，墨教在中國斷絕了發展，未如耶教在西方那樣，然而，兩者都認為改革教制與教政是極為重要的。換言之，吳雷川認為，墨學的復興應以耶教作為參照，即改造時弊，其力取決於是否對制度之部分多予反思或是拒絕，而非像儒教那樣僅僅是去迎合社會或政權，最終被時惡所勝。

吳雷川對基督教的把握和理解，也就是關注於其在制度上所取得的突破或成果，因此基督教不是那種僅僅在意識形態上的「革心」，相反地，它是在制度或組織意義上的「革命」。可見，我們無法簡單地將吳雷川的思想歸作「人格救國」之類，他顯然比趙紫宸等人激進得多了，他認為如果不是在制度上取得改變，也就喪失其根本的意義。[134]

〈禮制與基督教〉一文寫得更早，吳雷川以筆名「懷新」發表於《生命月刊》，一切論及「改造社會的基督教」說詞，都必須從這篇文章開始。「禮制」一詞確實是道地源於中國思想傳統的說法，基本上吳雷川想強調的是，中國思想傳統充分地意識到社會組織和人與人之互動的關係，「所以禮制是社會成立的一種質素。人類不能離開社會而獨立」。

換言之，改造社會即是改革禮制。

〈墨教規制說略〉一文中特別提到墨教之徒的特點，一是必宣傳師門之兼愛、非攻、尚同、節用主義；二是必汲引同志；三是所得利祿必歸於公；四是必表顯守義不渝之人格，不枉道徇俗。文中認為這些特點，若對比於耶穌之布教，其大事亦在選召門徒，並以宣傳天國為要務，且須財利共同享用，為道義則奮不顧身。[135] 因此，在這個意義上，吳雷川很早就認定墨耶在社會實踐的立場是一致的，所以他說道：

> 耶穌降生救世的事在教會講起來，自然是有許多奧秘。但如果用歷史的眼光觀察，也可以說耶穌就是古今第一個改造社會的大家。[136]

耶穌的一生都是朝向此目標進行，以致於他的死也與此有關。耶穌所傳播的福音，即是表達人類共同擁戴上帝為天父，所以天底下的人都是祂的兒女，故此人人平等，主張以博愛相待，要有犧牲的精神好創造美好的社會。所以，耶穌所謂的上帝國，或生命更新等，都不是著重於玄談或宗教，一切都是以「順乎人情，合乎時宜」為準，基督教無疑即是以改造社會為旨。

吳雷川其嘗試把墨子的觀點融入其中，所以吳又說到要如何建立組織之事，且強調要重視個人捐出所得部分，用以濟助同志及經營事業之用。[137] 換句話說，社會之一切問題，莫過於在其經濟結構上，關於這一點，吳雷川把握得非常清楚。「社會上的一切組織，皆與其經濟構造有密切的關係。換句話說，就是經濟制度為一切制度的基礎。試看世界上國際間種族間爭奪的案件，那一樁不是因經濟問題而發生？人類中種種不平的現象，種種慘酷的情事，那一樣不是以經濟問題為背景？……福音書記載耶穌的教訓無論是因事論理，或是用比喻與寓言，多半是以的

日常生活為教材，其中尤多提及經濟關係的事。」[138]

吳雷川強調，墨子所言利害是對天下而言，也就是從大局出發。而天下至為利害之事，墨子認為是兼愛與非攻。吳進一步說明，墨子的兼愛也是當時基督徒所應持有的態度，因為當時的社會只能實施社會革命而不是社會改良，反倒不適宜空泛的基督教博愛精神。[139] 另外，吳雷川認為墨子的非攻，則是少談事理之是非，而痛陳事之利害。[140] 總而言之，墨子的兼愛與非攻，是墨學之士的兩大改造社會的利器。伍非百在《墨子大義述》一書中強調說墨子的非攻是「非攻不非守」，要表明「人攻我守，正所以達兼愛萬民之旨。不守而退，適足以長強暴侵凌之風。務攻奪者，盜賊主義也；不抵抗者，奴隸主義者。世無奴隸，亦無盜賊。」[141] 伍非百的微言大義，讓吳雷川如回到戰國亂世，在其中看到一強而有力的救國大綱，這同時支撐著吳的革命乃至暴力亦為選項的信念。話說到底，兼愛與非攻，其實都是一個道理：為了實現改造社會理想，可委曲但不可軟弱，為達目的終必有革命的準備和決心。[142]

但是，墨子的學說雖好，在歷史上，終究未曾有過實際的成就，因此最能夠讓中國的墨學完成救國大業的，則莫如耶穌偉大的人格典範了。因為，耶穌不但有卓越的人格，且不為創設宗教，而是和墨子一樣，乃是要改革社會。[143] 吳雷川認為，耶穌明確指出「天國近了」，這是指向新社會不久將實現；又指出「你們當悔改」，是要人們改變心理以迎接新環境。這是耶穌一生唯一的職志大事，別無其他目的。[144]

從《墨翟與耶穌》一書，我們不難體會吳雷川是為了襯托出耶穌社會改革的師出有名，且除去國人心中對於基督教長久以來的疑慮。尤其中國當時處境乃是民族主義大行其道，即便侵略者已被消滅，內部的思想矛盾猶在，馬克思主義崛起且快速擴展就是鮮明例證。民初以來，在耶儒融合下的社會改革未竟其功，而中國社會的改變又迫在眉睫，吳雷川對改造社會的抱負卻一直未減，但對改造的態度卻轉為激進。[145] 一來

是因他長期接觸學生教育工作，每天為人師為經師，總是常常耳提面命，激勵青年學子保持朝氣，為國奮鬥；再者，儒學見棄後，吳雷川努力於耶儒的文化會通，並不被社會大眾所接受，中國依然如舊。當時社會上貧富不均、貪污腐敗和驕惰奢侈之風未改，都激發他有一番新的見解，必須有更強烈的作為，才能改造這個百弊叢生的古老國度。吳的激進做法，乃是要廢除私有財產。146 這是千年專制的中國從未有主政者敢做的事，無怪乎吳說要訴諸武力和強迫手段才能行之。

《墨翟與耶穌》一書明顯帶著一種基督教唯物主義的思想，「唯物論者說明社會的結構，是以經濟構造為下層基礎，以政治制度與意識型態為其上層建築。而社會的變革，便是因經濟基礎有了變動，以致影響到上層結構也必變動。」147 吳雷川對唯物史觀的論述，即是從社會和經濟的意義上來分析問題，換言之，這是他解釋墨子和耶穌在方法論上的考慮。事實上，吳雷川對於社會主義或唯物主義的接受不是通過其他途徑，他所理解的唯物主義即是一種從社會的結構或是以經濟構造為下層基礎的分析來認識社會的一種方法，也可以說，這種主張認為政治制度與意識型態為社會的上層建築，因此社會的變革，便是由於經濟而有所變動，這種接受的形式實際上並不是與參加共產黨或是成為一位馬克思主義者有關，它更多是表現一種方法論上的認同。148 關於這一點，不能說是吳雷川獨有的思想，事實上，民國時期不少的基督徒思想家都有這類的傾向。因此，正是基於對社會改造的期待，更加深了對唯物主義社會分析方法的認同，這種方法認同與當時學界對墨子的解釋也是非常相似的，吳雷川將墨子與耶穌對舉，更實在地反映出吳雷川與當時代的思想界相同，正是通過一種社會改造的期待來重讀墨子，並對耶穌產生了一定程度的肯定，這種情形表現在陳獨秀、梁啟超、惲代英等人對待基督教的態度上。

不管是對社會主義或唯物主義等之理解，吳雷川在《墨翟與耶穌》

中明言是受到考茨基和沈嗣莊的著作之影響。考茨基的《基督教之基礎》對於吳的影響，最明顯的有兩方面，一是耶穌的人格論定見，因為考氏對於新約《聖經》四福音的耶穌記載，大抵上有三不承認，包括有神蹟、生平和耶穌神性部分，而他所重視的則是耶穌在人格方面的感召；二是考氏的背景是一位無神論的社會主義者，他認為原始基督教是一共產主義的教會，強調廢除私有財產，一切工具物品都屬國家的理念。[149] 沈嗣莊在《社會主義新史》中全面展開了從《聖經》和西方具基督教背景的社會改造或社會主義出發的思想介紹，給吳雷川看到基督教與社會主義的關係不僅是理論上的，同時更是表現在西方種種社會改革的努力與成果上。

　　吳在考茨基所劃出的兩條改造社會路線上前進，就連吳後來所寫的文章和著作，根基和陰影相當明顯都是出於考氏的觀點。例如，吳的〈「縱火」與「導爭」〉一文提到：因為世界進化無有窮盡，所以基督徒的工作，就是恆久的縱火與導爭。[150] 對比考氏提到耶穌決不甘扮演消極的聖者角色，因為耶穌說過：「我來要把火丟在地上；倘若已經燒起來，不是我所願意的，我有當受的洗禮還沒有成就，我是何等的迫切呢！」[151] 二人的觀點和說法，如出一轍，若非沿著考茨基的解經觀點前進，基督徒不會視「縱火」為聖者的積極心態。

　　吳雷川這部被劉廷芳形容作「中國基督教空前的著作，是宗教思想史上重要的嘗試」，重點即在於此書乃「救世為前提」，換言之即是「經世之旨」，這正是墨學復興一個非常重要的面向，主要即是將墨子的作為從學術思想推向現實。正是基於這一點，所以把墨子的思想聯繫到經世致用之學，同時更為至關重要的是，將之作為一種社會主義的思想來理解。吳雷川在《墨翟與耶穌》的思想主旨即是通過了墨耶兩人的生平和思想之說明，以指出一種「社會主義思想」的主張，其中又以從經濟基礎上來改造社會，以推翻源於種種不平等之資本主義制度為要點。[152]

換言之，在此語境中，吳雷川對基督教的解釋全導向於社會主義式的理解，包括他所引述的資料都以此為明確的偏向，我們單舉吳雷川如何大量地根據考茨基的著作《基督教之基礎》一書對早期教會史的解釋就足證之。[153]

吳雷川清楚地表示，耶墨之所以放置在一起討論，

> 是由於宗教與社會主義。又曾提到：墨耶二人同具宗教的精神，同抱改革社會的宏願，他們的理想，至今還能應付時代的要求，尤其是他們的人格，足為現今中國人效法的模範。[154]

可見，吳雷川充分地把握到了自晚清以降墨學發展與經世之學的關係，同樣是復興墨學的大將梁啟超即是持這種觀點，甚至認為「今欲救亡，厥惟墨學」。梁啟超自詡為社會主義者，他對墨子的理解，同樣是基於他與社會主義思想上的契合。基於這樣的思想背景下，吳雷川認為儘管耶穌向來就被接受作一個宗教性的人物，但是其旨並非在於創造宗教，相反地，耶穌在世的言論與行動處處表現為改革社會的主張。

可惜的是，耶穌去世之後，門徒卻背離了他的主旨，只說明耶穌是基督，對於他改造社會的大計則未能重視。當然，之後門徒集合成的團體機關，不久就自稱為教會，最終成為正式的宣教機關，再一次，耶穌改造社會的初衷進一步地為整個為教會所隱藏。可見，要想負起耶穌所遺留的使命，恐怕還得先謀教會的根本改革，作為「革命的基督教」，不免要從教會開始。[155]

基於上述的前提，吳雷川認為，耶穌的言論中幾項關鍵詞語應該作如是理解，基本上即是與社會改造有關的，如：

> 所謂求上帝的國，不是望空祈求它的降臨，乃是努力實行

改造社會的工作。[156]

　　所謂改造，無非是說人要生活在新的社會中，必須洗去舊染之污，在心靈上有新的覺悟，才能先見到天國的原理。[157]

　　所謂重生，是要人自己十分努力，然後才能像一種生物的蛻化。[158]

因此，建立天國當然與罪惡問題有關，因罪惡是依於法律來裁判的，而且法律往往又是不平的制度所產生的，所以只要社會一經改造，將不合理的制度根本地剷除，那時法律也就變得公平簡易，人的罪惡當然因之減除。

　　吳雷川根據對四福音的理解，認為耶穌對於社會制度的幾種主張如下：（一）他看輕一般人的家族觀念；（二）反對君主制度；（三）主張消滅階級制度；（四）主張消滅種族及國家的界限。[159] 至於經濟制度的改造，他更是主張廢除私有財產制。在私有制未廢除前，他主張富者應節制貪心，並勸告門徒不必為衣食憂慮。又主張各事所能、各取所需，人人自食其力。

　　與所有的社會主義思想觀點一致，吳雷川認為社會的主要問題即在於經濟，因此社會革命就必然從經濟的問題著眼。吳雷川指出：

　　　社會上的一切組織，皆與其經濟構造有密切關係。換句話說，就是經濟制度為社會一切制度的基礎。試看世界上國際間種族爭奪的案件，那一樁不是因經濟問題而發生？人類中種種不平的現象，種種慘酷的情事，那一樣不是以經濟問題為背景？還有朋友親戚乃至家族間分崩離析的原因，又那一事是劃出經濟範圍以外？所以要改造社會，必先要改造經濟制度，這是無可疑的。福音書記載耶穌的教訓無論是因事論理或是用比

　　喻與寓言，多半是以人的日常生活為教材，其中尤多提到關係
經濟的事。[160]

吳雷川承認，要徹底根除時弊確實不易，處理財產的問題尤其棘手。耶
穌列舉了好多在對待財產的態度上，都與信仰的轉變有關，換言之，信
仰的發生往往與人們對待財富的態度有關，這也就意味著改變是不易
的，所以耶穌才特別強調：在根除私有財產的這件事上，「在人不能，
在上帝卻不然，因為上帝凡事都能」。所以吳雷川說：

　　這一鐵律（按指「廢除私有財產制」）已經發明了幾千年，
而普遍實現的時期還是距今年尚遠。且不必說普遍實現，就連
一部分的試驗，尚且必要不得已而經過革命流血的慘劇。可見
人的根性難除，正如俗語所說：「非到黃河心不死」，所以只
有聽其經過長時間的演變，乃卒歸於自然的淘汰，以成就自然
的定律了。耶穌所說：「在人是不能，在上帝凡事都能」也許
就是這種含義罷！[161]

　　耶穌的革命從人格的革命開始，這種想法或做法不應說成是消極
的。民國以來基督教界中流行的「人格救國」論，基本上即是認知到人
格根本性要是不獲得改造，社會整體的改造是不可能的，所以，「人格
救國」論的提出應該放置於自晚清以來「國民性」問題的討論中來理
解，換言之，先從個別的人格著手予以改造，完全是現代社會在認知到
教育對國民性塑造方面的一種理解。這是民國基督教界普通存在著的想
法，是中國社會從傳統過度到現代過程中必然遭遇到的問題。吳雷川的
激進思想也不例外，在他倡議的革命主張中，同樣是以人格方面的革命
作為起始，但是這種人格革命卻與傳統的修身主義不同，這方面的不同

尤其表現在耶穌的生平和工作上，因為耶穌所做旨在實現社會制度改革之圖，以此來使人真正獲得幸福，所以他才指出耶穌何以是社會改造者而非宗教家之由：

> 先在一般人心理上從事建設，然後進行制度的改革。其工作的分布，則是一方面向與當權者接洽，使其折服，又一方面向民眾宣慰，取得大多數的同情。凡事順服真理，決不急切求名。[162]

◆ 北京真理社出版，張欽士編輯的反教言論集《國內近十年來之宗教思潮》（基督徒知識界認為有必要對各種反基督教言論做深切的回應。圖片來源：作者翻拍自原件）

所以耶穌拒絕以不自然的方式來實現其計劃，如不採以物質誘使群眾認同；也不以民族心理或假借神秘吸引人；更是不採取與當權者妥協的方式。因此其改革當然不是一件容易的事。

耶穌的使命是社會改造，但因不能無所顧忌，尤其在其猶太社會的背景上更是如此，所以沿襲施洗約翰「天國近了你們應當悔改」的口號，使聽眾易於接受。《墨翟與耶穌》第四章「耶穌略傳」即是旨在論證耶穌不是建立宗教，所以宗教不過是一種媒介，其實質上還是表現於對建立新社會的企圖和努力上，耶穌之所以認同宗教，他的基本態度是認為可以將宗教上所有消極的制限變為積極的活動，使宗教成為社會進化的原動力，所以宗教與社會革命在耶穌那裡又不是完全衝突的，又因為宗教往往是社會進步的障礙物，

所以耶穌才毫不留情面地批判宗教上的異化和扭曲。[163] 耶穌理想的新社會，其主要條件就是物質平均分配。他所稱讚在天國的人，就是注意同胞衣食住的人，他為了群眾而思量，絕不會輕視物質。

從《基督教與中國文化》到《墨翟與耶穌》，吳雷川的神學立場沒有太大的不同。吳雷川的基本主張本質上就是一種「革命的神學」，主要的原因在於他把握到以制度化的層面來理解基督教，所以他所謂的「人格救國」的概念不同於趙紫宸和徐寶謙，他所關注即是在於從制度層面去根本救治這個社會，換言之，他認為基督教提供了一條不同於當時資本主義的道路，同時他也發現到社會主義在諸多的思想和理念上卻比較親近，這就是吳雷川的神學何以為一種解放神學或革命神學的理由。

> 耶穌之教義，即是發明社會主義之原理者
>
> ——〈1936 年 12 月 22 日〉，《吳雷川日記》

解放神學家

二十世紀初的中國處處充斥著革命的氣息，各種主義瀰漫無異於是在為中國現實的困境尋找出路，《墨翟與耶穌》把耶穌刻劃為一位革命家、一位天國主義實踐者，將此書視作一種時代的產物也不為過，但是同樣也可以看作是民國基督徒一次與思想界的對話，在此革命的年代中，基督教又與革命可以產生何種的聯繫。

民國初年的「孔教」問題落幕後不到十年，中國知識分子和青年學生把批判基督教運動推向高潮，掀起了一場自 1922 年始，歷時六年的

反對基督教運動，其重心在於反對不平等條約、反對教會教育、收回教會學校教育權等，一時間基督教成了眾矢之的，並受到社會的公開譴責和攻擊。這些問題的根源即是對帝國主義在中國殖民的不滿。中國基督徒在非基運動中，自然也就被責問，站到何種立場去，革命或反革命、反帝國主義或接受殖民奴化？面對排山倒海而來的衝擊，面臨在中國最大且全面反對基督教的浪潮，中國基督徒思想家做出了最為激進的選擇，吳雷川和多數的基督教社會主義思想家一樣，認同革命並同時走向反殖民主義的呼聲中。

　　無論是社會史論戰或是本位文化建設論戰，它們涉及到「中國何去何從」的現實問題，這應該說是所有知識分子都急切想知道的事。作為一位知識分子，亦是一位教育家，吳雷川不可能置若罔聞；作為一位基督徒，亦是追隨耶穌的人，吳雷川感到來自委身信仰的挑戰。如果說他的基督教思想即是因為回應時代而形成的產物，這絕對是無可厚非的事，除非信仰使他變得冷漠而非熱心，除非他之所以追隨基督不過是自私地渴望彼岸的救贖，如此，吳雷川恐怕也不會有什麼本色化神學，他也許可能與所有基要派的信徒那樣自傲為「正統」、自居為「真基督徒」，以此當作是為主受苦受難。正是因為感覺到信仰絕不是一種冷漠或自私，也是因為信仰徹底使他意識到，任何國族主義或是既得利益階級都是違反對耶穌的信仰和追隨，吳雷川走向一種激進卻真誠的信仰態度，他與所有當時代的知識分子都自覺到，他們有多一分責任去承擔中國的現實苦難，所以必須嚴肅地從信仰或是《聖經》中尋找一種「中國何去何從」問題的回答，如果是因為這樣被譏評為「折中的神學」、「處境化的神學」，完全是對吳雷川作出一種「去脈絡化」的理解，這種理解往往是最糟糕的。

　　「中國何去何從」當然不是一件容易回答的問題，但是至少要先搞清楚現階段「中國社會性質」的問題，社會史論戰和本位文化建設論戰

的思想成果，具體表現在對中國有更深入和更真切的理解。吳雷川從本位文化建設論戰中總結出了中國必須走向一個非宗法血緣、非國族主義的文化社會，耶穌的新社會理想已充分顯示出一種世界主義的文化生活；通過社會史論戰，吳雷川得以對中國古代史或經濟史的發展有更詳實的認識，尤其是中國社會處於帝國殖民及其自身具有的封建結構，更是使他理解一種與基督教理想和基本精神相一致的經濟社會生活是必須予以支持的，所以他一方面批判中國的封建思想和制度，一方面也對資本主義提出他的不信任和抗拒。吳雷川沒有追隨「新生命派」、「動力派」，亦非支持「十一宣言」或「全盤西化」，當代也沒有成為馬克思主義者或是托派，他至始至終堅定地以基督教的思想立場檢視現實，不管中國是處於哪一個階段或是何種社會性質，只有基督教是中國唯一可能的出路，既是「啟蒙」的亦是「救亡」的，吳雷川的神學是「走向革命」的解放神學。

趙紫宸的書評沒有說服吳雷川，或者從當代的種種新約研究或政治神學的研究中可以證實，趙紫宸並沒有成功地駁倒吳雷川，甚至儘管吳雷川對基督教或對《聖經》的解釋上仍有許多可以挑釁或未竟之處，但是他的先見在二十世紀的解放神學思想發展史而言，已成了一個代表性的人物。趙紫宸在給祝賀吳雷川撰寫七十秩祝籌文時，即引用了他在《基督教與中國文化》最後一段詩文形容吳雷川的思想精華：

> 革命耶穌先烈，
> 有十架堪為圭臬。
> 推倒強權成眾志，
> 把內憂外患齊消滅。
> 新文化，永建設！[164]

◆ 燕京大學校訓（燕京大學是民國時期最
著名的學府，其治校精神與社會福音的
精神相符，吳雷川思想論著即是對燕大
校訓的詮釋。圖片來源：作者翻拍自
《燕京大學文史資料》）

在中國現代思想史中，吳雷川的
激進神學或是解放神學是一個
微弱和孤獨的聲音，反基督教
者根本就不會留意他，全盤西化
或國粹派者也不曾欣賞過他；基
督教會界中的外國人士不可能明
白他，基要派不僅不領情還評擊
他，連他的摯友趙紫宸故意扭曲
他、張純一努力說服他棄耶從
佛，吳雷川仍沒有放棄自己的信
仰和神學立場，依然默默地堅持「因真理、得自由、以服務」的耶穌精
神。

　　日軍進入北京，燕京大學的同仁相繼送往集中營，校園被關閉，吳
雷川孤苦地遷到城郊，這些日子的點滴，他在日記中沒有說得太多，主
要的內容都講述他從事抄寫的工作，特別是福音書從〈馬太福音〉開
始，每天抄寫幾百字，這是他賴以為生之計。再加上身體狀況也不佳，
日記中所記的都是一些非常瑣碎的事，可見吳雷川的意志陷入相當的低
潮，唯他打算寫一本《基督教在中國的前途》算是比較積極的事。吳雷
川擔心他的這本新著的內容與之前的《基督教與中國文化》和《墨翟與
耶穌》二書會有重覆，於是想仿效朱光潛的《寫給青年的十二封信》的
體裁，改名作《給基督徒青年的……封信》，其大綱如下：[165]

　　　　一、開端：立志與信仰，志即是命；二、本人信仰基督教
　　的略述；三、我所認識的基督教（或分為二次）；四、基督教與
　　中國固有的文化（學術、風俗、禮儀）；五、基督教在中國以往的
　　功效與過失；六、基督教與政治（武力、獨裁）；七、新中國的

展望（國家、民族、世界）；八、基督教如何應付中國的需要（能否應付需要，知識階級與非知識階級）；九、教會的改革（合一傳道的方法，培養傳道人才，注重養神工作）；十、個人的修養（祈禱及讀經的意義在用）；十一、說命，基督教與革命；十二、忍耐與犧牲；十三、論團契（《學記》之言）；十四、中國基督徒的任務（捐錢，聯合，文字事業，社會事業）；十五、論家庭；十六、論教育人才；十七、論民生問題（中國先哲關於民生之言論）；十八、餘論（功成而不居，無教會或別有公義，辦報持公正輿論）。

遺憾的是，這本書並沒有如願完成，隔年這一位漢語神學中的解放神學家就與世長辭了。

第八章　基督教唯物主義

> 博愛，犧牲，自然是基督教教義中至可寶貴的成分；
> 但是在現在帝國主義資本主義的侵略之下，我們應該
> 為什麼人犧牲，應該愛什麼人，都要有點限制。對盲
> 目的博愛犧牲，反會製造罪孽的。
>
> ——陳獨秀，〈基督教與基督教會〉

早期中國共產黨人眼中的基督教

中國共產黨創黨人陳獨秀對於「基督教與中國」的關係有過如此的
評論：

> 我們今後對於基督教問題，不但要有覺悟，使他不再發生
> 紛擾問題，而且要有甚深的覺悟，要把耶穌崇高的、偉大的人
> 格和熱烈的、深厚的情感，培養在我們的血裡，將我們從墜落
> 在冷酷、黑暗、污濁坑中救起。[1]

---

* 本文主要內容最先發表於中原大學「中國現代化視野下的教會與社會」學術會
議上（2010 年 10 月），後來以〈吳耀宗的「唯物主義基督教」與中國現代性〉
為題刊於香港《道風》第 36 期（2012）。

陳獨秀認為基督教的根本教義就是「信與愛」，並將耶穌的偉大人格和情感總結為三方面：犧牲、寬恕與博愛。對於當時的「基督教救國論」，陳獨秀也指責他們「忘記了耶穌不曾為救國而來，是為救全人類底永遠生命而來，……忘記了耶穌教我們愛我們的敵人，……忘記了基督教是窮人底福音，耶穌是窮人底朋友。」[2]

在當時的五四新文化運動背景之下，鮮有似陳獨秀這般對基督教持正面態度的言論，他在〈「新青年」宣言〉所刻劃的「理想新社會」，相當程度都是他對耶穌人格和情感詮釋的體現。從〈基督教與中國人〉一文中的《聖經》引述來看，陳獨秀的「耶穌傳」之主要根據來源於「馬太福音版」的耶穌形象，乃是柏索里尼式的「耶穌傳」，也是革命式的「耶穌傳」，這種比「人格救國」更深刻的「革命救國」精神，正是中國「新青年」的象徵，而當時有不少知識分子成為基督徒無疑與這樣的基本精神和期待是一致的。

另外一位被喻為中國共產黨「革命青年楷模」的惲代英，對基督教也有過非常中肯的評價，他認為耶穌是同情受壓迫者的，關於這一點他甚至認為耶穌優於孔子，所以基督教與革命相距不遠。只是基督教在其傳播的過程中，卻不幸地與帝國主義取得了聯繫，甚至成了帝國主義進行文化侵略的工具，所以惲代英說：

> 要對付這些壓迫的人，孔子的「勸」的法子是不中用的，耶穌的「罵」的法子亦是不中用的，對於這種人只有用我們革命黨「打」的法子。我們革命黨天天喊打倒帝國主義、打倒軍閥。[3]
>
> 我並不是說基督教徒中間沒有許多好人，不過這些好人因為相信了基督教，自己不革命而且亦勸人家不要鬧革命的事情，天天教人家禮拜禱告，引誘許多人脫離了打倒帝國主義打

倒軍閥的革命路線。這是我覺得可惜，亦是我所以不得不反對
基督教的原故。[4]

惲代英思想的核心即在於，他認為中國的現實處境在於它受到帝國主義
層層的剝削與包圍，而基督教沒有辦法幫助中國人從此桎梏中解放出
來。所以，惲代英重申他之所以反對基督教乃是基於反對帝國主義的前
提，如果基督教無法加入反對帝國主義的行列、無法站到受壓者的一方
來反抗帝國的殖民和統治，他們也就成了帝國主義統治的一種工具。不
幸的是，基督教在中國的傳播與發展，一直都與帝國主義有著千絲萬縷
的關係，從而在侵略中國的行為中扮演了相當曖昧的角色，基督教種種
教義和內容並不是指導人們反對統治和殖民，相反地，它卻變成了帝國
主義統治中國的一個幫兇，不管是自覺或不自覺，只要他們沒有反抗帝
國主義或與帝國主義明確劃清界線，它都
很難與這種壓迫者的關係劃清界線。

　　惲代英經常參加廣學會、青年會等基
督教組織的活動，從中領悟到基督教吸引
人的成功之處，他認為基督教是進步的，
中國的社會和精神改造應參考基督教的做
法。顯然地，他對基督教關於「進步人
格」方面的塑造極感興趣，認為革命者必
須具備「好的人格」，而基督教具備了這
些條件。惲代英之所以被基督教深深地吸
引，一方面是基督教有著極為嚴密的組織
和經營，另一方面則是基督教的人格修養
功夫對於現代人格塑造極有幫助。[5]

　　也許受到基督教的吸引，惲代英嘗試

◆富司迪《完人之範》（「基督
　將軍」馮玉祥命令其部下軍
　人人手一冊《完人之範》，
　本書成了「革命精神日糧」。
　圖片來源：作者翻拍自原件）

做了一件極富深意的事情，其仿傚當時一本非常有名的基督教靈修日課的作品《完人之範》，以查經講義之方式編寫一本以革命青年為對象的《淑身日覽》。[6]他認為基督教的精神莫過於對耶穌基督人格的崇拜和敬仰，《完人之範》一書的內容即是以耶穌為學習的對象，現代人格的塑造即是以耶穌的人格為主，每一天都「三省吾身」，以充沛的精神和人格來應付各種挑戰和考驗，《淑身日覽》正是借助基督教對耶穌人格效法的方式來形成革命者精神人格的一種修煉，這即是惲代英寄希望於共產黨青年同樣具備了相似於耶穌的那般「完人」的人格。

我們從惲代英的 1917 年 5 月 4 日的日記中發現：

> 　　與余景陶同做《淑身日覽》，為警覺一般少年之用。作法：（一）排列有力的格言。（二）利用讀者願信從之賢哲理論。（三）自附短而刺激人使之起行的理論。（四）附引人反省的問題，皆以動人為主。此書仿耶教查經用書體裁，為非宗教徒用。[7]

余景陶即是余家菊，我們同樣在余家菊的日記中了解了惲代英對《完人之範》的評價：

> 　　4 月 28 日晚飯後至惲代英處，相商仿《完人之範》的形式，作「修身日覽法」。《完人之範》是美國富司迪的著作，全書共十章，分別為耶穌之樂、耶穌之寬大、耶穌之忠、耶穌之怒、耶穌之忍耐、耶穌之誠、耶穌之克己、耶穌之勇、耶穌之愛、耶穌之標準。兩人在商談後，即一同開始編寫《淑身日覽》，為警覺一般少年之用。其做法為：（1）排列有力的格言（2）利用讀者願信從之賢哲理論（3）自附短而刺激人使之起

行的理論（4）附引人反省的問題，皆以動人為主。該文集中
了許多人生格言和賢哲的言論。其目的，是為了激勵廣大青年
的自覺意識，鼓勵人們樹立奮發向上的人格精神。[8]

可見，惲代英對於耶穌的人格基本上是無異議的，但對基督教的批
判則是嚴厲的，耶穌的崇高人格不足以說服他接受與帝國主義有著緊密
關係的基督教。箇中源由無非是中國飽受帝國主義之侵害，而知識分子
當中早已達到忍無可忍，是故終其一生，惲代英都在不遺餘力地批判基
督教。

> 同基督結合為一體可使人變得高尚，在苦難中得到安
> 慰，有鎮定的信心和一顆不是出於愛好虛榮，也不是
> 出於渴求名望，而只是為了基督而向博愛和一切高尚
> 而偉大的事物敞開的心。
>
> ——馬克思，〈根據約翰福音第十五章
> 第一至十四節論……〉

馬克思與耶穌

在救亡圖存的關鍵年代，投入於基督教青年會學生工作多年的吳耀
宗，不可能置身於外，相較於其他組織的領導人，他更多地投注於以批
判時代的眼光，實踐他所言的「大時代的信仰」。吳耀宗的思想是在這
種氣氛底下孕育起來的，忽略了這一點，我們對於吳耀宗的閱讀只能是
「過或不及」的詮釋。不同於陳獨秀的「欣賞」和惲代英的「挪用」，吳

耀宗與基督教間則是一種「信仰」的關係，他公開地表示：

> 在過去三十年中，我的思想，經過兩次巨大的轉變：第一
> 次，我接受了基督教——從懷疑宗教到信仰宗教；第二次，我
> 接受了反宗教的社會科學理論，把唯物論思想，同宗教信仰，
> 打成一片。[9]

根據吳耀宗的描述，他之所以相信基督教，是「登山寶訓」的內容打動
了他，他看到的是一位平易淺近的耶穌，不沾染絲毫的神秘色彩。值得
注意的是，吳耀宗在多次演講和文章中提到其得救重生的經驗，表達雖
有不同，但精神說法都是一致的，而他在 1947 年 7 月發表於《大學月
刊》的〈基督教與唯物論，一個基督徒的自白〉[10] 一文之開場則最具代表
性也最為詳細及生動。吳耀宗無疑清楚地表示了自己對基督教信仰的堅
定立場，而其隨後又在基督教信仰上加上了唯物論（社會科學理論），
兩者在他看來是並行不悖的，其中自然經過了一番調和，而他對基督教
的理解自始至終都沒有改變。

以「基督教與唯物論」這樣的標題來公開宣佈自己的信仰，並附帶
強烈的宣示性字眼：「基督徒的自白」，可以看出吳耀宗把第二次的轉變
歸因於一個事實，即是他仍然是一位基督徒，他是從基督徒的立場上來
理解和吸納唯物論的。從打動他的《聖經》經文或耶穌的形象竟是冷靜
和理性的「登山寶訓」，而不是耶穌所行的那些奇能怪事的特殊經驗看
來，「登山寶訓」在他那裡是一幅徹底現實性的圖景，唯物論的思想同樣
是一個現實性的科學，它們都共同關心物質生活問題，物質生活是人類
生存的基礎。因此，兩者在吳耀宗思想那裡能夠予以調和就不難理解了。

吳耀宗在〈基督教與共產主義〉一文中對比了馬克思與耶穌、《共
產黨宣言》與「登山寶訓」：

> 便可以看見馬克思和耶穌的人格活躍於紙上。他們相同之
> 點和不同之點也就可以在裡面看見。馬克思和耶穌都有火一般
> 的熱情，以先知的遠見，主張社會正義，要為全人類創立一個
> 新天新地。他們都有一種卓絕的愛與同情，所以看見了不平的
> 現象便不能容忍。他們都忠於他們的主義，為他們的主義而犧
> 牲。[11]

我們從「登山寶訓」看到耶穌的教訓是具體的，也是現實的。吳耀宗認為，「登山寶訓」是基督教思想的核心，對他而言，耶穌的人格不僅可以作為為人處世的原則，他的教誨目標更是為現實勾勒出天國的美景。雖然他的文章不多提到馬克思，但仍對馬克思有著先知般的熱情與犧牲抱以肯定的態度。

據吳宗素的描述，在他父親的書房掛著吳雷川手書的幾段他一生都服膺的經文：「你們要先求他的國和他的義，這些東西都要加給你們了」（〈馬太福音〉六 33）、「你們必曉得真理，真理必叫你們得以自由」（〈約翰福音〉八 32）、「凡要救自己生命的，必喪掉生命：凡為我喪掉生命的，必救了生命」（〈路加福音〉十七 33），這幾段經文可以在吳耀宗的「唯物主義的基督教」中找到相互呼應的關係。[12]《沒有人見過上帝》一書可謂把握住了「登山寶訓」的兩個基石：「上帝存在」與「祈禱的意義」，其餘的就留下了極大的空間來反思和實踐自己的信仰了。

我們不清楚吳耀宗究竟是什麼時候接觸或閱讀過唯物主義或馬克思主義之著作的。吳耀宗於 1943 年與周恩來見面，臨別時董必武曾贈與其一張書單，其中包括《共產黨宣言》、《列寧傳》等五、六本書，但可以肯定的是，吳耀宗早在這個時期以前就已看過此類書籍，他早期的《社會福音》（1934）一書即已觸及到了這方面的課題，寫於民國二十三年四月的〈基督教與共產主義〉即收入在該書中。事實上，「社會福音」

◆ 吳耀宗像（基督教青年會學生幹事時期的吳耀宗。圖片來源：取自網路）

的課題不可能不涉及唯物主義或馬克思主義之類的思想，何況五四以來，青年學子接觸這類左派或共產主義思想的著作已是相當流行。1927 年推動學運時期，吳耀宗還創辦了《中國學運》和《微音》刊物，這些刊物曾大量地引荐國外關於社會主義、共產主義等思想理論的介紹。換言之，吳耀宗在此之前便讀過唯物主義或馬克思主義的著作，我們甚至可以推斷，吳耀宗在三〇年代赴美就讀紐約協和神學院期間，便接觸到了社會主義或唯物主義這類思潮。13

事實上，五四新文化運動以來，唯物辯證法這類思想也不是什麼特別新鮮的事，馬克思主義已隨著「十月革命一聲炮響」送到中國來，中國有不少知名的知識分子都對馬克思主義產生興趣，加上五四同樣也被理解為學生愛國反帝運動，在啟蒙與救亡相互促進下，馬克思主義也成了其中的一種選項。14 在第一線接觸學生以及對國際情勢始終保持高度關注的吳耀宗，接觸到青年學生及知識分子的思想是自然不過的事。其於 1922 年擔任北京青年會學生部主任幹事並同時參與召開「世界基督教學生同盟大會」的預備工作，1927 年從美國回來後，便應全國協會之聘到上海任校會組幹事，主要的工作即是到全國各地學校青年會中聯繫基督徒青年，他也得以藉此跑遍中國大江南北，除了接觸青年學生，同時也認識到中國現實，我們可以從吳耀宗對「社會福音」的論著中看出，其已充分地掌握作為革命主張的唯物論思想。

吳耀宗的許多著作及其長期所參與社會實踐的工作往往被當作「中

國教會史」或政教關係史的一部分，其個人亦非以一位學者的形象出現在歷史的解讀中（1949 年之前任職於青年會，中共建政之後是中國基督教三自運動愛國委員會第一任主席），絕大多數學者對他在 1949 年之後成為了「三自運動」的舵手尤為感興趣，試圖挖掘他的政治態度和主張。不管是來自海外反對他的「基要主義者」（右派），或是國內支持他的「愛國主義者」（左派），都沒有完全且認真地想將他視作為一位神學家，特別是他的神學思想如何反思時代，以及這種思想如何作為一種遺產被我們欣賞或繼承，都未有更深的理解或把握。

「基要主義者」追隨王明道，總是緊盯著吳耀宗的「新派」思想或「共產黨同路人」身分作批判，沒有認真思考吳耀宗對福音與社會的詮釋所帶來對教會的批判；[15]「愛國主義者」也因為過分沈溺於黨國意識形態而只能根據政治正確，把他解釋為一個「本色化的運動者」，對他著作的解讀不得不停留在表面，從而把吳耀宗當作不過是在時代政權更易下的「過渡」或工具性角色。[16]

可見學界對吳耀宗的評價，普遍從他與三自運動的關係著墨，著重探討其思想在中國中央政權易手前後之轉變與發展，因此往往忽略其論著的學術價值以及思想觀點方面的貢獻。由於吳耀宗是一位具敏感性、且高度基督教教會色彩的人物，中國學界對他的討論極少，準官方的三自教會界領袖也僅只對他表示緬懷之意，至於海外對吳耀宗的批判，除了延續基要派的砲口，就是在此批判前提下一再強調他與中共政權的關係。事實上，吳耀宗不遜於那個年代的趙紫宸等人，他另闢蹊徑，不從「傳統中國」作為出發點來思考基督教與中國的關係，而是以「未來中國」作為他的關懷點，這一點不僅使他的思想具有現實性，更是充斥著批判性，批判基督教，也批判共產主義，恐怕正是這種批判性精神，才是理解吳耀宗思想的真正關鍵。[17] 然而，人們終究沒有完全認真看待吳的著作。

換言之，將吳耀宗形容為「政治投機分子」是極為不公平的。他對

唯物論的贊成來自於他的思想分析而非政黨喜好，或者他就像與他同時代歐洲那些形形色色的「新馬克思主義者」（Neo-Marxism）那樣，是在思想和理論的層次上接受唯物主義的，如果將吳耀宗放在這樣的世界思想史之語境中，他的思想偏向則是可以理解的。再者，就其政治態度和立場而言，吳耀宗沒有變成共產黨員，相較於德國哲學家海德格（Martin Heidegger）公開自己納粹「黨員」身分和對希特勒的歌頌，吳耀宗與中國共產黨的關係看起來「純潔」得多了。雖然吳耀宗在1949年之後曾讚揚過毛澤東、共產黨，但他主要還是關心基督教在中國的發展問題，他似乎沒有從中獲得什麼政治上的利益。事實上，吳耀宗在1949年以前更多是以一位「思想家」而非教會領袖的姿態來面對他所生活的時代，所以在共產黨取得政權之前，他的思想和立場基本上已經定調了，而他對基督教的深入反思以及對時代命運的剖析，始終保持著一種神學家的視野。

《沒有人見過上帝》一書可以名列為民國以降中國基督教的經典著作之一，[18] 吳耀宗甚至還可以算得上是當代中國神學思想史上一個「學派」（社會福音）的代表性人物，是一位值得「接著講」而非「照著講」的人物。從其著作和思想軌跡看來，吳耀宗的思想在共產黨取得政權之前就已成型，而1949年之後的他，不管是基於他對共產黨的過分期待，或是基於關心中國教會在新政權下的發展和未來，其基本上已無任何「個人」的想法可言。換言之，1949年之後的相關言論並不能完全代表著他個人的思想或主張。正如吳宗素在回憶他父親時所說的：

> 從《三自革新宣言》起，歷次的運動，「控訴」，教會和教會大學肅清美帝文化侵略，到教會合併，消滅宗教……中共都起著主導領導的作用。父親只是被利用來衝鋒陷陣，搖旗吶喊。「反右」後，除了對外統戰，他已沒有多少可利用價值，

委婉請他主動靠邊。再往後，「大躍進」時已成為革命的對象，故爾，沒有理由過分強調父親正面或負面的作用。歷經風雨，他打而不倒，如今，在一定場合下還要對他紀念一番，吹捧一下，宣揚他作為一個基督教代表人物和中共合作，接受中共領導的典範，要求教徒群眾向他學習，但是，另一方面，卻刻意儘量縮小他在國人中的影響。他四九年前大量充斥平等民主博愛這些普世價值的文章，四九年後肯定基督教在社會主義制度下的積極作用、發展基督教的言論，如今都成了受批判的糟粕。[19]

本文企圖釐清被畢範宇（Frank Price）形容作「靈魂被社會的罪惡和不義灼傷的舊約式先知性」[20]的這一位思想家，特別是從其著作中把

◆ 吳耀宗、徐寶謙與中外青年會幹事合影（基督教男女青年會幹事合影，吳耀宗和徐寶謙在列。圖片來源：作者拍攝自紐約市立圖書館檔案室）

握一種立基於當時中國現實的批判，他是如何在一種「唯愛主義」前提下刻劃出「基督教唯物主義」（Christian Materialism），就如同與他同時代歐洲許多「左派思想家」或「新馬克思主義者」那樣，他的神學思想與對現代性批判並行，尤其是在世界與中國的現實中思索基督教未來的可能性。或者換另一個角度想，吳耀宗的思想究竟在一個怎樣的大時代或問題思考的框架下，才可能成為一種在中國語境下的「批判神學」或「經世神學」（Public Theology）被繼承下來？特別是他對於「社會與福音」的反省和推進，無疑為我們提供了一個在基要主義（王明道）、屬靈派（倪柝聲）、本色化（趙紫宸）、三自神學（「革新宣言」）之外可茲選擇的信仰道路。

> 要成為真正的辯證唯物主義者，
> 這個人必須有基督徒的經驗。
> ——Slavoj Zizek, *The Puppet and the Dwarf*

基督教與唯物論聯手 [21]

中國的宣教史向來都存在著二元的理解模式，可能與晚清以降的中西、體用、本末等思維方式有關，最著名的莫過於是關於「戴德生模式」和「李提摩太模式」之爭，他們的主要差異在於政治態度方面，表現於保守或進步的實踐性格方面，結果是「戴德生模式」取得了優勢。[22]民國基督教也發生過「基要派」與「現代（自由）派」之爭，其中又以「社會福音」爭論值得關注，[23]因為它觸及到了當時「基督教與中國」最為現實的課題，結果仍是前者居於上風，1949 年之後，海外的保守教

會人士更是找到實際的案例大加撻伐，吳耀宗在這之中成了眾矢之的，成了亂劍穿心的「罪魁禍首」，同時，「社會福音」在海內外的華人教會簡直是絕跡了。

不同於致力調合基督教與「古代」中國傳統思想的趙紫宸、謝扶雅等人，吳耀宗則致力於調合基督教與「未來」中國社會生活，前者可以說屬於「本色化神學」範疇，後者則屬於「社會福音」範疇，但是「社會福音」在中國教會一直都被理解為「正統以外」的基督教，像王明道甚至就點名批判了吳耀宗的思想，指稱他為「不信派」的人士之一，質疑這班的社會福音主張根本就不是基督教，不符合《聖經》，連稱他們作基督教也不合宜。[24]

正如在華傳教士共同意識到的：「西方工業革命後的惡結果，現在大部分已經在東方各國實現，如生產過剩，新市場的尋覓，分配的平均，少數人操縱經濟種種，都與西方以往的情形相同。至於使個人脫離家庭，村落或階級固有的環境，以至發生困難的情形，則比西方更甚。」[25]這番評論正說明了中國正承受著這一切來自於西方現代性的苦果。無論如何，吳耀宗清楚地知道，如何在這樣的一個歷史進程中理解基督教以及中國現實問題，成了一而二、二而一的事情，因此對於吳耀宗的思想必須歷史地理解他；換言之，我們必須將吳耀宗對基督教的反思置於「中國現代性」（Chinese Modernity）的語境之下。所謂「中國現代性」問題是交織在資本主義與帝國主義的歷史糾葛之下，正如汪暉所指出的那樣：「現代帝國主義與殖民主義的根本特徵不僅在於軍事佔領、武力征服和種族等級制，而且還在於徹底地改變殖民地社會的原有結構，並使之從屬於工業化的宗主國的經濟體系，進而形成一種世界範圍的、不平等的國際勞動分工。」[26]吳耀宗的觀點和感受也是這樣的，基督徒的任務是：必須對付現在摧殘著人類的兩大罪惡：國際間的不平等和社會間的不平等，中國與世界同樣處於這樣的歷史情境中，從「社會

福音」到「基督教唯物主義」，橫在吳耀宗眼前的就是如何同時面對基督教的未來與中國的現實。

為何基督教與唯物主義之間須要進行調和？為什麼吳耀宗會感到唯物主義是他要調和的對象？梁啟超於 1920 年在《新民說》中有這麼一段話：

> 世界上萬事之現象，不外兩大主義：一曰保守，二曰進取。人之運用此兩主義者，或偏取甲，或偏取乙，或兩者并起而相沖突，或兩者并存而相調和。偏取其一，未有能立者也。有沖突則必有調和。沖突者，善調和者，斯為偉大國民，盎格魯撒遜人種是也。譬之蹞步，以一足立，以一足行；譬之拾物，以一手握，以一手取。故吾所謂新民者，必非如心醉西風者流，蔑棄吾數千年之道德、學術、風俗，以求伍於他人；亦非如墨守故紙者流，謂僅抱此數千年之道德、學術、風俗，逐足以立於大地也。[27]

在最為激進的時代給出一種在保守與進步之間和在衝突與調和之間的思想基調。從晚清到 1949 年之前，此種調和論調始終是思想界的主流，一方面有清廷自新政以來頻頻督責「禁新舊之名，渾融中外之迹」的影響；一方面更是許多人士自己不滿於新舊學關係現狀的結果。即便五四激進地反傳統，仍是在這個思想的語境中進行的；保守的國粹派，也在這樣的思想語境中自我維護。

吳耀宗走了一條進步而非保守的道路，一方面是基於愛，他所認知的基督教本身即是充滿革命性的，「這個愛不僅有著個人的意義，也有著社會的意義」，「愛是應當有革命性的，沒有革命性的愛，不是真愛」；[28] 一方面是基於恨，痛恨罪惡，「如果我們痛恨罪惡，我們便不得

不站在被害者的方面，向作惡者進攻」。[29] 愛與恨形成一種辯證的關係：

> 我們愛和平，但我們更愛公道；我們愛人，但我們也恨
> 罪。我們要有熱烈的忿怒，但也要有深摯的同情；我們要有峻
> 屬的威嚴，但也要有寬宏的度量。[30]

所以他認為基督教今後改革的方向和努力的途徑，首先即在於必須把自
己從資本主義、帝國主義的系統中掙扎出來，擺脫出來，因為

> 它（資本主義）造成階級的對立，在國際，它造成帝國主
> 義國家與弱小民族間的矛盾，資本主義國家與社會主義國家間
> 的矛盾，和資本主義國家間彼此的矛盾。它有愈來愈厲害的，
> 週期性的經濟恐慌；它造成過去兩次的世界大戰；它也造成現
> 在世界主要的矛盾與對立。這是舊的社會，這個舊的社會是在
> 沒落中，崩潰中，它是不應當，也不可能再維持下去的了。[31]

　　不須要具備有何唯物史觀的分析能力，就像當時大多數的知識分子
一樣，吳耀宗認為中國現代性的問題，即在於資本主義與帝國主義的問
題上，正如史學家呂思勉所形容的那樣：「百年來中國所以衰弱的總根
源，自不能不歸咎於資本帝國主義的興起，因為資本主義者要保持其企
業所得的利潤，於是要霸佔市場，又要尋求廉價的原料產地，且利用低
廉而從順的勞動力，於是競欲佔領殖民地；其一片地方而為許多國家競
事剝削的，則成為次殖民地。」[32] 中國淪為次殖民地，以及成為帝國剝削
的對象，對此吳耀宗並不完全以民族主義的認同作為出發點進行批判，
事實上，真正使他對資本主義和帝國主義產生批判的，主要還是來自於
他對基督教的堅定信仰上。吳耀宗顯然清楚地感受到對於資本主義和帝

國主義的困境，在中國傳播的唯物主義或共產主義，恰好與對「中國現代性」思考和分析的方向基本上是一致的，且唯物主義標榜其科學性與價值學的立場，更是大多數知識分子所認同並追隨的，作為從事基督徒青年學生工作的吳耀宗，當他面對青年中越來越多人傾向於對唯物論抱持贊同的態度，「社會福音」的說法已不足於應付這些挑戰。面對如此惡劣的現實環境，吳耀宗深切地感到基督徒已沒有選擇，必須作出更為深刻的反思與回應：

> 我發見基督教和唯物論，並不衝突，不只是不衝突，並且可以有互相補充之處。我所以能夠得到這個結論，一方面是因為我對於基督教若干基本的信仰，尤其是關於上帝和祈禱的問題，曾加以一番長期的，深刻的思索與探討，和不留餘地的批判，另一方面，我又開始研究唯物論，社會科學，和以它們為出發點的許多關於社會，國際，經濟，政治的問題。我對這些題目，不敢說有什麼深刻的認識，但是，正如我對基督教一樣，我可以說，我對它們的基本思想系統，也有了一個大概的輪廓。[33]

這裡我們清楚地看見，吳耀宗把唯物主義當作一種方法論來接受，其實，這與民國初年那些知識分子如陳獨秀等人的想法是一致的，換言之，基督教的本質並沒有改變，差別只是在於唯物論作為一種社會科學，它有助於信仰的反省，尤其是當我們認為信仰是可實踐的時候，唯物論更是在實踐上提供了一個認識論的基礎。[34] 正如他所說的：

> 以唯物論為根據的社會科學，可以使基督教的人道主義，得到更有效的表現，更科學的基礎。同樣的，基督教對於人的

看法，關於人與人相處的道理，也可以使唯物史觀的社會革命理論，更顧念到它裡面人事的成份。[35]

又說：

> 一個社會制度，有它複雜的構成因素；沒有用全體的眼光，看清因果的關係，而對症下藥，即使我們費盡了心力，也是徒勞而無功。比如我們看見飢寒交迫的人便想到失業的群眾，便想到市面的蕭條，便想到全世界的經濟恐慌，便想到帝國主義的經濟侵略，便想到私有的社會制度，這便是全體的觀察，這便是因果的認識；我們所有的工作都要向著癥結所在的地方，予以致命的打擊，那才算是改造社會的工作。[36]

吳耀宗始終都將唯物主義作為一個「方法論」上的意義來理解，他將之形容為「全體的觀察」，只有準確地認識我們的現實，基督教對現實的改造才是可能的。這種整體的觀察與把握早已表現在他所主張的「社會福音」之中。事實上，「社會福音」的基本方法即是從整體上來闡釋福音的本質，換言之，社會福音所批判的正是那種將福音區分為「個人的」和「社會的」的主張，其實不存在著這種區分，福音只有一個，愛神與愛人是統一的，社會福音與個人福音也是相輔相成的。因此嚴格說來，並不存在「社會福音」這種說法，因為社會福音不可能沒有個人，個人福音也不可能沒有社會：「我們提倡社會福音，我們主張人生的宗教，同時我們不得不想到宗教生活的原動力來自於個人的福音」，「社會福音與個人福音不能分開來，它們應當是一種循環」，「沒有『得救』的個人，便沒有『得救』的社會，但我們更相信：社會沒有『得救』，個人終不能完全『得救』」。[37]

◆《基督教與唯物論》封面（吳耀宗嘗試回答作為一位基督徒他為何接受唯物論。圖片來源：作者翻拍自原件）

由於方法論上的一致，我們可以說吳耀宗從早期的「社會福音」到走向「基督教唯物主義」是理論的必然，並不是基於什麼政治動機或具有先知先覺的能力。這裡所說的「全體的觀察」，恰好在方法論的意義上與辯證法取得了一致，放在吳耀宗自己所刻劃的「社會福音」中，即是個人與社會的辯證關係。

正如吳耀宗清楚地表述道：「基督教對於純粹的唯物論自然不能接受，但它對於辯證法卻並不反對」，他利用這種方法來避免基督教的二元論思想（唯心／唯物、出世／入世、福音／社會、絕對／相對等），並且辯證法將有助於我們認識到人類社會變動發展的原理，進而實現改造社會之可能。所以，吳耀宗從「社會福音」轉向「基督教唯物主義」並非意外，因為兩者在方法論的理解上是一致的，前者相對地與美國社會的關係比較接近，而後者更加貼近於中國現代性。

正如不少五四以降的中國知識分子將科學視為解放的力量那樣，吳耀宗將基督教視為解放的力量：物質的解放、靈性的解放、思想的解放。我們可以清楚地看見，吳耀宗對唯物主義或是共產主義並不是全盤接受的，他經比較後對唯物主義亦作出批判，卻不同意「唯物論就必然是無神論」，但認為「唯物論也有一個危機的傾向，那就是忽略了一個人的本身的價值，而有時把它看作是達到某種社會目的的手段。」[38]

儘管吳耀宗始終都強調基督教和共產主義大同小異，其共同點就是

建立一個平等自由的社會，兩者藉此存在著調和的可能，但是，它們之間最為關鍵的分歧點則是有神和無神、愛和暴力的差異。無論如何，面對中國現代性，吳耀宗基本認為，基督教與唯物主義勢必要聯手，以拯救人類的困境：

> 　　把宗教所揭櫫的中心真理，和社會科學用理智分析所發現的一般真理，配合起來，去負起社會改造的具體責任，他就不只是個先知，同時也是個政治家，是個革命的戰士。他對政治的主張，對改造的方法，可能也有許多錯誤，然而因為他把握著人類解放的中心真理，他所做的一切，「雖不中，不遠矣。」[39]

真理都是具有革命性的。

——吳耀宗，〈基督教的改造〉

中國現代性的批判

　　環顧歷史，現代性根植於歐洲資本主義的形成與擴張，之後逐漸成為了世界共同走向的道路，其中又以民族國家作為基本的單位，因而又有民族認同的問題，形成了衝突與戰爭。1911 年辛亥革命之後的中國，正陷於現代性的泥沼之中，而 1949 年中華人民共和國的成立，一方面是對國家主權進行了重構，另一方面也是對中國現代性進行一次根本的診斷。這也就說明，吳耀宗的思想必須置於現代性的語境中進行理解。

梁家麟在評價吳耀宗的思想時做了如下的結論：

> 　　吳耀宗不是一般意義的基督徒，他的「基督教」信仰，跟
> 我們所理解的顯著不同；其中最大的不同是，他拒絕承認二千
> 年的基督教傳統在定義信仰時的優先地位，亦不打算繼承這個
> 歷史傳統，只欲隨己所需所好，擷取傳統的某些元素，然後逕
> 自搭建一個嶄新的「基督教」。[40]

梁家麟因而判定吳耀宗的思想是「異端」、「異教」。事實上，吳耀宗
所拒絕的是某些基督教傳統，而且，他也並非無根據地生出一個「基督
教」來，況且個人的所需所好也絕非任意或隨性，有趣的是，吳耀宗曾
類似地指出二千年來的基督教歷史：

> 　　初期的基督教是一個充滿了熱烈的情感，充滿了革命的精
> 神的宗教。現在基督教，有時還有熱烈的情感，但早已喪失了
> 革命的精神。兩千年來的基督教，偏重了個人的得救，忽略了
> 社會的改進，所以它便成了統治階級的護身符，剝削制度的擁
> 護者。[41]

他特別拒絕的是近兩百年的基督教，一個越來越與資本主義形成一種共
犯關係的基督教，當他從資本主義推進到對帝國主義的了解與認識後，
他更是發現基督教已偏離了原初的精神與本質，這樣的基督教究竟能不
能稱之作「基督教」更是可疑的，因為

> 　　兩百年來，有組織的基督教是和資本主義結成不解之緣
> 的，如果資本主義發生什麼問題，基督教也就會有唇亡齒寒之

感。在這種情形下，基督教信仰，是否還能站立得住？這於我是一個不能不求解決的問題。[42]

梁家麟喜歡批評吳耀宗是一個「現實主義者」。「現實主義者」的指責也曾是吳耀宗用作批評那些在政治上與極右派思想打成一片、與資本主義走在一起的基督徒或教會：

> 經濟上支持他們的，多半是大資產階級的人們。他們所以支持奮興派，大概因為奮興派對人民可以發生一種麻醉的作用，叫他們多想到自己，少想到社會，多想到來世，少想到今生。現在社會正在崩潰沒落中的時代末期，徬徨苦悶的人民，可以從奮興派的宗教得到希望，就在風雨飄搖中的特權享有者，也可以從它得到安慰。[43]
>
> 許多基督徒雖然以絕對相標榜，而實際上是一個現實主義者。……許多基督徒只是在口頭上崇奉絕對，而在行動的時候，就會把絕對拋到九霄雲外。[44]

1948 年 4 月，吳耀宗於《天風》發表〈基督教的時代悲劇〉一文，極其尖銳地指出：現在是一個巨變的時代。幾千年來的歷史是人吃人的歷史，是階級鬥爭的歷史。目前我們所面對的是一個社會性的革命，這是一個不可否認的事實。要推翻的是資本主義，它造成經濟的不平等，引起了兩次世界大戰。要建立的是一個自由平等，沒有階級，勞動共用的新世界。十六世紀馬丁路得所領導的宗教革命，也就是工業革命，產生了資本主義。基督教和資本主義從一開始就息息相關，相依為命。以美國為首的新十字軍反蘇反共，要維持保護的是少數人的特殊利益。中國基督徒的處境是可悲的。如果只是逃避現實，只是宣傳個人興奮式的

宗教，從要求解放的群眾看來，基督教也只能是人民的鴉片，將會受到歷史無情的審判與清算。[45] 吳耀宗的「奮興批判」與馬克思的「天國批判」如出一轍，正如後者在《黑格爾法哲學批判導言》中所說的：「宗教裡的苦難既是實現的苦難的表現，又是對這種現實的苦難的抗議。宗教是被壓迫生靈的嘆息，是無情世界的感情，正像它是沒有精神的制度的精神一樣。」換言之，馬克思與吳耀宗同樣認為，沒有哪樣東西不是現實的，彼岸的宗教事實上也是此岸的反映而已。因此，吳耀宗的「唯物主義基督教」即是進行這樣的一項批判工作，正如馬克思所形容的那樣：「廢除作為人民幻想的幸福的宗教，也就是要求現實人民的現實的幸福。要求拋棄關於自己處境的幻想，也就是要求拋棄那需要幻想的處境。因此對宗教的批判就是對苦難世界——宗教是它的靈光圈——的批判的胚胎。」[46]

在這個前提下，吳耀宗強烈地批判基督教的現代性，指出：

> 我們現在和以往的宗教信仰，實在太過唯心：我們所注意的是個人靈魂的得救，是來世永生的保證；我們的宗教是純情感的宗教，不求理解，不務實行。我們每日只是在耶穌上帝一些爛熟的名詞上，和禮拜祈禱一些乾枯的儀文上討生活；社會的狀態、國家的問題、世界的趨向，似乎都與我們漠不相關。即使我們偶爾做了若干「社會」事業，我們也以為只是附帶的工作，不是宗教的本務。在這樣錯誤觀念之下，我們的信仰，只是生活的麻醉品；我們的祈禱，只是個人情感一時的興奮，而絕無社會的意義；我們的教會，只是一些不會積極作惡，也不能積極行善者不痛不癢的一個集團。我們的口號是「中華歸主」，是信徒的增加，是靈性的提高；不要說這些目的不易達到，就是達到，——假如我們傳統的觀念沒有改變，——也無

> 非是添了一陣熱鬧，與國家民族在生死關頭中的當前問題，絲
> 毫沒有補救。這樣麻木的宗教，終久必為全國人民所唾棄！[47]

我們可以從他批判的口吻中讀出，吳耀宗並非否定基督教，他更不是像
共產主義者那樣地認為宗教終將要消失。吳耀宗的批判一方面是承認基
督教會墮落成為人民的鴉片，但是基督教若是深切地反省自身的問題，
以及參與改造世界的工作，其仍然具有非常崇高和關鍵的價值。換言
之，基督教必須充分地覺醒過來，它的將來與命運完全繫於當前的重大
情勢，它的宣教思想必須立場鮮明地與資本主義劃清界線，從種種被扭
曲的現狀中解放出來，如此才能真正體現基督教的價值，因為他相信在
未來的時代，

> 基督教是要和這個革命運動合流的。基督教應當吸收最進
> 步的社會科學的成果，因為沒有社會科學，基督教就容易變成
> 不切實際的空想。在另一方面，社會革命運動將來也必然地對
> 基督教中精神生活和個人關係的寶貴教訓加以欣賞與重視。一
> 個洗刷過，鍛鍊過，恢復了本來面目的基督教，和一個長大
> 了，成熟了，冷靜了的革命運動，是不會有什麼基本的衝突
> 的。相反地，它們是相需相成的。[48]

因為他始終認為，耶穌所提倡的是一種解放勞苦民眾的社會福音，他的
基本信仰是上帝為父，人類是弟兄；因為在他的眼光中，人是有絕對的
價值，所以在制度與多數人發生衝突的時候，應當遷就的是制度而不是
人。換言之，基督教具備了對制度反抗的精神，其目標即是將人從種種
禁錮人、使人的價值被否定的制度中解放出來，正如他在 1946 年《天
風》「復刊詞」〈基督教的使命〉中重申：

　　　　基督教是主張自由平等的，是主張徹底民主的，因此，它

　　　應當是進步的，革命的；只有進步的，革命的基督教，能夠真

　　　正表現耶穌基督的精神，基督教對這時代的使命，就是要把現

　　　在以人為奴隸，以人為工具的社會，變成一個充分尊重人的價

　　　值的社會，使人類不必再因利害的衝突，階級的對立，而演成

　　　分裂鬥爭的現象。[49]

　　我們從吳耀宗早期對「社會福音」的主張中已看出其思想的基調。
我們認為他從來就沒有改變過以基督教信仰改造社會的想法，只是過去
比較集中於對國族命運的關懷和實踐上，就是踏踏實實地扮演好青年會
的同工應有的基本信念與態度，所以並沒有把問題更聚焦於現代性的問
題上，唯物主義給他提供了分析問題的方法，基督教在這樣的關鍵年代
中，必須作出明確的抉擇，與共產主義並肩作戰，實現人類最終的理
想，也就是「登山寶訓」所勾勒出的那幅美好圖景。

　　可見，吳耀宗的基本思想仍然是基督教的，把基督教設想為一個實
現其天國理想的信仰和實踐基礎，雖然他對基督教的現狀不無批判，但
他仍寄望於基督教的潛力，起碼他對於自己確信以基督徒的身分來實踐
社會改造的理想向來是堅定不移的。令吳耀宗面對教內教外的雙重否定
和思想壓力，而仍沒有放棄基督教的原因恐怕是尼布爾的思想，這是吳
耀宗非常推崇的一位神學家，儘管他晚年基於對共產主義的維護而曾點
名大肆批判尼布爾為「布爾喬亞的基督教」，但他在《社會福音》一書
中曾引述尼布爾的一句話，可以肯定吳耀宗仍然留在基督教，以基督徒
的身分發言的理由：

　　　　尼布爾在他的〈文明是否需要宗教？〉（Does Civilization

　　　Need Religion？）裡有過以下一段話：「宗教對於改造社會的

貢獻，就是它對於人格的尊敬和對於創造可尊敬的人格的助力的貢獻。人不能創造一個社會，如果他們不是彼此相信的；人不能彼此相信，如果他們在人性已經顯露的事實中，不能看見蘊而未發的可能；人不能有看見蘊而未發的可能的信仰，如果他們在解釋人性的時候，沒有體會到一個對人的價值不毀滅而成全的宇宙。」這真是一針見血之言。這便是社會福音的本質。50

所以吳耀宗說：

我們相信：基督教有一種潛力──偉大的潛力。歷史上的基督教有它的迷信，狹隘，偽善，殘殺，而也有它的偉大之處。在組織方面，它有悠久的歷史，有廣大的信眾，有團契的精神；在個人方面，它養成一種比較堅毅純潔，好義急公的性格；在信仰方面；它是不斷的演變，不斷的更新，不斷的創造。它經過了不少的逼害與危難，然而它總是在失敗，痛苦與死亡之中，取得最後的勝利。這一種潛力，假如它把目的認清楚了，把方向弄正確了，實在有它無限的可能性。51

1947年7月，吳耀宗隨同一個二十三人的代表團到挪威首都奧斯陸參加「世界基督教青年大會」，會後又到英國的愛丁堡參加「青年會代表大會」，這個會議的主題是「基督教與共產主義」，他是三個主題講員中的一位，其言論的最後一部分，即強調了要用基督教的方法看問題，強調了基督教意識形態方面的優越性。1948年底，吳耀宗去錫蘭參加「世界基督教學生同盟」召開的「亞洲領袖會議」，並在大會中作了四次系統性的演講，題目是「上帝與真理」，「基督與道路」，「天國

◆《唯愛》、《天風》封面（吳耀宗前後思想的轉變，反映在這兩本其主編
的刊物之思想走向中。圖片來源：作者翻拍自原件）

與歷史」，其思想一貫地認為基督教是革命的，可以改造人，可以改造
社會，可以建立一個平等博愛民主自由的國度。[52]

我們可以留意到，從唯愛主義到社會福音，一直到「基督教唯物
主義」，吳耀宗始終都是立場一貫的，一切都是「從基督教的觀點看現
實」；換言之，吳耀宗一直都沒有離開從基督教的角度看問題，甚至沒
有半點遲疑地以基督徒的身分發言。但是，問題就在於「現實」，吳耀
宗提出的基督教觀點總是扣緊著對於現實的問題而來的，關於這方面我
們可能將之理解為向現實妥協或靠攏，事實上我們從他對國際情勢的分
析一直到中國現實處境的理解和掌握，他的「從基督教的觀點看」是帶
著強烈批判的，我們不能僅僅聚焦在他對基督教所做的嚴厲批判上，也
不能老抓著他左傾或支持共產黨革命的問題打轉。

吳耀宗對「現代性」所做出批判是其思想或言論中最能體現其未來
價值的，這在二十世紀的中國神學家裡是極少見的，他們要不是搞本色

化，就是推動屬靈或奮興之類的，似乎只有吳耀宗站在世界和歷史的高度看問題，把基督教理解為一種普世主義：

> 基督教所要維護的，不止是信仰的自由，也是人身的自由，思想的自由，和人類生活有關的，其他一切的基本自由。所以如此，就是因為它相信人是上帝的兒女，人格有無限的價值與尊嚴；人應當是自由人，而不是奴隸；人應當是目的，而不是工具。[53]

人，作為人，就不該有權利、階級的差別，西方人是人，中國人也是人。所以吳耀宗思考中國社會的問題，是置於世界問題中一併思考的，豈止中國須要改變，世界也應該被改造，中國與世界要徹底被改造，基督教應該可以在其中扮演特定的角色與功能。因此真正說來，他所描述並批判的真正對象並不是基督教、也不西方，而是「現代性」，具體地說，即是「中國的現代性」。所以吳利明認為，吳耀宗基本上認定了社會主義革命為大勢所趨，美國的經濟大恐慌說明了資本主義已到達了窮途末路，加上蘇聯革命的成功，中國沒有必要再走資本主義的道路，同時還要對抗資本主義對中國的輸入，換言之，對抗資本主義國家對中國的入侵也是在邏輯上的必然結論。[54] 在《社會福音》的「自序」中，吳耀宗說到：

> 這本書的背景是一個在存亡絕續中的中國，是一個在矛盾紛亂中的世界。[55]

又如他在《天風》復刊詞〈基督教的使命〉（1946年8月10日）所指出的：

目前的世界，還是黑暗的，目前的中國，也還是黑暗的。[56]

值得注意的是，共產主義本身就具有普世主義的特質，基督教更是清楚無疑。忽略了這一點，就看不到吳耀宗在中國神學思想史上的重要地位，也看不到他批判現代性的力度與價值。[57]

吳耀宗分析當時中國的問題，有其堅實的理論性和現實性基礎與背景。一方面，他從美國社會福音所作的批判分析中獲益不少，特別是繼承或發揮了某個基督教思想傳統；另一方面，在俄國革命動盪整個世界後，他與李大釗或當時許多作為馬克思主義者的中國知識分子一樣，將唯物主義作為一種科學的或方法論，是一種在實踐意義上高度現實的思想。[58] 是故，吳耀宗的整個具體的矛頭，正是指向當時由於資本主義的擴張和發展而帶來種種問題的世界，吳耀宗的「中國現代性」批判，即是對資本主義的批判，以及與資本主義極為相關的帝國主義的批判。

我們必須理解，馬克思主義在中國的接受史，基本上是伴隨著十月革命和列寧主義而來。尤其值得注意的是，馬克思主義在列寧思想中的最大推進，即是他對帝國主義與資本主義關係所作的分析，對於帝國主義的問題，又是從五四愛國反帝運動中早已體現出來了，因此救亡圖存的革命，必然面對中國所遭遇到最為緊迫的問題，中國正經歷資本主義所帶來前所未有的災難，也就是帝國主義伴隨著資本主義帶來了不平等和奴役的狀態。吳耀宗深深地感受到中國處處所表現出來的內憂外患，與資本主義和帝國主義息息相關，而與絕大部分的左派知識分子一樣，列寧對資本主義與帝國主義的關係做過極為經典的解釋：「帝國主義是資本主義的最高階段」，[59] 非常足夠解釋當前中國的情勢和處境，但對吳耀宗這一位基督徒而言，他還要加上一個問題：基督教，特別是在中國的未來，在哪裡？

簡而言之，對於帝國主義的原因和批判性討論，大致會依循列寧等人的解釋，將帝國主義的產生歸結為民族安全的需要，以及從暴政中解放人民的問題上。[60] 列寧把資本主義與世界革命放在同一思考的框架內，當「帝國主義是資本主義的最高階段」時，也就意味著歐洲資產階級的擴張，即是將痛苦帶給了其他落後地區的人民，因此，革命必然同時意味著實現一次民族自決，以擺脫帝國主義對落後國家所進行的統治與剝削。上述這種思想深深地吸引了中國的左派知識分子，像吳耀宗這麼一位普世主義者而言，他除了看到共產主義的革命如何深入青年人的心中，他也不無批判地表示：

> 我們忘記了有組織的基督教在過去一百多年中是和這兩種罪惡（引文按指：國際間的不平等，社會間的不平等）結成不解之緣的；從歷史方面說，對這兩種罪惡的造成，它至少要負一部份的責任。[61]

所以他認同共產主義對資本主義所進行的批判，並認為，儘管否定資本主義的方法有所不同，但基督教立場與共產主義的立場是一致的：

> 基督教和共產主義都是否定現代的資本主義和它所自來的個人主義的。但共產主義是以經濟的條件和科學為立場，而基督教則以宗教和人道主義為立場。共產主義之否定資本主義是根據資本主義自身矛盾和它的崩潰的必然性——雖然它所提出的革命的口號是資本主義對勞苦大眾的剝削。基督教之否定資本主義卻是純粹因為它是不公道的，是摧殘人的價值的。[62]

基於這種共同批判的精神，吳耀宗認為共產主義的出發點也是「唯

愛」的，他指出「人類廣大的同情和深摯的友愛是整個共產主義無形的出發點」，基於這種「人之常情」，沒有理由說這是一種唯物主義的哲學，因此，對於唯物主義者的「暴力」，也變得是可以理解的。[63] 因為他對資本主義的批判與否定，他堅決地向「國際間的不平等，和社會間的不平等」發出批判，前者是帝國主義，後者即是資本主義，兩者息息相關，相互促成，成了摧殘著人類的兩大罪惡。吳耀宗認為資本主義造成：

> 階級的對立，在國際，它造成帝國主義國家與弱小民族間的矛盾，資本主義國家與社會主義國家間的矛盾，和資本主義國家間彼此的矛盾。它有愈來愈厲害的，週期性的經濟恐慌；它造成過去兩次的世界大戰；它也造成現在世界主要的矛盾與對立。[64]

甚至，個人主義、放任主義都與資本主義有關，甚至後來的法西斯主義也是資本主義演變而來的。[65] 對於自由主義，吳耀宗也是有所批判的，認為他們是製造社會矛盾的根源，也是阻礙人類進步的保守主義分子：

> 自由主義者的所謂進步，卻只是布爾喬亞社會裡的一種幻想。這些進步主義者沒有意識到布爾喬亞社會本身的矛盾，因而沒有想像到這個矛盾所必定產生的悲劇與幻滅。人類的進步是必然的，然而這個必然卻不一定是循序漸進，優遊自在的必然，而可能是兔起鶻落，迂迴曲折的必然。[66]

吳耀宗始終都認為，基督教與政治是無法分開的，以目前的基督教表現看來，它代表著一種舊社會的保守與自私的力量，阻礙進步，甚至扭曲

道德公理。因此在這個意義之下，基督教很難走上革命這條路，所以基督教需要被改造，或者必須接受社會科學（唯物主義）的方法論，以此才能揭露我們生活的現實處境是什麼，以及分析出社會衝突與矛盾的根源，而可能與共產主義攜手合作，為人類理想的未來一起奮鬥。[67]

由於資本主義造成了階級，少數人的統治利益製造了絕大多人的痛苦呻吟，某些人因著享受利益而壓迫、剝削他人，甚至還塑造成阻礙進步的保守力量，所以階級鬥爭在所難免。面對著不平等和不自由所帶來的集體苦難，基督教和共產主義可以說都是主張階級鬥爭的。吳耀宗認為，「基督教基於階級鬥爭的態度。第一：它要消滅罪惡，消滅不平等的制度；第二，它對於作惡的人和構成不平等的制度的份子，卻不主張把他們消滅，而是要去改變他們。它要向罪惡進攻，但卻『不要與惡人作對』。」對基督教而言，對作惡者的態度是愛，但我們也痛恨惡，基督教的階級鬥爭即是：

不得不站在被害者的方面，向作惡者進攻。[68]

嚴格說來，吳耀宗並非要弄懂或接受馬克思主義或共產主義理論，他的志向也並不在此，他不是要作為一位忠實的共產黨員而實踐革命。相反地，他向來就是如此明確地「從基督教的觀點看現實」，他懷抱著一種來自於基督教給他的普世價值和眼光來衡量事物，這就是他一再地說自己不同於共產主義或唯物論者的地方。《沒有人見過上帝》可以說是吳耀宗辯明自己神學立場的力作，他認為「上帝存在」，使他不僅不贊同共產主義的無神論，而且還多了以一種「縱向」的關係來思考問題，他也同時說明「祈禱的意義」使他內心始終保存著一種張力，清楚地認識到社會不僅是一個有罪的社會，自己也是一個「罪人」。[69]

在檢討基督教傳到中國的這段過程，吳耀宗也清理了他們與帝國主

義可能存在的關係，特別是當他們都來自於與資本主義生活關係密切的
西方國家，而這些國家又是殖民中國的國家：

> 他們所傳到中國來的基督教，當然也逃不出這種社會制度
> 的影響。中國過去的不平等條約有不少是由「教案」所引起
> 的；外國宣教師所傳的基督教，大部分是在資本主義的意識形
> 態中孕育出來的；基督教會所辦的學校，尤其是在過去的一個
> 時期中，更是充滿了帝國主義麻醉和奴化的成分。[70]

可見，把基督教說成是「帝國主義」絕對不是跟共產主義「同一個鼻孔
出氣」；相反地，把基督教說成與帝國主義有關，從「社會福音」到「基
督教唯物主義」，都可以說是一種對「中國現代性」的批判，是吳耀宗
自己思想的必然結論。他的想法基本即是神學上的必然：

> 基督教裡面的帝國主義，卻往往是看不見的。基督教同帝
> 國主義究竟怎麼樣發生了關係呢？帝國主義並不只是飛機和大
> 砲，也不只是間諜和其他秘密的工作，這都是可以看得見的。
> 還有一種無形的帝國主義，那就是帝國主義通過文化、思想、
> 教育、甚至神學所發生的影響。[71]

所以，後來產生那些把基督教說成是「帝國主義文化侵略的工具」並進
一步「清理帝國主義思想毒素」的做法，不能簡單地說成是中國共產黨
玩弄政治鬥爭或消滅基督教的手段，也不能說成是否定了基督教對現代
化的貢獻。因為，根據吳耀宗的想法，基督教沒有自我批判地意識到自
己與政治無法分離，以及自歷史現實上基督教對待資本主義的冷漠態度
看來，基督教早已「不知不覺」或「後知後覺」地為資本主義所利用，

儘管基督教的價值是高尚的，信教的人也是善良的，但是除了耶穌，有誰可以如此純潔呢？

吳耀宗在 1950 年 9 月 23 日於《人民日報》發表〈中國基督教在新中國建設中努力的途徑〉的一週後，又在《天風》上以〈展開基督教革新運動的旗幟〉一文總結了基督教與「中國現代性」的批判關係：

> 基督教最初傳到中國來，除了少數別有用心的以外，是完全出於這種純潔的動機的。一直到現在，大多數從外國到中國來的宣教師，至少在他們主觀的意圖上，也是抱著一種純潔的目標的。但是，儘管基督教是一個崇高的宗教，是救人救世的福音；儘管多數的宣教師和其他基督教的負責人士，主觀上是要服務中國人民，沒有宗教以外的企圖；基督教是可能被人歪曲，被人利用的。基督教的歷史，和世界文化思想的歷史，都可以充分

◆ 吳耀宗為謝扶雅《個人福音》作序（從社會福音者的角度而言，其包含著個人福音是無庸置疑的。圖片來源：作者翻拍自原件）

證明這個事實。基督教是從西方傳到中國來的；西方的國家都
是資本主義的國家；從十九世紀中葉以後，這些國家大多數都
變成了帝國主義的國家。在這些國家裡培養出來，傳播出來的
基督教，是不可能不深深地受到這些國家的文化的影響的。如
果文化是一種意識型態，文化當然就反映了一個國家的社會物
質生活。在這種情形之下，從西方傳到中國來的基督教，是不
可能不受到西方國家的資本主義和帝國主義的影響的。[72]

如果基督教與中國現代化關係如此密切，則不可能不正視「現代化」所
隱含的「現代性危機」，當基督教與現代化的關係又表現得如此緊密
時，這也就成了吳耀宗批判的對象。

> 我來要把火丟在地上，倘若已經著起來，不也是我所
> 願意的嗎？……你們以為我來，是叫地上太平嗎？我
> 告訴你們，不是，乃是叫人紛爭。
>
> ——〈路加福音〉十二章 49、51 節

「午夜鐘」

除了擔任學生部幹事外，吳耀宗以其思想理念積極反省並回應現代
性對中國社會的挑戰，而在青年會所推動的出版工作也是非常亮眼。學
者過往在論述青年會時，主要將它理解為推動中國現代化或引介西方先
進思想或社會活動的一個極為重要的代表機構。事實上，青年會對於中
國現代性亦有所反省，它清楚地表現在一套以「非常時期」為系列標題

的出版計劃中，編者吳耀宗針對此套叢書的主旨提出了如下的說明：

> 大時代的洪爐，把我們整個民族的生活與思想，放在猛烈
> 的火焰裏，給它一個空前的錘鍊與鎔鑄。這一個烈火的洗禮，
> 現在還在進行著，我們還不能預料到它將來所賜予我們的是什
> 麼；但我們已經感覺到我們有無數的事要做，有無限的話要
> 說，有無窮的遠象要憧憬、要實現。看呀，全國覺醒的人們不
> 都在那裡流著血、流著汗，在迎接這偉大時代的到來麼？非常
> 時叢書的計劃，就是在這樣的意識和環境中產生出來的。

「非常時叢書」共分三類，共三十種。第一類的總題是「非常時的認
識」；第二類的總題是「非常時的基督教運動」；第三類的總題是「基
督教思想的新趨向」。現在簡略地說明這三類叢書的內容，這套叢書共
分三個系列，其編輯旨趣充分地說明了吳耀宗的思想格局：

> 在第一類叢書裏，我們希望讀者能從各方面去認識大時
> 代——從歷史的詔示，從中國人民的自覺，從國際的現勢，從
> 宗教的信仰，從實際的經驗。我們希望竭力避免主觀的空論，
> 抽象的意識，處處以事實為根據，以經驗為指導，去取得一個
> 對大時代正確的認識，使我們在正確認識之下，能完成大時代
> 所賦予我們的任務。
> 　　第二類叢書是討論基督教對大時代應取的態度和對大時代
> 應有的貢獻，例如基督教對於救國運動，和平運動，戰時服
> 務，聯合陣線，極權國家等等問題，以至基督徒本身的修養與
> 訓練，都加以探討與敘述；一方面使我們覺得基督教在大時代
> 應常是一種活潑有生命的力量，同時也因為使命的艱鉅，使我

感覺有把我們的宗教信仰與生活在各方面深刻化的必要。

第三類叢書是用批評的態度，來介紹基督教思想的新趨勢的。這些新趨勢大半表現於基督教對許多現行思想的態度，其中比較重要的如資本主義，社會主義，共產主義，法西斯主義，合作運動，新心理學，新物理學等，均在討論範圍之內。我們覺得基督教許多的新思潮，與我們的大時代有密切的關係，應當為我們所注意。我們更希望：這一點小小的介紹工作，可以作為未來更大的探討的起點。

其出版之書目和撰寫者規劃如下：

第一類：「非常時的認識」

第一種	大時代的宗教信仰	吳耀宗著
第二種	被壓迫者的福音	謝扶雅著
第三種	中國抗戰與國際現勢	胡愈之著
第四種	國外民眾怎樣幫助中國	鄭麥逸著
第五種	世界弱小民族的解放運動	王一鳴著
第六種	民族解放的故事	胡仲持著
第七種	抗戰中的無名英雄	劉良模編
第八種	抗戰中的青年	錢國寶編
第九種	怎樣服務民眾	劉良模編
第十種	基督教與社會改造	應元道譯

第二類：「非常時的基督教運動」

第一種	基督徒與救國運動	沈體蘭著
第二種	基督教與和平運動	徐寶謙著

如上所述，基督教許多的新思潮與當時中國的大時代有著密切的關係，這一套叢書主要是以基督教作出發點，但在取材和態度方面卻都適合於一般讀者的閱覽與參考，以達到讓教外人士也可以對基督教的立場和態度有所認識，尤其希望對青年讀者發生一種激勵鼓舞的作用，使他們更能為真理，為國家，為民族而獻身。從上述書目構思方向來看，編者清

楚地意識到中國所身處的問題以及相關的主要課題，這些問題都是中國在面向現代性時必然遭遇到的，叢書的主旨依然著眼於以基督教的眼光或立場來予以評論，並提出一套方案以求可以為中國社會的改造注入一股力量。

顯然地，像青年會這樣的組織經常被保守的福音派詬病為他們「不傳福音」，甚至說他們所傳的「不是福音」。我們判斷不是所有的書籍都成功出版，但從主題的構思和找到可以撰寫相關內容的作者，都可以看出大時代的中國基督徒如何在現代生活中注入更多關懷和實踐的思想及理論之準備。儘管如此，青年會起點還是承認自己與基督教是有關的，他們所傳和所做即被稱作「社會福音」。

「社會福音」當然不是不傳福音，青年協會書報部曾發行過數份單張，即是打著耶穌的偉大人格為號召，以吸引人成為基督徒，單張的標題有：〈社會革命的耶穌〉、〈解放思想的耶穌〉、〈服務群眾的耶穌〉、〈尊重勞工的耶穌〉。這些恐怕都是吳耀宗的真知灼見，正如他明顯地感受到共產主義潮流不管在世界或是中國都是來勢洶洶、勢不可擋，於是邀請了楊繽翻譯了一本名叫《蘇聯的宗教與無神論之研究》的著作，時為 1935 年。可見，吳耀宗確實有先知先覺的眼光，清楚認識到必須事先理解共產黨統治之下的宗教政策會是如何，以及將來若是共產黨取得中國政權，基督教如何面對各種挑戰和考驗，這些課題都是必須認實地先做好反省性的準備。總之，吳耀宗的所為意味著中國基督教沒有在反思和批判中國現代性的問題上缺席，協進會和青年會等相關機構同樣具有一種清醒和批判的眼光來分析現代性，從基督教的觀點提出策略並嘗試做出改變。

吳耀宗曾在加拿大的傳教士文幼章（James G. Endicott）的家中與一些朋友多次討論關於基督教和共產主義的關係。這個小組得出了這樣一個結論：

> 根據辯證唯物主義觀點，一切都是相對的；根據基督教的
> 觀點，事物有相對，也有絕對的。對於前者而言，危險在於把
> 相對性絕對化了，從而導致缺乏謙虛和不能容忍；而後者的危
> 險卻在於過份強調絕對，從而導致傷感主義，逃避現實和嚮往
> 來世。[73]

根據文幼章的說法，小組學習基本上是採用了歐洲馬克思主義的經典著作。他們基本上認為，共產黨與基督教最要實現的社會目標是一致的，即促成無產階級社會的到來；他們甚至也討論了暴力的問題，認為基督徒對於暴力接受並不遜於共產黨，他們相信，權力腐蝕人，沒有一定程度的暴力，掌權者是不會主動交出權力的。

相較於其他的文章評論，吳耀宗的〈從基督教的觀點看現實〉這篇「會議報導」特別有意思，其中說明了他如何理解共產主義在當今世界的滋長原因，認為共產主義如此吸引成千上萬的青年加入是一種「不幸」，基督教必須為它自己造成的「不幸」負起責任。

> 從基督教的觀點看來，共產主義無論我們把它當作工作的
> 方法，或生活的哲學，都是有所缺陷的。共產主義所以有所缺
> 陷是因為它的基本哲學——辯證法唯物論，是完全注重相對的
> 事物，那就是變動的事物；而對於絕對的事物，那就是不變的
> 事物，大致是忽略的。因為它過分注重事物的演變，所以它對
> 事物的本體，就沒有一個具體的概念。因為這個原故，唯物論
> 就必須是無神論。因為有神論相信宇宙間有一位主宰，而這是
> 唯物論所不能想像的。唯物論也有一個危險的傾向，那就是忽
> 略了一個人的本身的價值，而有時把它看作是達到某種社會目
> 的的手段。唯物論的這些缺點；就是造成我們所看見的共產主

義制度內許多使人不滿的地方的主要原因。[74]

值得注意的是，這是吳耀宗在 1947 年 8 月 14 日於英國愛丁堡青年會代表大會主題演講，題目叫作「基督教與思想的衝突」。這裡所說的「思想」即是共產主義。關於吳耀宗所指的「不幸」，即是說共產主義勝利意味著它的「哲學」的勝利，特別是與基督教衝突的地方，一是相對與絕對的衝突，二是無神與有神的衝突。這兩個共產主義的哲學：相對與無神，在吳耀宗看來即是唯物主義的最大缺點，如果共產主義取得了勝利，就勢必給基督教帶來巨大的壓力，因為兩者的基本哲學不僅不同，而且是衝突的，基督教在這裡必須意識到與共產主義的競爭是未來的重大的挑戰，基督徒當前的任務無疑是「以基督教的方法」來解決當今世界的問題，而且「必須比共產黨們做得更好」。[75]

從這次的演講內容看來，吳耀宗對共產主義的警戒沒有改變，他對唯物主義的理解基本上是非常準確的，所以他的「調和」絕非無條件的，特別從早期的〈基督教和共產主義〉到〈基督教與唯物論〉對共產主義或唯物主義的看法基本上都沒有改變過；正是經過了比較深入地理解唯物主義，所以對它與基督教之間的衝突就比較能掌握，當然這也意味著對於基督教的維護也就多了一層積極的理解作用。我們可以根據〈從基督教的觀點看現實〉這篇看似心得報告的文章讀出吳耀宗的「焦急如焚」，這便可以解釋何以之前之後的他對基督教有如此嚴厲的批判，理由即是他清楚地看到，共產主義是基督教最大的對手，說得直接點就是「信仰」上的對手，它關係著基督教的未來，特別是中國。這正是「午夜鐘」的本色，在黎明的到來之前，企圖喚醒沈睡的人們。

也許吳耀宗的心境特別地沈重，他在出席挪威奧斯陸的世界基督教青年大會時遇到一位印度代表多馬先生（M. M. Thomas），回國後特別翻譯了多馬在倫敦發行的《基督教通訊》（*The Christian Newsletter*）裡

一篇題為〈奧斯陸大會對政治問題的主張〉（1947 年 9 月 3 日）的文章。吳耀宗譯後似乎頗有感觸，隨文就寫下了他的感受：

　　這篇文章充分表現了作者矛盾衝突徬徨苦悶的心情。這種心情是一種痛苦，但同時也是每一個基督徒所特有的福分。他要應付現實，但他又不能安於現實，更不能與現實妥協。因為有一個更高更大，更真更美的理想，向他們挑戰。相信人文主義的人，相信唯物論的人，不會感到痛苦，不會遇到這種挑戰。他們未嘗沒有理想，但他們的理想是屬於人的，屬於世界的，所以他們不會感覺到兩個不同的世界，在他們內心中的衝突與矛盾。但是，我希望——我希望一個基督徒這樣的信仰，這樣的心情，不會使他變成麻木與消極，或者使他徬徨地永遠站在歧路上而無所適從。我們要舉目向天，但我們也要腳踏實地；我們要行動，要前進，雖則我們的行動和前進都永遠是

◆ 1950 年後吳耀宗與毛澤東談話（中共建政後，基督教面對更為直接的挑戰，吳耀宗最終走上與共產黨合作的路上。圖片來源：取自網路）

相對的，而不是絕對的。我們要把大慈大悲和至剛至勇結合起
來，才能在現實的世界中為我們的信仰作忠誠有力的見證。[76]

這不正是吳耀宗最為真情流露的話嗎？

對一位堅定持守基督徒信仰立場的知識分子而言，「社會」與「福
音」永遠存在著某種衝突或矛盾，應付這種衝突和矛盾豈是學術或理論
上「調和」可以化解的？即便「唯物主義」與「基督教」兩者從根本上
就存在著不可調和之處，但面對日愈複雜的現實，面對共產主義對青
年日愈的吸引，吳耀宗沒有選擇的餘地，他只能在「黑暗與光明之間」
（而非「從黑暗到光明」）徘徊，不斷提醒自己是一位黑夜的守候者（〈以
賽亞書〉二十一章 11-12 節）：

有人聲從西珥呼問我說：守望的啊，夜裏如何？守望的
啊，夜裏如何？守望的說：早晨將到，黑夜也來。你們若要問
就可以問，可以回頭再來。

第九章　無產者詩人

> 一切現代革命本質上都源於基督教，哪怕它們打著信
> 仰無神論的幌子，支持這種論調的各種論點，通常都
> 針對早期基督教派所具有明顯的造反天性：它強調上
> 帝面前的靈魂平等，它公然蔑視一切公共權力以及它
> 天國王朝的允諾。
>
> ——鄂蘭（Hannah Arendt），*On Revolution*

詩人革命家

義大利導演帕索里尼（Pier Paolo Pasolini）在訪談中提到他 1964 年的作品《馬太福音》（*IL Vangelo Secondo Matteo*）時說道：

> 我想把耶穌描繪成一位和平民百姓站在一起的革命家，而
> 要找一位和耶穌比較相似的人，當時覺得唯一可能合適的只有
> 詩人了。[1]

何以「詩人」與耶穌比較相似？耶穌寫詩嗎？抑或，福音書中對於耶穌的書寫，本身即是一首詩？作為一位詩人，帕索里尼熱愛詩，他拍電

---

*　本文曾以〈朱維之的「耶穌傳」〉為題發表於《道風》，第 39 期（2013）。

影，以詩人的眼光來闡釋劇中的內容；他捍衛詩，以抵制消費，抵制任何與體制有關的束縛，「詩蘊涵的精神是具有永恆生命力的」。[2]

法國哲學家巴迪烏（Alain Badiou）把詩形容為一種武裝的力量。[3] 這是一種憑著宗教啟示的簡單力量，其以革命的方式粉碎了一個建立在階級暴力、帝國主義以及奴隸制基礎上的社會。因此，耶穌與猶太教和羅馬帝國統治階級的對立是顯而易見的，他始終與卑下的、被壓迫的階級站在一起，他的出生和死亡都離不開人們對他的想像，向一切暴力統治提出挑戰的想像。

民國基督徒的寫作中，有過不少有關耶穌生命或傳記的作品，尤其又以趙紫宸的《耶穌傳》最富盛名，其他如吳雷川、謝頌羔、張仕章等人都有過相似於「耶穌傳」的作品。在眾多的作者當中，朱維之以其《聖經》文學的專業背景而最為人熟知，我們所熟悉的兩部重要作品《基督教與文學》和《聖經文學十二講》，都算得上是漢語學界的經典之作。然而，論者大多忽略朱維之如何在其《聖經》文學專業的背景下闡釋耶穌的形象，尤其是 1950 年出版的《無產者耶穌傳》更是鮮有人提及，連朱維之本人及其弟子亦是如此，似乎這本書在出版之後就被埋沒了，我們尚未好好地理解朱維之在此書中的思想。[4]

《無產者耶穌傳》是朱維之最具政治意味的一本著作，而 1949 年以後的政治現實可能是埋沒這本最具解放神學或基督教社會主義色彩作品的主要原因。對這本書的陌生，不只影響到我們評價朱維之，也影響到我們對 1949 年以前中國基督教社會主義的革命思想的了解，尤其是其究竟在何種社會文化氛圍之中，對基督教或《聖經》產生何種理解上的改變。不同於趙紫宸那本富於神學色彩的《耶穌傳》，朱維之的《無產者耶穌傳》總結了那個時代具有革命精神的基督教思想和潮流，可與張仕章的《革命的木匠》、謝扶雅的《被壓迫者的福音》並列為中國基督教社會主義「耶穌傳」的三大代表作。[5]

在對《無產者耶穌傳》進行解釋之前，我們必須了解早在《基督教與文學》一書中，朱維之便已描繪出這樣一位具革命形象的耶穌，他稱之作「詩人耶穌」，後又與王治心合著《耶穌基督》，而《無產者耶穌傳》正是在前一本書的基礎上改寫而成。[6]

在《基督教與文學》中，朱維之就已清楚地表達了自己獨特的「耶穌傳」，他稱之作「詩人耶穌」：

> 天才底化身，詩底化身；[7]
> 天生的詩人，在他底天稟中，含有一切詩人的條件，他簡直就是詩底化身。[8]

朱維之在《基督教與文學》的首章「耶穌與文學」中，引述了世界文學界中對於耶穌形象的文學刻劃，力證「耶穌是詩人」的這種理解絕非空穴來風，他也從四福音書中整理出耶穌作為詩人的特性，耶穌是詩人的後裔（大衛、馬利亞），他具備了詩人應具有的豐富情感、豐富想像力，儘管他的言論中富有思想，但這些思想也是文學性的，且「出口成詩」，實實在在反映出了他是一位具有古典（希伯來）文學修養的詩人。

值得注意的是，朱維之始終在作為文學作品的《聖經》中以文藝學來詮釋或理解耶穌，換言之，耶穌的詩人形象與《聖經》對他的書寫有密切的關係，「因為被傳者底生涯本身是一首偉大的詩歌，……他的生涯供給後人無數詩歌的題材，……千萬基督徒在感激地唱著『耶穌是我詩歌』。」[9]可見，正是耶穌處處表現出了詩人的非凡特質以及如詩一般的言辭，所以才會使我們更能確切地從文學或詩藝的方向來把握耶穌的言論，以及對他一生的所做所為予以確切地解釋。

《基督教與文學》「卷頭語」引了一段〈約翰福音〉的序言：

太初有言辭，斯言與神俱。斯言即是神，自古與神俱。萬
物由彼成，匪彼無所成。於彼有生命，曾為人之光；此光照黑
闇，黑闇未受光。

這是對作為詩人的耶穌最為徹底的描述，顯然，福音序言中的言辭不是
指普通的言辭，而是就創造的言辭——詩——而言。因此朱維之認為耶
穌本身就是詩的化身，詩具有一種無法想像的力量，它是生命，亦是光。

朱維之無意於 1940 年出版的《基督教與文學》中進行一種馬克思
主義的文藝批評，但是他曾大量地接觸了俄國文學家對《聖經》所做的
詮釋和理解，因此朱維之對於馬克思主義的文藝批評應該不陌生。換言
之，《基督教與文學》中對詩人耶穌的解釋還是保持在一般意義的文學

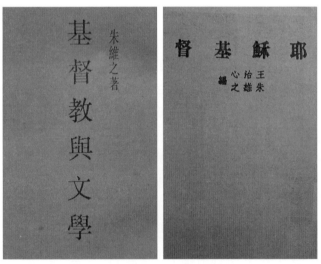

◆《基督教與文學》及《耶穌基督》（《基督教與文學》是朱維之廣為
學界所熟知的一本書，是漢語學界第一本出版與聖經文學有關的專
著；朱維之的《無產者耶穌》是從他與王治心合著的《耶穌基督》
一書中獨立出來並擴大內容的版次。圖片來源：作者翻拍自兩本原
書內頁封面。）

中進行，他並沒有特別關注文藝與社會批判之關係，或者可以這麼說，馬克思主義的文藝批評尚未進入他的視域之中，甚至在與王治心合著的《耶穌基督》一書中，朱維之的「耶穌傳」沒有什麼特別的變化。同時該書既是合著，由王治心撰寫〈緒論〉，朱維之負責撰寫〈耶穌正傳〉，又是一本類似於通俗讀本（中華文庫初中第一集）之作。是故，誠如《無產者耶穌傳》序言中所提及的：

> 那書（按指《耶穌基督》）只寫純宗教家的耶穌的故事，雖有革命的意識，仍不免帶有一些唯心的色彩。[10]

的確，《耶穌基督》的寫作有許多限制，該書與《無產者耶穌傳》的出版時間雖然相當的接近，但仍然無法證明朱維之在寫作的問題意識與方法上有何突破，恐怕〈耶穌正傳〉的撰寫只是應付王治心的邀請。換言之，此時朱維之的「耶穌傳」並無特色可言，相較於《基督教與文學》的詩人耶穌，《耶穌基督》的〈耶穌正傳〉的確平淡得多了，這也可能是王治心並不甚認同將耶穌解釋成一位文學性的人物有關。[11]

　　儘管《基督教與文學》是由朱維之參考了許多國外研究成果後撰寫而成，其仍被形容為漢語世界《聖經》文學的「開山之作」，其中最為突出或珍貴的恐怕是第一章之中關於「詩人耶穌」的描述。在此之前，在趙紫宸的《耶穌傳》，中國學界另一本「耶穌傳」的「開山之作」中，耶穌也同樣是富有「詩人般」的形象，正如朱維之在書中引述了趙形容耶穌的話「是圖畫是詩歌，祂的幾筆，將宇宙中的神妙都活躍烘托出來，……只有詩人的生命中所流露的，不會丟掉了美，竟可以萬古而常新」。[12]而值得注意的是，不管是趙紫宸、張仕章或是朱維之，他們筆下的耶穌都是一位「革命者」，其差別在於：趙紫宸的耶穌是一位「精神革命家」，張仕章的耶穌是一位「政治革命家」，朱維之的則是「詩人革命家」。

　　早在《基督教與文學》對「詩人耶穌」的描述中，朱維之已經留意耶穌的政治環境，而且，這種政治環境並不是作為理解耶穌的背景常識，相反地，他已指出耶穌在羅馬帝國的殖民底下，「不得不負起『改造環境的詩人』底責任與決定，去實現古代先知詩人以賽亞底夢想」，也就是〈路加福音〉四章的那段文字：[13]

> 主的靈在我身上，
>
> 他用膏油膏我，
>
> 叫我傳福音給貧窮人，
>
> 報告被的得釋放，
>
> 瞎眼我得看見，
>
> 受壓迫的得自由，
>
> 宣告上帝悅納人的禧年。

可見，朱維之已意識到耶穌絕不是一般舞文弄墨的文人雅士，他的一生及其工作與反帝國統治、反殖民、反貧富階級、反民族壓迫等改革的力量連結起來。換言之，「改造環境的詩人」的角色的確是明確的，儘管他在《基督教與文學》一書已經留意到不少以革命者形象刻劃耶穌之作，例如辛克萊（Upton Sinclair）把耶穌寫成有理想有力量的革命工人、古萊虹莎拉把耶穌寫成革命的社會主義者、張仕章的「革命的木匠」等。[14] 但「革命詩人耶穌」的形象直到《無產者耶穌傳》才完全表現出來，其間經過了馬克思主義文藝批評的吸納與反思。無論如何，「詩人」仍然是這一位文藝學或《聖經》文學家對耶穌的詮釋和理解，而把「詩人」推向「無產者」的轉變或思想的發展，則應該是在 1948 和 1949 年間，因為 1947 年《基督教與文學》的「再版題記」中，仍未交待有何思想上的轉變。

　　《基督教與文學》與《無產者耶穌傳》的出版之間正好相隔十年，在《基督教與文學》中，耶穌以「詩人」的形象出現，到了《無產者耶穌傳》，耶穌則以一位「革命家」的角色登場。耶穌從一名「詩人」變成了「無產者」，這個形象的轉變不能簡單地理解為一種斷裂，儘管我們在「無產者耶穌」那裡好似看不到太多「文人雅士」般的表現，但是這種「轉變」更多是說明了耶穌的激進化表現似乎越來越不能強調他浪漫般的性格，「詩人」與「革命家」之間有些難以協調的因素。關於這一點，朱維之沒有做出任何的交待。

　　不過，類似的情形發生在耶穌的母親馬利亞身上，卻有一種奇特的協調感。馬利亞，耶穌的母親，在《基督教與文學》那裡是一位才華洋溢的女詩人，到了《無產者耶穌傳》中則是一位無產階級的革命婦女。朱維之揭示了「革命的勞動女性」馬利亞懷孕耶穌時所歌唱的那首為後世千古傳唱的「頌主曲」（*Magnificiat*，路 1:46-56），是一首「無產階級的聖歌」：

> 我心尊主為大，
>
> 　　我靈以上帝我救主為樂。
>
> 因為他念它使女底卑微
>
> 　　從今以後，萬代要稱我為有福。
>
> 那有權能的為我成就了大事；他底名為聖！
>
> 　　他憐憫敬畏主的人，直到世世代代！
>
> 他用膀臂施展大能：
>
> 　　把心驕氣傲的人趕散了；
>
> 叫掌權的失位，卑微的升高；
>
> 　　叫飢餓的得美食，富足的空空散去。

◆ 朱維之及其家庭照（以《聖經》文學家自居的朱維之，同樣在基
督教青年會工作過。圖片來源：取自網路）

這首歌是民主進行曲，歌曲充滿著階級的意識、革命的情緒、民主的思
想，代表著無產階級的理想。「這歌是摧毀勁敵，解放弱者，實現彌賽
亞社會的聖歌。日後耶穌底思想和活躍的大精神，這時早在馬利亞底胸
腹中萌芽了。」[15]

朱維之形容馬利亞的個性充滿來自底層生活的美德：堅定、勇敢、
進取。馬利亞不隨俗、有獨立的見解，喜愛讀書，深思，對於社會上不
合理的制度就嘗試想法子去改造它：

> 她也不多說話，時常把事情「記在心裡」，思想未曾搞通
> 或未成熟時，決不輕易發言。可是她不言則已，言必有中。她
> 底話語是有相當份量的。看前面那首民主的進行曲，她底出語
> 是何等銳利而驚人呀！她真是個傑出的女詩人。[16]

所有猶太小孩的教育，都是從母親那裡開始的，朱維之形容耶穌受教育
的過程並不順利，而且作為一位無產者，他儘管聰明過人，但仍沒有公

平的機會獲得最好的教育。無疑地，從耶穌的學識、才華看來，馬利亞給他的栽培是非常投入的。[17]《基督教與文學》裡那位「詩人耶穌」，他的文學修養來自於其母親，《無產者耶穌傳》裡這位「無產者耶穌」則是受到這一位無產階級革命婦女的啟發和教育，也正是因為耶穌受到這位「革命的勞動女性」最為直接和深刻的影響，其作為一位無產者和革命者的自覺大抵多受惠於母親。一個成功的孩子，背後有一位成功的母親。

> ……他雖不承認，而事實上卻在為一定階級的利益服
> 務，進步的作家承認這種選擇，他們站到無產階級一
> 邊，在階級鬥爭的基礎上作出了選擇。這樣的作家就
> 不再有自主性了。他們的寫作活動以對無產階級鬥爭
> 中有利為目的。人們於是說，他在追隨一種傾向。
>
> ——班雅明（Walter Benjamin），
> "The Writer as the Producer"

馬克思主義的文藝批評

　　根據朱維之的說法，《無產者耶穌傳》的撰寫，主要受到兩本重要著作的影響，它們分別是恩格斯（Friedrich Engels）的《原始基督教史論》（*On the History of Early Christianity*）和考茨基（Karl Kautsky）的《基督教之基礎》（*Foundations of Christianity*）。[18] 朱維之引用恩格斯和考茨基的話說：

　　　　為什麼恩格斯說，「原始基督教的歷史和近代無產階級運

動有顯而易見的類似點？」為什麼考茨基承認基督教是人類歷
史上一種最偉大的現象，對它不能不表敬仰之意？

作為一位《聖經》文學家，朱維之長期關注的焦點是在世界文學中與
《聖經》或基督教有關的研究和作品，相對地，他對於社會科學的關注
則比較少，特別是馬克思主義的文藝批評，據所掌握的材料中只見過一
篇。朱維之曾以「白川」之筆名於《天風》第 7 卷第 16 期（1949/4/23）
發表過一篇〈藝術的真實——馬克思論文藝與基督教〉，文中深切地表
示了對於馬克思主義的文藝批評極為認同，該文之後收錄於《文藝宗教
論集》一書中。在《文藝宗教論集》的「寫在卷頭」中，朱維之提及了
如下的觀點：

> 耶穌自己是個領導無產大眾去反抗羅馬帝國而犧牲了的志
> 士。恩格斯也承認基督教是個社會革命的團體。[19]

朱維之根據郭沫若所選譯馬克思（Karl Marx）和恩格斯之作《神聖
家庭》（後譯名作《神聖家族》）來理解馬克思主義對文藝與基督教之觀
點，也就是關於抽象性和具體性的問題。在《神聖家庭》所提到神學、
基督教文藝批評等問題中，引起朱維之注意的是馬克思批判「布爾喬亞
基督教文藝」為一種妥協，因為「十九世紀後葉妥協的布爾喬亞作家，
往往為了說教而不惜歪曲事實，用空想的公式來虛飾觀念的謊言」。[20] 換
言之，朱維之認同馬克思主義的批判文藝學，布爾喬亞基督教文藝沒有
反映或洞察真實的社會關係，也沒有為真理而鬥爭，所以他們的改革不
僅不徹底，而且還開歷史的倒車。事實上，真正的文藝作品是要描述實
際的、個別的、具體的性格；而不要抽象的、一般的、觀念的臉譜。朱
維之指出：

馬克思和恩格斯雖屬無神論者，但他們對宗教的看法卻不是機械式的。馬氏在「論猶太問題」一文中談到宗教問題說：宗教的存在無論如何並不是和國家的充分發展相矛盾的。又說：「人權」並不使離去宗教而自由，而祇是給人以宗教的自由。牠並不使人離去財產而自由，而只是給人以財產的自由。[21]

此時的朱維之對於馬克思主義的文藝批評已有了相當的了解，正是在這個理論背景之下，朱維之展開了以一種社會批判的眼光和具體且實際的現實性角度來把握耶穌，《無產者耶穌傳》即是體現了他對馬克思主義文藝理論的認同，並發揮到對於耶穌生平和工作的再詮釋上。換言之，經過了馬克思的批判後「詩人耶穌」的形象已經成了「無產者耶穌」。不同於詩化的耶穌，這時的耶穌更多是一位解放者，他的一切是為人帶來自由而非審美，是社會的而非情感的。這正是朱維之前後期耶穌傳做出轉變的理論和思想背景。

〈藝術的真實——馬克思論文藝與基督教〉一文的後半段即引了恩格斯的思想，為原始基督教的誕生做了極為重要的解釋，這方面的解釋，正是《無產者耶穌傳》的參照點，或者可以說，《無產者耶穌傳》基本上即是一本馬克思主義批判文藝學的文本之作。以下是朱維之兩段重要的引文：

但在晚年恩格斯卻為馬克思底〈一八四八到一八五〇年法國之階級鬥爭〉作了一篇有名的「引論」，說：「大約在一千六百年之前，羅馬帝國內有一種危險的革命黨。牠不管宗教和一切國家的基礎，直白地反對羅馬大帝之意志，說牠不是最高的法律；牠不是屬於祖國的，而是國際的……這種革命黨徒就叫做基督徒……羅馬大帝……公佈一種反社會主義—請原諒—

反基督教的法律。……」這明明是說初期基督教是一種革命的
社會主義運動。[22]

關於「革命的基督教」，他進一步引到說：

> 恩格斯又在《原始基督教史論》一文中，說明基督教和社
> 會主義運動的一致性：「原始基督教之歷史表現好一些地方和
> 近代勞動者運動有可驚的一致性。基督教像近代勞動者的運動
> 一樣，原來是一種被壓迫者的運動；最初還是一種奴隸和自由
> 人底宗教，貧窮人底宗教，被放逐者底宗教，臣服於羅馬和為
> 羅馬所分散的民族底宗教。基督教和社會主義兩者都宣傳橫暴
> 和不幸底拯救；基督教把這種拯救付之於死後的天堂、來生；
> 而社會主義則以為由於社會之改造便可以在今世得獲解脫。兩
> 者都被人迫害，……但兩者底進步，都是不能抵抗的，有時這
> 種迫害反幫助了他們獲得勝利。基督教從其發軔之初，過了三
> 個世紀便為羅馬帝國認做國教；而社會主義則祇過了六十年，
> 即已征服一個地方，足證地底勝利是絕對可靠的。」[23]

朱維之上述的引文，特別提及恩格斯的部份，主要是根據考茨基《基督
教之基礎》一書轉引。不管是恩格斯或是考茨基，他們都將基督教理解
為一種社會主義，尤其是初代教會，他們的背景和行動說明了耶穌與
他們皆屬於「無產者」，所以，基督教的成功即是一次無產者革命的成
功，從另一方面說，基督教的屬性，無疑是最為原始且是一次無產階級
革命成功的例證。

　　考茨基的《基督教之基礎》一書中譯本於 1935 年由神州國光社出
版，究竟在何種情況之下這本書被翻譯並出版已不可考，但可以肯定

的，這本書在當時的影響力不容小視。相較於當時的出版狀況而言，特別是關於「原始基督教」或「初代教會」的書籍肯定是非常有限的，王治心在《耶穌基督》一書的「緒論」中寫到相關耶穌研究的書籍，考茨基的《基督教之基礎》不僅被視為重要的參考作，甚至還給予它極高的評價。[24] 朱維之在《無產者耶穌傳》的「序言」中特別提到其「讀了恩格斯底《原始基督教史論》和考茨基的《基督教之基礎》以及其他古代史、社會史之後，逐漸明白耶穌正確的立場和觀點」，甚至還說道：「關於無產階級觀點的應用方面，上面所舉的幾本書都給我很大的啟發」。[25]

　　無疑地，考茨基的《基督教之基礎》起著非常關鍵的作用，它不僅作為一本以歷史唯物主義觀點分析基督教起源的書，提供了對早期基督教社會史極具參考價值的理解，其更緊要地指出了基督教實為一種反羅馬帝國主義和反猶太政治神學的革命運動，它是一種反抗壓迫和無產階級鬥爭的歷史，它更是成了後來共產主義的先行者，肯定了基督教與社會主義的關係。朱維之將之推得比考茨基更早，他指出耶穌的國際主義源於出埃及的經驗，以及逾越節的意義：

> 猶太原是建立在「人權」基礎上面的國家，是最民主的民族。他們的歷史是從勞動階級底革命開始的。摩西底奮起革命，是為同胞不堪埃及王族底酷刻奴役。他們所信仰的神就是拯救民族脫離埃及束縛而得自由的神。他們四千年來最大的節期，國慶日，就是逾越節，就是記念祖宗怎樣從埃及作磚頭的奴隸中解放出來的狂歡節期。他們底神是勞苦大眾底神，是被壓迫者底神。[26]

所以耶穌的天國運動不是主觀的，他的偉大自覺來源於他的傳統和歷史，這與後來的馬克思和列寧等人的革命思想，都「可以說是希伯來主

義在現代的發展」，這些人的身上「都流著這民族的血液」，無產階級革命的血液。[27] 而且，耶穌在準備從容就義之前，仍然是逾越節的信念激起他的決心，「他從這國慶的故事中，看出犧牲者——羔羊底大貢獻，羔羊救了民族；所以他決意犧牲自己，當作羔羊而拯救世界」，[28] 耶穌在囑咐他的門徒實踐他的信仰的最後一個夜晚上，亦是在逾越節的夜晚上，他以他的身體作為隱喻，總結了他的信仰綱要：人類相愛是基本的教義，神是宇宙底大法則。[29] 如果說耶穌講述的故事中最能代表他思想的是「好撒瑪利亞人的故事」，那麼正是這個故事在於：

> 偉大的階級友愛勝過種族的仇恨。這是國際主義的勝利標幟。[30]

因此，作為一場解放運動的天國運動，它不是一個猶太地區局部性的革命活動，它是一個普世運動，「把全世界無產階級團結起來」，以「人權、自由和廣義的愛，力求解放全人類」，以建立地上的天國。[31]

在「詩人耶穌」那裡，朱維之主要刻劃一個充滿著文學氣息的詩人，因為《聖經》本質即是一部文學，其中的主要人物與這部書的性質是一致的，尤有甚之，他還是文學中之文學，文學的化身；在「無產者耶穌」那裡，朱維之把對耶穌的理解更深入於其社會史的背景之中，更是深入於《聖經》文本內在脈絡中，《聖經》這部文學作品必須置於社會史的脈絡中來予以把握，或者，正是在代表著馬克思主義的《基督教之基礎》使他進一步發掘「反抗的詩學」，一種來自於無產者的「批判美學」或「革命文學」。

朱維之對於原始基督教的理解，同時也是與對於之後演進的基督教的批判並行的，這與《基督教之基礎》的論點是一致的。作為對於原始基督教的肯定，和對扭曲變形不再能真正體現本質性的基督教的批判，

《無產者耶穌傳》「序言」第一句話即是：「宗教是社會的產物」，這句話幾乎即是所有馬克思主義者論及宗教時共同的評語，或者，這句話即是一句帶有歷史唯物主義立場的論斷。同時，朱維之進一步說：

> 二千年來的基督教在不斷的發展變化中，在不斷地鬥爭、革命中，在不斷的進化、創造中。我們若單拿資本主義末期的一段歷史現象孤立起來看，決不能正確地認識它底全貌。若專拿某地方的教會來概括整個基督教，也是大大的錯誤。一棵繁茂的大樹，上面不免有枯枝敗葉；我們可以用那枯枝敗葉來證明那大樹是死的嗎？[32]

以上這段話正是理解朱維之的耶穌傳一個非常重要的思想背景。在這裡，他注意到了對基督教所作的批判，以及對於歷史的資本主義和教會界對於基督教成問題的理解，因此產生了用無產階級的觀點來考察耶穌傳記的目的，以清理那「枯枝敗葉」，回復那棵大樹的面貌。換言之，不管是資本主義或是主流教會，他們對於基督教的理解是朱維之所質疑的，耶穌不是他們所認為的「宗教家」，耶穌是革命家，而且是無產階級的革命者，這同時也就回應了種種對於基督教所作的批判，這樣一位的耶穌正是批判作為「社會的產物」的「宗教」（教會），當然也批判那些「產生那種宗教」的「社會」（資本主義）。

考茨基研究原始基督教，即是將之視為一般革命的力量，這一點也正是《無產者耶穌傳》最為重要的寫作目的所在。作為革命的基督教，以及作為革命者的耶穌，他們是站到無產階級那一邊的，正如朱維之一再地提到「以馬內利」意即是「神站在我們一邊」的意思，耶穌的出身是一位無產者，則基督教即是一個無產階級的宗教，無疑地，「神站在無產階級一邊」。而且，正如考茨基所強調的，無產階級比資產階級更

◆ 考茨基《基督教之基礎》封面（共產主義運動第二國際代
表人物考茨基，認為基督教的起源是一場共產主義運動。
圖片來源：作者翻拍自原件）

容易把握原始基督教，因為基督教在本質上即是一個被剝削階級的運
動，基督教產生於當時歷史經濟條件之下，它回應了當時羅馬帝國的經
濟和社會之統治，並形成了一個革命團體或運動。

又正如考茨基所指出的，作為一場運動，基督教斡旋於無政府主
義、無組織的奮銳黨暴力與棄離社會的愛色尼派的逃避主義之間，朱維
之對於當時猶太社會的描述也大致相同。按朱維之的解釋，在羅馬統治
下的猶太社會，其不同的派別都具有強烈的政治立場，都具有階級取
向：撒都該黨屬於貴族勢力，法利賽人則是中產階級，而奮銳黨和愛色
尼派則是無產階級，尤其後者屬於最為徹底的共產主義者。[33] 儘管耶穌並
沒有明確地隸屬於奮銳黨和愛色尼派，但在他的門下不是革命黨就是底
下階級，這就可以解釋耶穌與撒都該黨、法利賽人如此對立的原因，問
題即在於耶穌一生的事蹟是為人生、為社會的，他以為解放被壓迫的人
們，在解除他們經濟上的倒懸時，同時也要救他們當時的宗教中解放出

來，耶穌正帶領著一個從加利利出發並向世界走去的共產主義團體，這即是基督教，耶穌就是這個解放運動的領導人。[34]

耶穌即是這個運動的靈魂人物，他首先站到了貧窮者、受壓迫者那裡，反對帝國剝削和統治，耶穌的言論與行動，即是在引導人們走向一種新的政治和社會秩序的到來。但是，這場「天國運動」肯定是艱辛的。在《無產者耶穌傳》中，朱維之幾次提到耶穌的「辯證思想」與信心的運動有關，而且這項信心運動不是別的，即是犧牲，換言之，革命在看似不可能中存在著極大的可能，而且革命沒有不犧牲的，耶穌在兩方面表現了他的生命觀和革命觀的結合：芥菜種、一粒落在地裡死了的麥子、喪掉生命才能得著生命；[35]「芥菜種的比喻」即是說明看似不可能的革命卻是可能的，落在土裡的麥子則是說明犧牲的力量，最後即是關於付出代價的決心。

> 耶穌已經廢除了「欠」的概念，他否認上帝和人之間的鴻溝，他經歷的是上帝與人的統一的生活，這是他的「福音」……而不是「特權」。
>
> ——尼采，《敵基督者》

「你來看」

《無產者耶穌傳》一開始以「你來看」作為首章標題。[36]「你來看」看似是一個邀請，實是一種撥亂反正，批判了二千年來經封建主義者、資本主義者的扭曲變形而成了奴役或統治人工具的耶穌形象。

描述耶穌的生平，《無產者耶穌傳》以彼拉多這個人物為開始，全

書也以彼拉多這個人物為結束。通過彼拉多給耶穌戴上荊棘冠、披上紫袍，戲弄他，並指示給眾人說：「看這個人」，朱維之在此以一種極為隱蔽的反諷手法指出我們尚未認真地正視耶穌的真人真事。事實上，兩千年來的基督教並未好好看過這個人，不管是封建主義或是資本主義，他們都和彼拉多（代表帝國主義）一樣在戲弄耶穌，給耶穌戴上一些奇怪卻又不屬於他的東西。封建主義的統治者給耶穌披上法衣，戴上金冠，化裝作帝王或貴族；資本主義則給耶穌「鍍金」。封建主義和資本主義還不如彼拉多，後者只是以帝國之姿侮辱耶穌，但前者則是利用他，尤其是用他來統治他人，充當作「鴉片」來麻醉人民。朱維之清楚地表示，本書的撰寫即是要把種種對耶穌的侮辱拆毀，也要識破種種利用他的技倆，真正看清楚他僅僅是一位出生於「卑微的工作階級的窮孩子」。[37]

從拿但業的「你來看」，到彼拉多的「你們看這個人」，看這一位「人民」的革命領袖，不過他不是位高權重的「彌賽亞」，也不是虛張聲勢的統治者，他一無所有，他即是一位「無產者」。正是這樣，福音書的書寫本質上即是人民的書寫，「福音書」就是人民所記錄的人民底歷史。[38]

相較於《耶穌基督》，《無產者耶穌傳》不僅擴充了不少的篇幅，更重要的是後者加諸了許多社會批評的描述，尤其是深入地刻劃耶穌所處的猶太社會，關注其政治現實與帝國殖民的問題。從當代的文藝批評理論視之，《無產者耶穌傳》可以視為一本後殖民之作。

換言之，用現在的文藝批評理論來理解，朱維之的《無產者耶穌傳》是一部後殖民論述的作品，它的現實語境當然是處理帝國主義之下的中國，一位本色化的耶穌即是一位後殖民者，反對帝國統治，以及種種與帝國統治相關的權力結果，耶穌生處羅馬帝國統治底下，他所傳播的思想即是後殖民的思想，其所針對的即是在此帝國統治下所造成的壓

迫，包括猶太社會內部的統治結構，其與帝國之間存在著極為緊密的關係。因此，耶穌既是面對猶太社會內部的問題，更是關注跨國的殖民主義，這就是何以基督教是普世主義的原因，因為耶穌的解放是普世的，帝國的前提即是一個跨國的統治階層。朱維之描述當時的帝國統治：

> 羅馬是長於組織的國家。對於殖民地各國家的政策，在經濟上則巧妙地作有系統的剝削，在政治上卻不完全加以征服。它把一部分政權留給當地的貴族，因此好利用貴族，向無產者剝削。[39]

羅馬帝國統治各行省的目的在於搜刮民脂民膏，其統治的手段是利用經濟結構的共犯效應來執行「以夷制夷」，即巧妙地利用當地的貴族，造成階級對立，當時的猶太社會即是在此內外交迫的雙重剝削之中，耶穌面對的貴族階級撒都該黨人和中產階級法利賽黨人都可以說是在帝國勢力下的既得利益者。

按朱維之的理解，歷史上的撒都該黨人是祭司貴族底代表，擁有猶太國家的統治權，他們在數個帝國統治朝代中獲得不少的利益，比較特別的是法利賽黨人，我們都留意到在《聖經》中經常是與耶穌衝突的一群人，而且耶穌的言論也經常是針對他們的批評。然而，就一般的理解而言，法利賽黨人是反對貴族、反對效忠該撒的，他們更多像是民族主義分子，保存國粹、維持祖宗底禮教即摩西律法，排斥外來文化、思想、制度，甚至還有幾次反對帝國的組織和力量都是由他們發起的，因此按一般常理而言，他們應該也屬於後殖民或反帝國統治的陣營。

事實不然，朱維之認為法利賽黨人並未站到無產者那裡，他們和撒都該黨人表面上對立，宗教觀點亦不同，但實質上他們的階級屬性仍然很清楚，這些「國粹派」人士主要都有「保皇」的傾向，自居作「正統

派」。法利賽黨人主張一種狹義的愛國主義，對於古代底遺教解釋得最為嚴格，他們眼光短淺，偏重於形式主義、教條主義，並將這種教派作為對他人統治的一種手段。法利賽黨人的虛偽和面對權勢時的軟弱，表現出了他們無心於解放被統治的人民，他們經常反過來成為加害者，中產階級的搖擺性格表露無餘，尤其在面對耶穌時，這種性格便成為兩面人格：

> 在羅馬派來的總督彼拉多面前附和著祭司貴族們高呼該撒萬歲，高呼除了該撒以外沒有別的王的，正是法利賽黨底「群眾」；在壓迫同胞的帝國殖民政府門前堅持要把本國底「彌賽亞」處以極刑的，正是法利賽黨底「群眾」。今天歡呼：「和撒拿！」明天狂叫「釘他十字架！」的，也是這些帶有游移性和兩面性的法利賽黨「群眾」。[40]

相較於撒都該黨人和法利賽人，耶穌時代的猶太社會還有兩個代表無產階級的人群，他們分別為奮銳黨人和愛色尼派，耶穌門下就有這些黨的追隨者。奮銳黨人屬於暴力革命分子，與之相反，愛色尼派則是和平主義者，在經濟方面主張共產主義。朱維之認為，這兩種黨派人士在宗教上都是狂熱分子，只是在政治行動上有歧異，不過，這兩種力量在耶穌的時代曾經興盛一時，之後就沒落了，取而代之的則是從加利利發生、具共產主義色彩的基督教：

> 它能吸收當時世界新思潮底各種因素，而成為世界的宗教，那就是基督教。它底領導人物就是耶穌。[41]

總之，基督教的出現可謂是一種普世主義、富共產主義色彩的團體形成

了，它不同於奮銳黨人和愛色尼派，耶穌主張和平的革命，而且超過了猶太的地域或民族主義，創了一種新的宗教，更為徹底地實現社會正義。

地域性的經濟結構經常反映出分配不均的現象。朱維之把加利利理解為無產階級革命的源頭，迦百農則是革命的基地，耶穌經常出沒於加利利一帶，與無產者在一起，參與到貧民的痛苦生活中，了解民間疾苦。[42] 這位「危險人物」耶穌最後步向耶路撒冷，向象徵著最高統治的權力中心走去，向著集結了帝國經濟、皇權思想、宗教奴役的偉大城市發表挑戰：

> 耶路撒冷是特權階級底根據地，加利利是無產者喘息呻吟的僻壤。京都貴族常以：「加利利豬玀！」來罵人。耶穌就生長於這些「豬玀」中間，沒有讀過拉比大學，被藐視為無教育的老粗，不配教訓人的。[43]

朱維之在《無產者耶穌傳》中，未見引用解放神學家最習於使用的那段經文：〈路加福音〉，這段經文作為「改造環境」的代表性詩歌，在《基督教與文學》中被引述過。在《無產者耶穌傳》裡，最為關注的焦點即在於「耶穌在聖殿開了第一響炮」。[44] 值得注意的是，朱維之在耶穌的生平方面安排了兩次出現在聖殿，這樣表現出他對於「宗教批判」的強調與關注，一方面是猶太社會的真實面貌，宗教的確是一個非常重要的元素或背景，即意味著耶穌要將人從當

◆《無產者耶穌傳》封面（耶穌如何是一位詩人又是一名革命家。圖片來源：作者翻拍自原件）

時的宗教中解放出來；另一方面則是聖殿與市場交易賣買的關係，這意味著宗教與經濟活動有著一種特殊的聯繫，這種聯繫是宗教變質扭曲的原因，當然還有宗教被利用當作統治人的關係。耶穌開的革命行動「第一槍」，向世人宣告了他的行動和革命綱領，並且從作為人們生活最為核心的場所——聖殿——開始，不僅表現了階級的對立與衝突，更是以恢復宗教之旨為目的。這正是朱維之寫作這本書的問題背景和脈絡，無疑地，這本書是一本基督教自我批評之作。

不同於空想的社會主義者約翰，耶穌的革命是付諸行動的，耶穌第二次在聖殿的行動與第一次並沒有太大的差別，即便知道此舉必然招惹更多的仇恨，令想致他於死地的權勢越來越強大，耶穌依舊繼續揭露特權階級的虛偽、奸詐，展現了其極為堅定的立場。

關於有人來試探耶穌該不該納稅給羅馬皇帝該撒一事，朱維之把耶穌的回話：「該撒的東西歸該撒，上帝的東西歸上帝」解釋作：

> 錢幣既是羅馬帝國掠奪殖民地的象徵，是壓迫、剝削奴隸的象徵……！
>
> 代表正義、公理、人權、仁愛的上帝，是站在被壓迫者這一邊的……。

上帝與該撒的關係即是被壓迫者與壓迫者的關係，兩者勢不兩立。耶穌的天國運動完全不是以世上的政權模式來理解，錢幣不只是交易的媒介，社會關係透過錢幣通過經濟的流通而展現出來，「經濟的專橫是人間最慘重的災難。……羅馬是當時世上最大的寄生蟲，整個產業計劃都建築在奴隸身上，寄生在無產階級底痛苦上。」[45]

朱維之在解釋耶穌的三個試探，仍然扣緊著上述的問題。這三個試探代表了耶穌認真地思索過解放的「路線」或「手段」，它們分別是：

「溫情主義的救濟事業」(第一試探：把石頭變做餅)、「向惡勢力低頭」(第二試探：向魔鬼下拜)、「利用宗教巫術」(第三試探：從高頂往下跳)。[46] 耶穌最終決心實踐一條艱難的抵抗之路：

> 把全世界的無產階級團結起來，一心一德向「天國」底建設邁進。羅馬人用武力統一世界，耶穌只用群眾底力量，喚起同胞對神的新信仰，提高同胞底覺悟性，認識人權、正義、自由和廣義的愛，力求解放全人類，在地球上建立「天國」。[47]

> 耶穌去巴勒斯坦顯然掀起了一陣革命旋風，有人來到兩個人身邊，說「全心全意跟隨著我」的人必然是完全的革命家。
>
> ——帕索里尼，《異端的影像——帕索里尼談話錄》

後殖民批判

在西方，一位成功的神學家在於他是否完成一本基督論之作；在中國，一位成功的神學家取決於他是否書寫出一本耶穌傳。西方的基督論之作是一種系統神學論述形式的產物，中國的耶穌傳則更關注具體的情境（本色化），所以耶穌作為一位解放者的形象出現，完全是可以理解的，廣義地說，趙的耶穌傳亦是一種解放者的形象，只是他更是一種在精神意義下的解放，即他所言的「人格救國論」，但在朱維之這裡，同是一種本色化神學，只是他與吳雷川一樣，都是以「社會改造者」的形

象出現。

耶穌傳在中國，尤其是那個時代情境底下，很難有另一種形象，王明道和倪柝聲都沒有寫過耶穌傳，他們更多的是在基督教人性論的問題上有所著墨，他們根本就不關心社會實踐，他們主要還是關心「功夫論」，所考慮的還是在教內圈子裡面的靈修或靈性問題，但在趙、吳、朱等那裡，他們所要回答的是教外人士，他們向教外人士傳達了一位與時並進的革命家，目的即是要說服教外人士認識並認同這麼一位時代的創造者。相反地，王明道、倪柝聲等人只關心如何守得著「純粹的」教會圈內生活，要比對時代做出什麼回應更為重要。

朱維之的本色化耶穌，不是一個「穿上華服」或「講中國話」的洋人。許多帶有「社會福音」傾向的中國基督徒一致認為「本色化」究竟是一個政治的問題而非文化問題，因此，包括具有強烈國學背景的吳雷川在內，基督徒們並非要為基督教找到與「古老的中國」相契合的東西，他們的「本色化」就是「現實的中國」，在他們眼前所面對的「現實的中國」，即是一個正被帝國主義刮分得支離破碎的中國，而身處於這時的中國人，正遭遇那前所未有的痛苦，《基督教與文學》與《無產者耶穌傳》前後出版正好相隔十年，這十年的中國，正如朱維之所形容的，是受到「火的洗禮」。[48]

基督教是伴隨著帝國主義勢力到中國的，不管他們與帝國保持何種距離，在飽受摧殘的中國人看來，基督教很難洗脫其侵略者的形象。[49] 在理解或解釋一部作品時，馬克思主義的文藝批評會追問這部作品和時代的社會生產關係是如何的，因為一切的社會關係是以生產關係為條件的。「一個人底生活狀況，社會關係和社會存在決定他底意識，階級的利益影響他的觀點。」[50] 中國正值全球資本主義和帝國主義侵略之際，朱維之通過了馬克思主義以揭示「耶穌形象」在此背景之下所形成的扭曲，基督教成了帝國侵略者的工具，耶穌被無情地推向統治或壓迫者的

位置，《無產者耶穌傳》的書寫即是從種種的迷霧中重新理解耶穌，如同帕索里尼所理解的那樣：「耶穌所掀起的即是一場革命」，[51] 藉此嘗試回答沈嗣莊曾說過「中國基督教沒有革命文學」的評論。[52]

對二十世紀上半葉的中國基督徒而言，基督教與社會的關係是一個非常重要的問題，包括其他方面的討論和思考，基本上都離不開此背景，換言之，當時關於基督教的問題討論，都不由自主地捲入社會行動方面，尤其對許多的基督教學者而言，基督教在中國是否會被接納，不再是決定於基督教與中國傳統文化的關係上，而是在於基督教對重建中國社會所能提供的具體貢獻，[53]《無產者耶穌傳》便是在此問題意識底下撰寫的。朱維之認為基督教在中國受到的質疑和非議是可以理解的，而且歷經各種的挑戰之後，基督教則進一步改變，消除「有意無意之間，增加了帝國主義者底氣燄」，變得越來越「適合於洗後的中國」。[54] 朱維之認為，基督教在中國遭到嚴厲的批判是好的，這樣才會將真正的基督教精神與冒牌的基督教贗鼎區分開來。因此，耶穌以一個「無產者」的形象出現於中國人面前再容易明白不過了，此時的中國正面對一個真正「解放」時刻的到來，從帝國殖民統治中解放出來，一個「為真理、自由、正義奮鬥，為民眾謀福利」的基督教即將到來，這即是基督教的本來面目。

如考茨基一樣，朱維之在《無產者耶穌傳》一書中嘗試提醒我們，無產階級的革命不應該與無神論劃上等號，而且，革命不能忽略基督教，基督教也不應該與革命分離，藉此既糾正基督教偏離革命或棄置無產階級的錯誤，同時也提醒共產黨人不應全盤地拒絕基督教，社會主義者與基督徒在反帝國主義的事業上是可以攜手合作的，耶穌的犧牲說明了一切。[55]

十九世紀以來，基督教與帝國主義的錯綜複雜關係具體表現在不平等條約之中，正如教會史家賴德烈所評論的那樣：「教會成了西方帝國

主義的伙伴，並且不能推卸產生這種後果的責任」。[56] 因此中國基督徒在此處境之下是極為尷尬的，面對基督教與帝國主義之間的關係，正是成了解釋耶穌形象極為關鍵的意義，朱維之強化了耶穌反帝國統治的形象即是在此背景之下進行的。

朱維之為我們刻劃出了殖民者與帝國文化維護者的關係。羅馬即是殖民者，但猶太社會中的則是帝國文化的維護者，他們將殖民統治的權力轉向自己的人民，向弱者施暴。耶穌的死即是一個最重要的例子，他們無意對抗羅馬的統治，轉而將耶穌交給了他們，以表示對殖民者的效忠，這裡明確地反映出了朱維之認為中國的基督教界在對待帝國主義的態度上，成了加害耶穌的一分子而不自知。在此，後殖民批判指出了帝國統治的複雜關係。

對朱維之而言，基督教在中國的本色化問題不在於如何面對傳統，而在於如何回應此激烈的社會改造的要求，而耶穌的形象是否可以說明這一切，特別是以中國需求為出發點的基督教。當然，我們不可能對於這種思想性的反應有過高的期待，因為基督教與社會改造的問題與態度之間仍然存在著不少的張力，但是「耶穌是什麼東西？」（朱執信）的質疑仍然在所有革命或進步的思想家中成了一個問題，曾經給耶穌冠以「詩人」的朱維之，做出了一次更為徹底的詮釋，《無產者耶穌傳》反映了朱維之的「存在性參與」，更是基督教面對中國的巨大變遷與現實作出了回答。正如吳利明中肯地指出：

> 基督教的社會意義並不是在於它能夠為我們提供任何獨得的社會改革途徑，而是在於它對各人在社會參與的過程中所遭遇到的困難所提供的幫助。[57]

各章註釋

導　言

1　汪暉，〈當代中國的思想狀況與現代性問題〉，載《台灣社會研究季刊》第37期（2000），頁5。中國近代知識分子在說明中西文化差異的時候，基本上都根據這種架構來進行，梁漱溟的《東西文化及其哲學》尤是一個極具代表性的例子。

2　梁啟超，《清代學術概論》，收入於《中國近三百年學術史》（台北：里仁書局，1995），頁85-86。

3　參見王樹槐，《外人與戊戌變法》（台北：中央研究院近代史研究，1980）。

4　山西大學堂與另兩所官辦高等學府，即京師大學堂（北京大學與北京師範大學前身）、北洋大學堂（天津大學前身）並稱中國最早的三所大學堂。以此顯示基督新教對於傳播西學的成效。

5　李提摩太，《親歷晚清四十五年——李提摩太在華回憶錄》，李憲堂、侯林莉譯，（天津：人民出版社，2005）。

6　朱維錚，《走出中世紀二集》（上海：復旦大學出版社，2007），頁215-217。

7　中國基督宗教史未有明確以「基督教社會主義」的旗幟為標誌，主要還是因為以美國基督教團體比較熟悉的「社會福音」來形容相對比較激進的基督教思想和行動，所以也沒有特別形成一種像歐洲的「政治神學」或拉美的「解放神學」之類的說法，頂多像張仕章自己造了一個「耶穌主義」來泛指這類強調社會批判、社會行動、政治參與、左傾基督教的現象或立場，其著有《耶穌主義論文集》於1931年由新文社出版社出版；《耶穌主義講話》1941年初版，1944年、《基督教與社會主義運動》（1939，1949）等。

8　參見馬健標，《衝破舊秩序——中國對帝國主義國際體系的反應（1912-1922）》（北京：社會科學文獻出版社，2013）。

9　把反教與民族主義聯繫起來並淡化帝國主義的問題，相關代表作可參見葉嘉熾的〈宗教與中國民族主義：民初知識分子反教思想的學理基礎〉，收入於張玉法主編《中國近現代史論文集》（輯6），（台北：聯經出版社，1981），以及呂實強《近代中國知識分子反基督教問題論文集》（台北：宇宙光出版社，2007）。

10　參見趙承信，〈中國目前政治經濟問題的社會文化背景〉，刊載於《真理與生命》月刊期 21（民國 37 年 3 月）；葉青，〈資本主義與中國〉，刊載於《文化建設》月刊卷 1 期 9。

11　參見李澤厚，〈啟蒙與救亡的雙重變奏〉，《中國現代思想史論》（台北：三民書局，1996）。

12　艾迪，〈中國與世界的危機〉，刊於《上海青年》期 39（1934）；另見艾迪講述，袁訪賓譯述，《基督教與今日中國的問題》（上海：青年協會，1935）。

13　富司迪，《基督教與進化》，王善治譯，（上海：美以美會全國書報部，1923）；艾迪，《宗教與社會正義》，（上海：青年協會書局，1930）；葛嘉爾講，《基督與社會》俞恩嗣譯，（上海：聖公會書籍委員會，1931）霍進德，《基督與社會改造》，曾約農譯述，（上海：青年協會，1948〔1923 年初版〕）；湯朴威廉，《基督教與社會實踐》，張伯懷譯，（上海：廣學會，1948）等。

14　《基督化經濟關係全國大會報告》（上海：中華全國基督教協進會，1927），頁 3。

15　《基督化經濟關係全國大會報告》，頁 11。

16　《基督化經濟關係全國大會報告》，頁 102-111。

17　《基督化經濟關係全國大會報告》，頁 98-100。

18　參見曾慶豹編，《中國基督教公共神學文選（一）：社會思想篇》（香港：研道社出版社，2012）。

19　連曦所採的「基督教民間宗教化」，其吸引著社會底層人士的追隨，亦可看作是現代性的產物，儘管他們的基要派傾向表現作相當明顯的「反現代性」特徵，見氏著《浴火得救：現代中國民間基督教的興起》，何開松、雷阿勇譯，（香港：中文大學出版社，2011）。

20　參見城山智子（Tomoko Shiroyama），《大蕭條時期的中國：市場、國家與世界經濟》（*China During the Great Depression: Market, State, and the World Economy, 1929-1937*），孟凡禮等譯，（南京：江蘇人民出版社，2010）。

21　金觀濤、劉青峰，《觀念史研究——中國現代重要政治術語的形成》（北京：法律出版社，2009），頁 365。關於革命與中華現代性的關係，參見陳建華《「革命」的現代性——中國革命話語考論》（上海：古籍出版社，2000）。陳建華之作雖被金觀濤評為開山之作，但其對於近代中國的革命言說生成史之疏理仍充滿著含糊其詞的表達，說的都是一些「文學意味」的革命，基本上即是避開了中國現代史從孫文革命到毛澤東革命的內在邏輯和言說形式，都缺少了深入的把握，對於佔據說主流言說的「共產黨」革命說，基本都尚未進入討論，金觀

濤和劉青峰的評語過於客氣。

22 關於中國共產主義運動的「新人運動」，可參見余敏玲，《形塑「新人」：中共宣傳與蘇聯經驗》（台北：中央研究院近代史研究所，2015）。

23 馮友蘭，《三松堂學術文集》（北京：北京大學出版社，1984），頁 2。

24 參見曹聚仁，《新事十論》，（香港：生生書集社，出版時間不詳）。

25 吳雷川，《基督教與中國文化》（上海：青年協會書局，1940），頁 291、298。

26 參見本書第七章。

27 連曦，《浴火得救——現代中國民間基督教的興起》，何開松、雷阿勇譯，（沙田：香港中文大學出版社，2011）。

28 邢軍，《革命之火的洗禮——美國社會福音和中國基督教青年會（1919-1937）》，趙曉陽譯，（上海：古籍出版社，2006），頁 154 及以下。

29 汪暉，《現代中國思想的興起》（上卷）（上海：三聯，2008），頁 100-101。對汪暉「中國新左派」的批評，可見拙著《什麼是漢語神學？》（修訂版）（新北市：台灣基督教文藝出版社，2017）。

30 伯曼，《法律與革命——新教改革對西方法律傳統的影響》（第二卷），袁瑜琤、苗文龍譯，（北京：法律出版社，2008）。

31 呂實強，〈民初若干教會人士對中國基督教社會使命的看法（1912 年 -1937 年）〉，收入林治平編著《基督教在中國本色化論文集》（北京：今日中國出版社，1998），頁 244。

32 呂實強，〈民初若干教會人士對中國基督教社會使命的看法（1912 年 -1937 年）〉，頁 246。

33 Y. T. Wu, "How one Christian Looks at the Five Years Movement," in *The Chinese Recorder* 61 (1930), p. 147.

34 「吳序」，見 Julius F. Hecker 著，《蘇聯的宗教與無神論之研究》（*Religion and Communisim, A Study of Religion and Athesim in Soviet Russia, 1933*），楊繽譯，（上海：青年協會書局，1935），頁 5-6。

35 另見本書第八章。

36 汪錫鵬選，《耶穌家庭詩歌選》（上海：中華基督教協進會鄉村事業委員會，1950），頁 2、16。關於耶穌家庭的研究，可參見陶飛亞《中國的基督教烏托邦研究——以民國時期耶穌家庭為例》（北京：人民出版社，2012），以及曾慶豹，〈愛靈統過於愛血統——耶穌家庭對原始基督生活的想像與踐行〉，將刊於《漢語基督教學術論評》（2022）。

第一章　真革命黨人，真基督徒

1　碑文為歐陽瑞驊撰寫，張難先手書。現該亭僅餘基座，石碑藏湖北省博物館，複製品可見於日知會舊址：武漢市武昌崇福山街 33 號。

2　張玉法著有《清末的革命團體》（台北市：中央研究院近代史研究所，1975）一書，可說是這方面研究的代表著作，然而令人不解的是，此書竟未提日知會，多少反映了他在對於日知會的態度上比較傾向國民黨的立場，而共產黨對此團體的態度相對而言是比較積極的。另蘇雲峯在〈清季武昌學界的革命團體〉談到日知會，但卻對劉靜庵談得非常的少，該文刊於《近代史研究所集刊》，期 4（1974），頁 241-251。

3　收藏於中國社會科學院近代史研究所檔案室。

4　中國社會科學院近代史研究所檔案室所收藏的「湖北辛亥革命史料」，多為賀覺非先生所捐贈。據說，賀曾獲贈幾卷本的「殷子衡日記」，可惜這些資料均尚未見到。在這批史料中，最珍貴的莫過於劉靜庵獄中的血書，目前留下來的，是殷子衡之後再謄抄的，還有關於劉靜庵的書，最為重要的即是胡蘭亭編著的《劉靜庵》，由聖公會湘鄂贛皖主教吳德施准印，出版於 1912 年，這可能是目前世界僅存的孤本。儘管曹亞伯非常推崇劉，其著《武昌革命真史》收錄了很多第一手的資料如《殷子恆先生手抄劉靜庵》之部分，然卻未見《劉靜庵》一書中所述的相關內容，二文現已收入曾慶豹選編《基督徒與革命——劉靜庵的獄中書簡及其他》（新北市：台灣基督教文藝出版社，2019）。

5　殷子衡深入地作過對日知會與基督教聖公會的關係說明，見〈武昌日知會與耶教之關係〉（手稿），藏於中國社會科學院社科院近代史研究所檔案室，「湖北辛亥革命史料（二）」，編號 F122-1-57，現收入《基督徒與革命——劉靜庵的獄中書簡及其他》，頁 145，以下引文見此書。

6　此文可見於《太平天國起義記》，收入《太平天國》第六冊，頁 853-854。

7　〈武昌日知會與耶教之關係〉，頁 146。

8　〈武昌日知會與耶教之關係〉，頁 152。

9　中國共產黨革命元老，也是辛亥的老革命黨人董必武，同樣是參加過日知會，受基督教革命精神的影響，他親身見過劉靜庵，亦受其感召，見 Helen Foster Snow 著，江山碧譯，《中國老一輩革命家》（香港：萬源圖書公司出版，1978），頁 26-27。董必武也提到，他後來參加共產黨，是受到剛從日本回來的李俊漢之影響，李俊漢是基督徒，曾以青年會幹事的身分到日本，他從日本回來卻帶來了馬克思主義思想，1921 年 7 月中國共產黨在上海成立，李亦是創

黨人之一，見 Helen Foster Snow, *The Chinese Communists*, Westport, Connecticut: Greenwood Publishing Company, 1972, pp. 35-38.

10 《武昌革命真史》一書曾於 1930 年出版，書中對日知會有許多極為珍貴的史料記載和史實上的陳述，可是很快就被查封和燒毀，被列作禁書，此書直到 1985 年才在上海書局重新影印出版。《武昌革命真史》保存著極為豐富的史料，不僅作者曹亞伯本身即是參與了日知會和武昌革命的重要人士之一，該書還全文刊錄了當時一些革命宣傳的小冊子原作，如陳天華的《警世鐘》和《猛回頭》、吳貢三的《孔孟肝心》等，以及重要的照片、記錄、手札等等。曹亞伯乃湖北興國人，兩湖書院肄業，科學補習所成員，形容自己「年十五入大冶福音堂為信徒」，反清思想濃厚。由於同是信徒關係，與教會人士頗為熟悉，關於曹亞伯的相關理解，見《辛亥革命先驅曹亞伯》，黃石文史資料第十九期，1995。除了《武昌革命真史》，另一值得參考的著作即是同為日知會成員的張難先所著的《湖北革命知之錄》和《湖北丙午黨獄匯紀》，均已收入嚴昌洪等編《張難先文集》（武漢：華中師範大學出版社，2005）。

11 賀覺非，《辛亥武昌首義人物傳》（上）（北京：中華書局，1982）；馮天瑜，《辛亥首義史》（武漢：湖北人民出版社，2011）。

12 王威，〈武漢基督徒與辛亥革命研究——以美國聖公會為討論中心〉，收入姚偉鈞、胡俊修主編《基督教與 20 世紀中國社會》（桂林：廣西師範大學出版社，2014），頁 28。

13 張難先，《湖北革命知之錄》（上海：商務印書館，1936），頁 93。

14 馮自由，《革命逸史》（二）（北京：中華書局，1981），頁 56。黃吉亭，又名黃禎祥，湖北武昌人，武昌聖公會創始人，曾任聖公會會長；胡蘭亭，字齊動，湖北武昌人，畢業於上海聖約翰大學，曾擔任聖公會會長。

15 曹亞伯，《武昌革命真史》（上）（上海：上海書局，1985），頁 130。

16 張難先，《湖北革命知之錄》，頁 81。

17 相關的論著參見日本學者川村規夫，〈日知會的革命活動〉，載於《近代史研究》期 4（1994），頁 108-126；康志杰，《尋覓「丟失的記憶」：辛亥革命時期武漢暨長沙聖公會基督徒參與社會變革活動研究》（香港：香港中文大學崇基學院／宗教與中國文化研究中心，2005）；梁壽華，《革命先驅——基督徒與晚清中國革命的起源》（香港：宣道出版社，2007），頁 319-351。

18 殷子衡，《皈依基督自述》，收錄於何卓恩主編《殷子衡、張純一合集》（武漢：華中師範大學出版社，2011），頁 39，以下引文皆自此書；按，此書原於

1931 年武漢鄂湘五運委員會出版，題為《殷子衡先生皈依基督自述》。另可參見賀覺非編著，〈日知會列傳〉之「劉靜庵」，見於《辛亥武昌首義人物傳》（上冊）（北京：中華書局，1982），頁 1-9；湖北省圖書館輯，《辛亥革命武昌首義史料輯錄》（北京：書目文獻出版社，1981）。坊間也出版過第一本以傳記體撰寫劉靜庵生平的著作：廖聲武、吳位瓊著，《中國民主革命先驅者劉靜庵》（武漢：長江出版社，2010），以及一本小說形式的著作：望見蓉《鐵血首義路》（北京：人民文學出版社，2011）。

19　曹亞伯，《武昌革命真史》（上），頁 14。

20　曹亞伯，《武昌革命真史》（上），頁 5。

21　中國國民黨中央委員會黨史史料編纂委員會，《辛亥武昌首義紀》，（台北：中央文物供應社，1961），頁 1-4。按：本書的作者應該是李廉方，原於湖北通志館出版，時間是 1947 年，台北的國民黨黨史委員會重印本書時並未對此加以說明。

22　佚名，〈科學補習所之歷史〉，收錄於《武昌起義檔案資料選編》（上）（湖北：人民出版社，1981），頁 3-5。另可參見范鴻勳，〈日知會〉，收入中國人民政治協商會議湖北省委員會編《辛亥首義回憶錄》（武漢：湖北人民出版社，1957），頁 76-81。

23　李廉方，《辛亥武昌首義紀》，頁 5。

24　張難先，《湖北革命知之錄》，頁 82。

25　張難先，《湖北革命知之錄》，頁 73。

26　張難先，《湖北革命知之錄》，頁 81。見王威，〈武漢基督徒與辛亥革命研究——以美國聖公會為討論中心〉，頁 29-30。

27　范鴻勳，〈日知會〉，《辛亥首義回憶錄》（第一輯），（武漢：湖北人民出版社，1979），頁 78-79。

28　李廉方，《辛亥武昌首義紀》，頁 5-7。

29　曹亞伯，《武昌革命真史》（上），頁 130。

30　熊十力，〈日知會王劉余何朱諸傳〉，《熊十力全集》（第一卷），（湖北：武漢出版社，2001），頁 13。

31　熊十力，〈日知會王劉余何朱諸傳〉，頁 13。

32　殷子衡，《獄中日記》，收錄於何卓恩主編《殷子衡、張純一合集》，頁 11。

33　關於劉靜庵是否即是劉家運，曾經有過這方面的爭論，馮自由對此作過討論，有說他們兩人即是同一人，張難先則指稱不是，因為之後確實是逮到了劉家

運其人，且當時清府捉劉靜庵，即是要入罪以他，誣陷劉靜庵即是劉家運，見《革命逸史》（第二冊），（北京：中華書局，1981），頁 59-65。有趣的是，曹亞伯在《武昌革命真史》居然把劉家運當作劉靜庵，被張難先面斥，殷子衡在回憶介紹劉靜庵時，卻也說他的別字為劉家運，此一爭議更顯撲朔迷離。

34 雷淵澄，〈吳施德夫婦與辛亥革命〉，《武昌文史》輯 2（1986），頁 48。

35 曹亞伯，《武昌革命真史》（上），頁 154-156，參見自王威，〈武漢基督徒與辛亥革命研究——以美國聖公會為討論中心〉，頁 37-38。

36 曹亞伯，《武昌革命真史》（上），頁 147-148。

37 劉靜庵等革命人被囚在獄中時，吳德施在美國教會英文刊物《傳教精神》（*Spirit of Mission*）1909 年 10 月號上以〈劉靜庵——囚犯〉為題發表文章，文中介紹劉靜庵是一位品行高潔、博學愛國的基督徒，受到學生的熱烈愛戴，文中寫道：「他仍在獄中為囚，我們心中充滿著對這位無辜的囚犯的同情和對那些酷吏、叛徒的義憤。」可參見王成勉〈吳德施主教與清末革命運動〉，載李志剛編《辛亥革命與香港基督教》（香港：基督教文藝出版社，2014），頁 184。

38 吳德施，〈劉靜庵先生事略序〉，《聖教會報》，冊 3 號 7（1910）。轉引自康志杰，《尋覓「丟失的記憶」：辛亥革命時期武漢暨長沙聖公會基督徒參與社會變革活動研究》，頁 57。

39 姚漁湘，〈劉靜庵傳〉，原刊於《三民主義》（半月刊），卷 10 期 8，後收入中國國民黨黨史史料編纂委員會編，《革命先烈先進傳》（第一冊），（台北：中華民國各界紀念國父百年誕辰籌備委員會，1965）。

40 熊十力，〈日知會王劉余何朱諸傳〉，頁 13-14。

41 胡蘭亭編著，《劉靜庵》，見於《基督徒與革命》，頁 67。

42 熊十力，〈日知會王劉余何朱諸傳〉，頁 13-14。

43 胡蘭亭編著，《劉靜庵》，見於《基督徒與革命》，頁 50。

44 殷子衡，《皈依基督自述》，頁 38。

45 殷子衡，《皈依基督自述》，頁 39。

46 殷子衡，《皈依基督自述》，頁 42。

47 張難先，〈新刻烈士劉靜庵先生碑陰〉和〈新撰劉靜庵烈士墓誌共跋〉，收入於《辛亥革命武昌首義史料輯錄》，頁 85-90。

48 曹亞伯，《武昌革命真史》，頁 130。

49 殷子衡，《獄中日記》，頁 16。

50 殷子衡，《皈依基督自述》，頁 22。

51 熊十力，〈日知會王劉余何朱諸傳〉，頁 11。

52 殷子衡抄錄，〈劉靜庵獄中書簡〉，見於《基督徒與革命》。「獄中讀書日記」最早由于必昌、農偉雄整理，以《劉靜庵獄中讀書日記選》一文刊載於《中國哲學》（第 13 輯），（北京：人民出版社，1985），頁 314-338。之後曾收錄於廖聲武、吳位瓊著《中國民主革命先驅者劉靜庵》（武漢：長江出版社，2010）一書中，頁 131-157。事實上，《中國哲學》（第 13 輯）所刊出的主要來源為《殷子恒先生手抄劉靜庵》之手稿，可惜僅僅是抄錄了該手稿的三分之一而已。《殷子恒先生手抄劉靜庵》之手稿應是殷子衡從劉靜庵自獄中留下的血書謄寫而來的，原稿收藏於北京中國社會科學院近代史研究所。完整版現已收錄到《基督徒與革命——劉靜庵的獄中書簡及其他》，以下引文援用此書。

53 韋卓民，〈武昌文華書院及其身後華中大學〉，收入《韋卓民全集》第 10 卷（武漢：華中大學出版社，2016），頁 82。

54 張難先，《湖北革命知之錄》，頁 74。

55 殷子衡抄錄，〈劉靜庵獄中書簡〉，頁 114。

56 殷子衡抄錄，〈劉靜庵獄中書簡〉，頁 136。

57 殷子衡抄錄，〈劉靜庵獄中書簡〉，頁 135。

58 殷子衡抄錄，〈劉靜庵獄中書簡〉，頁 113-114。

59 殷子衡抄錄，〈劉靜庵獄中書簡〉，頁 110。

60 殷子衡，《皈依基督自述》，頁 22。

61 殷子衡抄錄，〈劉靜庵獄中書簡〉，頁 106。

62 殷子衡抄錄，〈劉靜庵獄中書簡〉，頁 109、108。

63 有幾本書都大肆讚揚劉靜庵的聖徒人格，包括了胡蘭亭的《劉靜庵》和《獄中信徒》，以及殷子衡的《中國基督教的兩大偉人》，可惜到目前為止只尋獲《劉靜庵》一書。

64 殷子衡抄錄，〈劉靜庵獄中書簡〉，頁 81。

65 殷子衡抄錄，〈劉靜庵獄中書簡〉，頁 86。

66 殷子衡抄錄，〈劉靜庵獄中書簡〉，頁 134。

67 楊玉如，《辛亥革命先著記》（北京：知識產權出版社，2013），頁 6。

68 張純一，《日知會之創立與丙午之獄及辛亥之首義》，收入何卓恩主編《殷子衡、張純一合集》，頁 95。

69 張純一，《述歸命基督之由及對教會之觀念》，見《殷子衡、張純一合集》，頁

102。

70 張純一，《改造基督教之討論》，見《殷子衡、張純一合集》，頁 216。按本文曾編入張純一著《中國基督教》（上海：佛教精進社，1927）一書中。

71 張純一，《改造基督教之討論》，頁 217。

72 張純一的「佛化基督教」實為一種從「革命的基督教」推進而來，可參見其相關代表著作《仲如先生弘道篇》（上海：協和書局；北京：郭紀雲書局，1921）、《改造基督教之討論》（上海，1922；後重印編入《中國新基督學》，上海：佛教精進社，1927）、《佛化基督教》（上海：上海佛學書局，出版日期不詳，但不早於 1926 年；重印編入《中國新基督學》；台北台灣印經處 1956 重印）、《福音秘義》（上海：協和書局；北京：郭紀雲書局，1927），後重印編入《中國新基督學》）等。

73 張純一，《基督教外篇》，見《殷子衡、張純一合集》，頁 156。

74 殷子衡，《殷子衡先生皈依基督自述》，頁 41、38。

75 從辛亥革命開始，中國基督教思想對此革命就形成了特殊的想像與行動，而且還通過對民國革命的正當性作為中國基督教與革命聯繫起來的理由，因而構成了近五十年的中國基督教思想潮流，詳見〈基督教界對辛亥革命的記憶與詮釋〉，羅福惠、朱英主編《辛亥革命的百年記憶與詮釋》（第二卷）（武漢：華中師範大學出版社，2011），頁 197-275。

第二章　革命的基督教

1 王人博，《中國的近代性：1840-1919》（桂林：廣西師範大學出版社，2015）。

2 薛品源，《中國反文化侵略運動史》（上海：民強書局，1937）。

3 代表性的研究見葉嘉熾，〈宗教與中國民族主義：民初知識分子反教思想的學理基礎〉；山本澄子、山本達郎，劉妮鈴譯，〈中國的反基督教運動（1922-1927）〉；羅滋（JessieG. Lutz）著，馮鵬江譯，〈中國民族主義與 1920 年代之反基督教運動〉，均收入於張玉法主編，《中國現代史論集》（台北：聯經出版事業公司，1981），輯 6，「五四運動」。

4 羅志田，《民族主義與近代中國思想》（台北：三民書局，2011）。

5 舉例言之，五四運動爆發後不到一年，徐寶謙分別在 1920 年 2 月 22 日和 5 月 12 日，於清華學校和北京中外信徒會演說〈基督教與新思潮〉，原載《生命》1920 年 9 月、10 月，收入唐曉峰、王帥編，《民國時期非基督教運動重要文獻

匯編》（北京：社會科學文獻出版社，2015），頁138-147。中外基督徒同一年也在北京成立「北京證道團」，發行《生命》，1924年改組，易名「生命社」，1926年與北京真理社的《真理週刊》合併為《真理與生命》，發行至1941年，見吳國安，《中國基督徒對時代的回應（1919-1926）——以《生命月刊》和《真理週刊》為中心的探討》（香港：建道神學院基督教與中國文化研究中心，2000）。

6　學界對民國以來反對基督教的言詞或運動通常稱為「非基督教運動」，可見前引《民國時期非基督教運動重要文獻匯編》。實際上，這場運動比想像中更為激烈，「非基督教」一詞恐不足以刻劃近代基督教處境的嚴峻，包括（民）教案、反對不平等條約、孔教國教化、信教自由、美育代替宗教等，不論國民黨或共青團，呼籲「反對基督教」、「剷除基督教」都大有人在，Anti-Christian Movement似乎更適合稱為「反對基督教運動」。關於這些運動，可參考葉仁昌，《五四以後的反對基督教運動》（台北：久大文化出版公司，1992）；查時傑，《民國基督教史論文集》（台北：宇宙光出版社，1994）；Ka-Che Yip (葉嘉熾)，*Religion, Nationalism, and Chinese Students: The Anti-Christian Movement of 1922-1927* (Washington: Western Washington University Press, 1980); Jonathan Chao (趙天恩)，"The Christian Indigenous Church Movement, 1919-1927: A Protestant Response to the Anti-Christian Movement in Modern China," (Ph. D. dissertation, University of Pennsylvania, 1986)，中譯《中國教會本色化運動（1919-1927）》（新北市：橄欖出版公司，2019）；Jessie G. Lutz, *Chinese Politics and Christian Missions: The Anti-Christian Movement of 1920-28* (Notre Dame: Cross Cultural Publications, 1988)；楊天宏，《基督教與民國知識分子——1922年-1927年中國非基督教運動研究》（北京：人民出版社，2005）是中文學界較為全面性的著作，所附「基督教與非基督教運動大事記」尤詳，極富參考價值。

7　相較於台灣的中國近現代思想史研究，中國大陸對宗教問題通常比較嚴肅看待，就其意識形態而言，反對基督教運動代表無神論的鬥爭，亦即對抗宗教所代表的迷信或不科學；其次，基督教作為一個標誌清楚的外國勢力，中國學界討論革命與反帝國主義，必然無可迴避此課題，見鍾離蒙、楊鳳麟主編，《中國現代哲學史資料匯編》（瀋陽：遼寧大學哲學系，1981），集1，冊10、11，其主題即「無神論和宗教問題的論戰」。

8　少年中國學會，「宗教問題號」分上、中、下三輯，以及〈非基督教學生同盟宣言〉，分別見鍾離蒙、楊鳳麟主編，《中國現代哲學史資料匯編》，集1，冊

10，頁 52-169、41-51。

9 費正清、費維愷編，劉敬坤等譯，《劍橋中華民國史 1912-1949》（北京：中國社會科學出版社，1994），冊下，頁 431-432；周策縱著，陳永明等譯，《五四運動史》（長沙：嶽麓書社，1999），頁 452-458。

10 參看曾慶豹，〈革命的基督教與中華現代性：一個思想史的評述〉，收入沈清松主編，《中華現代性的探索：檢討與展望》（台北：政大出版社，2013），頁459-500。

11 馬采的新譯本於 1982 年由北京商務印書館出版，書名改為《基督何許人也》，收入「漢譯世界學術名著叢書」。幸德秋水著，馬采譯，《基督何許人也》（北京：商務印書館，1982）。

12 《評基督抹殺論》在反駁幸德時，也廣援歐美《聖經》研究的成果。

13 幸德秋水，《基督何許人也》，頁 86-88。

14 參看沈嗣莊，〈耶穌是童貞女生的麼？〉，《文社月刊》，卷 3 冊 6（1928 年 4 月），頁 1-2。

15 殷雅各，《闢基督抹殺論》（上海：廣學會，1925）；沈嗣莊、王治心編，《評基督抹殺論》（南京：金陵神學院誌理事處，1925）。沈嗣莊等人可以算是吳耀宗所說的「現代派」，代表民國基督徒追求的開明、理性、進步等面向，見吳耀宗，〈三十年來基督教思潮〉，《黑暗與光明》（上海：青年協會書局，1949），頁 189。

16 張仕章，〈我對於狸譯基督抹殺論的批評〉，收入沈嗣莊、王治心編，《評基督抹殺論》，頁 5-7。

17 曾陽晴的〈《文社月刊》中的耶穌形象〉充滿對《文社》的敵意，恐怕是因為完全沒有將文社的言論置於中國現代思想史的脈絡，未慮及基督教在新文化運動中的困境，便以維護基要派的口吻評論沈嗣莊等人，令人遺憾，以下節引該文：「沈嗣莊的修辭基本上就是不想談論耶穌可以『叫死人復活，長大麻瘋得潔淨』，他寧可把新約《聖經》裏的耶穌詮釋為一個一般的郎中，也避免神化了耶穌，這樣才符合他們理性解經的心理需求。因為這樣的說明大家都能理解，這樣的耶穌形象很安全，不會引起爭議，不會引起衝突；反教人士已經引起太多衝突了，不是嗎？在二〇年代的中國，談神性，太沈重；論超自然，太過敏感。於是一個大能的、能行神蹟醫治的耶穌，搖身一變，成為了一個江湖郎中」。曾文收入黃文江等編，《變局下的西潮——基督教與中國的現代性》（香港：建道神學院，2015），頁 601-618。

18 本書撰稿人以金陵神學院教師為主，其次為北京真理社的成員。

19 王治心主編，《教友》，期 18、19（1925 年 3 月）。

20 共刊出六篇文章，包括〈讀了幸德秋水基督抹殺論後〉（燕京大學王書生）、〈評基督抹殺論〉（東吳大學田君哲）、〈正告北大之狸弔疋〉（周亢宗）、〈非教者能把基督教的根基推翻麼？〉（金陵神學院張璟）、〈看幸德秋水的破綻〉（金陵神學院許士琦）、〈為非基督教者進一言〉（張超人）。

21 由當時任教金陵神學院之王治心主編，編輯通訊處設於南京，發行通訊在上海，每期刊印 8 大張。從「非非基督教運動」到倡議「廢除國際不平等條約」，《教友》觸及了許多民國基督教的重大議題。1926 年 6 月，因王治心轉到文社，編輯通訊處改到上海，仍由他主編至第 54 期，同年 11 月第 60 期公告改為週刊，易名《直道》。

22 沈嗣莊，「序論二」，《評基督抹殺論》，頁 11-17。

23 沈嗣莊曾翻譯史懷哲（Albert Schweitzer）的傳記《蠻荒創業記》（上海：青年協會書局，1934），稱之為史偉策。史懷哲是西方神學史上總結「歷史上的耶穌」的思想家，沈氏極為推崇，也深受其影響，認為不論反對或贊同耶穌的真實性，都無損其人格意義。

24 此文可能是朱執信最著名的一篇文章。該文發表於 12 月 25 日，顯然是針對耶誕節而來，後來收入廣東省哲學社會科學研究所歷史研究室編，《朱執信集》（北京：中華書局，1979），集下，頁 636-645。有趣的是，台北的中國國民黨中央委員會黨史委員會出版的《朱執信先生文集》（台北：中國國民黨中央委員會黨史委員會，1985）不見該文。據簡又文透露，這似乎是他說服了編輯者的結果，見簡又文，〈耶穌基督一生一死之研究〉，《火柱》（1969 年 4 月），頁 5。

25 此文最早收入《朱執信文存》（上海：民智書局，1926），頁 2。邵元沖作序，談到編選原則：「長篇可刻或已刻單行本的文字」、「關於一時一事一人的批評……統統沒有選入」，但「我認為有關思想上的文字，如對於耶穌基督的批評也重行收入，這種選編的標準，或者還沒有什麼大誤」。可看出此文在當時的影響。

26 收入邵玉銘主編，《二十世紀中國基督教問題》（台北：正中書局，1980），頁 381-383。

27 簡又文，〈同江張二君討論孫科君的文章〉，《生命》，卷 6 期 4（1926 年 1月），頁 6-7，後收入邵玉銘主編，《二十世紀中國基督教問題》，頁 387-392。

此文主要針對江紹原 2 月 12 日在《晨報》以及張宙 2 月 16 日在《京報》反駁孫科的文章。

28 據說非基督教運動爆發前的 1920 年 12 月 21-31 日，廣州基督教聯會在西門外西瓜園地方搭起一座可容納四千多人的大棚廠，開大佈道會，並慶祝聖誕，當時就有反教人士將朱文翻印「千千萬萬張」，在耶誕節當天駕汽車四處散佈，見張亦鏡，〈江蘇省黨務整委會宣傳部印朱執信「耶穌是什麼東西」的卷頭語以後〉，《真光雜誌》，卷 29 號 6（1930 年 6 月），頁 64。

29 朱執信，〈耶穌是什麼東西？〉，《朱執信集》，集下，頁 645。

30 朱執信，〈青年學生應該警戒的兩件事〉，《朱執信先生文集》，冊下，頁 644。

31 謝扶雅曾說「美育代替宗教」是非宗教思想的第一槍，見謝扶雅，〈近年非宗教及非基督教運動概述〉，收入中華續行委辦會編訂，《中華基督教會年鑑》（上海：中華全國基督教協進會，1925），期 8，頁 17-18。

32 張仕章，〈關於「取消打倒宗教的口號」的小小筆戰〉，《文社月刊》，卷 3 冊 5（1928 年 3 月），頁 48-49。

33 張之江，〈基督教與國民革命〉，《文社月刊》，卷 3 冊 3（1928 年 1 月），頁 4。

34 從武昌革命首義劉靜庵到徐謙，都有類似言論。關於前者，見曾慶豹，〈「要想做真革命黨，就要先做真基督徒」——劉靜庵之研究〉，《道風》，期 42（2015 年 1 月），頁 229-253。

35 穎才，〈肅清共產黨理論與取消「打倒基督教」問題〉，《新廣西旬報》，期 20（1928 年 4 月），頁 13-18。

36 袁業裕認為打倒宗教與清除共黨力量無關，不應與清黨劃上等號，見袁業裕，〈論取消打倒宗教口號〉，《文社月刊》，卷 3 冊 5，頁 4。

37 張振之，《革命與宗教》（上海：民智書局，1929），頁 9。

38 張振之，《革命與宗教》，頁 22。

39 張振之，《革命與宗教》，頁 37。

40 張振之，《革命與宗教》，頁 42-43。

41 張振之，《革命與宗教》，頁 47。

42 張振之，《革命與宗教》，頁 64。

43 葉聲，〈宗教問題〉，《文社月刊》，卷 3 冊 5，頁 51。

44 張振之，《革命與宗教》，頁 66-70、84-88。

45 張振之，〈寫在卷頭〉，《革命與宗教》，頁 1。

46 張振之，《革命與宗教》，頁 91-93。

47 張振之，《革命與宗教》，頁 128-129。

48 參見劉家峰，〈基督教界對辛亥革命的記憶與詮釋〉，收入羅福惠、朱英主編，《辛亥革命的百年記憶與詮釋》（上海：華中師範大學出版社，2011），卷 2，頁 266-275。

49 張振之，《革命與宗教》，頁 108。王治心後來著有《孫文主義與耶穌主義》（上海：青年協會書局，1930），也屬於此時期爭論的餘緒。

50 袁業裕，〈論取消打倒宗教口號〉，《文社月刊》，卷 3 冊 5，頁 55。

51 袁業裕，〈三民主義對基督教態度之研究〉，《文社月刊》，卷 3 冊 5，頁 71-72。

52 王治心，〈我們的革命觀〉，《文社月刊》，卷 2 冊 7（1927 年 5 月），頁 35。

53 王治心，〈我們的革命觀〉，《文社月刊》，卷 2 冊 7，頁 35-36。

54 王治心，〈我們的革命觀〉，《文社月刊》，卷 2 冊 7，頁 36。

55 王治心，〈耶穌是什麼東西？〉，《文社月刊》，卷 3 冊 7（1928 年 5 月），頁 72。

56 王治心，〈耶穌是什麼東西？〉，《文社月刊》，卷 3 冊 7，頁 82。

57 吳耀宗，〈三十年來基督教思潮〉，《黑暗與光明》，頁 211-212。

58 見吳耀宗，〈中國基督教學生運動信仰與使命商榷〉，收入曾慶豹編，《中國基督教公共神學文選（三）：學生運動篇》（香港：研道社，2015），頁 143。

59 見本書，〈唯物主義基督教〉。

60 簡又文形容基督教維新派異軍突起，在世界各地做出了相應的表現，並預言未來中國也將朝此方向前進，見簡又文，〈同江張二君討論孫科君的文章〉，《生命》，卷 6 期 4，頁 6-7。

61 邢軍著，趙曉陽編譯，《革命之火的洗禮——美國社會福音和中國基督教青年會 1919-1937》（上海：上海古籍出版社，2006），第四章，頁 92-120。

62 金觀濤、劉青峰，《觀念史研究——中國現代重要政治術語的形成》（北京：法律出版社，2009），頁 365。關於革命與中國現代性的討論，見陳建華，《「革命」的現代性——中國革命話語考論》（上海：上海古籍出版社，2000）。陳著雖被金觀濤評為開山之作，但對於近代中國革命言說生成史仍多含糊，多談「文學意味」的革命，基本上迴避了從孫文到毛澤東的內在邏輯和言說形式，且未能探究佔據主流的「共產黨」革命論說。

63 謝扶雅，《基督教對今日中國底使命》（上海：青年協會書局，1935），頁 26-28。

64 簡又文，〈論青年協會提倡新思潮運動〉，《真理與生命》，卷 1 期 4（1926 年 5

月），頁 93。

65 簡又文，〈論青年協會提倡新思潮運動〉，《真理與生命》，卷 1 期 4，頁 92-96。

66 王成勉，《文社的盛衰》（台北：宇宙光，1993）。

67 何凱立著，陳建明、王再興譯，《基督教在華事業（1912-1949）》（成都：四川大學出版社），頁 157-158。

68 沈嗣莊，〈我服務文社的最後總報告〉，《文社月刊》，卷 3 冊 8（1928 年 6 月），頁 1-15。

69 劉俊啟，〈米星如基督教文藝創作研究〉（桃園：中原大學宗教研究所碩士論文，2014）。

70 廣學會總幹事季理斐在給余日章的信中，談到中國基督教文字事工的方向，便宣稱「民族問題絕不應該帶到基督教事業中來爭論」，見何凱立，《基督教在華事業（1912-1949）》，頁 156。

71 簡又文，「引言」，收入簡又文編，《新宗教觀》（上海：中華基督教青年會全國協會，1923），頁 4。

72 簡又文，〈甚麼是基督教？〉，《新宗教觀》，頁 109。

73 本文作者霍德進（H. T. Hodgkin）為中國唯愛主義社的創始人之一，曾由曾約農譯述其《基督與社會改造》（上海：青年協會書報部，1923 年初版，1938 年五版），成為上海基督教中學生的讀物。

74 簡又文，〈甚麼是基督教？〉，《新宗教觀》，頁 113。

75 簡又文，〈甚麼是基督教？〉，《新宗教觀》，頁 114。

76 美國神學對民國基督教思想的影響是非常顯著的，其中以紐約協和神學院為最，該學院育才頗多，且其著作有不少譯為中文，而且許多中國青年都曾在此受教，以青年會為主，日後也都相當活躍，簡又文即一著例。參看徐以驊，〈紐約協和神學院與中國基督教會〉，收入劉家峰編，《離異與融會：中國基督徒與本色教會的興起》（上海：人民出版社，2005），頁 31-56；徐以驊，《中國基督教神學教育史論》（台北：宇宙光出版社，2007），頁 163-194。

77 吳耀宗，〈三十年來基督教思潮〉，《黑暗與光明》，頁 190。

78 最早發表於《真理週刊》（1924），後將原作修訂合一，於 1969 年 4 月香港的《火柱》再刊出，題為〈耶穌基督一生一死之研究〉。

79 簡又文，「引言」，收入華德（Henry F. Ward）著，簡又文編譯，《革命的基督教》（上海：中華基督教文社，1926），頁 5-6。

80 簡又文，「引言」，《革命的基督教》，頁 2-3。

81 簡又文，《古猶太革命史演義》（香港：基督教輔僑出版社，1957）。他認為從猶太到基督教，其本質即是革命，太平天國可謂變種的基督教，首先要做的不是論其功過，而是它究竟給中國帶來了何種重大作用。簡又文晚年從事太平天國史研究，與他把基督教理解為革命的息息相關。

另可參見《簡又文回憶錄》（台北：新銳文創，2020）。

82 簡又文，〈重生六十（下）〉，《景風》，期30（1971），頁56-64。

83 吳耀宗編，《我所認識的耶穌》（上海：青年協會書局，1929）；徐寶謙，《宗教經驗譚》（上海：青年協會書局，1934）。兩書收集了當時基督教知識分子的個人經歷，可以說是民國基督徒信仰告白的代表作。

84 張欽士，號「志新」。1915年畢業於北京稅務專門學校，和徐寶謙、吳耀宗同時歸信基督教，並同時放棄稅務局的高薪工作，傳為教界佳話，有「三傑」之譽。他曾任北京基督教青年會學生部幹事，編輯《國內近十年來之宗教思潮——燕京華文學校研究科參考材料》（北平：燕京華文學校，1927），有一女名為張淑義，畢業於燕京大學，是知名的共產黨員，燕大共產黨的學生組織即由她所推動。

85 華德在中國旅行佈道的演講，即以「革命的基督教」為主題。他先應北京大學之邀，主講「工業的倫理」六次，在朝陽、清華、燕大、匯文等校續講社會倫理問題，又赴天津、濟南、上海、廣州、南京、武漢等地，講題包括耶穌的革命精神、民治與工業、民治與輿論、甘地與印度之將來、工業主義的倫理、貧窮之廢除、怎樣求得經濟之均等、戰爭之廢除、私利之廢除、全世界之合作、俄羅斯之大試驗等，後由簡又文編譯為《革命的基督教》。另見本書，〈激進化的社會福音〉。

86 張文開，〈教會與新思潮〉，《中華基督教會年鑑》（上海：中華全國基督教協進會，1921），期6，頁134-140。

87 吳雷川，《基督教與中國文化》（上海：青年協會書局，1936），頁290-291。參見曾慶豹，〈吳雷川與「革命的基督教」〉，《基督教文化學刊》，輯32（2014年12月），頁157-196，以及曾慶豹編注吳雷川以下兩書所撰之導言：《基督教與中國文化：吳雷川著作集（一）》（台北：橄欖出版有限公司，2013）、《墨翟與耶穌：吳雷川著作集（二）》（台北：橄欖出版有限公司，2015）。另見本書，〈因真理，得自由，以服務〉。

88 吳雷川，〈基督教與革命〉，《真理與生命》，卷5期4（1931年2月），頁1-5。

89 吳雷川，《基督教與中國文化》，頁8。

90 吳雷川，《基督教與中國文化》，頁 85。

91 值得注意的是，反對社會福音的人往往執於個人福音，主張社會福音的人則認同個人福音，認為兩者並不衝突，並且雙方之所以完整，全賴相互之縮合。

92 吳雷川，《基督教與中國文化》，頁 232。

93 轉引自章開沅，〈基督教與五四運動〉，收入氏編著，《傳播與植根——基督教與中西文化交流論集》（廣州：廣東人民出版社，2005），頁 84。

94 徐謙、馮玉祥、張之江之思想，見邢福增，《基督信仰與救國實踐：二十世紀前期的個案研究》（香港：建道神學院，1997）。

95 見本書，〈思想過激的基督徒〉。

96 見本書，〈耶穌主義〉。

97 見本書，〈唯物主義基督教〉。

98 見本書，〈無產者詩人〉。

99 吳雷川，〈「縱火」與「導爭」〉，《真理與生命》，卷 5 期 1（1930 年 11 月），頁 4-7。中國共產黨的革命論述吸引了很多基督徒精英，究竟這些「紅色基督徒」與革命的基督教思想有何關係，仍有許多值得挖掘之處，如燕京大學即曾是共產黨員的溫床，與校訓傳遞的意向相當接近，見曾慶豹，〈紅星照耀燕園〉，收入氏著，《紅星與十字架——中國共產黨的基督徒友人》（台北：主流出版社，2019），頁 31-78。

100 吳雷川，《基督教與中國文化》，頁 300。趙紫宸在為吳雷川而寫的七秩祝壽文中，即引用《基督教與中國文化》書末的這段話，形容吳氏的思想精華，見趙紫宸，〈吳雷川先生著作之介紹〉，《燕京新聞》，1940 年 11 月 26 日，第 5 版。

第三章　激進化的社會福音

1 陳獨秀，〈外交問題與學生運動〉，《嚮導週報》，期 23（1923 年 5 月 2 日），頁 165；另見收錄於《陳獨秀文集》（第二卷）（北京：人民出版社，2013），頁 356-357。

2 可參見李斌，《廢約運動與民國政治（1919-1931）》（湖南人民出版社，2011），及李傳斌，《基督教與近代中國的不平等條約》（湖南人民出版社，2011）。

3 Jessie G. Lutz 著，〈五卅運動與中國的基督徒和教會大學〉，收入章開沅、林蔚

主編《中西文化與教會大學》（武漢：湖北教育出版社，1991），頁 102 及以下。

4 章開沅，〈基督教與五四運動〉，收入《傳播與植根——基督教與中西文化交流論集》（廣州：廣東人民出版社，2005），頁 82-83。

5 羅偉虹主編，《中國基督教（新教）史》（上海：世紀出版集團，2014），頁 398；趙天恩，《中國教會本色化運動（1919-1927）》（新北市：橄欖出版有限公司，2013），頁 214-234。

6 汪兆翔，〈基督教對於最近時局當有的態度和措施〉，《文社月刊》，卷 2 期 8（1927 年 6 月）。

7 關於華德與中國的研究，目前中文論文僅見徐以驊〈「革命的基督教」傳教士華德與民國基督教會〉，刊於《道風》，期 51（2019），頁 63-89。

8 這種把基督教理解為改造社會或革命的思想，是民國基督教一個相當重要的思想潮流，可參見邢軍著，趙曉陽譯，《革命之火的洗禮——美國社會福音和中國基督教青年會 1919-1937》（上海古籍出版社，2006），頁 97-105。

9 1923 年，北京「基督教通訊研究社」已刊行了一份由張欽士主編的講義名為《革命的耶穌》，此講義共有七講，內容主要說明耶穌的生活境遇、主張、原則，該書沒有特別徵引複雜的神學觀點，只是單純地說明耶穌改造社會的理想和精神，以適切地理解中國和世界的需要，見《真理週刊》，期 5（1913 年 4月 22 日）。張欽士在華北秋令會的研究課程中，介紹了為民眾奮鬥的偉人，選了五位，分別為列寧、甘地、孫文、耶穌和馬志尼，第一位介紹的則是列寧，刊於《真理週刊》，期 25。

10 介紹華德的文章，除了簡又文發表於《京報副刊》，此文後收入《革命的基督教》（上海：中華基督教文社，1926）。《青年進步》第 81 期也有一篇劉芳慎的〈華爾德教授的生平事略〉，強調華德的社會學專業。

11 〈介紹華爾德博士〉，《青年進步》，期 80（1925）。

12 《北京大學日刊》，期 1636（1925 年 3 月 3 日）。

13 華德著，簡又文譯，《革命的基督教》，頁 1。

14 《晨報副鐫》，號 79（1925 年 3 月 5 日），頁 33。

15 《青年進步》，期 80（1925）。

16 華德著，簡又文譯，《工業主義的倫理》（上海：北新書局，1925），頁 136-137。

17 《晨報副鐫》自第 77 號始，1925 年 4 月 7 日至 5 月 29 日。

18 艾迪的代表著作有《基督教與今日中國的問題》（上海：上海青年協會，
　　1935）；《艾迪博士與勞工問題》（上海：上海青年協會，1923）。

19 艾迪論及俄國問題的著作有《蘇俄的真相》（上海：上海青年協會，1931），
　　《今日之蘇俄》（上海：上海青年協會，1934），華德的代表作為《反利潤制度》
　　（上海：上海青年協會，1935）。

20 David Nelson Duke, *In the Trenches with Jesus and Marx: Harry F. Ward and the
　　Struggle for Social Justice*, Tuscaloosa and London: The University of Alabama
　　Press, 2003, p. 126.

21 *In the Trenches with Jesus and Marx: Harry F. Ward and the Struggle for Social
　　Justice*, pp. 126-127.

22 最早中文譯名作「饒習博」，其第一本中譯著作由廣學會出版，題為《耶穌底
　　社會原理》（*The Social Principles of Jesus*），1923 年第一版，至 1930 年就已出
　　第三版次，譯者是張仕章。

23 張亦鏡，〈今日教會思潮之趨勢〉，《中華基督教會年鑑》，冊 9（1927）。

24 華德，《革命的基督教》，頁 95。

25 華德，《革命的基督教》，頁 16-17。

26 華德，《革命的基督教》，頁 147。

27 華德，《革命的基督教》，頁 147。

28 華德，《革命的基督教》，頁 149。

29 華德，《革命的基督教》，頁 132。

30 華德，《革命的基督教》，頁 133。

31 華德，《革命的基督教》，頁 111。

32 華德，《革命的基督教》，頁 98。

33 華德，《革命的基督教》，頁 55。

34 華德，《革命的基督教》，頁 41-42。

35 華德，《革命的基督教》，頁 47。

36 華德，《革命的基督教》，頁 53。

37 華德，《革命的基督教》，頁 55。

38 華德，《革命的基督教》，頁 35。

39 華德，《革命的基督教》，頁 27。

40 華德，《革命的基督教》，頁 29-31。

41 華德，《革命的基督教》，頁 36-38。

42　華德，《革命的基督教》，頁 35。

43　華德，《工業主義的倫理》，頁 28。

44　華德，《革命的基督教》，頁 19。

45　Harry F. Ward, "China's Anti-Christian Movement," *Christian Century*, 1926/4/15.

46　楊天宏，《基督教與民國知識分子》（北京：人民出版社，2005），頁 277-289。

47　《青年進步》，期 85（1925 年 9 月），頁 113-118。

48　《青年進步》，期 86（1925 年 10 月）。中國基督教界也做了不少對條約的問題相關之討論，例如曾友豪的《中國外交史上之基督教問題》（上海：文社月刊出版社，1925）、孫祖基的《不平等條約討論大綱》（上海：青年協會書局，1925）、陳立廷的《關稅問題討論大綱》（上海：青年協會書局，1925）等。

49　美國紐約協和神學院對民國基督教思想的影響非常地大，一方面是中國基督教領袖如等人都學習於此間神學院，另一方面則是此間神學院的學者教授的不少著作在中國譯成中文出版，而且非常地受歡迎，如富司迪的著作即是一個顯著的例子。在神學思想上，饒森布斯、尼布爾、華德等人的著作也受到相當大的關注。可參見徐以驊，〈紐約協和神學院與中國基督教會〉，《美國問題研究》（2006），頁 389-422，後收入氏著《中國基督教神學教育史論》（台北：宇宙光，2007）。

50　Harry F. Ward, "The Place of Religion in the Industrialization of China," *The Chinese Student Monthly*, Vol.21 No.6, (1926/4).

51　華德在《工業主義的倫理》舉了一個中國的例子：「我們也不必再數出現代資本主義對於人道所犯的罪惡，及再述其破壞自由，平等，公道，及人類同胞（博愛）等偉旨之醜史了。這些劣蹟都詳載在不可勝數的文件中，由馬克思的著作，以至最近上海租界的『兒童勞工委員會』之報告。為我們現在的宗旨計，我們姑且承認這些罪惡劣蹟也許是可以用改良方法以減除的。」（頁 28）可見，中國當時工業化帶來多少的罪惡劣蹟。

52　魯珍晞，〈五卅運動與中國的基督徒和教會大學〉，刊於章開沅編《中西文化與教會大學》（湖北：湖北教育出版社，1991），頁 118。

53　華德，《革命的基督教》，頁 13。

54　《教友月刊》，期 26（1925 年 6 月 15 日）。李傳斌的《基督教與近代中國的不平等條約》一書沒有論及基督教界的廢約運動，羅偉虹的《中國基督教（新教）史》提及了，參見頁 426-428。我們在紐約協和神學院收藏華德的檔案文獻（*Harry Frederick Ward Paper*）中發現，華德的收藏（5A-4-12）中夾有一份

《教友月刊》第 26 期的刊物，內容正是王治心在其主編的《教友半月刊》上公開呼籲基督徒發動廢除不平等條約的行動，以及在他力主下成立了「中華基督徒廢除國際不平等條約促成會」等相關的說明，可見華德非常關心中國基督徒發起的廢約運動。

55 Harry F. Ward, "Bulletin American Communities for Justice to China," *Harry Frederick Ward Papers, 1880-1979*, in The Burke Library Archives Union Theological Seminary, New York. 5A-4-12.

56 Harry F. Ward, "Minutes of the meeting of the American Committee for Chinese Relief," *Harry Frederick Ward Papers, 1880-1979*, in The Burke Library Archives Union Theological Seminary, New York. 5A-4-12.

57 Harry F. Ward, "Minutes of the meeting of the American Committee for Chinese Relief," 5A-4-12.

58 Harry F. Ward, "Bulletin American Communities for Justice to China," 5A-4-12.

59 Duke, *In the Trenches with Jesus and Marx: Harry F. Ward and the Struggle for Social Justice*, p. 131.

60 布爾什維克黨人在五卅事件中發表的重要言論，參見中共中央黨史研究室第一研究部編《共產國際聯共（布）與中國革命文獻資料選輯（1917-1925）》（二）（北京：北京圖書館出版社，1997），頁 731-746。

61 Harry F. Ward, "Lenin and Gandhi," *World Tomorrow* 8 (May 1925)：111-112。中文的演講內容於 1925 年 3 月 3 日於北京青年會率先發表，見《晨報副鐫》1925 年 3 月 27 日。

62 Duke, *In the Trenches with Jesus and Marx: Harry F. Ward and the Struggle for Social Justice*, p. 130.

63 Eugene Perry Link, *Labor-Religion Prophet: The Times and Life of Harry F. Ward*, (Westview Press 1984), p. 89.

64 "The Present Situation in China," 1925 年 9 月在東京的演講。*Harry Frederick Ward Papers, 1880-1979*, in The Burke Library Archives Union Theological Seminary, New York. 1A 3 9-10.

65 Harry F. Ward, "The Challenge of Chinese Revolution," *The Chinese Student Monthly*, Vol.23 No.4, (1928/2).

66 華德著，張欽士譯，〈華德致中國基督徒學生書〉，《晨報副鐫》1925 年 3 月 20 日，後於同年 3 月 6 日刊在《生命月刊》上，最後亦收入《革命的基督教》，

頁 109-111。

67 徐以驊，〈紐約協和神學院與中國基督教會〉，《中國基督教神學教育史論》，頁 192。

68 韓德（Michael H. Hunt）著，項立岭、林勇軍譯，《中美特殊關係的形成》（上海：復旦大學出版社，1997）。

69 五卅運動可以說是非基督教運動的高潮，中國的基督徒已充份地意識到不平等條約與反對基督教之間錯綜複雜的關係，他們都表達了對此事件所揭示的根本問題，呼籲中國基督教和西方傳教士都應該誠實面對。可參見張亦鏡的〈今日教會思潮之趨勢〉、王治心〈五卅事變於教會之影響〉和羅運炎〈傳教條約與教會之關係〉，同刊於《中華基督教會年鑑》第 9 冊（1927 年）。

70 1934 至 1940 年期間，華德身兼美國反戰爭和法西斯主義同盟（American League Against War and Fascism）的主席，經常在美蘇友好全國委員會（National Council of American-Soviet Friendship）的活動中演講。然而，美國反戰爭和法西斯主義同盟後來被眾議院非美活動調查委員會（The House Un-American Activities Committee）指控為共產主義組織。華德最著名的貢獻即是作為美國公民自由聯盟（American Civil Liberties Union）的首位全國主席。他從 1920 年起擔任該職務，但是後來為了抗議該組織在反共壓力下罷免共產主義者的決定，因此於 1940 年辭去了該會主席一職。參見 Duke, *In the Trenches with Jesus and Marx*, p. 127。

71 Duke, *In the Trenches with Jesus and Marx*, p. 126.

72 Donald K. Gorrell, "The Social Creed and Methodism through Eighty Years," *Methodist History* 26:4 (July 1988): 213-217. 另可參見 Richard P. Heitzenrater, *The Poor and the People called Methodist*s, (Nashville, TN: Kingswood Books, 2002).

73 吳昶興，《基督教教育在中國——劉廷芳宗教教育理念在中國的實踐》（香港：浸會出版社，2005）頁 102-103。

74 見簡又文，〈重生六十年（下）〉，《景風》，期 29（1971 年），頁 63-70；另參簡又文著，《西北從軍記》，（台北：傳記文學出版社，1982），頁 8-9。蔡登山主編，《簡又文回憶錄》（台北：新銳文創，2020）。亦可參見徐以驊，〈紐約協和神學院與中國基督教會〉，頁 188。

75 簡又文，《古猶太革命數演義》（香港：基督教輔僑出版社，1957）。

76 Duke, *In the Trenches with Jesus and Marx*, p. 132.

第四章　友愛的經濟

1　高綱博文、陳祖恩著，《近代上海日僑社會史》（上海：上海人民出版社，2014）。外界認識內山完造，是因為他與魯迅的友誼，以及他在上海開設的著名書店，但很少人知道他是一名基督徒，書店原是經營基督教類的書籍，後來供應書種就不再限於此，從日本引進歐美的思想和文明，對近代中國有著巨大的影響力。

2　李漢俊即李人傑，上海基督教青年會幹事，中國共產黨創黨人之一，曾參考日譯協助校訂陳望道翻譯的《共產黨宣言》。留學日本時接觸馬克思主義，受日本一位教經濟學的河上肇影響頗深，回到上海後與陳獨秀推動傳播馬克思主義思想，參與工人運動。

3　見《民國日報》的副刊《覺悟》於 1922 年 7 月 14 日刊行夏丏尊摘譯了賀川記錄了此次中國行的印象，頁 1。賀川在中國出版的著作主要有：《基督教社會主義論》（1928）、《上帝與社會改造》（1936）、《友愛的合作經濟學》（1940）、《愛的科學》（1934）、《賀川豐彥證道談》（1931）、《魂的雕刻》（1932）等，其中又以《愛的科學》最受歡迎。《愛的科學》於 1934 年由廣學會出版，並當選為廣學會當年度「最具影響力的翻譯著作」，1941 年發行第四版。那篇特別為中譯本寫的序，曾多次地被基督教報刊轉載，顯示出讀者相當關心，到底代表著日本基督徒的賀川在日本侵華的立場上所抱持的態度。

4　〈胡適與賀川的對話〉（英文原稿："Interview between Dr. Kagawa and Prof. Hu Shih"），此稿未發表，收藏於東京「賀川豐彥檔案館」。另見「賀川は、北京で胡適と会い反共産主義で一致し、友人関係になる。彼は胡適の写真を持ち帰り『労働者新聞』に掲載する。胡適もまた、日記に賀川と会ったことを記している」。

5　同樣是日本學者，石川三四郎（Sanshiro Ishikawa）著有《基督教社會主義》，由李搏譯，收入於華東書局出版之「民眾文庫」系列中，1929 年 10 月出版。全書目錄如下：第一章「初期的基督教」、第二章「再洗禮教派」、第三章「聖西門」、第四章「拉梅內」、第五章「金斯黎和摩里士」、第六章「基督教共產村」、第七章「近世的社會運動」、第八章「基督教無政府主義」。在日本，石川三四郎被視為無政府主義者，據了解，賀川在中學時期即受到石川三四郎的著作《合作社的故事》影響，尤其是後者所倡導經濟體制中的合作精神尤其吸引他，並認為是解決資本主義困境的一種好辦法。

6　此一相似主題之研究成果如下：森靜朗，〈賀川豊彦と中国〉《賀川豊彦研究》

第 33 號（賀川紀念館、1996）；浜田直也，〈賀川豐彥と近代中國〉，《孫文研究 42》特集「近代中國と神戶の人々」（孫文研究会，2007），後收入氏著《賀川豐彥と孫文》，神戶：新聞聡合出版センター，2012；劉家峰，〈賀川豐彥與中國〉，刊於《東アジア文化交 研究》別冊第 6 號（2010）；劉莉，《賀川豐彥與二十世紀中國基督教思潮》（華中師範大學碩士論文，2008）；劉家峰，〈賀川豐彥基督教社會主義思想在中國的傳播與影響〉，《道風》，期 51（2019 年）。

7 "Interview between Dr. Kagawa and Prof. Hu Shih"（秘書 Helen F. Topping 打字稿）。

8 "Interview between Dr. Kagawa and Prof. Hu Shih"（秘書 Helen F. Topping 打字稿）。

9 賀川豐彥講，吳興王學浩筆記，〈基督與經濟革命〉，《文社月刊》，卷 2 期 9（1927 年 9 月），頁 1-10。

10 Robert Schildgen 著，劉家峰、劉莉譯，《賀川豐彥：愛與社會正義的使徒》（*Toyohiko Kagawa: Apostle of Love and Social Justice,* 1988）（天津：人民出版社，2009），頁 21-23。我們從賀川早期類似自傳性的作品《越過死亡線》中，可以窺見他對康德、黑格爾、馬克思等人哲學的興趣，Robert Schildgen 藉此形容賀川思想是一種「解放神學」。

11 賀川豐彥，〈基督與經濟革命〉，頁 3。

12 孟緒琨，〈賀川豐彥的唯愛論〉，《唯愛》，期 1（1931 年 6 月 15 日），頁 1-2。

13 〈賀川豐彥與貧民窟〉，原文作"The Student Volunteer Movement and Friends of Jesus"，孟緒琨譯，《微音》，卷 2 期 1（1930 年 4 月），頁 13-20。

14 俞伯霞記，〈賀川豐彥演講拾珍〉，《真光》，卷 29 期 8（1930 年 8 月 15 日），頁 44-46。此次夏令營的報導，另見《申報》1930 年 8 月 11 日。

15 「誠序」，《賀川豐彥證道談》，季理斐、谷雲階譯，（上海：廣學會，1929），頁 1。

16 日生，〈賀川豐彥與日本勞工運動〉，《東方雜誌》，卷 24 號 19，頁 29-30。

17 陳獨秀在〈勞動者底知識從哪裡來？〉（1920），原刊於《新青年》卷 8 期 3，後收入《獨秀文存》（卷二）（安徽：安徽出版社，1996），頁 594。民國時期，中國出版賀川豐彥的傳記或生平簡介的書籍有刑德著，陳其田述譯，《賀川豐彥評傳》（中華基督教協進會基督化經濟關係生活委員會出版，1928）、郭中一編《賀川豐彥》（上海：廣學會，1932）以及 William Axling 著，明燈報社編譯，《賀川豐彥的生平》（上海：廣學會，1935）。

18 黃日葵曾留學日本，1921 年加入共產黨，是中國最早的一批共產黨員，曾參加南昌革命，1930 年病逝。此詩原刊於 1922 年 1 月出版的《少年中國》，之後收錄在《廣西革命烈士逸錄》（1987），文中提到的《淚的二等分》是賀川豐彥的詩集。

19 謝介眉，《王希天小史》，收入《王希天研究文集》（長春：長春出版社，1996），頁 351。王希天是旅日的基督教青年會幹事，長期參與關懷在日華工的權益，關東大地震後不久遇害，有說他為日本警察打死，因其英勇事蹟遇難後被稱作為烈士。

20 張雪岩，〈東瀛歸來〉，《唯愛》，期 10、11（1933 年 11 月 15 日），頁 16-30；另見〈東瀛歸來〉，刊於《金陵神學誌》，卷 15 期 8（1933 年 10 月），頁 28-34。

21 內山完造，《魯迅の思い出》（東京：社會思想社，1979），頁 162。

22 參見《賀川豐彥：愛與社會正義的使徒》附錄的年表。賀川在自辦的個人刊物《雲の柱》上撰文發表過與中國有關的文章計有：〈近代支那教化の教訓〉，〈支那開拓傳道の使徒ハドソン・テーラーを偲ぶ〉，〈支那教化の恩人ロバート・モリソンに就て〉，〈贖罪愛と社會愛〉，〈太平天國運動ごキリスト教〉，〈近代文化と基督教〉，〈滿州基督教開拓村の創設〉等。

23 *Report of the Conference on Christianizing Economic Relations held under the auspices of the National Christian Council of China*, 1927/8/18-28, pp. 36-53。中華全國基督教協進會，《基督化經濟關係全國大會報告》（上海，1927/8/18-28），頁 33-41。本文以下參考英文版手冊，此書收藏於紐約協和神學院 The Burke Library Archives, Missionary Research Library Archives: Section 6, Series 4 Box 1 Folder 1-4。

24 賀川豐彥著，阮有秋譯，《基督教社會主義論》（上海：太平洋書店，1928），頁 2。這是賀川第一本譯作中文的小書，上海太平洋書店並不是一個基督教所屬的出版社，而且，該出版社同時出版了大量馬克思主義的書籍。

25 賀川豐彥，《基督教社會主義論》，頁 38。

26 賀川豐彥，《基督教社會主義論》，頁 38-39。

27 賀川豐彥，《基督教社會主義論》，頁 40-41。

28 George B. Bikle, Jr., *The New Jerusalem: Utopianism in the Thought of Kagawa Toyohiko*, Tucson: The University of Arizona Press, 1979, pp. 35-45.

29 〈賀川豐彥演講拾珍〉（續），俞伯霞記，《真光》，卷 29 期 8、9（1930），頁

36-39。

30 賀川豐彥，《基督教社會主義論》，頁 44。

31 賀川是日本「友愛社」的負責人，這個團體在中國叫著「唯愛社」。唯愛社
（Fellowship of Reconciliation）是一個國際性的組織，倡議和平主義運動，約
在 1914 年在英美兩國等地開始，其發起人之一霍德進（Henry Hodgkin）曾在
中國四川傳教。1920 年代霍德進再來到中國，於 1922 年在北京發起成立中國
唯愛社，總部設在南京，發行有社刊《唯愛》，據說老舍曾是唯愛社的社員之
一。霍德進在中國發行得最好的一本即是《基督與社會改造》，本書曾是上海
各教會中學的指定讀物，他於 1933 年病逝，《唯愛》發出了哀悼文。

32 Kagawa, "The Social Program of the Kingdom of God Movement"（1930 年 7 月 29
日），（打字稿），「東京賀川豊彦紀念・松沢資料館藏」。

33 Kagawa, "The Social Program of the Kingdom of God Movement"（1930 年 7 月 29
日），（打字稿），「東京賀川豊彦紀念・松沢資料館藏」。

34 「譯序」，賀川豐彥著，許無愁、程伯群譯，《友愛的合作經濟學》（上海：廣
學會，1940），頁 1-2。

35 賀川豐彥著，寶生譯，〈追步他的後塵〉，《女青年刊》，卷 10 期 2（1931），
頁 10。

36 賀川豐彥著，蕭文安譯，〈博愛的福音——路加福音書概說〉，《真理與生命》，
卷 6 期 2（1931），頁 19-27。

37 鄒朝春，《天風的沒落——艾迪對中國共產主義運動的回應》（新北市：台灣基
督教文藝出版社，2015）。

38 陳其田，〈基督化經濟生活運動〉，《中華基督教年鑑》第 10 輯（上海：
1928），頁 65。

39 參見趙曉陽，《基督教青年會在中國——本土與現代的探索》（北京：社會科學
文獻出版社，2008），頁 240-245。

40 《申報》（1923 年 2 月 10 日）。

41 *Report of the Conference on Christianizing Economic Relations held under the
auspices of the National Christian Council of China*, 1927/8/18-28.

42 浜田直也，〈賀川豊彦と「合作社」運動——一九二七年、上海基督化経済全国
大会についての一考察〉，收入《賀川豊彦と孫文》，頁 170-171。

43 「大逆事件」是指發生於 1910 年間，日本社會主義者和無政府主義者計劃暗殺
明治天皇的事件，其中關鍵人物為幸德秋水，又稱「幸德事件」。此事以失敗

告終，所有參與者都被補，二十四人被判死刑，包括幸德秋水；「虎之門事件」是指 1923 年 12 月 27 日發生在東京虎之門外的社會主義者難波大助刺殺皇太子、攝政宮裕仁親王的事件，未成，主事者難波大助後補並處以死刑。

44　Kagawa, "Social Movements in Japan: The Cooperative Movement," in *Report of the Conference on Christianizing Economic Relations held under the auspices of the National Christian Council of China*, p. 50.

45　浜田直也，〈賀川豊彥と「合作社」運動──一九二七年、上海基督化経済全国大会についての一考察〉，頁 176。

46　Kagawa, "Social Movements in Japan: The Cooperative Movement," p. 54.

47　浜田直也，〈賀川豊彥の中国組合国家論〉一文，收入氏著《賀川豊彥と孫文》，頁 34-43。

48　陳其田，〈基督化經濟生活運動〉，《中華基督教年鑑》第 10 輯（上海：1928），頁 65-57。

49　賀川豊彥，〈中国復興への道〉（未刊稿），「東京賀川豊彥紀念・松沢資料館藏」，後更改標題作〈中国復興と日本〉，收入《賀川豊彥全集》第 13 卷（キリスト新聞社，1964）；轉引自浜田直也，〈賀川豊彥と「合作社」運動──一九二七年、上海基督化経済全国大会についての一考察〉，頁 182。

50　賀川豊彥，〈身辺雜記〉，《賀川豊彥全集》第 24 卷，頁 88-89；轉引自浜田直也，〈賀川豊彥と「合作社」運動──一九二七年、上海基督化経済全国大会についての一考察〉，頁 183。

51　Kagawa, "Economic and Christianity," in *Report of the Conference on Christianizing Economic Relations held under the auspices of the National Christian Council of China*, p. 36.

52　勞工新村是青年會關心勞工的事工中最引人注目的一個成果，勞工新村的建設理念和空間實置考慮可參見朱懋澄〈勞工新村運動──改良社會之一方案〉，《東方雜誌》，卷 32 期 1（1935）。這所勞工新村確實是中外揚名，可以誇張地說，這所近乎完美的勞工新村，看在那些原本就生活在極惡劣的勞工眼中，簡直就是天堂，甚至因為完全不能適應如此豪華的宿舍而拒絕入住。再可見傅清淮〈浦東的新村〉一文，收入於《中華基督教年鑑》輯 10（1928），頁 71-77。另外，也亦可參考陳德陽，《朱懋澄與基督教勞工新村運動（1920-1937）》（輔仁大學歷史學系碩士論文，2020）。

53　賀川豊彥，〈中国復興と日本〉，《賀川豊彥全集》第 13 卷，頁 18。

54　*The Chinese Recorder*, Vol.58 (1927), pp. 639-640.

55　以下的文字摘錄自拙作〈中日戰爭下中國基督徒對賀川豐彥的印象之轉變〉，頁 177、179、154-155，特此說明。

56　河島幸夫，《賀川豊彦と太平洋戦争：戦争・平和・罪責告白》（福岡：中川書店，2010）。

57　這段文字摘自於《愛的科學》中文版序言的段落，見米沢和一郎，〈賀川豊彦の戦時下における侵略謝罪の意義〉，《賀川豊彦研究》31 號，頁 21。據說，一位南京基督教青年會幹事、美國傳教士喬治・菲奇（George Ashmore Fitch，中文名「費吳生」）回美路經東京時，給賀川觀看了他拍攝的大量關於南京大屠殺的膠卷，令賀川感到震驚。

58　《雲の柱》第 19 卷第 10 月號（昭和 15 年 10 月，1940），頁 1-2。

59　賀川自此以基督教和平使者的方式周旋於日本與歐美各國的關係中，參見陶波，〈賀川豐彥與羅斯福總統──一位日本基督教領袖的對美和平工作〉，《基督教學術》輯 9（2010）。

60　布川弘著，《平和の絆──新渡戸稲造と加川豊彦、そして中国》，広島大学大学院総合科学研究科編，（東京：丸善株式会社出版，2011）。另可參見松谷曄介，〈賀川豊彦と中国：「宗教使節」問題をめぐって〉一文，刊於キリスト教史学第 67 期（2013），頁 100-133。根據金丸裕一以統計方式總結出，大平洋戰爭後，基督教刊物上關於賀川的文章數以直線下滑的方式剩下個位數，比起之前，可謂天壤之別，參見氏著金丸裕一，〈賀川豊彦の中国〉，刊於《キリスト教文化》（2016 春，第 7 期）。

第五章　基督教與社會主義

1　林漢達，〈無產階級的耶穌〉，《文社月刊》，卷 3 冊 6（1928 年），頁 5。

2　「過激主義」是從日語借用過來的，它泛指與「革命」或馬克思主義有關的思想。沈嗣莊，〈中華基督教文社〉，《中華基督教會年鑑》，冊 9（中華續行委辦會，1927）；沈嗣莊，〈我服務文社的最後總報告〉，《文社月刊》，卷 3 冊 8（1928 年 6 月）；沈嗣莊，〈發刊詞〉，《野聲》第一期。關於文社的種種。另可參見何凱立，〈中華基督教文社與本色神學〉，《中國神學研究院期刊》，期 5（1988 年 7 月）、王成勉，《文社的盛衰──二○年代基督教本色化之個案研究》（台北：宇宙光，1993）。

3 王治心與沈嗣莊、張仕章一同結束並離開了「文社」，轉而成立「新文社」，發行《野聲》，即是與西教士的衝突，和神學立場之殊異有關，見〈我的寫作與宗教〉，刊於《基督教叢刊》第 14 期（1946），頁 37-38。自 1928 年 9 月「新文社」《野聲》創刊號始，出被了第 1 卷共十期，其中 4 和 5、6 和 7 及 8、9 和 10 是合期，慘淡經營不到一年的時間就走入歷史，王治心、沈嗣莊、張仕章三人也從此分道揚鑣。

4 Ho Hoi-lap (何凱立), *Protestant Missionary Publications in Modern China 1912-1949: A Study of Their Programs Operations and Trends*, Ph. D. Dissertation, The University of Chicago, 1979, pp. 136-139, 214-219。中文節譯本見何凱立著，陳建明、王再興譯，《基督教在華出版事業》（成都：四川大學出版社，2004）。

5 「蔡序」，《社會主義新史》（上海：青年協會書局，1934），頁 1。

6 父為子貴，其父沈寶桐生平見《中華基督教會年鑑》，冊 6（上海：中華續行委辦會，1921），頁 270-271。謂：「沈公諱寶桐，字幹青，世居浙江嘉興爐頭鎮。父銀栳公，母周氏，弟兄七人，公居七。生於清同治二年十一月十五日五刻，時值洪楊變起，隨父母逃離。同治八年先父逝世，賴母教養成人。清光緒十四年聘李氏為室，時年二十六歲。嗣即經營商業，陷身黑籍。後得機緣，赴教堂聽史子嘉牧師講道，心大動，痛戒鴉片，與友人共同研究聖道，於光緒二十八年與妻李氏同領進教禮。爾後歷任傳道職，前後二十年，所至有聲。民國四年得痰症，遂就養嘉興福音醫院。民國九年辭傳道職。民國十年五月二十七日赴嚴慕季會，抱病講道，凡四五次，竟至不起，於六月一日魂歸天家，享壽五十九歲。子嗣莊，畢業金陵神學，遊美習神科，現膺母校教授。」

7 從登船前到美國，後因生活困難經歷種種磨難，甚至險些死去，其中的故事都極為感人，在此省略帶過。這些故事主要經由其獨生女沈越那得知的。

8 在沈嗣莊看來，JOHN WESLEY 這個名字代表一位勇於改革的基督徒表率，衛斯理走的是一條「激進」的道路，參見〈對教會學校之觀感（原名「巡遊觀感」）〉，《青年友》，卷 5 期 1（1925）。

9 王成勉，《文社的盛衰》，頁 107-108。

10 比較舊文社時期出版七種的「布道小戔」，主題都是與革命、主義這類問題相關的，可參見繆秋笙〈讀了「布道小戔」後〉，《文社月刊》，卷 3 期 4（1928）。「佈道小戔」包括了：1. 基督教與國民革命（張之江）、2. 基督教與民族主義（陳立廷）、3. 基督教與民生主義（沈嗣莊）、4. 基督教與民權主義（王治心）、5. 基督教與農工運動（張仕章）、6. 基督教與平教運動（傅若愚）、7. 基督教

與青年運動（沈體蘭）等。從這些題目可以看出文社關注的議題是什麼，如國民革命、農工運動、平教運動、青年運動等，以及如何聯繫到與基督教相關的思想立場上。參見王成勉，《文社的盛衰》，頁 131。

11 《野聲》的〈發刊詞〉，頁 1。

12 中華工商專科學校校史如下：

1917 年，中華職業教育社鑒於戰後建國事業之規模宏大，需要大量專門人才，而該社辦中華職業學校，其所造就者僅為中級職業人才，尚不足以適應需要，宜更進一步，從事於高級專門人才之培訓，1943 年爰組董事會，公推張岳軍、黃炎培兩先生為正副董事長，籌備成立中華工商專科學校。當成立之初，設機械工程及工商管理兩科。機械工程科設於重慶郊外之寸灘，工商管理科設於重慶市內之張家花園，董事會先聘江問漁先生為校長，繼由楊衛玉先生代理。辦理兩載，雖未臻於完善，仍盛具規模。抗戰勝利，該校繼續設於重慶，實非相宜，董事會遂決定遷移上海。於是改聘沈嗣莊為校長，負遷滬繼往開來之責。1946 年八月中旬，勘定上海永嘉路太原路口蓉園樓房一幢為校舍，修葺添建，使其適用，並籌巨資，購置校具，增闢教職員學生宿舍。經營兩月，始行招生。報名應考者極為踴躍，錄取新生二百五十餘名。在重慶原設機械工程及工商管理兩科，至此改分商科為工商管理、會計、銀行三科，範圍較前擴大。1947 年春季招生後，全校學生增至三百二十餘人。同年秋，恢復機械工程科，並以校舍不敷，於近市中心朱葆三路，增設分院，以便職業青年就學。工商兩科新生各增兩班，合諸原有學生共計八班，人數則達六百四十以上，教授亦增聘至五十餘人。1947 年十月乃奉得準於立案訓令，該校乃正式完成立案。參見沈嗣莊，〈中華工商專科學校校史〉，收入於《中華工商專科學校畢業校刊》（1947）。

13 王文光，〈五十年來的經歷和目睹〉，《江西文史資料全編》，輯 30（1999），頁 522-523。

14 沈嗣莊於中華工商專科學校後期發生的校長辭退風波，可見上海檔案館的存檔，全宗代碼為 Q256。《黃炎培日記》卷 10（華文出版社，2008）有談及這一段校內的衝突，孰是孰非，難以定論，頁 152-177。黃炎培屬於民盟的人士，而且還是一位「紅色基督徒」。他曾於 1949 年 7 月在上海青年會主講「新民主主義下的宗教」，將毛澤東與馬丁·路德相比，見《黃炎培日記》卷 10，頁 223。

15 沈嗣莊，〈苦讀生活的一頁〉，《微音月刊》1931 年第 1 期，頁 42。

16 沈嗣莊，〈我的宗教經驗談〉，《信行特刊》1935 年第 2 期，頁 35。

17 沈嗣莊，〈我的宗教經驗談〉，《信行特刊》1935 年第 2 期，頁 35-40。

18 沈嗣莊，「自序」，《社會主義新史》，頁 2-3。

19 沈嗣莊，「自序」，《社會主義新史》，頁 3。

20 王治心等著，《評基督抹殺論》（南京：金陵神學院誌理事處，1925）。這一場
由非基督教同盟借助日本人幸德秋水《基督抹殺論》（狸吊疋譯，1924 年出版）
攻擊基督教的事件，正好可以檢視當時中國基督徒的《聖經》立場和神學回應
的能力，沈嗣莊顯然相當熟悉國外《聖經》學研究的狀況，對於「歷史上的耶
穌」以及「《聖經》的高等批判學」多有涉略。包括張仕章也都加入了反駁《基
督抹殺論》之列，我們可以從他們的反駁文章讀出了一種基督教社會主義或激
進派基督徒的觀點，他們代表了一種有別於基要派的自由派立場，顯然他們仍
然站在基督徒的立場和觀點上來反擊幸德秋水的說法，自然也反映了中國自由
派基督徒的《聖經》觀。可參見本書〈革命的基督教：五四以後基督教激進思
想的形成〉一文。

21 沈嗣莊，「導言」，《社會主義新史》，頁 3。

22 「善行學」即是指倫理學，連佛教界的太虛大師都按捺不住要回應克魯泡特
金，可見無政府主義的思想相當吸引人。可惜此文目前尚未見，主要是根據太
虛大師〈評沈譯克魯泡特金的人生善行學〉（1928 年 4 月發表於《海刊》第 9
卷第 4 期）一文提及得知，見《海潮音文庫「第一編」，人生》（台北：新文豐
出版公司，1985）；或見《太虛大師全書》第 28 卷，「雜藏・書評」（北京：
宗教文化出版社，2005）。

23 沈嗣莊，〈到民間去的第一條件〉（余牧人記），《文社月刊》，卷 2 冊 10（1927
年 10 月），頁 13。

24 沈嗣莊，〈到民間去的第一條件〉，頁 12-19。《社會主義新史》第七章全面介紹
了各類不同的「無政府主義」代表。

25 可參見曹世鉉，《清末民初無政府派的文化思想》（北京：社會科學文獻出版
社，2003）。

26 張仕章曾提及他在 1912 年就已開始研究克魯泡特金的無政府共產主義，並且
非常崇拜這種主義，見〈我現在為甚麼還是一個耶穌主義者〉，載《野聲》，
卷 2 期 1（1931 年 9 月）。

27 可參見 Arif Dirlik, *Anarchism in the Chinese Revolution*, Berkeley: California
University Press, 1991。中譯本見孫宜學譯《中國革命中的無政府主義》（桂林：

廣西師範大學出版社，2006）。

28 被喻為上海革命派的領導人蔡元培也屬於無政府主義思想者之一，其文〈新年夢〉（1904）即是傳達濃厚的無政府色彩的社會理想。1904 年 2 月 17 日起，蔡元培的白話小說《新年夢》分六次在《俄事警聞》上發表，他通過「最愛平等愛自由」的「中國一民」（指作者本人）的夢境，宣傳那帶有濃厚無政府色彩的社會理想。在《新年夢》中，作者的主張是：第一，宣傳廢除私有財產和採取按勞分配原則的思想；第二，主張打倒腐敗的政府；第三，強調中國人要反對和抵抗列強侵略、實現民族獨立而鬥爭；第四，主張設立起調解糾紛作用的萬國公法裁判所；第五，主張廢除姓氏、家庭、婚姻、法，統一語言、文字直至廢除國家，實現大同理想；第六，號召改造自然、征服自然。文章的主要內容是廢政府、廢私產、廢軍備，同時廢姓氏、廢家庭、廢婚姻、廢法律、統一語言文字、最後廢除國家。這些空想社會主張與中國無政府主義者構想的社會大體上一致，特別是在有關文化問題上，我們注意的是第五項的內容。這即是有人指稱蔡元培思想中的無政府主義因素。

29 考茨基是一位第三共產國際的代表性人物，他的《基督教之基礎》一書早於 1932 年就翻譯作中文出版，影響了包括吳雷川等人。考茨基《基督教之基礎》，湯浩等譯（神州國光社，1932 初版），1955 年再版之作由葉啟芳等人修定原譯本，北京三聯書店出版；恩格斯，《原始基督教史論》此書曾收入恩格斯《宗教，哲學，社會主義》一書中出版，林超真譯（滬濱書局，1929）。另可參見平心編，《全國總書目》（生活書店，1935）。考茨基另一本專著中譯本《倫理與唯物史觀》之出版，董亦湘譯，1927 年 3 月教育研究社出版。《基督教之基礎》可能是對民國期間基督教知識界形成具「社會主義」色彩的基督教最具影響力的一本書，沈嗣莊的《社會主義新史》、吳雷川的《墨翟與耶穌》和朱維之的《無產者耶穌傳》，都非常重視《基督教之基礎》，以作為理解帶革命或社會改造性質的基督教是存在的，而且強調對此種觀點的贊成。

30 沈嗣莊，《社會主義新史》，頁 13。

31 沈嗣莊，〈我所認識的耶穌〉，收入吳耀宗主編《我所認識的耶穌》（上海：青年協會書局，1929），頁 49。

32 沈嗣莊，《華盛頓》（長沙：商務印書館，1930），頁 2。

33 沈嗣莊，〈基督教與共產主義〉，《微音月刊》1930 年 4 月，頁 79-95。

34 沈嗣莊，〈革命的耶穌〉，《文社月刊》，卷 1 冊 8（1926 年 7 月），頁 1-12。

35 沈嗣莊，《社會主義新史》，頁 10。

36 沈嗣莊，〈基督教與共產主義〉，《微音月刊》1930 年 4 月，頁 79。

37 沈嗣莊，〈厄辛茲疏說〉，《文社月刊》，卷 3 冊 3（1928 年 1 月），頁 29-42。

38 沈嗣莊，《社會主義新史》，頁 8-9。這樣的生活方式，在中國基督教中可以將
之與耶穌家庭相比擬，可參見拙著〈愛靈統過於愛血統：耶穌家庭對原始基督
教生活的踐行〉（即出）。

39 沈嗣莊，〈基督教與共產主義〉，《微音月刊》1930 年 4 月，頁 80。

40 沈嗣莊在《四福音大辭典》（1922 年廣學會出版）的編譯工作中負責的條目包
括了：愛、比喻、產業、先知、社會主義、社會生活、財富觀、天使報信於馬
利亞、啟示書、《聖經》外傳、基督升天、洗禮、猶太人之童年生活、耶穌的
童年時期、品格、基督徒、基督教、喜愛、意識、約、批評學、日期、慾望、
夢、被選者、末世學、信、聖靈、生命不滅、道成人身。

41 見《文社月刊》，卷 1 冊 6（1926 年 5 月）。

42 沈嗣莊，〈外史中之耶穌聖誕〉，《文社月刊》，卷 2 冊 1（1926 年 11 月），頁
1-10。

43 沈嗣莊，〈厄辛茲疏說〉，頁 29。

44 沈嗣莊，〈基督教與共產主義〉，《微音》1930 年 4 月，頁 79-98。

45 沈嗣莊，〈基督教與共產主義〉，頁 97。

46 沈嗣莊，〈民生與共產〉，《文社月刊》，卷 2 冊 7（1927 年 5 月），頁 1-10。

47 沈嗣莊，〈民生與共產〉，《文社月刊》，卷 2 冊 7，頁 10。

48 沈嗣莊，〈中華基督教文社〉，《中華基督教會年鑑》，冊 9（中華續行委辦會，
1927）；另見王成勉，《文社的盛衰》。

49 〈文社啟事〉，《文社月刊》，卷 1 冊 9、10。

50 何凱立，〈中華基督教文社與本色神學〉，《中國神學研究院期刊》，期五
（1988），頁 8-9。

51 何凱立，〈中華基督教文社與本色神學〉，《中國神學研究院期刊》，期五
（1988），頁 9。

52 沈嗣莊，〈我服務文社的最後總報告〉，《文社月刊》，卷 3 冊 8（1928 年 6
月）。廣學會的季理斐（D. McGillivray）認為文社的失敗是由於計劃太大，而
且宣傳「異端」思想，參見何凱立，〈中華基督教文社與本色神學〉，頁 15-17。

53 何凱立，《基督教在華出版事業》，頁 158。

54 沈嗣莊，〈今後團員當如何努力〉，《學生立志傳道團季刊》第 5 號（1924），
頁 20-21。

55 沈嗣莊，〈什麼叫做新〉，《通論》，卷 19 期 4（1922），頁 8。

56 列德萊著，沈嗣莊譯，《社會主義史》（六冊）（長沙：商務印書館，1937）。

57 沈嗣莊，〈一九二七年聖誕日中國基督徒對於時局的宣言〉，《文社月刊》，卷 3 冊 1（1927 年 11 月），頁 1。

58 《野聲》創刊號，頁 86。

59 沈嗣莊，〈基督教與革命文學〉，《文社月刊》，卷 3 冊 5（1928 年 3 月），頁 1-3。

60 沈嗣莊，〈我服務文社的最後總報告〉，《文社月刊》，卷 3 冊 8（1928 年 6 月），頁 11。

61 沈嗣莊，〈我服務文社的最後總報告〉，頁 11-12。

62 沈嗣莊，〈為什麼要有文社〉，《文社月刊》，卷 1 冊 1（1925 年 9 月），頁 35-38。

63 沈嗣莊，〈我服務文社的最後總報告〉，頁 14-15。

64 史偉策著，沈嗣莊譯，《蠻荒創業記》（上海：青年協會書局出版，1934）。

65 沈嗣莊，〈一九二七年聖誕日中國基督徒對於時局的宣言〉，《文社月刊》，卷 3 冊 1（1927 年 11 月），頁 9-10。

66 沈嗣莊，〈一九二七年聖誕日中國基督徒對於時局的宣言〉，頁 12。

67 沈嗣莊，〈一九二七年聖誕日中國基督徒對於時局的宣言〉，頁 13。

68 沈嗣莊，〈民生與共產〉，頁 9-10

69 沈嗣莊，《社會主義新史》，頁 144-147。

70 中國基要派中以倪柝聲派為代表的刊物《基督徒報》批評沈嗣莊為「不信派」：「這個『文社』裡面的主要人物，就是趙紫宸、沈嗣莊……以及其他國內著名的不信派。老實說，他們的目的，就是要推翻我們的信仰。我們基督徒的基要真理是這些人所完全不能相信的……他們正在翻譯美國不信派富司迪博士的《聖經公用》一書……我們奉勸神的兒女們，自己不買該文社以及青年協會的不信派論調的書報，也奉勸別人提防這種機關的出版物，現在背道的事，日多一日……。」

71 沈嗣莊，〈超過邊際的生活〉，《野聲》期 2，頁 17-18。

72 沈嗣莊，〈超過邊際的生活〉，文中提及一位不願向強大勢力低頭的人士，猜想此人應該是其友人王治心。

第六章　耶穌主義

1　關於社會主義傳入中國方面的介紹，可見林代昭、潘國華編，《馬克思主義在中國——從影響的傳入到傳播》（北京：清華大學出版社，1983）及 Martin Bernal, *Chinese Socialism to 1907*, Ithaca and London: Cornell University Press, 1976。

2　陶飛亞之作《中國基督教烏托邦主義》（香港：中文大學出版社，2004）算是唯一一本關於耶穌家庭的完整寫作，然而也因礙於現實的政治正確，有諸多的面向被遮蔽了，尤其是這個以共產主義作為實踐基督教信仰的群體，其在共產經濟具體落實之驚人，令共產黨不得不對此下重手，著手於改造它，可參見《馬莊耶穌家庭革新經過》（天風社出版，1953 年 10 月），耶穌家庭成了中共展開基督教控訴運動的一個典型。

3　參見梁冠霆，《留美青年的信仰追尋：北美中國基督教學生運動研究（1909-1951）》（上海：人民出版社，2010），頁 36-40、174-193。此書亦命名作 *The Political and Social Significance of the Life and Teachings of Jesus*，該書以每週七天，共一年的經文反思和討論，都是與現實的社會狀態有關，是美國社會福音的實質操練之作，自然吸引傾向於革命的年青人。

4　參見張欽士主編，《革命的耶穌》（北京：華北公理會出版部印行，真理社出版，1922）。

5　與沈嗣莊等人組成新文社後，張仕章於出版《野聲：新文社》月刊時將目標說得極為清楚，此刊是為了：「脫離帝國主義的牽制，藉文字的力量，實現耶穌主義，建設人生宗教。……我們很盼望海內外的耶穌主義的忠實信徒和基督教中的革命同志時常把他們平日所有關於批評基督教神學，政治，機關，書籍等等的著作賜下，本社當代為裸裸的披露出來，以促進中國的基督教革命運動。」見〈本社啟示二——徵求關於批評基督教神學政治機關書籍等著作〉，《野聲》，卷 1 期 2（1928 年 10 月）；之後沈嗣莊去南京政界工作，王治心到福州協和大學任教，就剩下張一人支撐下去。王治心如此回憶到：「可憐！只剩下一為諸事忙的張同志，把一切責任，都加在他身上，一而要做職業上的牧師，一方面要為《野聲》編輯，校對，徵稿，發信，覆信，包紮，郵寄，招廣告，收廣告費，許多事體，弄得像熱石上的螞蟻，連他的夫人和老太太一古腦兒忙在裏面。」見王治心，〈治心隨感錄〉，《野聲》，卷 1 期 9、10 合刊（1930 年 9 月），頁 74-75。另詳見本書第四章〈基督教與社會主義之關係〉。

6　張仕章，《宗教批判集》（上海：青年協會書局，1950）。

7 關於與中國共產黨相關的部份，張仕章在 1929 年末翻譯出版了斯特朗（Anna Louise Strong）的兩本書，分別是《蘇俄的企業》（上海：南華圖書，1929）和《蘇俄平民生活寫真》（上海：紅葉書店，1930），我們不確定這兩本書是否有助於當時中國認識共產黨統治下的生活是如何的，但張仕章對此已表現出眼光獨到之處，想透過這類作品認識到共產主義在蘇俄的實踐究竟與宗教的關係會產生何種變化。安娜・路易絲・斯特朗是一位美國左翼作家，早年深入蘇俄生活，創辦《莫斯科新聞》（The Moscow News），報導共產主義統治下的蘇俄之種種。她 1925 年第一次到中國，1940 年還採訪過周恩來，1946 年到延安見到了毛澤東，她不僅被中國共產黨視為友善的外國友人，並與埃德加・斯諾（Edger Snow）、艾格尼絲・史沫特萊（Agnes Smedley）稱為 "3S"，而且，她還是一位加入中國共產黨的黨員。1958 年回到中國後，一直到 1970 年逝世於北京。

8 張仕章，《宗教批判集》，「卷首語」，頁 3。

9 張仕章，《宗教批判集》，頁 443-474。

10 Julius F. Hecker 著，楊繽譯，《蘇聯的宗教與無神論之研究》（Religion and Communism, A Study of Religion and Atheism in Soviet Russia, 1933）（上海：青年協會書局，1935）。Julius F. Hecker 另一本書《蘇俄革命與宗教》（Religion under the Soviets, 1927；上海：聯合書店刊，1930）也在當時出版。

11 張仕章，《匈牙利的宗教》（上海：青年協會書局，1955）。

12 麥墨累（John MacMurray）著，《創造的社會》（Creative Society: A Study of the Relation of Christianity to Communism）（上海：青年協會書局，1936/1948 五版）。此處「新中國」一詞並非指共產黨 1949 年之後的用語，1936 年版次曾以《基督教與共產主義》作為書名，1948 年版次則改作《創造的社會》並將原來的譯者序言刪去了。此書是吳耀宗主編的系列叢書之一，此時再版，恐怕已透露了一些政治現實的敏感，時為張仕章以上海青年會幹事身分赴美深造之前。

13 張仕章在《宗教批判集》編者前言中表示，面對一個新的政權，耶穌主義者的主張是「不贊成宗教去勾結政黨，而使自身變為國家的宗教」，「也反對政黨去壓迫宗教，而使它成為政府的工具」。吳宗素回憶其父吳耀宗時提及張仕章，說張就住在「青莊」，與他們是鄰居，這一位一生都被基督教界視為偏「左」的基督徒知識分子，卻於 1957 年「反右運動」中被青年會「左派」鎖定為「右派」，指張仕章著作裡的社會主義說詞都是不正確的、扭曲的，張之後的生活處境非常艱難，據說已達癲狂狀態，最後「鬱鬱而終」，見吳宗素，〈落

花有意，流水無情──我所知道的父親〉，收入於邢福增主編《大時代的宗教信仰──吳耀宗與二十世紀中國基督教》，（香港：基督教中國宗教文化研究社，2011），頁 580。

14 張仕章，〈脫離滬北浸會堂宣言〉，《野聲》，卷 1 期 6、7、8 合刊（1930），頁 169-170。

15 張仕章曾譯過著名佈道家艾迪（Sherwood Eddy）《蘇俄的真相》（*The Challenge of Russia*）（上海：青年協會書局，1931）的部份篇章，他與基要派、屬靈派的公開對立，表現在於對待艾迪的態度上，當艾迪被抹紅之時，張向所有上海教界各種對艾迪的不實指控予以反擊，見〈敬告上海這班「已經得救」的基督徒〉，載《上海青年》，卷 31 期 51（1931），頁 7。

16 可詳參本書第二章〈革命的基督教：五四以後基督教激進思潮的形成〉一文。

17 目前研究張仕章的作品計有：劉家峰，〈調適基督教與社會主義──張仕章及其耶穌主義理論初探〉，收入王成勉主編《十字架前的思索──文本解讀與經典註釋》（台北：黎明文化，2010），頁 237-258；龍偉，〈「革命的耶穌」：一位青年基督徒的宗教思想與社會關懷──以張仕章文字作品為中心的考察〉，收入李靈、陳建明主編，《基督教文字傳媒與中國近代社會》（上海：人民出版社，2013），頁 350-370；王志希，〈「耶穌主義宣傳家」──基督教社會主義者張仕章的生命、思想與時代〉，《道風》，期 46（2017），頁 189-228；王志希，〈到聖經中去找「社會主義」：張仕章的基督教社會主義、福音書詮釋與耶穌形象〉，《思與言》，卷 57 期 2（2019 年 6 月）。

18 張仕章，〈我現在為什麼還是一個耶穌主義者〉，《野聲》，卷 2 期 1（1931 年 9 月），頁 14。

19 有趣的是，張仕章的戰友沈嗣莊也同樣是一位克魯泡特金的推崇者，譯有〈克魯泡特金的人生善行學〉一文。此文根據太虛大師〈評沈譯克魯泡特金的人生善行學〉（1928 年 4 月發表於《海刊》第 9 卷第 4 期）一文提及，見《海潮音文庫，第一編，人生》，台北：新文豐出版公司，1985；或《太虛大師全書（第 28 卷）：雜藏・書評全》（北京：宗教文化出版社，2005）。

20 辛克萊（Upton Sinclair）著，張仕章譯，《辛克萊的宗教思想》（*What God Means to Me*）（上海：青年協會書局，1937）。

21 此書第一版於 1923 年出版，之後 1924 年第二版，1930 年第三版，均由上海廣學會出版。

22 此書最初於 1936 年出版，書名作之《基督教與共產主義》；1948 年出版第五

版，改為與原書相同，即《創造的社會》，由上海青年協會書局出版。值得注意的是，再版的《創造的社會》把原來《基督教與共產主義》的「譯者序」給取消了。

23 張仕章編譯，《基督教與社會革命》（上海：青年協會書局，1940 初版，1949年再版）。

24 張仕章，「序」，《基督教與社會主義運動》（上海：青年協會書局，1939），頁1。

25 張仕章，《基督教與社會主義運動》，頁 21。

26 張仕章，《基督教與社會主義運動》，頁 58-59。

27 張仕章，《基督教與社會主義運動》，頁 8。

28 張仕章，《基督教與社會主義運動》，頁 8-12。

29 張仕章，《基督教與社會主義運動》，頁 9。

30 張仕章，《基督教與社會主義運動》，頁 11。

31 張仕章，〈赤裸裸的耶穌主義〉，《野聲》，卷 1 期 1（1928 年 9 月），頁 3-8。本文後收入《耶穌主義講話》第二篇。

32 這本書是社會福音思想的代表作，原著出版於 1916 年，張仕章將之譯出由廣學會出版時為 1923 年，算是很快的；同個時期，廣學會也出版了饒申布士另一本著作譯本，名為《社會福音的神學》（*The Theology for Social Gospel*），此書由趙紫宸提序。據說《耶穌底社會原理》是廣學會總幹事季斐理（D. McGillivray）囑咐張仕章譯出的，然而，廣學會之後與文社的沈嗣莊、張仕章等關係上鬧得不愉快，在質疑《文社月刊》內容走向和思想上的，季斐理卻又是一位關鍵人士。張仕章也譯過美國同是社會福音的神學家尼布爾（時譯作「尼勃」）的著作。

33 馬泰士（Basil Mathews）著，張仕章譯，《世界的公民穆德傳》（上海：青年協會書局，1935/1940）。

34 張仕章應廣學會邀請譯出了《基督教百問》（上海：廣學會，1926）一書，該書是根據英國 C. F. Roger 牧師的《海德公園問答》（*Question Time in Hyde Park*）一書整編譯出，以應付基督教在當時中國所遭遇的質疑。

35 張仕章，〈中國的基督教與社會主義〉，《青年進步》，卷 56（1922 年 6 月），頁 1-23。

36 劉家峰，〈調適基督教與社會主義——張仕章及其耶穌主義理論初探〉，頁 240。

37　張仕章、黃菩生，《耶穌主義論文集》，（上海：新文社，1931），頁 2。

38　張仕章，〈社會主義家眼光中的耶穌〉，《文社》，卷 2 冊 10（1927），頁 1。

39　張仕章，《耶穌主義講話》（上海：青年協會書局，1941），頁 13-14。

40　張仕章，〈卷首語〉，《宗教批判集》，頁 3。

41　張仕章，《耶穌主義講話》，頁 1-2。

42　張仕章認為這個名詞在當時的英語字典裡也是找不到的。事實上，十九世紀開始，美國有些極端基督教派、無神論者和獨立教會領袖曾陸續提出 Jesusism，用意是將保羅和（傳統）基督教區別開來。對於「耶穌主義」的主張和實踐，張仕章深切地盼望同道能組織一個研究「耶穌主義」的團體，以作為宣傳「耶穌主義」的機關。所以，他在《基督教叢刊》公佈了他所設立的〈耶穌主義學會模範章程〉、〈耶穌主義學會組織程序〉等文件，提供他研究與推行「耶穌主義」的相關書籍。看來，耶穌主義學會的宗旨不僅是研究耶穌主義、宣傳天國福音、修養個人品格與改造社會制度，甚至藉此形成一個社群，一同實踐「耶穌主義」的理念和主張，頗有類似於教會或信徒社群之趨向。

43　張仕章、黃菩生，《耶穌主義論文集》於 1931 年由新文社出版社出版；《耶穌主義講話》1941 年初版，1944 年和 1949 年均再版，由上海青年協會書局出版。

44　張仕章，《耶穌主義講話》，頁 42-43。

45　張仕章，《耶穌主義講話》，頁 66-67。

46　張仕章，〈中國基督教與社會主義〉，《青年進步》，冊 56（1922 年 10 月），頁 19。

47　張仕章，《耶穌主義講話》，頁 20-21。

48　張仕章，《基督教與社會主義運動》，頁 58-59。

49　張仕章，「譯序」，《基督教與社會革命》，頁 1。

50　張仕章，《耶穌主義講話》，頁 24-29。

51　張仕章，《耶穌主義講話》，頁 24。

52　張仕章，《耶穌主義講話》，頁 27-28。

53　張仕章，《聖經文學讀本》（第一冊）（上海：青年協會書局，1946），頁 67。

54　張仕章，《耶穌主義講話》，頁 29-34。

55　張仕章，《耶穌主義講話》，頁 38。

56　張仕章，《耶穌主義講話》，頁 39。

57　張仕章，《耶穌主義講話》，頁 39-40。

58　張仕章，《耶穌主義講話》，頁 42-43。

59 張仕章，《耶穌主義講話》，頁 43。

60 參見祝宇紅，《「故」事如何「新」編：論中國現代重寫型小說》（北京：北京大學出版社，2010）。

61 張仕章，《聖經文學讀本》（第一冊）（上海：青年協會書局，1946），頁 48-66。

62 張仕章，《耶穌主義講話》，頁 8-9。

63 新文社同仁，〈告全國基督徒書〉，《野聲》，卷 2 期 2（1931），頁 2。

64 張仕章，《基督教與社會主義運動》（上海：青年協會書局，1939），頁 58。

65 根據張仕章的說明，《革命的木匠》原完成於 1932 年，全書歷經六年（1939）始正式出版，主因是它被評為「不合正統」。而 1949 年之後又再版。關於《聖經》研究的書籍，張仕章另有出版：《聖經文學讀本》（第一冊）（上海：青年協會書局，1946）和與聶紹經合編《舊約人物》（上海：廣學會，1934）。

66 張仕章編著，《青年模範》（上海：廣學會，1928）是張仕章根據 W. B. Forbush 的《少年基督傳》（*The Boy's Life of Christ*）改編的。

67 張仕章，〈答怠漢君評「青年模範」〉，《文社》，卷 3 冊 8（1928 年），頁 87。

68 張仕章，〈答怠漢君評「青年模範」〉，頁 87。

69 張仕章，「小序」，《青年模範》，頁 1-2。

70 張仕章，「小序」，《青年模範》，頁 1。

71 張仕章，〈答怠漢君評「青年模範」〉，頁 88。

72 張仕章，〈答怠漢君評「青年模範」〉，頁 85。

73 張仕章，〈答怠漢君評「青年模範」〉，頁 85。

74 張仕章，〈答怠漢君評「青年模範」〉，頁 86。

75 張仕章，〈再版的《青年模範》〉，《野聲》，卷 1 期 4、5 合刊（1929 年），頁 114-120。

76 張仕章，「序」，《革命的木匠》（上海：真理與生命社，1939）。

77 張仕章，《革命的木匠》，頁 53。

78 張仕章，「再版序」，《革命的木匠》，（上海：基督教新文社出版，1949）。

79 張仕章，《聖經文學讀本》（第一冊），頁 76-77。

80 張仕章，〈耶穌聖誕與雲南起義〉，《青年進步》，卷 88（1925 年 12 月）；張仕章，〈耶誕日代耶穌宣言〉，《真光》，卷 24 號 11、12（1925）；〈耶穌聖誕與兒童幸福〉，《女青年》，卷 10 期 9（1931）；〈「叫有權柄的失位」〉，《女青年》，卷 11 期 10（1932）。

81 張仕章，〈耶穌聖誕與兒童幸福〉，《女青年》，卷 10 期 9（1931），頁 1。

第七章　因真理、得自由、以服務

1　汪暉，《現代中國思想的興起》（北京：三聯書店，2004 年），頁 19。

2　參見吳震春（雷川），〈述信〉，《平安雜誌》，期 4（1918），頁 1-4，後亦收入《中華基督教會年鑑》，冊 5（1918），頁 217-220；〈我個人的宗教經驗〉，《生命月刊》，卷 3 期 8-9（1923 年 4 月），頁 1-3。關於吳雷川的生平、信仰歷程，以及詳細的著作目錄，另請參見曾慶豹編注《基督教與中國文化——吳雷川作品集（一）》（新北市：橄欖華宣出版社，2013）。

3　晚清時期出現所謂的「經世」思想，乃是因應現實的變化而來的，基督教來華後在內部也發生這樣一種轉變，即以社會改造為其回應福音信仰的思想和行動，甚至引起了福音究竟是「個人得救」或是「改變社會」之爭，後者被稱作「社會福音」，被某些基要派分子詆毀作扭曲的福音。相較於「救人」的「救世」，社會福音更貼近於近代中國思想史的說法，筆者主張譯作「經世福音」更為恰當，而晚近引入的「公共神學」，若能譯作「經世神學」更佳。

4　吳雷川著，李廣超整理，〈1931 年 1 月 6 日〉，《吳雷川日記》（北京：商務印書館，2020），頁 67、69。這是吳雷川為準備一場夏令營在日記中寫下的演講大綱。

5　〈1933 年 9 月 4 日〉，《吳雷川日記》，頁 130-131。

6　〈1938 年 2 日 5 日〉，《吳雷川日記》，頁 202。

7　關於「紅色基督徒」的討論，可參見曾慶豹《紅星與十字架》（台北：主流出版社，2019）。

8　筆者針對相關學者的吳雷川研究做了評述，可參考《基督教與中國文化——吳雷川作品集（一）》，頁 Iii-Ix。

9　「劉序」，見於吳雷川《墨翟與耶穌》（上海：青年協會書局，1940 年），頁 7；此書已收入曾慶豹編注，《墨翟與耶穌：吳雷川著作集（二）》。

10　總體看來，〈耶穌生平〉一文應在吳雷川的思想視野中閱讀，如此才能領略到耶穌如何在中國基督教思想史上成為了革命者的形象，這個形象不是只有吳雷川那樣認為，其他的作者，不管是教外或教內，有許多人的想法與吳雷川是相同的，如寶廣林的《耶穌的研究》（1928）、曹新銘的《我在四福音中所認識的耶穌》（1935）、陳文淵的《基督與新青年》（1936）等。

11　吳雷川，〈基督教與社會改造〉，收入於吳耀宗主編，《基督教與新中國》（上海：青年協會，1940 年），頁 151-160。

12　《生命月刊》最早於 1920 年發行，共 56 期；《真理週刊》最早發行於 1923 年。

1926 年，兩刊合併作《真理與生命》，此刊一直發行到 1936 年因抗戰而停止。可參見吳國安，《中國基督徒對時代的回應（1919-1926）——以生命月刊和真理週刊為中心的探討》（香港：建道神學院，2000）。

13 〈我們在天上的父——主禱文演詞之一〉，《真理週刊》第 1 年第 37 期（1923 年 12 月 9 日）；〈願人都尊你的名為聖——主禱文演詞之二〉，《真理週刊》第 1 年第 38 期（1923 年 12 月 16 日）；〈願你的國來到——主禱文演詞之三〉，《真理週刊》第 1 年第 24 期（1923 年 12 月 30 日）；〈願你的旨意行在地上如同行在天上——主禱文演詞之四〉，《真理週刊》第 1 年第 41 期（1924 年 1 月 6 日）；〈我們日用的飲食今日賜給我們——主禱文演詞之五〉，《真理週刊》第 1 年第 46 期（1924 年 2 月 10）；〈又求饒恕我們的罪如同我們饒恕得罪我們的人——主禱文演詞之六〉，《真理週刊》第 1 年第 47 期（1924 年 2 月 17 日）；〈不叫我們遇見試探拯救我們離兇惡——主禱文演詞之七〉，《真理週刊》第 1 年第 52 期（1924 年 3 月 23 日）。這七篇「主禱文演詞」已收入於《墨翟與耶穌：吳雷川著作集（二）》，頁 274-289。

14 〈1931 年 1 月 6 日〉，《吳雷川日記》，頁 118。

15 《生命》月刊連載了吳雷川對主禱文解釋，這些文章之後出版為《主禱文演詞》一書，這本書直至如今尚未被找到。對主禱文的解釋散見於其他的作品，如《耶穌的社會理想》（上海：青年協會，1934 年），頁 10-14；《墨翟與耶穌》（上海：青年協會，1940 年），頁 126-127；《主禱文與十字架》（北京：燕大基督教團契，1939 年）等等，《主禱文與十字架》現已收入於《墨翟與耶穌——吳雷川作品集（二）》。另可參考梁慧，〈試論儒家基督徒吳雷川對新約「主禱文」的解讀〉，《基督教思想評論》，期 12（2010），頁 48-64。

16 吳雷川，《基督教與中國文化》（上海：青年協會書局，1936 年），頁 76；此書已收入於曾慶豹編注，《基督教與中國文化：吳雷川著作集（一）》。

17 吳雷川，《基督教與中國文化》，頁 78。

18 吳雷川，《基督教與中國文化》，頁 79。

19 吳雷川，〈基督教與不平等問題〉，《真理與生命》，卷 2 期 13（1927 年 10 月），頁 351-354。

20 吳雷川，《基督教與中國文化》，頁 148。

21 吳雷川，〈基督徒如何實行救國的工作〉，《真理與生命》，卷 6 期 5（1932 年 1 月），頁 18。

22 吳雷川，〈基督教經與儒教經〉，《生命月刊》，卷 3 期 6（1923 年 3 月），頁 4。

23 吳雷川，〈基督教祈禱的意義與中國先哲修養的方法〉，《真理與生命》，卷 2 期 6（1927 年 3 月），頁 147。

24 吳雷川，〈基督教與革命〉，《真理與生命》，卷 5 期 4（1931 年 2 月），頁 1。

25 吳雷川，〈基督教的倫理與中國的基督教會〉，《真理與生命》，卷 2 期 2（1927 年 7 月 1 日），頁 30。

26 吳雷川，〈基督教的倫理與中國的基督教會〉，《真理與生命》卷 2 期 2（1927 年 1 月）。

27 吳雷川，《基督教與中國文化》，頁 228。

28 吳雷川，〈中國舊道德價值的重估與基督教〉，《野聲》，期 2（1928 年 10 月），頁 7。這篇文章最早曾刊載於〈論現代道德觀念的演變〉，《真理與生命》，卷 2 期 19（1928 年 1 月）。

29 吳雷川，《墨翟與耶穌》，頁 159。

30 梁啟超，《墨子學案》，收入《飲冰室合集》輯 37（北京：中華書局，1989 年），頁 20。

31 梁啟超，《子墨子學說》（台北：中華書局，1956 年），頁 41。

32 吳雷川，〈基督教與革命〉，《真理與生命》，卷 5 期 4（1930 年 2 月），頁 5。

33 吳雷川，《墨翟與耶穌》，頁 159。

34 吳雷川，〈馬可九章三八至五零節演義〉，《真理與生命》，卷 4 期 12、13（1930 年 2 月 1 日），頁 6。

35 吳雷川，〈從儒家思想論基督教〉，《真理與生命》，卷 4 期 18（1930 年 5 月），頁 5。

36 司徒雷登著，常江譯，《在華五十年》（海口：海南出版社，2010 年），頁 147、205-206。

37 本文原初發表於《真理與生命》月刊卷 10 期 7（1936 年 12 月）。該文之後收入於《趙紫宸文集》（第三卷）（北京：商務印書館，2007），頁 704-715。以下引文根據重新刊印的《趙紫宸文集》（第三卷）。

38 吳雷川，《基督教與中國文化》，頁 85。

39 吳雷川，《基督教與中國文化》，頁 86-87。

40 吳雷川，《基督教與中國文化》，頁 92。

41 趙紫宸，〈「耶穌為基督」〉，頁 708。

42 趙紫宸，〈「耶穌為基督」〉，頁 710。

43 溫司卡，〈中國教會詮釋論的孕育——吳雷川與趙紫宸之間的爭論及中國基督

教的問題結構〉，收入於劉小楓、謝品然、曾慶豹主編，《現代性、傳統變遷與神學反思》（香港：道風山基督教叢林，1999），頁 166-167。

44 趙紫宸，〈「耶穌為基督」〉，頁 706。

45 溫司卡，〈中國教會詮釋論的孕育——吳雷川與趙紫宸之間的爭論及中國基督教的問題結構〉，頁 167。

46 趙紫宸，〈「耶穌為基督」〉，頁 705。

47 吳雷川，《基督教與中國文化》，頁 96。

48 趙紫宸，〈「耶穌為基督」〉，頁 713-715。

49 吳雷川，《基督教與中國文化》，頁 86-87。

50 吳耀宗，「吳序」，《基督教與中國文化》，頁 10-11。

51 吳雷川，《基督教與中國文化》，頁 291。

52 吳雷川，《基督教與中國文化》，頁 292。

53 謝扶雅，《基督教與中國思想》（香港：基督教文藝出版社，1980），頁 294。

54 吳雷川，《基督教與中國文化》，頁 2。

55 吳雷川，《基督教與中國文化》，頁 293。

56 《文化建設與西化問題討論集》（上集）（台北：帕米爾書店出版，1980），頁 1-6。本書原於 1935 年由龍文出版社出版，名為《中國文化建設論集》。

57 「何序」，《文化建設與西化問題討論集》（上集），頁 1-2。

58 吳雷川，《基督教與中國文化》，頁 239-240。

59 相關的研究成果可參見：鄭學稼，《社會史論戰簡史》（台北：黎明文化事業公司，1978）；吳安家，《中國社會史論戰之研究（1931-1933）》（政治大學東亞研究所博士論文，1986）；陳峰，《民國史學的轉折——中國社會史論戰研究（1927-1937）》（濟南：山東大學出版社，2010）。

60 吳雷川，《基督教與中國文化》，頁 271。

61 吳雷川，《基督教與中國文化》，頁 151-236。

62 吳雷川，《基督教與中國文化》，頁 169。

63 吳雷川，《基督教與中國文化》，頁 205。

64 吳雷川，《基督教與中國文化》，頁 206-207。

65 吳雷川，《基督教與中國文化》，頁 151-236。

66 吳雷川，《基督教與中國文化》，頁 18-19。

67 吳雷川，《基督教與中國文化》，頁 8。

68 吳雷川，《基督教與中國文化》，頁 288。

69 值得注意的是，反對社會福音的人往往只執於個人福音這一端，相反的，主張社會福音的人則也認同個人福音，認為兩者絕非衝突的，並且兩方面之所以完整，全賴於兩者之間的綜合，換言之，社會福音並不反對個人福音。

70 吳雷川，《基督教與中國文化》，頁 232。

71 *Chinese Recorder* 65 (1937/8), pp. 511-517.

72 吳雷川，《基督教與中國文化》，頁 70。

73 吳雷川，《基督教與中國文化》，頁 71。

74 見〈馬太福音〉二十五章 34 至 40 節。

75 吳雷川，《基督教與中國文化》，頁 71。

76 吳雷川，《基督教與中國文化》，頁 142-148。

77 吳雷川，《基督教與中國文化》，頁 82。

78 吳雷川，《基督教與中國文化》，頁 27-28。

79 吳雷川，《基督教與中國文化》，頁 40。

80 吳雷川，《基督教與中國文化》，頁 70。

81 吳雷川，《基督教與中國文化》，頁 72。

82 吳雷川，《基督教與中國文化》，頁 87。

83 吳雷川，《基督教與中國文化》，頁 10。

84 吳雷川，《耶穌的社會理想》（上海：青年協會書局，1934），頁 14。此書已收入《基督教與中國文化—— 吳雷川作品集（一）》（台北：橄欖華宣出版社，2013）。

85 吳雷川，《耶穌的社會理想》，頁 12。

86 吳雷川，《耶穌的社會理想》，頁 20。

87 吳雷川，《基督教與中國文化》，頁 70-71。

88 吳雷川，《基督教與中國文化》，頁 104-105。

89 吳雷川，《耶穌的社會理想》，頁 19-20。

90 吳雷川，《基督教與中國文化》，頁 244-246。

91 吳雷川，《基督教與中國文化》，頁 248。

92 吳雷川，《基督教與中國文化》，頁 271。

93 吳雷川，《基督教與中國文化》，頁 297-298。

94 「劉序」，《墨翟與耶穌》，頁 1。

95 徐寶謙，〈吳雷川著《墨翟與耶穌》〉，《同工》，期 194（1940 年 10 月 15 日），頁 53-58。

96 吳雷川，《墨翟與耶穌》，頁 75。

97 「劉序」，《墨翟與耶穌》，頁 7。

98 吳雷川，《墨翟與耶穌》，頁 96。

99 吳雷川，《墨翟與耶穌》，頁 96。

100 這段更詳細的辯論，可參考《基督教與中國文化》，頁 82-93。

101 吳雷川，《墨翟與耶穌》，頁 110-113。

102 吳雷川，《墨翟與耶穌》，頁 153。

103 吳雷川，《墨翟與耶穌》，頁 5。

104 吳雷川，《墨翟與耶穌》，頁 5。

105 吳雷川，《墨翟與耶穌》，頁 5。

106 吳雁南、馮祖貽等主編，《中國近代社會思潮（1840-1949）》（第一卷）（湖南：湖南教育出版社，1998），頁 503。

107 《中國近代社會思潮〔1840-1949〕》（第一卷），頁 504。

108 黃治基，《墨耶衡論》（福州：美華書局，1912）。另參見黃蕉風，《草鞋與十字架：一個墨家基督徒的神學冥想》（北京：國際華人出版社，2013）。

109 王治心，《墨子哲學》，收入任繼愈主編《墨子大全》冊 33（北京：北京圖書館，2002）。

110 張純一，《墨學與景教》，收入任繼愈主編《墨子大全》冊 28（北京：北京圖書館，2002）。

111 參見鄭杰文，《中國墨學通史》（上、下）（北京：人民出版社，2006）。

112 《韓非子‧顯學》：「世之顯學，儒、墨也。儒之所至，孔丘也。墨之所至，墨翟也。」

113 《孟子‧滕文公下》：「天下之言，不歸於楊，即歸墨。」

114 梁啟超著，朱維錚校注，《論清學史兩種》（上海：復旦大學出版社，1985），頁 361。

115 方授楚，《墨學源流》（台北：中華書局，1957）。

116 張永春，〈「西學中源」說與晚清諸子學的實用取向——以墨學為中心的考察〉，收入於《晚清改革與社會變遷（下）》（北京：社會科學文獻，2009）頁 655 及以下；張永春，〈近代的墨學復興及其思想學術史意蘊〉，刊於《淮陰師範學院學報》，卷 33（淮安：淮陰師範學院學報編輯部，2011 年 4 月）。另可參見，張永義，《苦行與救世》（廣東：廣東人民出版社，1996），頁 282 及以下。

117 鄒伯奇，《學計一得》（上海：鴻寶齋，1896），頁 20。

118 黃遵憲，《日本國志》，卷 32，收入沈雲龍主編「近代中國史料叢刊續編」（台北：文海出版社，1980），頁 787；另見《日本國志》，收入陳錚編《黃遵憲全集》（下）（北京：中華書局，2005），頁 1399。

119 陳澧，《東塾讀書記》，卷 12，原刻本見中華書局，另見收入《陳澧集》（貳）（上海：古籍出版社，2008），頁 241-243。

120 薛福成，《出使英、法、義、比四國日記》，卷 5，二十五日記，收入沈雲龍主編「近代中國史料叢刊」，（台北：文海出版社，1980）。另見收入錢鍾書主編，朱維錚校注，《郭嵩燾等使西記六種》（香港：三聯書店，1998），頁 286。

121 薛福成，〈讀墨子〉，《拙尊園叢稿》，收入沈雲龍主編「近代中國史料叢刊第八輯」（台北：文海出版社，2006），頁 238。

122 宋育仁，《泰西各國采風記》，收入錢鍾書主編，朱維錚校注，《郭嵩燾等使西記六種》，頁 396。

123 張自牧，《蠡測厄言》，收入王錫祺編《小方壺齋輿地叢鈔（六一）》（台北：廣文書局，1962），頁 9753。

124 梁啟超，《飲冰室合集》，輯 37（北京：中華書局，1989），頁 37。

125 譚嗣同著，蔡尚思、方行編，《譚嗣同全集》（增訂本）（北京：中華書局，1981），頁 233。

126 梁啟超，《子墨子學說》（台北：中華書局，1956），頁 1。

127 梁啟超，《子墨子學說》，頁 30-31。

128 梁啟超，《墨子學案》（上海：商務印書館，1921），頁 21-25。

129 李麥麥，本名劉治平，亦名劉英、劉胤，化名為李建芳，竹山縣潘口塘人，曾受聘任為上海復旦大學史地系教授，其代表著作包括《中國經濟：其發展、其現狀及其危機》（上海：滬濱書店，1929）、《中國古代政治哲學批判》（上海：新生命書局，1933）、《中國文化問題導言》（上海：辛墾書店，1936）、《目前中國的民族運動》收入《中國民族運動之現在與將來》（上海：真理出版社，1935）、《目前文化運動的性質》（上海：文苑出版社，1938）等，譯有布克洛夫斯基著，《一九〇五》（歷史研究會，1930）、普列漢諾夫著，《現代經濟的基本問題》（社會科學研究會，1930）、普列漢諾夫著，《哲學的根本問題》（上海：辛墾書店，1935）等。

130 李麥麥，《中國古代政治哲學批判》（上海：新生命書局，1933），頁 260、

270。

131 吳雷川，《墨翟與耶穌》，頁 11。

132 褚麗娟，《文明的碰撞與愛的重構——墨子兼愛與耶穌之愛的學術史研究（1858-1940）》，（東京：白帝社，2017），頁 39-44。

133 吳雷川，〈墨教規制說略〉《燕大月刊》，卷 1 期 3（1927），頁 48。

134 吳雷川，〈說青年運動〉一文同樣是提及社會與制度之關係，見《真理與生命》，卷 2 期 8（1927 年 5 月），頁 207-209。

135 吳雷川，〈墨教規制說略〉，頁 46-49。

136 懷新（吳雷川），〈禮制與基督教〉，《生命月刊》，卷 1 期 2（1920），頁 2。

137 吳雷川，〈基督徒如何實行救國的工作〉，《真理與生命》，卷 6 期 5（1931 年 10 月 -1931 年 6 月），頁 18-19。

138 吳雷川，《墨翟與耶穌》，頁 133-134。

139 吳雷川，《墨翟與耶穌》，頁 60-61。

140 吳雷川，《墨翟與耶穌》，頁 61。

141 吳雷川，《墨翟與耶穌》，頁 62；轉引自伍非百《墨子大義述》，收入於《墨子大全第貳拾柒冊》（北京：北京圖書館，2002），頁 406。

142 吳雷川在日記中，曾別出心裁地設想基督徒的學生團契應取法墨子，在獨裁時代組織作秘密團體，在民主時代組織成政黨。前提是兩者的精神或價值觀是契合的。參見《吳雷川日記》，頁 82-84。

143 吳雷川，《墨翟與耶穌》，頁 75。

144 吳雷川，《墨翟與耶穌》，頁 95。

145 吳雷川，《墨翟與耶穌》，頁 160。

146 吳雷川，《墨翟與耶穌》，頁 161-164。

147 吳雷川，《墨翟與耶穌》，頁 159。

148 吳雷川，《墨翟與耶穌》，頁 159。

149 考茨基著，葉啟芳等譯，《基督教之基礎》，（北京：三聯書店，1955 年），頁 341，考氏在他的《社會主義之前驅者》（*Forerunners of Socialism*）一書中，甚至認為原始基督教的圖像，其實就是社會主義的先鋒。

150 吳雷川，〈「縱火」與「導爭」〉，見於《真理與生命》，卷 5 期 1（1930 年 11 月），頁 4-8。

151 考茨基，《基督教之基礎》，頁 372，考茨基引用的是〈路加福音〉十二章 49 節。

152 吳雷川，《墨翟與耶穌》，頁 11。

153 考茨基《基督教之基礎》，1932 初版，由湯浩等譯，上海神州國光社出版，
　　1955 年再版之作由葉啟芳等人修定原譯本，由北京三聯書店出版。《基督教之
　　基礎》可能對民國期間基督教知識界形成具「社會主義」色彩的基督教最具
　　影響力的一本書，沈嗣莊的《社會主義新史》、吳雷川的《墨翟與耶穌》和朱
　　維之的《無產者耶穌》都非常重視《基督教之基礎》，以作為理解帶革命或社
　　會改造性質的基督教是存在的，而且強調對此種觀點的贊成。

154 吳雷川，《墨翟與耶穌》，頁 151。

155 吳雷川，〈基督教與革命〉，《真理與生命》，卷 5 期 4（1931 年 2 月 1 日）。

156 吳雷川，《墨翟與耶穌》，頁 118。

157 吳雷川，《墨翟與耶穌》，頁 141。

158 吳雷川，《墨翟與耶穌》，頁 122-123。

159 吳雷川，《墨翟與耶穌》，頁 129-132。

160 吳雷川，《墨翟與耶穌》，頁 133-134。

161 吳雷川，《墨翟與耶穌》，頁 134-135。

162 吳雷川，《墨翟與耶穌》，頁 95。

163 吳雷川，《墨翟與耶穌》，頁 95-96。

164 吳雷川，《基督教與中國文化》，頁 300；趙紫宸，〈吳雷川先生著作之介
　　紹〉，《燕京新聞》（1940 年 11 月 26 日），頁 5。

165 〈1943 年 1 月 26 日〉，《吳雷川日記》，頁 502-503。

第八章　基督教唯物主義

1 陳獨秀，〈基督教與中國人〉，原刊《新青年》，卷 7 期 3，現收入於林文光選
　編《陳獨秀文選》（成都：四川文藝出版社，2009），頁 70。

2 陳獨秀，〈基督教與中國人〉，頁 76。

3 惲代英，〈耶穌、孔子與革命青年〉，收入於《惲代英文集》（北京：人民出版
　社，1984），頁 817。

4 惲代英，〈耶穌、孔子與革命青年〉，頁 818。

5 惲代英在青年會的刊物上發表過一些文章，反映了一種「進步」的思想，例如
　〈學問與職業一貫論〉，《青年進步》，期 11（1918）；〈不用書教育法之研究〉，
　《青年進步》，期 9、10（1918）；〈力行救國論〉《青年進步》，期 16（1918），等。

6　富司迪（Harry Emerson Fosdick）著，謝乃壬譯，《完人之範》（上海：青年協會，1917 初版，1925 八版）。譯者謝乃壬即謝扶雅先生，此書可能是民國時期基督教中最具影響力的一本著作，據說「基督將軍」馮玉祥隨身帶著一本，許多非基督教的人士也對此書多有讚譽。截至目前為止，《淑身日覽》一書尚未見到。

7　中央檔案館、中國革命博物館、中共中央黨校出版社合編，《惲代英日記》（北京：中央黨校出版社，1981），頁 363。或見李良明、鍾德濤主編，《惲代英年譜》（武漢：華中師範大學出版社，2006），頁 86。

8　〈余家菊年譜簡編〉，收入於章開沅、余子俠主編《余家菊與近代中國》（武漢市：華中師範大學出版社，2007），頁 385-386。余家菊晚年的命運充滿了戲劇性的變化，這一位反基督教運動的大將，竟然也受洗成為基督徒，教名作「若望」。見于斌〈景陶（余家菊）先生之宗教信仰〉，收入於《于斌樞機言論續集（下）》（台北：輔仁大學出版社，2001），頁 697。

9　吳耀宗，〈基督教與唯物論，一個基督徒的自白〉，收入《沒有人見過上帝》（上海：青年協會書局出版，1948），頁 95。吳耀宗、徐寶謙和張欽士被稱為「稅專三傑」，事因他們同時畢業於北京稅務專門學校，卻同時歸信了基督教，並一齊放棄了高薪的稅務局工作，先後加入青年會的工作，一時在基督教界中傳為佳話。本文互換使用「唯物主義」或「唯物論」，它們指的是同一個概念。

10　同年年底〈基督教與唯物論，一個基督徒的自白〉一文轉載於《天風》，期102（1947 年 12 月 27 日），另曾以單行本由中華基督教會四川大會文字部於成都華英書局出版。該文之後相繼收入在第五《沒有人見過上帝》（初版1943 年 11 月，1948 年 7 月五版增訂，上海：青年協會書局出版）的「附錄」、《黑暗與光明》（上海：青年協會書局出版，1949 年 12 月初版）一書中。可見吳耀宗對這篇文章的重視程度。吳耀宗著作現已由邢福增主編，香港中文大學出版社出版的《吳耀宗全集》，共四卷（七冊）；邢福增另編註了兩本吳耀宗的代表作《黑暗與光明》（新北市：橄欖文化基金會，2012）和《社會福音／沒有人見過上帝》（新北市：橄欖文化基金會，2016）。中國基督教三自愛國運動委員會出版的《吳耀宗文選》（上海：中國基督教兩會出版部，2010）是選擇性的編選，甚至還別有用心的做了刪減，那些在學界看來重要卻在政治上未必正確的著作，自然就被忽略；趙曉陽編的《吳耀宗卷》（北京：中國人民大學出版社，2014）也是相當零散，無法窺見吳耀宗的主要思想面貌。吳耀宗兒子吳宗素先生曾計劃自費出版印刷吳耀宗代表作，但卻被基督教三自會否定，

一般出版社也不敢出版，因為宗教書籍必先經過宗教局審批，其結果可想而知。

11 吳耀宗，〈基督教與共產主義〉，收入《社會福音》（上海：青年協會書局出版，1934），頁 127。

12 吳宗素，〈落花有意，流水無情——我所知道的父親〉，收入於邢福增主編《大時代的宗教信仰——吳耀宗與二十世紀中國基督教》，（香港：基督教中國宗教文化研究社，2011），頁 515。

13 為適應中共建政後的學習運動，吳耀宗主編了一套由青年協會書局出版的「新時代學習叢書」，他本人即負責撰寫兩本與馬克思主義思想有關的專著：《辯證法唯物論學習手冊》和《馬列主義學習手冊》，前者於 1950 年 4 月出版，後者則一直未見。

14 李澤厚，《中國現代思想史論》（台北：三民書局，1996），頁 3、157。

15 基要主義者喜歡戲稱吳耀宗在當上中國基督教三自愛國會第一任主席前是默默無名的，以藉此指證吳的政治心機或「借助強大而蠻橫的政治力量」，參見梁家麟，《吳耀宗三論》（香港：建道神學院，1996），頁 3-4、168。

16 中國基督教三自愛國運動委員會、中國基督教協會編，《基督教愛國主義教程》（試用本），北京：宗教文化出版社，2006，第七章。其他參見，例如江文漢，〈吳耀宗——中國基督教的先知〉，收入於《回憶吳耀宗先生》（上海：中國基督教三自愛國運動委員會，1982）；沈德溶，《吳耀宗小傳》（上海：中國基督教三自愛國運動委員會，1989）（按：本書被吳耀宗的兒子吳宗素披露真正的執筆人為吳耀宗的秘書「計瑞蘭」）；《吳耀宗生平與思想研討——紀念吳耀宗先生誕辰 100 周年》（上海：中國基督教三自愛國運動委員會，1995）。段琦，〈吳耀宗實踐的神學〉，收入於趙士林、段琦主編《基督教在中國：處境化的智慧》（北京：宗教文化出版社，2009）。

17 吳利明，《基督教與中國社會變遷》（香港：基督教文藝出版社，1981），頁 74-82。

18 吳耀宗形容本書為「這本書是我的代表作，是我的精心創作」。有些學者認為，吳雷川的《基督教與中國文化》、趙紫宸的《基督教哲學》和吳耀宗的《沒有人看見過上帝》可以並列為是那個年代最能代表中國神學思想的三本書。吳宗素在回憶其父親時提到，他曾努力嘗試重新出版其父的相關著作，特別是被視為那個年代最具代表性和獨創性神學著作的《沒有人見過上帝》，而苦無出路，吳耀宗的著作沒有能夠自由流通，與三自內教條化的意識形態或政治正

確思想有關，參見吳宗素，〈落花有意，流水無情——我所知道的父親〉，頁
604。

19 參見吳宗素，〈落花有意，流水無情——我所知道的父親〉，頁 609-610。

20 Frank Price, *China: Twilight or Dawn*, New York: Friendship Press, 1948, p. 142.

21 班雅明（Walter Benjamin）生動地形容了神學與歷史唯物論的關係，他以一個
故事比喻說：歷史唯物論有如穿著盛裝、口叼水煙壺的土耳其木偶，神學則是
驅動著木偶的棋手：「駝背侏儒」，與他對抗的則是一個機械裝置。班雅明想
以歷史哲學的面貌來展現未來的救贖，而他所挑戰的對象即是資本主義這個精
巧、高超的機械裝置。事實上，神學並非不合時宜，只是「其貌不揚」而必須
「躲起來」，所以絕對不能低估神學這個「駝背侏儒」，至少不能「以貌取人」。
面對機器敵手，只有這位幕後高手能應付，可見，歷史唯物論必須與神學聯手
合作，才能贏得這場棋賽。吳耀宗即是在面對「資本主義這個精巧、高超的機
械裝置」的時代，他所努力的，即是班雅明所形容的「木偶與侏儒」的聯手計
劃。

22 Paul Cohen 著，〈戴德生與李提摩太宣教方式之比較〉，蘇文峰譯，收入於林
治平主編《基督教入華百七十年紀念集》（台北：宇宙光出版社，1977），頁
81-107。

23 關於社會福音在中國的傳播以及相關影響，特別是與中國基督教青年會這個組
織的關係，向來是一個重要的研究領域，相關的著作可參考：邢軍著，趙曉陽
譯，《革命之火的洗禮：美國社會福音和中國基督教青年會（1919-1937）》（上
海：上海古籍出版社，2006），本書原是作者 1993 年明尼蘇達大學的博士論
文 *Baptized in the Rire of Revolution: The American Social Gospel and the YMCA in
China (1919-1937)*；趙曉陽，《基督教青年會在中國：本土與現代的探索》（北
京：社會科學文獻出版社，2008）；王京強，〈社會福音思想在近代中國的傳
播探析〉，《世界宗教研究》，期 6（2014），頁 130-137。另外，布道家艾迪
（Sherwood Eddy）對中國基督教社會主義思想的影響也是非常關鍵的，參見鄒
朝春《天風的沒落——艾迪對中國共產主義運動的回應》（新北市：台灣基督
教文藝出版社，2015）。

24 王明道，〈真理呢？毒素呢？〉、〈我們是為了信仰〉，收入於《五十年來》「附
錄」（香港：晨星出版社，1996），頁 1-42。王明道對於「基要派」與「現代派」
的理解來自於吳耀宗的介紹，有趣的是，王明道以吳耀宗的介紹文作為批判吳
耀宗的根據，可謂「以子之矛攻子之盾」。

25 美國平信徒調查團，徐寶謙等譯，《宣教事業平議》（北京：商務印書館，1934），頁 211。

26 汪暉，《現代中國思想的興起》（上卷，第一部）（北京：三聯書店，2004），頁 19。

27 梁啟超，〈新民說‧釋新民之義〉（原刊 1902 年 2 月 8 日《新民叢報》第 1 號），收入於夏曉虹編《梁啟超文選（上）》（北京：中國廣播電視出版社，1992），頁 109。

28 吳耀宗，《沒有人見過上帝》，頁 77。

29 吳耀宗，〈基督教與共產主義〉，收入於《社會福音》，頁 125。有許多人認為，吳耀宗的「基督教唯物主義」越來越偏離他早期唯愛主義的思想和立場，他所支持的階級鬥爭即是意味著他傾向於暴力。但是吳耀宗本人也意識到這一點，所以他說：「在一個更深刻的意義上，我還是一個唯愛主義者，我還是絕對服膺耶穌愛仇敵的教訓」，他根據這一種辯證的方法認為，「罪」同「罪人」是不可以完全分開的，所以我們看到耶穌是恨罪人的「現實」，但他卻是愛罪人的「可能」，許多基督教主要就是缺乏了這方面的反思，把「人」和「罪」分開，結果就容易對罪採取一種姑息妥協的態度，無法體會耶穌的反抗精神，當然更不能理解基督教何以是革命的宗教。參見〈耶穌有沒有恨〉，收入於《黑暗與光明》，頁 154-155。

30 吳耀宗，《社會福音》，頁 25。

31 吳耀宗，〈基督教與政治〉，《天風》，期 59（1947 年 2 月 15 日），頁 3。

32 呂思勉，《中國近代史八種》（上海：上海古籍出版社，2008），頁 259。

33 吳耀宗，〈基督教與唯物論，一個基督徒的自白〉，收入於《沒有人見過上帝》，頁 98。在愛丁堡大會的演講中，吳耀宗向著來自世界各地的基督教青年代表說，在亞洲，特別在中國，「共產主義所獲得的信徒比基督教更多。」趙紫宸曾在《中國學運》中說：「看哪，學生已經離開教會了！」他說明了好幾個可能的原因，其中提到了「教會對中國的出路沒有回答」，當學生問：「基督教能救中國嗎？」教會往往的回答則是：「使命不在此」，結果，學生當然只好失望地離去了。

34 吳耀宗認為基督教主張自由平等，尤其反對將人工具化或奴化，其理解即是消弭階級對立，達到充分彼此尊重人之價值的社會。正如他在《天風》第 33 期的復刊詞所言的：「為要完成這個使命，基督教有兩個重要的任務，一個是明辨是非，一個是為真理作見證」，（〈基督教的使命〉，收入於《黑暗與光明》，

頁 17），明辨是非的能力和方法必須借助於唯物主義，為真理作見證即是指宣揚基督教，換言之，這兩個任務應該結合起來。

35 吳耀宗，〈基督教與唯物論，一個基督徒的自白〉，收入於《沒有人見過上帝》，頁 107。

36 吳耀宗，《社會福音》，頁 20-21。

37 吳耀宗，《社會福音》，頁 27、29、32。謝扶雅曾著有《個人福音》（1933）一書，邀請吳耀宗為該書寫序，之後吳耀宗出版《社會福音》（1934），回邀謝扶雅給他寫序；基本上兩人都認為主張社會福音者並不否認個人福音，甚至指出社會福音應包含個人福音，唯後對社會福音者則只剩下個人福音，其結果是這種個人福音是殘缺的，參見曾慶豹編《中國基督教公共神學文選（一）：社會思想篇》（香港：研道社，2012），頁 193-206。

38 吳耀宗，〈從基督教的觀點看現實〉，《天風》，期 98（1947 年 11 月 12 日），頁 7。

39 吳耀宗，「後記」，《沒有人見過上帝》，頁 92。

40 梁家麟，《吳耀宗三論》，頁 130、136。

41 吳耀宗，《社會福音》，頁 2。

42 吳耀宗，〈基督教與唯物論，一個基督徒的自白〉，收入於《沒有人見過上帝》，頁 97。

43 吳耀宗，〈三十年來基督教思潮〉，收入於《黑暗與光明》，頁 206。由中華基督教協進會全國代表發起的「五年運動」，其中強調「奮興」，吳耀宗認為應該以「上帝國的實現」在取代「奮興教會」作為目的。

44 吳耀宗，〈真理可以調和的嗎？〉，收入於《沒有人見過上帝》，頁 124。

45 吳耀宗，〈基督教的時代悲劇〉，收入於《黑暗與光明》，頁 178-183。

46 馬克思，《黑格爾法哲學批判導言》，收入於中共中央馬克思恩格斯列寧斯大林著作編譯局編《馬克思恩格斯選集》（一）（上海：人民出版社，1972），頁 2。

47 吳耀宗，《社會福音》，頁 100。

48 吳耀宗，〈三十年來基督教思潮〉，收入於《黑暗與光明》，頁 217。

49 吳耀宗，〈基督教的使命〉，收入於《黑暗與光明》，頁 17。

50 吳耀宗，《社會福音》，頁 21。

51 吳耀宗，《社會福音》，頁 19。

52 一生受到甘地精神感召並推崇其精神的吳耀宗，經常帶著一種普世主義的眼光看問題。從 1949 年開始參加布拉格的「第一屆世界和平大會」，直到中共退出，

一共參加過十五次之多，是所有代表中參加次數最多、最為堅持的。我們可以從這裡理解到吳耀宗具有的普世眼光和胸襟，與他參與的活動有絕對的關係。

53 吳耀宗，〈基督教與人權〉，《天風》，期 68（1947 年 4 月 19 日），頁 4。

54 參見吳利明，《基督教與中國社會變遷》，頁 88-93。

55 吳耀宗，〈自序〉，《社會福音》，頁 1。

56 吳耀宗，〈基督教的使命〉，收入《黑暗與光明》，頁 20。

57 據說吳耀宗有一個綽號叫「午夜鐘」（人們是按將其名用粵語諧音唸出，因吳祖籍是廣東順德人），江文漢形容吳耀宗是一位「先知」，大體上是正確的：「對現實很敏感，而能從對上帝的堅定信仰出發，推測未來的導師」，〈吳耀宗——中國基督教的先知〉，中國基督教三自愛國運動委員會編，《回憶吳耀宗先生》（1982），頁 15。關鍵的問題在什麼是「推測未來」？

58 參見汪暉，《現代中國思想的興起》（下卷，第二部）（北京：三聯書店，2004），頁 1208-1225。

59 列寧，《帝國主義是資本主義的最高階段》（北京：人民出版社，2014）。

60 參見汪暉，《現代中國思想的興起》（上卷，第一部），頁 17。

61 吳耀宗，〈從基督教的觀點看現實〉，《天風》，期 98（1947 年 11 月 12 日），頁 7。

62 吳耀宗，〈基督教與共產主義〉，收入於《社會福音》，頁 123。

63 吳耀宗，〈真理可以調和的嗎？〉，收入於《沒有人見過上帝》，頁 125。

64 吳耀宗，〈基督教與政治〉，《天風》，期 59（1947 年 2 月 15 日），頁 3。

65 吳耀宗，〈基督教與人權〉，《天風》，期 38（1947 年 4 月 19 日），頁 4。

66 吳耀宗，〈三十年來基督教思潮〉，收入於《黑暗與光明》，頁 215。此處的「自由主義」是指與現代主義相一致的神學思潮；相較於自由主義的「樂觀」，吳耀宗錯批判新正統派（辯證神學）是一種「布爾喬亞社會悲觀的氣氛」。

67 吳耀宗，〈基督教與政治〉，《天風》，期 59（1947 年 2 月 15 日），頁 5。1927 年間，吳耀宗曾致力於推動中國基督徒的學生運動，可惜並沒有成功，原來學運的目標宗旨曾訂為「建立健全人格」、「謀民眾生活的解放與發展」、「實行革命」，後來「實行革命」四個字被取消了，我們懷疑這件事正是說明了「革命」在基督教的圈子裡是如何地敏感。另參見〈中國基督教學生運的回顧與前瞻〉，《天風》，期 109（1948 年 2 月 15 日），頁 4-6；亦可見收入於曾慶豹《中國基督教公共神學文選（三）：學生運動篇》（香港：研道社，2015），頁 19-28。

68 吳耀宗，〈基督教與共產主義〉，收入於《社會福音》，頁 125。

69 相關討論，請參見姚西伊，《中國基督教唯愛主義運動》（香港：基道出版社，2008），第五、六章，尤見頁 168-184。

70 吳耀宗，〈基督教的改造〉，收入於《黑暗與光明》，頁 228。

71 吳耀宗，〈展開基督教革新運動的旗幟〉，《天風》，期 233-234（1950 年 9 月 30 日），頁 14。

72 吳耀宗，〈展開基督教革新運動的旗幟〉，頁 13。

73 文忠志（Stephen Lyon Endicott）著，李國林等譯《出自中國的叛逆者：文幼章傳》（*James G. Endicott: Rebel out of China,* 1980），（成都：四川人民出版社，1983），頁 316-317。在諸多的外國傳教士中，尤以文幼章這位加拿大的傳教士有著最為清楚的立場，他幾乎完全地站到共產黨那一邊，1949 年之前和之後，始終都是共產黨最為忠實的支持者，他與許多左傾的中國基督徒來往甚密，其中又與吳耀宗的關係最為堅實，兩人在中共建政後仍保持書信的聯繫。然而真正說來，文幼章是受到吳耀宗的影響，從而被他成功地說服「基督教與共產主義並不衝突」，之後文幼章一生都是一位堅定的共產黨支持者，回到加拿大後加入共產黨，並曾於 1953 年出席匈牙利的和平理事會結識盧卡奇（Lukacs）。

74 吳耀宗，〈從基督教的觀點看現實〉，《天風》，期 98（1947 年 11 月 12 日），頁 7。據邢福增的發現，本段引文收入於《黑暗與光明》時，曾刪除批評共產主義的段，特別是此處所引述的文字，參見邢福增編注《黑暗與光明》導論，「漢語基督教經典文庫集成」，（新北市：橄欖出版社，2012），頁 IxI-xvii。

75 吳耀宗，〈從基督教的觀點看現實〉，《天風》，期 98（1947 年 11 月 12 日），頁 7。

76 吳耀宗，〈從基督教的觀點看現實〉，頁 6。

第九章　無產者詩人

1 帕索里尼著，艾敏等譯，《異端的影像——帕索里尼談話錄》（北京：新星出版社，2008），頁 104-105。

2 帕索里尼，《異端的影像——帕索里尼談話錄》，頁 56。

3 巴迪烏著，陳永國譯，《聖保羅——普世主義的基礎》（新北市：台灣基督教文藝出版社，2011），頁 xvi。

4 參見盧龍光、王立新主編，《聖經文學與文化——紀念朱維之教授百年誕辰論

集》，（天津：南開大學出版社，2007），頁 1-23。朱維之在撰寫其自傳中，只是一筆帶過《無產者耶穌傳》這本書，這篇自傳收入王壽蘭主編《當代文學翻譯百家談》，（北京：北京大學出版社，1989），頁 188-192。

5　張仕章，《革命的木匠》，（上海：基督教新文社，1939），1949 再版；謝扶雅，《被壓迫者的福音》，林榮洪在《中華神學五十年 1900-1949》（香港：中國神學研究院，1998）一書有專章介紹「基督論的雛形」（第十三章），完全沒有提到這三本書，同樣的，在第十七章的「社會主義與基督教」部份未沒有提到這三本書。

6　參見劉燕，〈耶穌形象的改寫：從宗教家到無產者──對朱維之《耶穌基督》與《無產者耶穌傳》的比較研究〉，《道風》，期 45（2016）。

7　朱維之，「導言」，《基督教與文學》，（上海：上海書店，1992〔1940〕），頁 2。

8　朱維之，「第一章」，《基督教與文學》，頁 8。

9　朱維之，《基督教與文學》，頁 33。

10　朱維之，《無產者耶穌傳》，（上海：廣學會，1950），頁 3。我們注意到了，朱維之在本書的序中寫於「一九五〇，五，一」，這一天不就是「國際勞動節」嗎？可見其用心。

11　王治心、朱維之，《耶穌基督》，（北京：中華書局，1948），頁 2-3。

12　朱維之，《基督教與文學》，頁 16。朱維之認為趙紫宸的《耶穌傳》是中國文壇上一個「新傳記文學的先鋒」，另見頁 39。

13　朱維之，《基督教與文學》，頁 7-8。

14　朱維之，《基督教與文學》，頁 37。

15　朱維之，《無產者耶穌傳》，頁 15-16。另見張仕章，〈「叫有權柄的人失位」〉，載於《女青年》，卷 11 期 10（1932）。

16　朱維之，《無產者耶穌傳》，頁 16-17。

17　朱維之，《無產者耶穌傳》，頁 20-21。

18　朱維之，「序言」，收入於《無產者耶穌傳》，（上海：廣學會，1950），頁 3。考茨基《基督教之基礎》，湯浩等譯，（神州國光社，1932 年初版），1955 年再版之作由葉啟芳等人修定原譯本，北京三聯書店出版；恩格斯，《原始基督教史論》此書曾收入於恩格斯《宗教·哲學·社會主義》一書中出版，林超真譯，（滬濱書局，1929）。另可參見平心編，《全國總書目》，（上海：生活書店，1935）。《基督教之基礎》可能是對民國期間基督教知識界形成具「社會主義」色彩的基督教最具影響力的一本書，沈嗣莊的《社會主義新史》和吳雷

川的《墨翟與耶穌》，都非常重視《基督教之基礎》，以作為理解帶革命或社會改造性質的基督教是存在的，而且強調對此種觀點的贊成。除了基督教界，一般的學者也對此書評價甚高，周佛海、陶希聖、薩孟武（曾譯過考茨基之作《社會革命論》）等人都推崇考茨基，並讚揚《基督教之基礎》一書。陶希聖就說過：「我的思想方法，接近唯物史觀，卻並不是唯物史觀。與其說我重視馬克思恩格斯的作品，不如說我欣賞考茨基的著作。例如考茨基的《基督教之基礎》，就是我用心讀過的一本書。然而我的思想方法仍不拘限於此。我用的是社會的歷史方法，簡言之即社會史觀。」（見〈大風暴之後的三年〉，載《傳記文學》第 1 卷第 4 期）。陶希聖曾寫過〈孔子與耶穌〉一文，認定基督教是革命的宗教，可見他對基督教的理解是受到考茨基的影響，見《史話與史眼》（中學生社編，1935，頁 1-10）。這個觀點獲得陶希聖的學生何茲全的支持，認為那時這位第二國際、「修正主義」者考茨基是當時北大學生所熟知的，對基督教的認識是從《基督教之基礎》一書中獲得的，見《愛國一書生》（上海：華東師範大學出版社，1997），頁 55-57。

19 朱維之，《文藝宗教論集》，（上海：青年協會，1951），頁 2。這本論文集另收錄了一篇富有「解放神學」意味的文章：〈阿摩司──人民的先知〉。

20 朱維之，《文藝宗教論集》，頁 24。

21 朱維之，《文藝宗教論集》，頁 24。

22 朱維之，《文藝宗教論集》，頁 25。

23 朱維之，《文藝宗教論集》，頁 25-26。

24 朱維之，《耶穌基督》，頁 6-7。

25 朱維之，「序」，《文藝宗教論集》，頁 3。我們不確定朱維之有沒有真正閱讀過恩格斯的《原始基督教史論》，因為他在〈藝術的真實──馬克思論文藝與基督教〉一文中對於恩格斯的談論主要是通過考茨基的著作而來的。

26 朱維之，《無產者耶穌傳》，頁 28。

27 朱維之，《無產者耶穌傳》，頁 30。

28 朱維之，《無產者耶穌傳》，頁 71。

29 朱維之，《無產者耶穌傳》，頁 101。

30 朱維之，《無產者耶穌傳》，頁 85。

31 朱維之，《無產者耶穌傳》，頁 27。

32 朱維之，「序」，《無產者耶穌傳》，頁 2。

33 朱維之，《無產者耶穌傳》，頁 8-14。

34 朱維之，《無產者耶穌傳》，頁 14。

35 朱維之，《無產者耶穌傳》，頁 28、71、76。

36 劉廷芳為《基督教與文學》寫序文時給予了朱維之極高的評價，即是用了「你來看」作為對讀者的邀請，邀請來見證《基督教與文學》這一部大師之作，亦即作為「中國基督教文學史中的第一部參考書」，參見「序」，頁 5。繞富趣味的是，朱維之的《無產者耶穌傳》即是以「你來看」作為開始，不知是否是對劉廷芳的一種感念，他在《基督教與文學》的「再版題記」中流露了對劉廷芳無限的感恩，重提起他那篇嘔心瀝血的序文，再進一步想，《無產者耶穌傳》是否可以視作是題獻給劉廷芳之作？

37 朱維之，《無產者耶穌傳》，頁 2-3。

38 朱維之，《無產者耶穌傳》，頁 4。

39 朱維之，《無產者耶穌傳》，頁 5。

40 朱維之，《無產者耶穌傳》，頁 12。

41 朱維之，《無產者耶穌傳》，頁 14。

42 朱維之，《無產者耶穌傳》，頁 35、43。

43 朱維之，《無產者耶穌傳》，頁 33。

44 朱維之，《無產者耶穌傳》，頁 36-37。朱維之安排了耶穌傳中有兩次在聖殿出現，一是「第一響炮」，另一是「最後一役」，他在序言中提及這本書主要是以日本作家米澤尚三（Yonezawa Shozo）1928 年出版的《無產者イエス》為藍本，後者即是在耶穌生平中安排了兩次在聖殿出現的場景。

45 朱維之，《無產者耶穌傳》，頁 23-24。

46 朱維之，《無產者耶穌傳》，頁 26-27。

47 朱維之，《無產者耶穌傳》，頁 27。

48 朱維之，〈火洗後的基督教與火洗後的中國〉，《同工》，期 190（1940），頁 35-37。

49 James L. Hevia, *English Lessons, The Pedagogy of Imperialism in Nineteenth-Century China,* Duke University Press, 2003. Chapter 1.

50 朱維之，《無產者耶穌傳》，頁 89。

51 帕索里尼，《異端的影像——帕索里尼談話錄》，頁 112-113。

52 沈嗣莊，〈基督教與革命文學〉，《文社月刊》，卷 3 冊 5，頁 1-3。

53 吳利明，《基督教與中國社會變遷》，（香港：基督教文藝出版社，1981），頁 3-5。

54 朱維之，〈火洗後的基督教與火洗後的中國〉，頁 36。

55 朱維之，《無產者耶穌傳》，頁 76。

56 Kenneth Scott Latourette, *A History of Christian Missions in China*, New York: The Macmillan Co., 1932, p. 280.

57 吳利明，《基督教與中國社會變遷》，頁 280。

人名索引

後　記

　　2010 年 10 月，在自己籌辦的「中國現代化視野下的教會與社會」學術會議中，發表了一篇題為〈中國現代性的批判：吳耀宗與「唯物主義的基督教」〉，正式開始進入民國基督思想史的研究。過去這十年，分別對劉靜庵、倪柝聲、吳雷川、朱維之、張仕章、沈嗣莊、賀川豐彥、華德等人做了資料的收集和論文研究之撰寫，同時也編輯了四卷本《中國基督教公共神學文選》（社會思想、耶穌形象、學生運動、鄉村工業），編注了兩冊吳雷川的著作集，以及編輯《謝扶雅全集》的工作等，另外也指導了一些相關學位論文撰寫。無疑地，這十年已累積了不少成果，這本書的出版算是十年研究的一個總結。

　　本書主要的篇章都曾在不同的時間發表於不同的學術期刊或論文集中，它們都通過匿名的學術審查後才刊登，符合目前學界的慣例和要求。本書的出版，為求主題一貫、內容相應和結構關聯，本人將之前業已發表之作經過修改、擴大和增補，以符合一本專書的形式，構成一個整體。感謝多年來自科技部的經費補助研究，也感謝各期刊評委的肯定和慷慨，使得本人勇於此研究領域中耕耘並與同好們分享。

　　進入民國基督教思想史的研究算是自己學術進程中的第二領域。友人都知道，哲學是我的學位論文專業以及教學的領域，儘管這十年跨進了漢語基督教思想史研究，哲學仍是我重要的思想資源，畢竟在教學上我仍緊緊地抓著哲學的問題前進，這些哲學的背景成了我去處理漢語基督教思想史一個隱密的思想資源。

　　感謝三位友人為本書題序：中國人民大學楊慧林、美國杜克大學連

曦、北京清華大學唐文明。本書的完成，要感謝多年來得到科技部經費的補助、輔仁大學哲學系同仁的支持，學者友人蔡彥仁、邢福增、郭明章、陳智衡、趙曉陽、陳方中、陳宣明等人多方的指導與協助，助理黃曉杰、林奕慧、張立言、葉蕙依等人的校閱工作；也謝謝主流出版社鄭超睿、李瑞娟支持出版。本書曾獲得香港漢語基督教文化研究所的匿名學術審查通過，原安排交由道風書社的「叢刊系列」中出版，謝謝出版總監楊熙楠允許我留在台灣出版此書。最後借此書的出版，紀念喻肇青（1948-2020）和蔡彥仁（1956-2019）兩位令人尊敬的學者友人，也特別獻給沈清松教授（1949-2018），在這條學術的道路，多受惠於他們的慷慨和善良，願此書告慰三位在天之靈。

寫於大流行時期

2021/7/17

學院叢書系列 07

經世與革命：激進的漢語神學思潮（1901-1950)
Toward the Oikonomia and the Revolutionary Christianity:
Sino-Christian Liberation Theology (1901-1950)

作　　者：曾慶豹
出版顧問：鄭超睿
發 行 人：鄭惠文
主　　編：李瑞娟
封面設計：海流設計
排　　版：旭豐數位排版有限公司

出版發行：主流出版有限公司 Lordway Publishing Co. Ltd.
出 版 部：臺北市南京東路五段 123 巷 4 弄 24 號 2 樓
電　　話：(02) 2857-9303
傳　　眞：(02) 2857-9303
電子信箱：lord.way@msa.hinet.net
劃撥帳號：50027271
網　　址：www.lordway.com.tw

經　　銷：
紅螞蟻圖書有限公司
臺北市內湖區舊宗路二段 121 巷 19 號
電話：(02) 2795-3656　　傳眞：(02) 2795-4100

華宣出版有限公司
新北市中和區連城路 236 號 3 樓
電話：(02) 8228-1318　　傳眞：(02) 2221-9445

初版 1 刷：2021 年 9 月
書號：L2107
ISBN：978-986-06294-2-2（平裝）
Printed in Taiwan

國家圖書館出版品預行編目資料

經世與革命：激進的漢語神學思潮 (1901-1950)
= Toward the oikonomia and the revolutionary
Christianity : Sino Christian liberation theology
(1901-1950)/ 曾慶豹著 . -- 初版 . -- 臺北市 : 主流
出版有限公司 , 2021.09
　面；　公分 . -- (學院叢書系列 ; 7)
ISBN 978-986-06294-2-2 （平裝）

1. 基督教思想史　2. 神學　3. 中國

240.9　　　　　　　　　　　　　　110014164